KB147161

한국문화연구 총서 ②

한국문화를 논하다

이화형

사회와 과학

푸른사상
PRUNSASANG

하늘 땅 어울려서 사람답게 살아 보세

해방 후 제 것을 우습게 알고 남의 것만 받아들인 결과, 전통문화 브랜드의 가치가 제대로 평가받지 못하는 것은 안타까운 일이다. 다행히 일본에서 불어온 막걸리 바람이 국내에서 돌풍을 일으키고 세계로 뻗어 가려 하고 있다. 그런데 과연 90% 이상의 수입쌀로 빚는다는 오늘의 막걸리가 우리의 국적이 맞는지. 일본의 사케, 프랑스의 와인, 독일의 맥주, 영국의 스카치위스키 등 원료의 자국산은 물론 생산지역의 제한까지 고집하는 선진 국가들을 보면 원가 낮출 생각만 하는 우리의 태도는 부끄럽지 않을 수 없다.

현재의 서양문화 중심의 학습에 못지않게 한문이나 고전을 포함한 동양문화의 가치에 대한 학습이 절실하다. 더구나 우리 한국의 문화적 실체를 제대로 이해하는 일은 매우 절실하다. 국제화와 함께 한국화가 동시에 이뤄지지 않으면 안 된다. 아니, 영어교육 이전에 한국어와 동아시아의 공통문자인 한자의 교육이 선행되지 않으면 진정한 의미의 국제화에 역행하는 것이다. 우리를 포함한 동아시아 문명의 발전은 유럽 및 서양 문명의 진보와 더불어 인류공통의 염원을 약속할 것이다.

흔히 그러하듯 부드럽고 자연스러운 것에서 한국문화의 특성을 찾을 수 있다. 그러나 한국문화의 진정한 가치는 그 속에 든 강인하고 숭고한 인간주의적 정신이라 하겠다. 삼국시대 도미아내의 정절에서부터 고려 말 정몽주의 저항, 조선조 성삼문의 충성, 조광조의 기개, 기생 논개의 충절, 구한말 한규설의 지조 등 목숨을 내건 강직한 삶이 우리 역사 속에 펄펄 살아 있다. 자기를 절제하고 버리면서까지 남을 배려하는 희생 정신이 우리 문화의 DNA인 것이다.

필자는 이 책을 통해서 한국문화가 다양한 성격과 이질적 요소들을 지녔음에도 불구하고 총체적으로 통일성을 가진 독특한 문화였음을 밝히고자 했다. 다시 말해 자연과 조화를 이루며, 특히 다른 사람들과 더불어 살고자 했던 한국인의 일관된 정신적 지향, 즉 '인본주의'를 드러내려 했다. 이로써 오늘날의 혼란스럽고 경박한 문화에서 벗어나 고상하고 편안하며 아름다운 문화적 삶을 이루는 기틀로 삼을 수 있기를 기대해 보았다.

지금까지 한국문화에 대한 여러 방면의 성과들이 넘칠 정도로 축적되어왔다. 그러나 각 분야별 업적들을 통합하는 의미의 훌륭한 문화연구서가 나오지 않아 아쉽기 그지없었다. 기계적으로 분야별 성과를 더하는 것이 아닌 새롭고 적합한 관점의 문화서의 도래를 기다려 왔던 것이다. 필자는 이러한 문제인식과 더불어 국가 브랜드로 삼을 만한 한국문화의 핵심을 꿰는 저술을 내고자 고심했고, 이러한 목적에 도달하기 위해 기본적으로 두 가지의 방법론을 택하였다.

첫째, 여러 분야를 포괄하는 다양성과 독자적 시각으로 체계화하려는 집약성의 조화에 관심을 두었다. 둘째, 역사적 사실을 중시하고 객관적으로 기술하면서 인용문헌을 통해 명확한 근거를 제시하는 과학성과 비판적 사고에 의한 새로운 해석을 통해 우리 문화의 미래지향적 의미를 제시하려는 철학성의 조화를 꾀하였다. 구체적인 서술방식에 있어서는 내용을 크게 둘로 구분하여 먼저 문화의 각 부문에 해당하는 역사적 흐름과 문화적 성격을 압축적으로 논의하고, 다음으로 그 문화부문을 대표할 만한 역사적 인물을 들어 전술한 내용을 보강, 문화적 특성을 부각시키는 방향으로 나아갔다.

필자는 몇 년 전 민중문화와 관련하여 두 권의 저술을 출간한 바 있다. 『나아가 널리 인간을 이롭게 하라-꿈』과 『하늘에다 베틀놓고 별을 잡아 무늬놓고-현실』이 그것이다. 이제 이에 대비될 수 있는 통치계층 문화에 관한 저서를 내놓게 되었다.

물론 통치계층이 강조했던 유교적 윤리가 지배이데올로기로 작용했던 점도 간과할 수 없다. 세종대왕이 여성의 문맹에 대해 다행이라 했던 점이나 박지원이 자신을 상인과 다르다고 고백하는 등 분명 한계는 있다. 그럼에도 불구하고 우리의 통치자들은 백성이 잘사는 나라를 꿈꾸었음에 틀림없다.

이 저서는 한국문화의 사회와 과학분야로 짜였는데, 먼저 정치, 법률, 경제의 사회분야를 보더라도 우리 문화의 특징이 윤리적 인간중심의 '인본주의'에 있음을 확인하게 된다. 우선 이상적인 정치는 도덕정치임을 강조했던 조정암·이율곡이나 훌륭한 정치를 위해 『논어』 읽기를 권했던 황희 정승에게서 우리의 정치문화를 가늠할 수 있다. 법률의 제정은 백성을 보호하기 위한 것이라 하고 범죄 가운데 가장 무겁게 다뤄진 것이 윤리를 범하는 강상죄였던 점도 예사롭지 않다. 경제분야에 있어서는 먼저 의리를 내세우며 지나치게 이익을 얻고 부를 축적하는 것을 경계했던 점에 주목하게 된다.

천문, 지리, 기술 등의 과학부문에서도 마찬가지다. '약재값의 절감'

을 대원칙으로 삼아 백성 모두에게 의료혜택을 주고자 했던 『동의보감』의 허준을 비롯하여 사설 천문대를 만들고 지구의 자전설까지 주장하면서도 학문의 궁극적인 목적이 도덕적 인간상의 확립에 있다고 했던 과학자 홍대용을 간과할 수 없다. 오로지 백성들의 편리한 생활을 위해 감옥에 갇히면서까지 지도 제작에 헌신했던 〈대동여지도〉의 김정호, 2년여의 짧은 기간에 신도시건설이라는 국책사업을 진행하면서 흉년이 들자 6개월이나 공사를 중단했고 주민들의 피해를 줄이기 위해 성둘레를 늘리기도 했던 과학의 CEO 정조대왕 등을 통해서 한국 과학문화에 인간을 존중하는 '인본주의' 정신이 짙게 배어 있음을 깨닫게 된다.

한국이 오늘날 세계 일류국가를 넘볼 만큼 성장한 기운과 능력은 어디서 유래하는가? 현재 한국의 위상에는 우리의 역사적·문화적 전통의 힘이 도사리고 있다. 한국문화의 특징이자 가치는 바로 장구한 세월에 걸쳐 형성되어온 정직과 배려의 '인본주의' 다. 광복 후 50년 만에 이룬 눈부시게 빠른 경제적 성장을 보고 외국인들이 감탄했던 '한강의 기적'은 물론 1997년 IMF 금융위기를 맞아 온 국민이 하나같이 장롱 속 돌반지까지 꺼내 놓으면서 국난 돌파를 염원했던 '금모으기 운동'의 열정과 에너지는 세계적으로 유례 없는 우리의 타고난 공동체적 윤리의식의 소산임에 틀림없다.

오늘날 통합과 소통을 갈망하는 우리들에게 '인본주의'는 매우 귀중한 자산이라 하겠다. 변화하는 세상에 변하지 않는 것이 있어 편안할 수 있고, 아름다운 것은 영원할 수도 있다. 우리가 변덕 피우지 않고 평생 우직하게 살 수 있으면 얼마나 좋을까. 수많은 말들 속에 정신없이 살아가는 현대인들에게 우리 체질에 맞는 한국문화야말로 한 줄기 빛이 되리라 확신한다.

이 책을 쓰는 동안 정말 많은 시간과 더불어 어려움도 있었다. 그러기에 이 책이 나에게는 더욱 귀하게 느껴지는지도 모른다. 이 책을 푸른사상사에서 출간하게 된 것을 기쁘게 생각하며 한봉숙 사장님을 비롯하여 애쓰신 모든 분들께 감사드린다.

2011년 새봄을 맞으며
이 화 형 씀

제1부 사회 – 정치와 경제

어느 곳 어느 때 세워도 잘못되지 아니하며,

옛날의 성인에 비춰봐도 그릇되지 아니하고

백세의 위인을 기다려도 의혹되지 아니할 것을 알 만하다.

이어서 지금부터 왕의 자손이 모두 이루어진

법에 따라서 어긋나지 아니하고

잊지 아니하면 우리 국가의 문명한 정치가

어찌 융성한 주나라에 비할 뿐이겠는가

— 서거정의 『경국대전』 서문에서

제1장 정치, 통치자의 덕에서 나온다

예로부터 임금이 덕을 잃으면 스스로 패망한다는 것은 이치와 형세가 그러한
것이었으니 탓할 것이 없습니
다. 그런데 오늘날 전하께서
얼마나 덕을 잃으셨기에 나라
의 형세가 이처럼 위급하게
되었습니까? 신이 비록 병이
많고 재주가 변변치 못하여
보필이 되지 못함을 스스로
알고 있으나 보잘 것 없는 참
된 정성은 여느 사람 못지않
습니다.

경복궁 근정전의 용상

　　　 ─ 이율곡, 『만언봉사』에서

1. 청렴한 지도자가 필요한, 현실

2011년 현재 한국의 국내총생산(GDP)은 산업화가 한창이던 70년대에
비하면 수백 배 늘었지만 국민생활만족도는 여전히 50위권을 넘어서고

있다 한다. 국민이 허리띠 졸라매가며 땀 흘린 만큼 국가가 행복감을 주지는 못하고 있다는 것이다. 개인의 행복이야 각자 조절하면서 채워나가면 되지만 국민 다수의 행복은 국가가 책임지고 보장해야 하기 때문에 정부는 더욱 분발하지 않으면 안 된다.

옛 성현들은 말을 함부로 하지 않았다. 왜냐하면 자신의 행동이 말에 미치지 못하게 됨을 부끄러워했기 때문이다. 오늘날 정치인은 10분에 세 번 거짓말한다는 말이 있다.[1] 2010년 6월 지방선거를 앞두고 4년 전 지방자치단체장들이 내건 공약 이행율을 조사한 결과 약 40%는 헛 공약이었다는 사실이 밝혀졌다. 정치를 꾀로 하고 말로 해서는 안 된다. 양심과 정직으로 책임을 다하는 것이 참된 정치인의 모습이다.

누군가 세계 7대 불가사의를 말하는 가운데 문화유산이 아니라 사회현상으로 본다면 우리도 세계인이 놀랄 불가사의를 갖고 있다면서 여야 핵심지도자는 물론 대통령도 피고인석에 있는 거나 마찬가지인 정치부패를 지적하는 것을 들은 적이 있다. 사실 요즘 정치판은 무법지대나 다름없다. 정치인은 도덕성 파탄에 신의를 잃은 지 오래다. 대통령부터 측근 비리혐의로 도덕적 신뢰에 적신호가 켜졌고 정치권은 불법선거자금과 부패로 성한 사람이 없을 정도다. 도덕은 고사하고 법도 안 지키는 정치지도층이 무슨 낯으로 국민을 이끌어나갈 수 있겠는가. 재판에 회부된 국회의원이 김영삼 정부에서 46명, 김대중 정부에서 72명이던 것이 노무현 정부에서는 무려 122명(2007년 5월 31일 현재)에 이르렀다고 한다. 대통령 선거에 나왔던 어떤 후보자는 무수한 전과 의혹이 문제가 되기도 했는데, 선거법위반, 범인은닉, 위증교사, 위장전입5회, 위장취업─소득세 · 법인세 · 증여세 탈루목적 자녀 급여제공, 개발정보 취득 부동산투기, 기자 성접대 의혹, 노조설립방해 등 다 헤아리기 어려울 정

1 로버트 펠드만 지음, 이재경 옮김, 『우리는 10분에 세 번 거짓말한다』, 예담, 2010.

도였다.

 2009년 9월 버락 오바마(Obama) 행정부에 분노한 시위대는 미 워싱턴 DC의 중심인 내셔널 몰부터 의회 서편 잔디밭까지 가득 메웠다. 강풍이 부는 쌀쌀한 날씨였지만, 보수파의 시위 열기는 뜨거웠다. 시위대는 건강보험 개혁을 반대했고, 멕시코와 중남미인들이 입국을 쉽게 할 수 있는 이민법 개혁을 반대했다. 그들은 또 총기 허용과 낮은 세율을 정부에 요구했다. 물론 이 날 시위는 계획됐었지만, 오바마의 의회연설에 저항하여 "당신, 거짓말이야"라고 외친 조 윌슨(Wilson, 공화) 하원의원에 의해 더 증폭되었다. 시위대는 "거짓말쟁이(Liar)"를 외치며, "고마워요! 조 윌슨"이라고 적힌 플래카드를 흔들었다. 시사주간지 〈이코노미스트〉는 오바마가 지지율이 점점 하락하고 지지자들조차 등을 돌리는 이유에 대해 "그는 불가능한 것을 약속했고, 그걸 국민들이 믿도록 했기 때문이다."라고 분석했다. 뛰어난 언술과 호소력 있는 표정으로 국민들에게 기대감을 주었지만 정작 실천해 낸 일들이 별로 없기에 지지율 추락이 가속화한다는 것이다.[2]

 니콜라 사르코지(Sarkozy) 프랑스 대통령도 약속을 지키지 않은 언행의 불일치로 2009년 말 국민들의 냉소 속에 곤욕을 치른 바 있다. 그런가 하면 부패와 사기, 돈세탁 등의 혐의를 받은 타이완(臺灣)의 천수이볜(陳水扁) 전 총통 부부는 2009년 9월 종신형과 총 5억 타이완 달러(1500만 달러)의 추징금을 선고받고, 돈세탁을 도왔던 천 총통의 아들에게는 30개월, 사위에게는 20개월의 징역형이 선고된 바 있다. 그리고 마침내 2010년 11월 부부에 대해 나란히 징역 19년 형을, 벌금도 110억원이 확

---

2 역대 어느 정권보다 높은 지지율 속에 출범한 오바마 정권을 탈세와 부정으로 얼룩진 정권으로 규정한 책도 나와 화제다. 〈뉴욕타임즈〉 베스트셀러 저자 미셸 말킨은 『기만의 정권』(시그마북스, 2010)이라는 이름으로 책을 출간하면서 "미국의 희망과 변화의 시대는 죽었다"고까지 표현했다.

정 선고되었다. 2010년 일본의 하토야마 유키오(鳩山由紀夫) 전 총리는 취임 때의 70% 지지율이 8개월 만에 20%로 급락하며 물러났다. 하토야마는 오키나와 주민들에게 미 해병대 항공기지를 현(縣) 밖으로 옮기겠다고 했던 공약을 못 지켰던 것이다.

중국의 원자바오 총리

그런가 하면 몇 년 전 중국에서 마오쩌둥(毛澤東) 회고 바람이 불었었던 적이 있다. 그는 반드시 일반국민과 마찬가지로 생활해야 한다면서 50여 곳을 기워 누더기처럼 된 수건을 사용한 신념을 지닌 지도자로 인식되었다. 정경유착이 심각해지고 권력층의 특권이 하늘로 치솟는 가운데 적잖은 국민들은 좌절감에 빠져들고 있는 당시 현실 속에서 더욱 사회주의 중국을 건설한 영웅을 그리워하고 있었던 터이기에 가능했을 것이다. 한편 중국의 원자바오(溫家寶) 총리는 2006년 허름한 잠바를 11년째 입고 밑창이 떨어진 운동화를 몇 년째 기워가며 신고 다닌다는 것이 뒤늦게 알려져 '평민총리'로 중국인들을 감동시켰다고 2007년 언론에서 보도된 바도 있다.[3]

현대 정치지도자 중 부정으로 얼룩지지 않고 가장 극적으로 깨끗하게 은퇴한 이가 레오폴 상고르(Leopold Senghor)다. 1960년 세네갈 독립과 함께 대통령이 된 시인 상고르는 국민들의 절대 지지 속에 다섯 번을 연임했다. 그는 집권 20년이 된 1980년 12월 31일 임기 중에 과감히 물러났

3 원자바오 중국 총리는 2010년 가장 주목할 만한 세계 지도자로 선정되었다. 세계적인 정치 컨설팅사 유라시아(Eurasia)그룹은 '2010년 주목할 지도자 10명'을 발표했다. 유라시아그룹은 원자바오 총리가 2009년 사상 최악의 경제위기에도 중국을 잘 이끌어왔다고 평가했다. 물론 원자바오 총리를 국내에서조차 비판적으로 보는 시각도 있다.

다. 조국을 떠나 정치와 담을 쌓은 채 프랑스 노르망디에서 시작(詩作)에 몰두하다 여든 다섯에 세상을 떴다. 1983년엔 흑인으론 처음 프랑스 한림원 아카데미프랑세즈 회원이 됐다.

조선의 오리(梧里) 이원익(李元翼, 1547~1634)은 수 십 년을 재상 자리에 있으면서 험난한 국사를 원만하고 합리적으로 처리해 모든 이의 존경을 한몸에 받았다. 이원익은 인조반정 이후에 살벌한 정국을 안정시킨 대감인데, 84세 때 인조가 승지를 보내 위문한 바 있다. 그 거처에

복원하기 전 오리 이원익이 살던 누추한 집(경기 광명)

대해 묻자, "띠집이 낡아 비바람도 못 가릴 지경입니다"라는 대답이었다. "재상 40년에 몇 칸 모옥뿐이란 말인가?" 모든 이가 그 청렴함을 보고 느끼라는 뜻으로 나라에서 직접 집을 지어 주었다. 이 집이 경기도 광명시 소하동의 관감당(觀感堂)이다. 그의 좌우명은 "뜻과 행동은 나보다 나은 사람과 견주고, 분수와 복은 나보다 못한 사람과 비교한다"였다.

2. 백성의 삶을 걱정하는, 정치문화

청동기시대 이후 농사가 발달하고 사유재산이 축적되면서 계급이 발생하게 되어 집단내부에 지배하는 자와 지배당하는 자가 생기게 되었다. 여러 부족장들이 왕을 중심으로 정치적 지배세력을 형성하기도 했다. 삼국시대를 맞아 엄격하게 나라를 다스리는 계층과 다스림을 받는 계층으로 나뉘게 되었다. 왕권이 강화되었고, 부족장들은 독립된 세력

을 상실하고 중앙으로 와서 정치적 특권을 인정받는 귀족이 되었다. 특기할 만한 것은 지배와 피지배의 현격한 대립에도 불구하고 귀족과 평민들 사이에는 일종의 정신적 유대감이 있었다는 점이다.

이렇듯 일찍부터 계급이 발생하고 지배구조가 등장하는 가운데 정치의 역사는 시작되었다. 지배층과 피지배층의 관계를 중심으로 한국정치사의 큰 흐름을 살펴볼 때 무엇보다 피지배층의 동향이 정치에 민감하게 반영되었음을 지적하지 않을 수 없다.

각 지역에서 징수하는 특산물을 쌀로 바꾸는 조세제도인 대동법의 시행을 기념하는 비

신라 말의 농민반란이 고려의 후삼국 통일에 영향을 미친 점을 비롯하여 고려왕조가 골품제를 타파하고 고대적 수취제를 극복함에 따라 피지배층의 지위 향상이 두드러졌던 점, 조선 전기 향촌사회의 질서를 확립하는 데 주민 전체가 참여했던 향약제 실시, 조선후기 농민들의 경제적 부담을 다소나마 덜어줄 수 있었던 대동법이나 균역법의 실시 등을 예로 들 수 있다.

특히 역사는 승자가 쓰다 보니 인조에 의해 쫓겨난 광해군은 폭군으로 그려졌다. 그러나 광해군은 임진왜란이 일어났을 때도 백성들의 절대적인 신망을 얻고 있었을 뿐만 아니라,[4] 광해군은 백성의 편에서 개혁정치를 펼쳤다. 뇌물이 성행하고 세금

---

4 "광해군이 눈물을 흘리면서 '오늘의 계책으로는 동남에 주력하여 회복을 도모해야 할 것이요 자신을 보호할 계책만을 세울 수는 없다'고 하면서 평안도에서 강원도로 나와 …… 충청·전라·경상도 사이에 호령이 막히지 않게 했으며 소재처의 군민이 의병을 규합하여 서로 앞을 다투어 목숨을 바쳐 적을 칠 것을 결심하였습니다. 결국 나라가 재건된 것은 실로 여기에 기인한 것입니다."(『선조실록』권116, 선조 32년 8월 정유(丁酉).

착복도 많아 백성의 원성이 자자하던 당시 왕은 대동법(大同法)[5]이라는 세제개혁을 단행한 것이다. 토호세력과 상인들이 극렬하게 반발했고 왕은 그들과 멀어져갔다. 광해군은 이 땅의 임금 중에서 자주와 자립을 추구한 보기 드문 군주였다. 그의 이런 정책 때문에 사대 모화주의자들에게 쫓겨나 외로운 섬 제주도에 갇혀 생을 마쳐야 했다.

14세에 왕위에 올라 백발의 신하들을 호령하는 카리스마로 국정을 주도하면서 공포의 대상이었던 숙종도 백성을 끔찍이 사랑하는 애민의 순수권력자였고 부국강병을 기치로 청에 대항하는 강력한 절대군주였다.[6] 특히 숙종은 화폐 유통을 통해 경제를 활성화하고 암행어사를 통해 민생을 보살핀 애민의 국왕이었다.

조선시대 은밀히 민정을 시찰했던 암행어사의 마패

정조는 조선의 양반사회를 추켜세워 "우리 조정이 사대부(士大夫)로 나라를 세운 것은 세도(世道)를 유지하며 사람의 뜻을 막아 지키려는 것이었다. (…중략…) 수백 년 이래로 농사짓는 백성들이 야위고 괴로워서 병장기를 들고 울부짖으며 시끄럽게 떠드는 변란이 한 번도 없었던 것은

---

5 대동법은 진실로 조선왕조 세제개혁에 있어서 가장 큰 것이었다. 이는 임진왜란으로 헝클어진 조세제도를 정비하면서 갖가지 세금의 징수에 고통 받는 백성들을 위한 대책이었다. 다시 말해 어물·직물·약재·종이 등 지방의 특산물로 납부하던 공물을 쌀로 통일하여 바치게 한 세금제도이다. 이 제도가 농민들에게 도움이 되는 이유는 토지를 가진 농민들은 1결당 12두만 납부하면 되었으므로 종전의 공납제에 비해 훨씬 부담이 덜해졌고, 땅이 없는 영세농민은 낼 필요가 없었기 때문에 일단 부담에서 해방되었다. 대신 땅을 가지고 있었던 지주들에게는 반발이 심할 수밖에 없었다. 조선시대 선조 4년(1608)에 먼저 경기도에 시행되었고, 100년 뒤 숙종 34년(1708)에 이르러 전국적으로 실시되었다. 조선 후기 대동법, 균역법, 호포법 등은 조세제도상에서 양반층의 특권을 약화시켰다.

6 이한우, 『숙종, 조선의 지존으로 서다』, 해냄출판사, 2007 참조.

사대부의 힘이다."[7]라고 한 바도 있다.

3. 가장 백성을 사랑했던, 세종과 정조

오직 백성만을 생각했던
세종대왕

세종이 즉위하던 1418년부터 조선은 7년이나 지속되는 큰 가뭄을 맞게 되었다. 22세의 젊은 왕은 지금의 세종로 네거리에 가마솥을 내걸고 죽을 쒀 백성들에게 나눠주도록 했다. 어느 날부터는 경회루 동쪽에 초막을 짓고 거기서 살았다. 왕비와 신하들이 침전에 드시라고 간절히 호소해도 "백성이 굶는데 편하게 잘 수는 없다"고 답했다. 나라에 변고가 있을 때 임금이 근신하는 뜻으로 반찬의 가짓수나 식사 횟수를 줄이는 것을 뜻하는 '감선(減膳)'과 고기반찬을 들지 않는 것을 이르는 '철선(撤膳)'이 있다. 세종은 신하들에게 모범을 보이기 위해 감선과 철선을 반복했다.

세종의 리더십의 핵심은 진정한 애민(愛民)의식이다. 우리 고유의 문자인 한글의 창제도, 관노출신 장영실을 파격적으로 등용해 자격루를 만들게 한 것도, 수확량을 두 배로 늘린 간종법(間種法)을 보급한 것도 오로지 백성을 생각한 결과의 소산이다. 백성에 대한 사랑은 병마(病魔)와 참척(慘慽)의 고통을 견디며 학문에 매진하고, 능력 중심으로 인재를 등용하며,[8] 슬기롭게 국책사업을 수행한 동력이다. 앞으로 대한민국을 이끌어

---

7 『일득록(日得錄)』「훈어(訓語)」 규장각 신하들.
8 황희, 박연 등에 대한 부정적 평판에도 불구하고 그들을 기용한 것 또한 오로지 백성들을 향한 세종의 애민 차원의 정치력에서 나온 것이라 볼 수 있다.

갈 지도자들이라면 외국의 리더십 모델을 벤치마킹하기에 앞서 세종의 리더십 하나만이라도 제대로 이해하고 닮아 보려고 애쓸 일이다.

일본의 하토야마 유키오(鳩山由紀夫) 전 총리가 당선 직후인 2009년 9월 도쿄(東京) 지요다(千代田)구에 있는 자신의 개인사무실에서 한국의 탤런트 이서진 씨를 만났다. 이 자리에는 한류 팬으로 유명한 하토야마 대표의 부인 미유키(幸) 여사도 동석했다. 이서진 씨는 NHK 위성채널을 통해 방영중인 한류 역사드라마 〈이산(李算)〉 홍보차 일본에 머물고 있었다. 정조의 본명이 '이산'인 드라마 〈이산〉에서 정조 역을 맡고 있는 이서진 씨에게 하토야마 대표는 "앞으로 정조처럼 정치를 하겠다. 새로운 정치를 하겠다. 드라마를 보면서 공부하고 개혁하겠다"고 답했다.

조선 22대 왕인 정조(1776~1800)는 조선왕조 역사상 최장기 집권(52년)한 기록을 세운 할아버지 영조의 사랑과 보호 아래 군왕교육을 받았다. 그리하여 과거제도 개선과 탕평책 등 개혁정책을 통해 백성을 근본으로 하는 정치를 펼쳤다. 정조는 할아버지의 뜻을 충실히 받들어 수원으로 수도를 옮기려는 계획도 세웠고 당파를 없애고 참신한 인물들을 등용하여 왕권을 강화하려 했다. 농민의 부담을 줄이고 삼정의 문란을 바로잡고 정치기강을 확립하려 하였다. 물론 정조는 어느 정도 성과를 이뤄냈지만 근본적으로 개혁을 이루지는 못한 채 세상을 떠나고 말았다. 그러나 정조는 백성을 위해 국왕의 개인 재산인 내탕고(內帑庫, 판공비)도 아끼지 않았던 군주였다.

조선의 세종과 정조를 다룬 TV 사극이 선풍을 일으키고 있다. 이 열기가 학술 및 출판계로 이어져 두 임금을 소재로 한 소설과 학술서, 논문이 잇따라 나오고 있다. 이 가운데 가장 눈길을 끄는 것은 박현모(정치학) 교수가 최근 동양철학 비평지 〈오늘의 동양사상〉(2007년 가을·겨울호)에 기고한 「세종과 정조의 리더십 스타일 비교」다. 박 교수가 내린 결론부터 말하면 세종은 '뒤에서 미는' 방식의 지도자라면, 정조는 '앞에서 끄는' 스타일의 지도자였다는 것이다. 두 임금은 회의 운영방식에 서부터 달랐다. 세종은 신하들에게 최대한 발언 기회를 주고 이를 경청하는 스타일로 회의를 진행했다. 그러나 정조는 회의를 시종 주도하면서 신하들의 과도한 발언을 견제하는 데 주력했다는 것이다. 세종은 충분한 토론을 거쳐 정책의 장단점이 드러나게 한 뒤에 일을 주관하는 사람에게 전적으로 맡긴 반면 정조는 목표를 정해 놓고 신하들의 동참을 설득했다는 것이다.

박 교수는 두 임금의 차이가 당시의 싱크탱크였던 집현전(集賢殿)과 규장각(奎章閣)을 운영하는 데 있어서도 그대로 나타났다고 지적했다. 세종

정조가 세운 왕실도서관에 해당하는 창덕궁의 규장각

은 과제를 집현전 학사들에게 던져 놓고 결과물이 나올 때까지 기다렸으나 정조는 규장각에서 신하들을 직접 가르치기까지 했다고 한다. 리더십의 차이가 컸던 이유는 두 임금의 집권 당시의 상황이 달랐기 때문이라 한다. 세종은 부왕 태종이 공신과 외척을 모두 제거해 준 덕택에 개혁을 추진하는 데 장애가 없었던 반면 정조는 사도세자의 아들이라는 핸디캡을 안고 있었고 세종 때와 비교할 수 없을 정도로 심각한 붕당간 대립구도 속에서 왕권을 지켜야 했다는 것이다.

두 임금은 말투와 성격에서도 차이를 보였다고 한다. 세종은 신하들의 비판이 거칠어도 일단 긍정하면서 대화를 시도하는 스타일인데 비

해, 정조는 다소 논쟁적이어서 기록을 보면 "그렇지 않다"라든가 "경들이 하는 일이 한탄스럽다"는 발언이 자주 등장한다는 것이다. 또 세종은 좀처럼 속마음을 드러내지 않는 내향적 성격이었지만 정조는 신하들보다 더 말을 많이 해 비난을 받을 정도로 격정적이었다고 한다.

이상과 같이 두 임금은 리더십에서 차이를 보였지만 국정운영의 목표는 다르지 않았다고 한다. 두 임금 다 신하와 백성을 편안하게 하는 것을 정치의 궁극 목적으로 삼았기 때문이다.[9]

4. 왕도 갈아치울 수 있다

신라 진흥왕 순수비(巡狩碑)의 비문은 대개 비슷한 내용이다. "세상의 도리가 진실에 어긋나고, 그윽한 덕화가 퍼지지 아니하면 사악함이 서로 다툰다. 제왕은 왕위를 계승하고 스스로 삼가며 사방으로 영토를 개척하여 백성과 토지를 널리 획득하니 이웃나라가 신의를 맹세하고 화친을 요청하는 사신이 왔다. 이에 관할지역을 두루 돌아다니며 민심을 살펴서 백성의 노고에 보답하고자 하며 ……"

신라는 통일 이후 조직과 제도를 정비하고 1세기 가량 안정을 누렸으나 9세기 이후 중앙귀족들 사이에 격렬한 왕위쟁탈전이 일어나면서 심각한 위기를 맞게 되었다. 골품제가 흔들리고 중앙집권화가 강화되면서 유교사상도 변하여 새롭게 지배자의 도리와 의무를 강조하는 왕도정치와 하늘의 이치를 거역했을 때 왕도 갈아치울 수 있다는 천명사상이 요청되었다.

육두품(六頭品) 출신의 부친 판단으로는 진골 중심의 권력구조 아래서 총명한 자식이 출세하기 힘들 것이라 여겼기에 과감히 어린 아들 최치

---

9 〈동아일보〉, 2008. 1. 16.

중국정부가 처음으로 허가한 외국인 기념관이라는
최치원 기념관의 준공식(중국 양저우, 2007)

원(崔致遠, 857~?)[10]을 이역만리로 유학을 보냈을 것이다. "네가 당에 가서 10년 안에 과거급제를 못 하면 내 아들이 아니다."라며 보낸 아들은 6년 만인 18세에 과거에 급제한다. 신라말기 12세의 어린 나이에 당으로 건너가 과거급제까지 한 것이다. 오늘로 치면 조기유학의 성공사례다. 당에서 황소(黃巢)의 난이 일어났을 때 황소에게 항복을 종용하는 내용의 격문인 「격황소서(檄黃巢書)」[11]를 지어 보내 간담을 서늘하게 했다는 일화는 유명하다. 880년 소금 밀매로 돈을 모았던 황소가 반란을 일으켜 뤄양(洛陽)과 장안(長安)을

---

10 고운(孤雲) 최치원은 "우리나라 문장은 최치원으로부터 시작된다"는 평가를 받을 만큼 우리 고유의 학문적 기틀을 잡아나간 인물이다. 그가 지은 『계원필경집』은 통일신라 이전의 것으로 유일하게 현전하는 한국 최고의 문집이자 9세기 신라와 당, 남만 등 동아시아 국제교류사 연구에 중요한 전적으로서 『계원필경집』은 2009년 풍부한 역주서로 새롭게 출간되었다. 『계원필경집』은 최치원이 당나라 회남절도사(淮南節度使) 고변(高駢) 휘하의 종사관으로 활동할 때 지은 1만여 편의 글 중에서 50수의 시와 320편의 글을 직접 골라 신라 헌강왕(재위 875~886)에게 올린 시문집이다. 중국의 난징사범대 당인핑(党銀平) 교수는 "중국전통문학사에서 볼 때 외국 문인이 편찬한 가장 오래되고 완비된 전적이다"라고 하면서 "신라인의 무역활동, 신라와 당의 교류사 연구에 중요한 자료이며, 특히 황소의 난 등 중국사료에 없는 내용이 많아 정사를 보완하는 가치를 지닌다."고 높이 평가했다. 2007년 10월 중국은 장쑤(江蘇)성 양저우(揚州)시에 '최치원 기념관'을 세우고, 그와 로맨스가 얽힌 쌍녀분도 복구하여 중요문화유물로 지정 관리하고 있다. 최치원 기념관은 중국 중앙정부 차원에서 처음으로 허가한 외국인 기념관이라는 점에서 의미가 깊다.

11 "…만일 네가 헛된 욕망에 이끌려 함부로 날뛴다면 사마귀가 수레바퀴에 저항하는 우를 범하는 것이다. 우리 군대가 몰아치면 너희 오합지졸들은 사방으로 흩어질 것이며 너의 몸은 도끼에 묻는 기름이 될 것이고 뼈는 전차에 부서져 가루가 될 것이다."

공략하자 쓰촨(四川)으로 피란을 떠난 희종 황제가 고변에게 황소를 토벌하라는 명령을 내렸다. 최치원의 격황소문은 이때 나온 것이다. 이밖에도 문장으로 이름을 날리며 재능을 과시하던 최치원은 16년간의 외국생활을 끝내고 28세에 귀국하였다.

신라시대 큰 뜻을 품고 당나라로 유학을 갔다온 최치원같이 진골귀족에 대항하는 신정치세력인 6두품 출신 유학자들의 출현에 주목할 수 있다. 당에서 유학하고 돌아온 이들은 중앙집권적 왕권을 옹호하고, 신라가 중국과 같이 왕도정치에 근거한 군자국가라는 인식과 더불어 정치적 개혁에 앞장섰다. 이때부터 왕권을 강화하고 관료제를 정착시키기 위해 유학적 관리선발제도를 도입하는 등 실로 조국 신라를 위해 다각도로 열정과 노력을 기울였다.

그런데 이 시기 지방에서는 호족세력이 점차 대두하여 성주나 장군으로 자칭하며 주민들로부터 조세를 거두고 사병을 거느리면서 독립적인 지위를 굳혀가고 있었다. 호족과 중앙정부에 이중으로 납세를 당하는 농민들은 고통 속에서 신음할 수밖에 없었다. 호족의 등장과 농민의 반란으로 인하여 왕족인 진골중심의 정치체제는 더 이상 버티기 힘들게 되고 후삼국시대의 내란을 겪게 되었다.

최치원이 바라던 유교적인 이상국가의 실현은 폐쇄적인 골품정치와 거듭되는 농민반란으로 좌절될 수밖에 없었다. 6두품 출신이라는 신분의 한계로 현실개혁의 뜻을 펼칠 수 없음을 절감한 그는 결국 은둔의 길을 택했다.

5. 국가의 근본은 백성이다

고려를 세운 후 태조 왕건(王建, 재위 918~943)은 각 지역의 호족들을 끌

정치적 안정을 추구했던
고려 태조 왕건

어 모으기 위해 혼인정책까지 취했다. 이는 고려 초기에 정치적 안정을 가져다주었으나 나중에는 외척의 발호를 낳게 되었다. 외척의 정치 참여는 자연스레 왕권의 약화를 초래하였다. 마침내 왕건은 호족의 기반을 약화시키면서 왕권을 강화하고 민심을 수습하고자 고심했다. 그리하여 현실적으로 유학에 기초한 중앙집권적 정치노선을 선택하였다. 태조의 유교적 정치의 이상은 4대 광종에 의해서 구체화되었다. 노비안검법[12]과 과거제도를 시행하여 호족출신의 공신들을 견제하고 압박하며 중앙관료화를 촉진시켰다.

그 뒤 성종과 현종 대에 신라 6두품계통과 지방호족 및 개국공신 등 문벌귀족들이 중심이 되어 고려의 정치적 중심세력을 형성하였다. 유학이 정치이념으로 전면에 대두되면서, 성종 때에 이르러서는 최승로(崔承老, 927~989)가 나라의 근본이 되는 백성을 위해 국왕은 모범을 보일 수 있어야 한다는 입장을 강하게 표명했다. 경주 최씨의 시조 최치원의 후손인 최승로는 신라 6두품인 은함(殷含)의 아들로서 935년 신라가 망하자, 아홉 살의 나이로 아버지를 따라 고려의 수도 개경에 들어와 그 총명함으로 태조 왕건의 사랑을 받았고, 태조 이후 6대 왕을 섬겼다. 일찍부터 유교경전에 밝았으며 광종 때에는 국가의 문한(文翰)을 맡아 중국에 보내는 외교문서를 짓기도 하였다. 성종이 경관5품 이상에게 시정의 득실을 논하게 하자, 이에 응하여 장문의 개혁안, 즉 「오조정적평」과 「시무책 28조」를 올렸다.

---

12 노비안검법(奴婢按檢法)은 사노비 가운데 본래 양인이었던 자들을 노비신분에서 해방시키고자 시행한 것이다.

당시 당 태종[13]이 여러 대신과 국정을 논한 「정관정요(貞觀政要)」가 중국뿐 아니라 동양 각국에서 시정(施政)의 텍스트로 사용되고 있었다. 「정관정요」는 당 태종 사후 50여 년이 지나 오긍(吳兢, 670~749)이 편찬한 것이었으며 제왕학(帝王學)의 교본이라 할 수 있었다. 인구에 회자되는 "군주는 배요, 백성은 물이다. 물은 능히 배를 실어 띄울 수 있지만, 때로 배를 전복시킬 수도 있다"[14]라는 명구도 「정관정요」 정체편(政體篇) 제7장에 나

훌륭한 정치가로 추앙받는
당 태종

오는 글귀다. 우리나라에서도 마침 고려 광종이 「정관정요」를 중시해 문한(文翰)기구를 정비한 바 있는데, 성종 때 이르러 최승로는 이 「정관정요」를 참조해 「오조정적평(五朝政績評)」을 국왕에게 올렸다. 이는 고려의 태조, 혜종, 정종, 광종, 경종에 이르는 5조의 정치적 치적에 대하여 잘잘못을 가려 본뜰 것과 경계할 것을 성종에게 권하기 위한 것이었다.

한편 최승로가 성종에게 건의한 「시무책(時務策) 28조」는 유교정치의 이념이 확립되는 계기를 마련했다. 현재 28조 중 22조가 전해지고 있다. 최승로는 성종으로 하여금 이상적인 군주로서의 자질을 갖출 것을 권하였다. 군주는 교만하지 말고 아랫사람들을 공손히 대우해야 한다고 생각했다. 광종의 전제주의적인 모습을 떠올리며 왕권이 지나치게 강대해

---

13 당 태종 이세민(李世民, 재위 627~649)의 정치를 '정관(貞觀)의 치(治)'라 일컬으며 후세까지 훌륭한 정치의 귀감으로 삼고 있다. 역사서에서는 "길바닥에 떨어진 남의 물건은 줍지 않고, 행상으로 여행하는 사람들은 도둑이 없는 세상이라 아무 데서나 노숙을 하고 다녔다"라고 당시를 기록하고 있다. 당 태종은 정직하고 충성스런 인물을 등용해 그들의 직언을 따랐다. 1400년의 세월을 뛰어넘어 명군으로 추앙받는 것도 그의 '인재론'에서 기인한 바 크다.

14 군주야인수야 수능재주역능복주(君舟也人水也 水能載舟亦能覆舟).

제
1
부
사
회
·
정
치
와
경
제

31

져서는 안 된다고 보았다. 또한 권신에 의해 정권이 독점되는 것도 맹렬히 비판하였다. 정치형태로서는 중앙집권체제를 공고히 하기 위해 지방관을 파견하여 상주시킬 것과 지방의 호족세력을 억제해야 한다고 하였다. 현실 정치는 유교에 토대를 두어야 하고, 불교는 수신의 근본이며 내세를 위한 것이라고 보면서 불교의 폐단에 대해 통렬히 지적했다. 그리고 신분질서에 따른 귀족관료들의 권위와 특권을 강하게 옹호하였다. 또 국방의 중요성, 상벌을 통한 권선징악의 통치, 중국에 보내는 사신의 수 감소, 사무역의 금지 등을 강조하기도 하였다.

최승로가 건의한 내용은 대부분 성종 때 국가의 정책에 반영되었다.

성종에게 이상적인 군주가 되길 건의한 최승로

즉 지방통제를 위해 전국의 주요지역에 12목을 설치하고 상주하는 지방관을 파견하였다. 성종은 불교적인 행사를 억제하면서 팔관회를 폐지하고 집을 절로 삼는 것을 금지하였다. 국자감을 중수하고 12목에는 경학박사를 파견하는 등 유학교육을 크게 일으켰으며, 전국적으로 효자를 찾아 표창하여 효 사상을 장려하기도 하였다.

이처럼 고려전기에는 유교사상에 입각한 중앙집권적 귀족정치를 지향하면서 국왕이 민생의 안정에 관심을 쏟아야 한다는 민본이념이 강조되었다. 민본(民本)[15] 즉 애민의 정신은 조선으로도 이어졌다. 정도전이 태조에게 바친 『조선경국전』을 보면 "백성은 국가의 근본이며 군주의 하늘이다. 군주된 자가 이 뜻을 잘 깨닫는다면 불가불 지극히 애민하게 된다"고 밝히고 있다.

---

15 민본의 어원은 '민유방본 본고방녕(民惟邦本 本固邦寧)' 즉 '백성만이 나라의 근본이니 근본이 튼튼해야 나라가 안녕하다'는 『서경(書經)』의 구절이다.

6. 권력은 견제되어야 한다

고려시대 정책결정을 하는 가장 중요한 기능을 발휘한 것은 중서문하성(中書門下省)이었다. 이는 2품 이상의 재신(宰臣)을 중심으로 한 기구인데, 국왕의 명령에 이의를 제기함으로써 국왕이 자의적으로 국정을 결정하지 못하도록 견제하는 역할을 했다. 재신이야말로 정책을 결정하고 시행하는 주역으로서 귀족정치를 대변하는 존재였다.

또 고려의 정치적 특성 가운데 서경(署經)제도를 들 수 있는데, 서경은 왕의 인사명령에 낭사(郎舍)와 대관(臺官)[16]이 부서(副署, Countersignature) 즉 서명하는 제도이다. 관료의 임용이나 승진 등에 있어 낭사와 대관이 규정과 기준에 따라 합당해야만 부서함으로써 왕의 권력을 견제하였던 것이다.

소수의 문벌귀족들만이 권력을 가지고 있던 고려시대와는 달리 조선시대에는 많은 사람이 관직에 나갈 수 있었고 이에 권력계층의 폭도 비교적 넓어지게 되었다. 지배세력의 수적 증가는 자연히 그들 사이의 관직을 위한 경쟁을 치열하게 하였다. 그 결과 과거시험의 중요성이 훨씬 커지게 되고 관리를 더욱 관료적이게 만들었다. 정치기구에 행정관료적인 성격이 잘 드러났는데, 이는 더욱 국왕의 전제정치를 실현하는 수단이 되었다.

왕권과 대립되는 세력을 견제하기 위해 조선의 중요한 정무는 사실상 육조에서 맡게 하기까지 했다. 그러나 최고관부는 어디까지나 의정부(議政府)이며 이것은 삼정승에 의한 합좌기관으로서 고려 재신들의 합좌회의와 상응했다. 가령 태종은 재위 14년(1414) 의정부 서사제(署事制)를 폐지하고 육조(六曹) 직계제(直啓制)를 실시해 강한 왕권을 구가했으나 아들인 세종은 재위 18년(1436) 의정부 서사제를 부활시켰다. 단종 때 의정

---

16 조선시대에는 사간원과 사헌부가 맡음.

부 서사제가 강화되어 정승들의 권한이 커지자 수양대군은 왕권강화란 명분으로 쿠데타를 일으켰고 즉위 원년(1455) 의정부 서사제를 폐지했으나 훗날 다시 부활시킴으로써 쿠데타의 명분을 무색케 했다. 정치기구가 관료화됨으로써 왕권은 자연히 강대해졌으나, 왕권이나 관료의 전횡을 억제하기 위해 삼사(三司)라는 사간원·사헌부·홍문관[17]을 두었다. 특히 권력비리를 감시하는 사헌부를 '서릿발 같이 엄정하다'는 뜻의 상대(霜臺)라 불렀다.

조선시대 성종이 송영(宋瑛)이란 사람을 사헌부 관리에 임명하려 했다. 그러자 사헌부와 사간원에서 그를 임명해선 안 된다고 들고 일어났다. 송영은 단종 복위운동에 가담한 대역죄인의 후손이라는 이유에서였다. 성종의 의지가 완강했지만 사간원과 사헌부 역시 굽히지 않았다. 몇 번 공방이 오가다가 드디어 분노한 왕은 "왕의 교지(敎旨)가 그들의 탄핵만도 못하다는 말인가?"라고 탄식하였다. 사간원과 사헌부

조선시대 국왕이 4품 이상의 관원에게 관직, 토지 등을 수여할 때 내려주는 명령서인 교지

의 탄핵과 서경 등의 방법으로 이렇듯 왕의 인사를 견제했다.

또한 위세 등등한 사간원과 사헌부도 꼼짝 못하게 하는 존재가 있었으니, 그들의 임명 추천권을 갖고 있었던 이조전랑(吏曹銓郎)이다. 조선시대 이조(吏曹)의 전랑(銓郎)은 정랑(정5품)과 좌랑(정6품)을 함께 이르던 말로서 관원을 선발, 즉 전형(銓衡)하는 가장 큰 권한을 가진 직책이므로

17 궁궐의 서적과 문서를 관리하고 임금의 자문을 맡아보던 부서로서 관원들의 업무는 주로 임금 앞에서 학문을 강론하는 경연(經筵, 경서를 강론하는 자리)이었다.

전랑(銓郞)이라고 불렀다. 이조전랑은 엘리트 집단이라는 홍문관에서도 가장 유능하고 덕망 있는 사람으로 골랐다. 국정은 왕과 정승 판서에게 맡기고 이들의 권력 남용과 부정을 사간원과 사헌부가 감찰하며, 이조전랑으로 하여금 다시 사간원과 사헌부를 제어토록 하는 삼각구도의 견제 속에 500년 넘는 조선왕조를 지탱하게 한 인사 시스템의 비밀이 있었다.

7. 상소 · 격쟁 등의 공론정치

조선은 왕들이 입법 · 사법 · 행정의 전권을 쥐고 강력한 권한을 행사하던 왕조시대였던 만큼 왕들의 권한이 절대적이었다. 그래서 왕의 독주를 막기 위해 여러 제도적 장치가 마련되었던 것이다. 사헌부 · 사간원 관리들의 간언은 물론 사관의 기록이나 의정부대신들의

꽹과리를 쳐서 임금에게 억울함을 호소하던 격쟁

논의도 견제 역할을 했다. 그리고 일반 백성들의 상소나 신문고 등도 왕권에 대한 견제 장치라 할 수 있다. 왕의 행차 중에 꽹과리나 징을 쳐서 소원을 말할 기회를 만드는 격쟁(擊錚)이라는 것도 마찬가지다.

영조 때 암행어사로 이름을 날렸던 박문수(朴文秀, 1691~1756)는 소론계열이었다. 그는 한때 정적 홍계희(洪啓禧, 1703~1771)의 탄핵으로 위기에 직면한 적이 있다. 박문수의 아들 박구영은 아버지의 억울함을 호소하기 위해 창덕궁 서쪽의 금호문(金虎門) 경비를 뚫고 임금님 계신 차비문(差備門) 밖에까지 들어가 꽹과리를 쳐댔다. 그러자 궁문이 뚫렸다는 이

유로 금호문 수문장 윤동구와 함께 박구영을 하옥하여 치죄케 하는 사건이 발생하였는데, 『승정원일기』 영조 19년 2월 19일 기사에 그 내용이 잘 소개되어 있다.

지나간 정부에서도 마찬가지지만, 요즈음 장관이나 공기업 임원 등의 인사에 대해 '낙하산 인사'라는 비판이 일자 청와대 인사관리비서관실이 "인사시스템은 대통령 인사를 보좌하기 위한 것이지 이를 제한하거나 견제하기 위한 것이 아니다"라고 말했다. 국가의 인사를 대통령 뜻에 맞는 사람을 뽑는 것 정도로 아는 인식 수준으로 볼 때 민주주의를 표방하는 시대의 대한민국의 인사 시스템은 왕조시대만도 못하다고 할 수 있다.

조선의 정치형태는 공론(公論)정치라고 한다. 조선중기 사림파가 관직에 진출하며 본격화한 공론정치 체제에서 관직에 나아가지 않는 유생들은 수시로 왕에게 국정의 시시비비를 가리는 상소를 올려 정치에 영향을 주었다. 통치자가 여론을 두려워하고 정치에 반영했다는 점에서 현대 민주정치와 비교해도 크게 뒤떨어지지 않는 시스템이다.

대원군의 서원철폐를 반대하는 영남남인들의 만인소 작성
과정을 기록한 소행일기(우)와 만인소(좌)

만인소(萬人疏)는 이러한 조선 공론정치의 꽃이다. 상소에 1만여 명이 연대 서명을 했다고 해서 이름 붙여진 만인소는 조선시대 가장 강력한 여론 전달기구였다. 영조 대에는 유생들의 상소가 너무 많아 성균관에서 걸러내는 법이 만들어지기도 했으나 만인소만은 어디도 거치지 않고 왕에게 직접 전달됐다. 『승정원일기』, 『일성록』 등 기록에 남은 만인소는 모두 7점이며 현재까지 남은 것은 3점이다. 수가 이처럼 적은 것은 만인소는 작성자 쪽에서도 이만저만한 부담이 아니었기 때문이다. 실제로 만인소는 당대에 정치적으로 이슈가 될 만한 민감한 것이 대부분이며 주동자들은 유배를 가기 일쑤였다. 만인소 참가 유생들은 우두머리를 선출해야 했는데, 그 투표결과는 '소수권점(疏首圈點)'이라 불려 보관되어 왔다.

만인소가 처음 기록에 등장하는 것은 정조 16년(1792) 영남 유생들이 상소한 것으로 사도세자를 복권시켜 달라는 내용이었다. 또한 만인소 중 최다 인원이 참여한 것도 1855년 사도세자를 왕으로 추존해달라는 만인소였는데, 1만 94명이 서명했고 무려 96.5m의 길이다. 만인소는 조선후기 정치사에서 밀려난 남인들이 자신들의 정치적 열세를 공론이라는 형식으로 돌파하고자 했던 성격도 있다. 만인소 7점 중 5점이 영남 유생들[18]에 의해 작성된 것이라든가 참여자들에게 정치적 치명타가 될 수 있는 사도세자 관련 내용이 2점인 것도 이런 까닭이다.

8. 통치자의 수양이 중요하다, 조광조

16세기 등장한 지방 중소지주 출신의 사림(士林)[19] 세력은 당시 사회 모순과 훈구파(勳舊派)의 비리를 적극적으로 비판하는 한편 정치 및 사회 개혁을 추진하기 시작했다. 가령 조광조가 발의한 정국(靖國)공신의 위

---

18 성호의 제자이자 정조 때 영의정을 지낸 번암(樊巖) 채제공(蔡濟恭)도 1801년 '황사영 백서사건'으로 노론 벽파의 공격을 받아 관직이 삭탈되었다가 1823년 영남유생들의 '만인소'에 의해 복권되었다.

19 금장태 교수는 다음과 같이 선비를 정의한다. 선비는 그 사회의 정당성을 수호하는 양심이요, 그 시대의 방향을 투시하는 지성인이었으며, 모든 사람이 본받아야 할 인격의 모범이요 기준으로서 인식되었다. 선비는 온화하고 꿋꿋하며, 단아하고 겸허하여야 한다. 또한 선비는 근면하고 검소하며, 청렴하면서도 마음이 항상 넉넉하여야 한다 (금장태, 『한국의 선비와 선비정신』, 서울대학교출판부, 2000, 267면).

훈(偉勳) 삭제는 타당성과 명분이 있었다. 고려를 무너뜨리고 조선을 건설한 개국공신이 정도전 등 55명, 조카 단종의 왕위를 찬탈하고 수양대군을 옹립하는 데 앞장 선 정난(靖難)공신이 한명회 등 43명인데, 중종을 옹립한 정국공신은 박원종을 비롯하여 103명이나 되었다.

훈구파의 부도덕한 정치를 문제 삼은 사림파는 성리학에 바탕을 둔 왕도정치를 주장했다. 군주를 비롯한 지배층의 도덕적 수양과 이를 통한 사회 안정을 꾀하고자 한 것이다. 조선은 신권(臣權) 우위를 전제로 한 성리학의 왕도사상을 통치이념으로 채택한 까닭에 왕권을 지키려는 군왕과 신권을 드높이려는 신하들의 권력을 향한 마찰이 끊이지 않았다.

성리학은 중앙정치의 파행성과 향촌사회의 불안정을 극복하기 위한 정치 개혁의 이론적 근거였다. 사림파는 성리학적 이념에 입각하여 중소지주의 이익과 권리를 꾀하고, 공직자의 윤리를 강조하며, 지방분권을 통한 정치문화의 발전을 도모했다. 도덕정치에 입각한 이상국가의 건설이라는 목표가 바로 조선조 정치문화의 주요한 특징의 하나였던 것이다.

도덕정치의 대명사격이었던 정암 조광조

이러한 정치이념을 가장 철저하게 실천해보려 한 사람이 정암(靜庵) 조광조(趙光祖, 1482~1519)였다. 조광조는 행동하는 양심이었던 김굉필(金宏弼)의 제자로서 그에게서 『소학』을 배우기도 했다. 천명을 앞세운 도덕정치로 세상을 바로잡으려던 젊은 개혁가 조광조는 군주의 마음이 정치의 근본이므로 먼저 군주의 마음을 바르게 해야 할 것이라고 주장했다. 그러나 그의 주장은 반대와 저항에 부딪혀 실패로 끝나고 오히려 기묘사화에 연루되어 중종 14년 (1519) 37세의 짧은 일생을 마감하고 말았다. 유배지에서 사형이 집행되던 날 조광조는 "임금 사랑하기를 어버이 사랑하듯 했고, 나라 근심하기를 집

안 근심하듯 하였
네."라고 읊조리며
사약을 받고 피를
토하며 꼬꾸라졌다.
시신은 친구 양팽손
(梁彭孫)에 의해 가매
장되었다가 이듬해
경기도 용인[20]의 선
영으로 이장되었다.

한국의 정원을 대표하는 전남 담양의 소쇄원(瀟灑園)

조광조의 제자 소쇄(瀟灑) 양산보(梁山甫, 1503~1557)는 홍문관 관직을 벗어
던지고 향리인 전남 담양으로 내려와 흙담을 쌓고 집을 지어 스승을 기렸
으니, 그것이 오늘날 한국의 정원을 대표하는 소쇄원(瀟灑園)이다.

조선조 11대 중종(재위 1506~1544) 임금은 연산군을 쫓아낸 세력에
의해 추대된 왕이었다. 중종은 집권 후 10년쯤 지난 1515년 왕권을 강화
하고 새로운 정국을 열어갈 인재를 발굴하기 위해 성균관을 찾아가 직
접 과거시험 출제를 했다. 중종은 "내가 왕위에 오른 지 10년이 지났지
만 나라의 기강이 서지 못하고 법도가 정해지지 못했다. 이 난국을 극복
할 대책을 남김없이 논하라"라고 했다. 알성시 시험장에 있던 33세의 조
광조는 "옳은 것을 옳다 하고, 그른 것을 그르다 하며, 선한 것을 선하다
하고, 악한 것을 악하다 하고 하는 이치를 지키면 세상 모든 일이 가지
런하게 될 것입니다."라고 책문(責問)을 적어나갔다. 이어서 성실하고 정
성스러운 마음으로 백성을 보살핀다면 나라를 다스리는 데 무슨 어려움

---

20 조광조의 묘와 신도비(神道碑, 종2품 이상의 관원 무덤이 있는 큰 길가에 세운 석비)
는 경기도 용인시 수지면 상현리에 있다. 용인시는 조선 기호학파의 산실로 예학(禮學)
의 본향, 정몽주 · 조광조 선생이 묻혀 있는 유학의 성지로 불린다. 용인에는 경기도박
물관을 비롯해 호암미술관 등 미술관 · 박물관 18곳이 자리하고 있다.

과거시험장였던 창덕궁의 영화당(暎花堂) 앞마당인 춘당대(春塘臺)

이 있겠느냐고 했다.[21] 참으로 반듯하고 거침 없는 답안은 중종의 눈을 사로잡기에 충분했다.

중종이 "어떻게 하면 정치를 잘 할 수 있겠느냐?"고 물었다. 조광조는 "군자와 소인을 가려 쓰면 됩니다."라고 대답했다. 중종이 "나는 군자와 소인을 구별할 수 없다."고 솔직히 토로했다. 조광조의 대답은 절묘했다. "군자는 겸손하여 스스로 숨어살고자 하기에 알아보기 힘들고, 소인은 아는 척 나대기 때문에 눈에 잘 뜨입니다."라고 했다. 정치의 성패는 숨은 인재를 발탁하느냐 그렇지 않느냐에 있었음을 알게 된다. 옛말에 "현인은 이름을 숨기고, 소인은 이름을 구한다."고 했다.

도덕정치와 개혁정치의 상징으로 역사에 남은 조광조는 조선 중종 때 출사하여 사림의 영수로 국가개혁을 주도한 지 4년 만에 훈구세력의 모함으로 의금부에 하옥되었다. 그 후 겨우 한 달, 전라남도 화순군 능주(綾州)에 유배된 지 20일 만에 그는 사약을 받고 불귀의 객이 되었다. 국가의

21 한국 방송사극의 개척자인 신봉승 작가는 2010년 서울 중앙지검 검사들을 대상으로 특강을 해 화제가 된 일이 있다. 그는 "당신들은 이곳을 나가도 변호사를 할 수 있다. 이런 특권을 누릴 수 있는 직업이 어디 있는가? 그런데도 스폰서 논란이 나오는 것은 부끄럽기 그지없다고 생각해야 한다. 조광조가 대사헌이었으니 오늘날의 검찰총장이다. 이 중에서 조광조를 나의 선배라고 생각하며 그 포부와 기개를 닮으려고 노력해 본 적이 있는가"라고 질타했기 때문이다.

근본을 되찾고자 낡은 제도와 부패 관료를
혁파하고, 사리사욕으로 가득 찬 소인배들
과 간신들을 물리쳐 의리를 바로 세우고 능
력 있는 인사들을 등용하게 했으나 훈구세
력의 계략과 역공에 밀려 죽음의 비운을 맞
았다. 반계 유형원은 정암 조광조를 기리는
시를 지어 "뛰어나도다 문정공이여! / 강하
고 또 강직하였네. ……한밤 북쪽 문 열리더

니 / 나라 기어이 없애 버렸네."[22]라고 했
다. 반계는 조광조가 죽어 병자호란도 일어
났다는 예사롭지 않은 시각을 보이고 있다.

왕족이나 사대부의 신분을 고려하
여 교살 대신 독약을 보내 자살하
게 한 사약(賜藥) 장면

9. 선비들의 도덕정치 시대

사림(士林)이란 글자 그대로 대규모 선비그룹을 일컫는다. 조선왕조의
창업과 세조의 왕위찬탈 등에 공이 있는 훈구파들에 의해 권력이 독점
되다가 중종 무렵에 와서 성리학적 사상으로 무장한 참신한 선비집단이
정계에 진출하기 시작했다. 이들은 조광조를 중심으로 급진적 개혁[23]을
펼치다 사화(士禍)와 함께 몰락하기도 했으나 조선중기 이후 권력을 장
악하는 데 성공했다. 선조(재위 1567~1608) 대에 이르러서는 사림정치
가 어느 정도 정착되었다고 볼 수 있다. 하지만 사화라는 정치적 환경은

---

22 탁재문정공(卓哉文正公)/발강차강의(發强且剛毅)……북문일야개(北門一夜開)/방국
경진결(邦國竟殄缺), 「언행록」, 『반계잡고』, 290면.
23 자신과 뜻을 같이하는 신진사류가 힘을 비축하기 전에 우유부단한 임금 하나만 믿고
너무 성급하게 밀어붙여 화를 자초했다는 지적도 있다. 조광조를 존경했던 율곡 이이
조차도 "뜻은 좋았으나 너무 성급했다"고 평가한 바 있다.

많은 학자들을 산림(山林)으로 내몰았고 그리하여 오히려 학문에 정진할 수 있도록 했다.

산림의 학자들은 현실을 외면하거나 방관하지 않고 자유로운 비평정 신으로 처사적인 삶을 통해 다양한 사상을 수용했다. 사림은 사대부답게 현실을 직시하고 새로운 시대를 준비하면서 학문적 축적을 이루어나갔던 것이다. 사림은 조선왕조의 실질적인 운영자들이라 할 수 있다. 이렇게 볼 때 16세기 초반 50여 년 동안 일어났던 사화는 사림파들의 학문적·정치적 성장에 대한 기존 집권세력들의 정치적 반격이었던 셈이다. 조선왕조는 사대부정권이라 할 만큼 학통이니 학파는 정파를 가르는 주요한 기준이 되었다. 16세기 이후 사림파 학자들이 정계의 주도권을 장악했고 이들의 성장과 함께 학문적 축적도 더해갔다.

주기론에 기반을 두고 현실정치에 적극 참여했던 율곡 이이

다만 학자들에 따라 약간의 입장의 차이를 보이기도 했던 바, 대표적으로 퇴계 이황(李滉, 1501~1570)은 당시의 정치현실을 낙관적으로 보았고, 남명 조식(曺植, 1501~1572)은 부정적으로 인식했다. 이는 바로 윤승훈(尹承勳, 1549-1611)이 지적한[24] 퇴계의 학풍이 미친 경상좌도의 '상인(尙仁)' 학풍과 남명이 미친 경상우도의 '상의(尙義)' 학풍으로도 비교가 된다. 퇴계와 남명은 같은 해에 태어나 70여 년을 같은 경상도 땅에서 살면서 한 번도 만난 적이 없다. 퇴계는 현실정치를 체험하면서 무엇보다 우선하는 것이 정치주체들의 도덕적 자각임을 인식했고, 남명은 한 걸음 더 나아가 주체의 도덕성은 사회적 실천의 맥락 속에서

---

24 『선조실록』권42, 선조 34년 10월 기축(己丑).

만 확보될 수 있는 것으로 보았다.[25]

한편 지역적 학풍에 따라 16세기를 영남지방의 퇴계 이황, 호남지방의 고봉 기대승, 기호지방의 율곡 이이 등 도학의 거유(巨儒)들이 활동하던 시대로 규정지을 수도 있다. 선조 때부터 시작되어 확대 심화되어간 동인과 서인으로의 붕당[26]을 생각해 볼 때 동인에는 주로 주리철학적 도학을 펼친 조식과 이황의 제자들로 이루어진 영남학파가, 서인에는 주기철학을 주장했던 이이와 성혼을 추종하는 기호학파 인물들이 참여했다.

놀랍게도 2010년이 다해가던 11월 '21세기는 도덕정치의 시대'라며 세계적 정치사상가 조지 레이코프(George P. Lakoff)가 지은 『도덕, 정치를 말하다』(손대오 옮김, 김영사)를 화제의 신간으로 전면 신문 광고하는 것을 보았다.

10. 농사꾼에서 인재를 발탁하자

2008년 출범한 현 정권에 민심이 떠났던 이유는 기대했던 경제 활성화와 서민생활 안정은 사라진 대신 '고소영', '강부자' 같은 부자들로 구성된 정권으로 인식되었기 때문이다. 오죽하면 인사가 만사(萬事)가 아닌 망사(亡事)가 되었다는 개탄의 소리가 한참동안 잦아들지 않았다. 2010년 8월 당시에도 청와대 안에 대통령 고향사람과 대통령 모교 출신 숫

---

25 경남 산청에 있는 배산서원(서당)은 영남 유학의 쌍벽인 퇴계와 남명을 동시에 배향하고 있는 유일한 서원이다. '배산서당(培山書堂)'이라는 현판은 근대중국의 사상가 캉유웨이(康有爲)가 썼다. 19세기 말 공자교 운동을 펼친 지역 유림들이 공자를 모시는 문묘를 세우면서 퇴계와 남명을 동방유학의 성인으로 추숭했고, 퇴계를 이자(李子)로 남명을 조자(曺子)로 높인 위패를 모셨다.

26 선조대 동인인 김효원과 서인인 심의겸의 대립은 점점 동인의 허엽·이발과 서인의 박순·정철 등으로 이어졌다. 정철은 이발의 얼굴에 침을 뱉기까지 했다.

영화 적벽대전에 등장하는 유비군
최고의 책사 제갈량(금성무 분)

자는 오히려 더 늘었으며, 이런 편중을 시정하는 역할을 맡기려고 만들었다던 인사기획관 자리는 11개월째 공석이었다.

인사문제에 특별히 많은 관심을 갖고 있던 조선후기 실학자 성호 이익은 소수 권세가들이 자리를 모두 차지하는 현실을 개탄하면서 "오늘의 벼슬아치들은 모두 친척과 사돈붙이들이 아님이 없다."고 지적했다. 일부 특권층이 벼슬을 독차지하는 부조리한 인사구조를 비판한 것이다. 성호는 「농사꾼 중에서 인재를 발탁하자(薦拔畎畝)」라는 글에서, 몸소 농사 경험을 통해 그 어려움을 잘 아는 자 가운데 덕망 있는 인물을 가려 등용해야 한다고 주장했다.

우리 역사상 가장 바람직한 재상으로 고구려의 을파소(乙巴素)를 들 수 있다. 고국천왕(故國川王)은 왕실의 외척들이 들고 일어나 반란을 겪는 상황까지 경험한다. 이들을 처단하고 나서 마음이 심란했던 고국천왕은 정국을 안정시킬 인재를 구한다. 천거될 당시 을파소는 초야에 파묻혀서 농사짓고 있던 야인에 지나지 않았었다.[27] 파격적인 인사라고 해서 주변의 음해도 많이 받았지만, 왕의 전폭적인 신임을 얻은 을파소는 과연 국정을 잘 이끌었기 때문에 『삼국사기』에까지 남게 된 것이다. 유비가 세 번씩이나 제갈량을 찾아갔을 때 제갈량은 일개 농사꾼에 지나지 않았다고 『삼국지』 제갈량전은 적고 있다. 그 농사꾼 제갈량에게서 나온 것이 바로 '천하삼분지계(天下三分之計)'였다.

이익은 『성호사설』을 비롯한 여러 곳에서 '의(義)'를 중시하는 경상우

27 『삼국사기』 45권, 열전 편.

도의 학문적 분위기와 남명 조식의 영향력을 지적한 바 있다. 성호 이익은 '인재를 미리 확보해 두고서 쓸 일이 있을 때에 대비한다'는 '저인대용(貯人待用)'[28]을 제안하면서 전형을 맡은 자로서 시골 인재를 추천하지 않은 자는 벌을 주어야 한다고까지 말했다. 동아시아 최고의 고전으로 꼽히는 『논어』의 위정편을 보면, 노나라 애공(哀公)이 어떻게 하면 백성이 복종하게 되느냐고 공자에게 묻자, 공자는 곧은 사람을 들어 쓰고 굽은 사람을

한 차례도 벼슬하지 않은 학자
남명 조식

버려두면 백성이 복종하고, 굽은 사람을 쓰고 곧은 사람을 버리면 백성이 복종하지 않는다고 대답하고 있다. 백성의 존경을 받는 요체가 인재 등용에 있음은 두말할 것도 없다. 『논어』 안연 편에서는 제자인 번지(樊遲)가 '지(知)'에 대해서 묻자 스승인 공자는 "사람을 알아보는 것이다(知人)"라고 대답했다.

행동하는 양심의 소유자 조광조가 신원(伸寃)된 것은 선조 때이고, 사액(賜額)을 받은 것은 그가 죽은 뒤로 한참 지난 효종 때였다. 그가 역적으로 몰려 있었던 그 '잃어버린 시간' 동안, 임진왜란과 병자호란 등으로 무구한 백성들만 수없이 목숨을 잃어야 했다. 그럼에도 불구하고 강대하고 야심찬 중국과 일본의 틈새에서 이 한반도가 수천 년 문화적 정체성을 유지해온 것은 세계적으로 기적에 가깝다 할 수 있다.

28 『성호사설유선(星湖僿說類選)』 권4하(卷四下) 인사편4(人事篇四) 치도문일(治道門一).

11. 이순신을 등용한 위인, 유성룡

임진왜란이 일어났는데도 국가는 속수무책이었다. 그런 위급한 상황

광화문에 있는 이순신 장군 동상

에서 명의 원병이 오고 이순신이 싸움에 이긴 다는 소식을 들을 때마다 "참으로 하늘의 도움 이도다. 사람의 힘으로 된 것이 아니다."라고 안도하는 위정자가 있었다. 전시(戰時) 총리격 인 서애(西厓) 유성룡(柳成龍, 1542~1607)이다. 왜 군의 기습과 빠른 진격에 놀란 임금이 난을 피 해 명나라로 도망 가려 하자 서애는 "임금께서 우리 땅을 단 한 걸음이라도 떠나시면 조선 땅 은 우리 땅이 아닙니다."라고 직언을 했다. 임 란이 발발하기 전부터 병조판서를 지내고 있

던 서애는 정읍현감 이순신을 일곱 계단이나 훌쩍 올려 전라좌수사로 앉혔다. 무엇보다 육군을 해군 장수로 바꾼 것은 기가 막힌 발상이었다.

'임금을 받드는 일에 죽음 말고 달리 없다'고 하던 이순신은 영국의 넬슨 제독(1785~1805)을 능가한다고 하지 않는가.[29] 해남 땅 우수영에 서 "신에게는 아직 12척의 배가 남아 있습니다."라는 비장한 결의로 333

---

29 1904년 러일전쟁은 일본의 해군 총사령관인 도고 헤이하치로(東鄕平八郎)의 승리 로 끝났다. 전쟁이 끝나고 승전파티에서 한 기자가 도고에게 나폴레옹 함대를 트 라팔가해전에서 물리친 넬슨 제독에 필적할 만하다고 축하했다. 도고는 기자에게 자신은 넬슨보다 3분의 1의 규모로 러시아 최고의 발틱 함대를 격파했다며 넬슨은 대단한 인물이 아니라고 말했다. 기자가 조선의 이순신 장군을 거명하자 도고는 자신은 감히 이순신 장군과 비교될 수 없다며 이순신이야말로 전쟁에 관한 한 신 의 경지에 오른 분이라고 했다. 넬슨과 자신은 정부의 전폭적인 지원을 받았지만 이순신 장군은 그렇지 않았다며 이순신 장군에 비교한다면 자신은 하사관에 불과 하다고 답했다고 한다.(임기봉 엮음, 『이충무공 진중일기2』부록, 범우사, 2010).

척의 일본 전함에 맞서 전투를 벌인 이순신이다. 바로 그 이순신의 존재를 발견한 것은 물론 명과 왜의 조선 분할의 음모를 간파하고 이를 저지하기 위해 절치부심한 유성룡이야말로 한국의 처칠(Churchill 1874~1965)이라 해도 과언이 아니다. 유성룡은 임진왜란이 끝나고 『징비록(懲毖錄)』을 남겼다. 징비는 『시경』의 '소비 편(小毖篇)'에 나오는 "미리 징계하여 환난에 대비한다.(豫其懲而毖役患)"는 구절에서 따온 말이다. 책 속에는 일본에 대한 규탄보다 우리 내부 문제에 대한 냉철한 분석과 자기반성이 담겨 있다.

직언과 지혜의 인물 서애 유성룡

2010년 하회·양동마을이 세계문화유산에 등재되었는데, 하회마을에 있는 보물 414호인 충효당은 유성룡의 종택이다. '충효당'이라는 이름은 서애가 임종할 당시 자손들에게 남긴 시구절인 '충과 효 외에 달리 할 일은 없다(忠孝之外無事業)'에서 비롯되었다. 임진왜란 때 사천(私賤 종)을 군인으로 선발하자는 제안이 반대에 부딪히자 유성룡은 "천하 공공(公共)의 이치로 말하면 사천만 유독 '국민'이 아니겠는가"라고 비판했다. 천민까지 포함한 '국민'을 적극적인 주체로 인식하는 관념이 있었다는 것을 말해준다.

성호 이익은 임진왜란 때 명나라가 원병을 보낸 것에 대해 명이 자국의 방어를 위해서 보낸 것이므로 우리가 지나친 은혜의식을 가질 필요가 없다고 말한 바 있다. 사대주의자들에 대한 경고의 의미를 담은 자주적 의식의 소신에서 나온 발언임에 관심을 모으고 있다.

오늘날에도 훌륭한 리더의 조건으로 업적달성 능력, 조직운영 능력과 더불어 인재육성 능력을 꼽는다. 특히 인재 없는는 목표로 삼는 성과도, 안정된 조직도 기대하기 어렵다. 결국 인재를 올바로 판단하고 적재적소

제왕들의 인사교과서 인물지
(2010)

에 쓰는 일은 예나 지금이나 모든 리더들이 고민하는 과제이다. 이러한 때에 '조조의 인재 활용술을 집대성한 비서(秘書)'로 불리는 『인물지』[30]를 현대적으로 재구성한 『제왕들의 인사 교과서 인물지』(박찬철 · 공원국 공저, 위즈덤하우스, 2010)가 출간되어 이목을 집중시킨다. 조조(曹操, 155~220)는 도덕적 잣대로 인재를 내치지 않고 재능만으로 사람을 쓰고자 했다. 조조는 자신의 아들과 조카를 죽인 장수(張繡)와 자신의 가문을 비방한 진림(陳琳)을 등용할 만큼 사적인 감정을 배제하고 철저하게 능력 위주로 인재를 썼다. 한때의 적도 과감히 중용하는 실용주의적 접근이 눈에 띈다. 위 책은 바로 "사람을 얻는 자 천하를 얻는다!"는 정치철학을 잘 전하고 있다. 역발산기개세(力拔山氣蓋世)의 능력과 병사의 상처를 입으로 빨아주던 자애를 갖추었던 항우가 건달에 불과한 유방에게 왜 패하고 말았는가. 항우는 현명한 인재를 기용하는 데 인색했지만, 유방은 소하 · 장량 · 한신 같은 인재를 부릴 줄 알았다.

---

30 위나라 명신으로 조조의 비서랑(秘書郎, 현 비서실장격)이었던던 유소(劉邵)가 지은 인사관련 교과서라 할 수 있는데, 이는 특별히 지인(知人)과 용인(用人)에 대한 구체적이고 실용적인 내용을 담고 있다. 한편 최근 명말청초를 산 장다이(張岱, 1597~1684)라는 인물을 통해 명나라가 망한 이유가 사람 볼 줄 모르는 황제 때문이었음을 폭로하는 저서가 나와 화제다(조녀선 D 스펜스, 이준갑 옮김, 『룽산으로의 귀환』, 이산, 2010). 저자는 미국 예일대 역사학 교수이다. 장다이는 저장(浙江)성 샤오싱(紹興) 명문가의 장손이다. 고상한 취미를 즐기면서 자유롭게 살다가 왕조교체기를 맞아 가산을 잃고 희망을 버린 채 고향땅인 샤오싱의 룽산(龍山)으로 향한다. 장다이가 역사에 남을 수 있었던 것은 명 멸망 이후 저술을 통해 명의 멸망한 원인을 후대에 남겼기 때문이다. 그는 명의 멸망 원인을 인사(人事)의 난맥에서 찾는다. 마지막 황제인 숭정제는 17년 치세 동안 끊임없이 신하를 갈아치웠다. 장다이는 "사람을 고르는 것이 갈수록 기괴해지고 사태는 갈수록 악화되었다"고 지적한다. 명말 도처에서 일어난 반란이 나라가 망한 주요 원인이기는 하다. 그러나 장다이는 "최후의 일격처럼 보이는 독침을 쏜 것은 말벌과 전갈이었지만 이미 그곳에는 파리와 구더기가 들끓고 있었다"고 말한다.

12. 새로운 정치의 기대와 실망

17세기 이후 격화된 당쟁은 독주와 전횡을 견제하는 역할을 했다. 그러나 세력 간의 균형이 유지되지 못할 때 정치사가 불행해졌던 것처럼 18세기 이후 노론이 오랫동안 집권하자 왕권은 미약해지고 정치에서 배제된 재야세력의 불만이 증폭되었다. 조선후기 200~300년의 기간은 노론의 집권기[31]였는데, 노론이 조선사회의 주류로 등장하게 된 계기는 바로 인조반정(仁祖反正)이었다. 다시 말해 율곡의 학통을 계승한 서인이 주도하고 퇴계의 제자들인 남인이 협력하여 이루어진 인조반정으로 17세기 중후반 50여 년간 서인·남인의 연립정권이 출범했었다. 그러나 1680년 경신환국(庚申換局)[32]으로 서인이 다시 정권을 잡자 자체 내의 갈등과 대립이 격화되면서 노론과 소론으로 분열되기에 이르렀던 것이다.

17세기 후반기의 조선사회는 성리학의 원칙에 충실한 노론이 사상계를 주도해가면서 존주대의론과 북벌론이 대세를 이루고 있었다. 그런 가운데 한편으로는 재야의 남인[33] 학자들을 중심으로 이에 대한 비판의식과 함께 원시유학 및 노장사상에 대해 관심을 기울이고 소론의 일부학자는 양명학 등 새로운 학문적 조류에 관심을 보였다. 정치적으로 출세할 수 없었던 양반 및 학자들 사이에서 현실을 비판하는 소리가 나온 것은 자연스런 추세이다. 17세기 이래로 재야 출신의 학자들을 중심으로 하여 실학(實學)이라는 개념의 새로운 학문이

31 "말은 제주도로 보내고 사람은 서울로 보내야 한다"는 속담도 이 시기에 나온 것으로 여겨진다.
32 1680년(숙종 6년) 숙종의 불신임, 나아가 분노와 함께 남인일파가 정치적으로 대거 실각한 일로서, 경신대출척(庚申大黜陟)이라고도 부른다.
33 서인과의 정쟁에서 패배하여 17세기 말에 이르러서 정치일선에서 물러난 남인은 크게 경상도지방의 재지(在地)지주로서 토착적 기반을 고수한 영남남인과 17세기 이후 중앙에서 관직생활을 하면서 생활근거지를 경기도일대로 옮긴 근기(近畿)남인으로 분류된다. 일반적으로 남인이라고 하면 영남남인을 가리키며, 집권당인 노론의 탄압으로 숙종조 말엽부터 계산하면 대략 200년 동안 영남의 남인들은 극심한 차별 속에 정3품 당상관 이상의 고위직에는 올라갈 수 없었다.

안동 김씨의 우두머리인 김좌근의 고택

일어나기 시작한 것이다. 실학자들은 역사적 모순을 직시하고 이를 바로잡기 위한 개혁안의 이론적 바탕을 오히려 유학 본연의 실천적 정신에서 찾고자 하였다.

19세기 이후 실학사상은 백성의 주권을 인정하는 민권사상의 단초를 제공하는 등 정치적으로 한국을 근대화시키는 데 큰 역할을 했다. 영·정조 시대에 탕평책을 통해서 인재를 고루 등용하고 왕권을 강화해보려는 노력도 있었다. 그러나 순조 때가 되면서 사태는 더욱 악화되어 안동 김씨, 풍양 조씨, 여흥 민씨 등 몇몇 가문에 의해 권력이 독점되는 세도(勢道)정치의 출현을 맞았다. 정조가 죽자 그렇게도 우려했던 척족(戚族)의 세도정치가 들어선 것이다. 18세기에 전국 10만 석의 부자라면 60~70%가 호남지방 사람이었는데, 19세기에 들어와 권력을 안동 김씨, 풍양 조씨, 여흥 민씨들이 독점하면서 이들 손에 부가 편중되기 시작했다는 것이다. 예컨대 안동 김씨의 경우 김좌근(金左根)을 우두머리로 하여 그의 가까운 친척들 모두가 요직을 차지함은 물론 사돈의 팔촌이라도 그들과 끈만 닿으면 고을 원 한 자리씩은 차지하였다.

그리고 이로 인한 전정(田政)·군정(軍政)·환곡(還穀)의 삼정(三政)의 문란은 물론 민란(民亂)의 발발은 피할 수 없는 일이었다. 다산(茶山) 정약용(丁若鏞, 1762~1836)[32]은 삼정의 문란이 어느 정도 심각하고 얼마나 백성들을 고통스럽게 했는지를 〈애절양(哀絕陽)〉이라는 시를 통해 고발했다. 삼정

---

32 정약용의 호는 다산(茶山)이며, 당호는 여유(與猶)로 경기도 광주 출생이다. 그가 태어난 경기도 광주군 초부면(草阜面) 마현(馬峴)(지금의 경기도 남양주시 조안면 능내리)에 생가와 묘소가 있다.

가운데 군정이란 16세 이상 60세 이하의 평민남자들이 현역에 복무하는 대신 군포(軍布)를 납부하던 병역세이다. 그런데 조선후기 조정은 갓난아기 심지어 죽은 사람도 병적에 올려서 군포를 징수하는 만행을 서슴지 않았다. 납세의 부담을 견디지 못한 백성이 '자신의 생식기(陽莖)를 자른다'는 끔찍스런 내용의 시가 〈애절양〉이다.

다산은 이 슬픈 시를 짓게 된 동기를 『목민심서』에서 다음과 같이 말했다.

"이 시는 가경(嘉慶) 계해년(1803) 가을, 내가 강진에서 지은 것이다. 그때 갈밭에 사는 백성이 아이를 낳은 지 사흘 만에 군보(軍保, 군역의무자)에 편입되고 이정(里正, 장정)이 못 바친 군포 대신 소를 빼앗아가니 그 백성이 칼을 뽑아 자기 생식기를 스스로 베면서 말하기를 '내가 이 물건 때문에 곤란을 겪고 있다'고 했다".

갖가지 명목을 붙여 농민들에게서 세금을 거둬들이는 지배층의 부패로 인한 민중봉기는 19세기에 이르러 전국 곳곳

조선시대 최대 규모의 농민반란인 홍경래난

에서 다투어 일어났다. 그 힘찬 불길은 1862년 경상도 진주 땅에서부터 시작되었다. 진주봉기의 유계춘·이필제 등은 17세기에 살면서 사회개혁을 부르짖었던 허균이 말한 '호민(豪民)'에 해당한다. 조선조에서 일어난 농민반란 중에서 가장 규모가 크고 조직적이었던 것은 홍경래 난인데, 이는 서북지방에 대한 지역차별에 따른 불만과 곤궁한 생활에 따른 농민들의 불평이 한데 모여 발발한 것이다. 그리하여 50여 년 뒤에 일어난 철종조의 여러 민중봉기에 큰 영향을 끼쳤다.

13. 조선의 패망과 비극

왕권 강화를 위해 개혁을 시
도했던 흥선대원군

흥선대원군 이하응(李昰應, 1820~1898)의 정치개혁은 위와 같은 시대를 배경으로 이루어진 것이다. 대원군은 당쟁과 세도정치로 약화된 왕권을 강화하고자 노력했다. 흥선대원군이 차남인 고종(1852~1919)을 임금 자리에 앉히자마자 시작한 사업이 왕궁 복원이었다.[35] 왕권을 상징하는 궁궐을 장엄하게 복원함으로써 안동 김씨라는 권세가에 휘둘리던 왕실의 위엄을 되찾는다는 정치적 상징이 담긴 사업이었다. 문무관의 합의체로서 주요 업무를 총괄해온 비변사를 폐지하고 의정부의 기능을 부활시켰다. 동시에 전란 이후 폐지되었던 삼군부를 다시 설치해 문무관의 권한을 분리시켰다. 한편 조선후기 국가의 통제력을 벗어나 지방의 실력자로 군림한 서원을 철폐해갔다. 대원군은 1865년부터 1871년까지 서원 개혁을 단행했다. 전국에 넘쳐나던 서원을 당론의 원천지로서 면세와 면역의 특권을 누리며 국가 재정을 좀먹는 원흉으로 지목해 사액서원 47곳만 남겨 놓고 모두 철폐했다.

그러나 대원군의 하야를 계기로 본격화된 제국주의의 침략은 상황을

---

35 경복궁은 임진왜란 이후 무려 270여 년 넘도록 재건되지 않고 폐허 상태로 방치되었다가 흥선대원군에 의해 비로소 다시 지어졌다. 조선 초기에 왕위 계승권을 둘러싼 치열한 다툼이 벌어진 장소였던 경복궁보다는 창덕궁이 더 선호되었고, 임진왜란 이후에는 불타버린 경복궁을 대신하여 창덕궁이 아예 으뜸 궁궐의 구실을 했던 것이다. 임진왜란으로 서울에 있는 모든 궁궐이 불타버렸을 때도 광해군은 경복궁이 아닌 창덕궁을 재건하였다.

일변시켰다. 집권 초 천주교 포교를 허용 하려 했을 만큼 개방적이었던 흥선대원군 역시 현실에 부딪히면서 점점 완고한 쇄 국주의자로 변해갔던 것이다. 1873년 고 종은 스물 두 살이었다. 누군가가 나서 흥 선대원군을 섭정에서 물러나게 해주길 바 랐다. 그해 10월 동부승지 면암(勉庵) 최익 현(崔益鉉, 1833~1906)의 상소가 올라왔다. 고종은 힘을 얻었고 결국 흥선대원군이 물 러났다. 고종의 친정(親政)이 실현되면서 왕 비 민씨는 내조라는 이름으로 왕권을 좌우

외세 특히 일제 침략 앞에 고민해 야 했던 고종

하기 시작했다. 흥선대원군 대신 사실상 섭정 역할을 떠맡은 셈이었다.

전라남도 구례의 선비 황현(黃玹, 1855~1910)[36]은 세종 때의 유명한 재상 이었던 황희의 후손으로 명문가 출신이나 이렇다 할 선조를 가지지 못했 다. 황현은 어렸을 때부터 총명하여 구례의 황신동(黃神童)이라 불렸다. 그 는 1910년 8월 한국이 일본에 합병[37]되기에 이르러 조인식(22일)을 앞둔 8 월 7일(음력) "새와 짐승 슬피 울고 강산이 찡그리니 / 무궁화 이 세상 망

---

36 그는 29세에 과거에 응시했다가 의문의 낙방을 하고 과거를 단념코자 하였으나 부친 의 간곡한 권유로 34세에 다시 응시하여 성균생원이 되었다. 이미 부친이 작고한 상황 에서 그는 낙향을 결심하고 고향 구례로 돌아가 백운산(白雲山) 너머 만수동(萬壽洞) 에 거처를 정하고 독서와 사색에 몰두했다.

37 초대 조선총독에 임명된 데라우치 마사타케(寺內正毅, 1851~1919)는 원래 지방의 무 사였다. 야마구치현(山口縣)에서 사무라이의 아들로 태어난 그는 10대 후반에 막부를 몰아내는 '보신전쟁'에 참가할 만큼 무사 기질이 강했다. 1868년 무사가 주도한 귀족 혁명이랄 수 있는 메이지유신(明治維新) 이후에는 육군 소위로 임명되었다. 이후 프랑 스 주재 무관을 시작하여 육군사관학교 교장, 초대 교육총감, 참모본부차장, 육군대신 등의 주요 보직을 거쳐 1910년 5월 한국통감에 임명되었다가 8월 한일합병조약이 공 포된 후 10월 총독이 된 것이다.

국권을 잃자 자살을 앞두고 쓴 황현의 절명시

하고 말았구려"38라는 〈절명시(絶命詩)〉 4수를 써놓고 조용히 아편을 술에 타서 마셨다. 이 목숨을 끊는, 절명시는 조선왕조의 멸망 과정을 기록한 『매천야록(梅泉野錄)』의 말미에 수록돼 전한다. 『매천야록』은 1864년 대원군의 집권부터 시작하여 1910년 조선 패망까지를 다루고 있다. 심지어 고종과 명성황후(1851~1895)39가 궁궐에 놀이패를 불러 들여 질펀하게 노는 가운데 외설스런 노랫말을 듣고 다른 사람들은 모두 얼굴을 가렸지만 명성황후만 넓적다리를 치며 감탄사를 연발하더라는 이야기를 그 장면을 지켜봤던 승지에게서 들었다고 적고 있다.

일제침략에 대항하지 못해 나라 잃은 대한제국(1897~1910)40 황실은

---

38 조수애명해악빈 근화세계이침륜(鳥獸哀鳴海岳嚬 槿花世界已沈淪). 〈절명시〉 2수.

39 건청궁 옥호루에 살던 명성황후는 1895년 10월 새벽에 일본의 자객들에 의해 45세 나이로 처참하게 살해되었는데, 후쿠오카(福岡) 구시다(櫛田) 신사에 보관되어 있는 명성황후를 시해했던 일본도의 칼집에는 "늙은 여우를 단칼에 베었다 (일순전광자노호─瞬電光刺老狐)"는 문구가 선명하게 새겨져 있어 섬뜩하다.

명성황후를 시해한 칼

40 1897년 8월 14일, 황제 즉위를 앞둔 고종은 대한제국의 자주독립을 대내외에 알리기 위해 "연호를 광무(光武)로 하라"고 명하고, 이틀 뒤 이를 기념해 지은 환구단(圜丘壇)에서 하늘에 제사를 올렸다. 일제는 1913년 환구단을 허물고 그 자리에 조선총독부 철도호텔을 지었다. 1967년 철도호텔이 철거되고 조선호텔이 들어설 때 정문을 포함한 환구단 대부분의 시설도 함께 철거되었다. 이 환구단의 정문이 원래 위치와 가까운 서울광장 근처로 2009년 이전 복원되었다. 1967년 조선호텔이 세워질 때 철거된 지 42년 만이다.

과연 그렇게 무능하고 무기력했는가. 물론 2010년 말 현재까지 고종은 실현 불가능한 전제국가 수립에 집착하면서 모든 변화를 거부해 왔다[41]는 등의 부정적인 평가가 존재한다. 그러나 역사적 사실을 자세히 들춰보면 그렇게 호락호락하지만은 않다. 일제가 우리 황실을 격하하기 위해 꾸며낸 이야기도 상당히 많다고 볼 수 있기 때문이다.

시아버지인 흥선대원군과 맞서 이이제이(以夷制夷)로 혼란한 정국을 타개하려 했던 명성황후

고종은 상하이 은행에 거액의 돈을 유치해 일본과 싸울 군자금으로 쓰려 했고, 한일병합 직전에는 러시아 블라디보스토크로 망명함으로써 저항의 의지를 잇고자 했다. 순종[42]은 붕어하기 직전에 "병합은 역신의 무리들이 제멋대로 선포한 것으로 나를 유폐하고 협박하여 명백히 말을 할 수 없게 한 것으로 내가 한 게 아니다"라고 유언을 남겼다. 1926년에 미국 교민들이 발간한 〈신한민보〉에 보도된 이 유언은 한일병합이 순종의 의지가 아니라는 것을 보여준 실제 근거이다.

---

41 이덕일, 『조선왕을 말하다 2』, 역사의 아침, 2010, 451면.

42 순종에 대해서는 서로 다른 기록이 전한다. 1907년부터 13년간 궁내부에서 일한 일본인 곤도 시로스케(權藤四郎介)는 1926년에 펴낸 『대한제국황실비사』에서 "순종은 …… 명석한 두뇌와 기억력은 참으로 경이로웠다"라고 쓰고 있다. 한편 『매천야록』에 따르면 "세자가 장성했으나 음경이 오이처럼 드리워져 발기되는 때가 없었다. 하루는 명성황후가 계집종을 시켜 세자에게 성교하는 것을 가르쳐주게 하고 자신은 문밖에서 큰 소리로 '되느냐, 안 되느냐?' 하고 물었으나 계집종은 '안 됩니다'라고 했다. 명성황후는 가슴을 치며 자리를 일어섰다"라고 전한다. 세자 때부터 성불구지였고 정신적 장애가 있다고 보는 것이나. 어쨌든 국난을 헤쳐 나가기엔 너무 유약했던 순종은 심장병으로 1926년 4월 25일 눈을 감았다.

고종에 대한 평가를 둘러싼 논쟁이 점점 확산되고 있는 편이다. 2004년 이태진(한국사) 교수의 『고종시대의 재조명』(태학사, 1999)에 대한 김재호(경제사) 교수의 비평에서 시작된 이 논쟁은 최근에도 매주 〈교수신문〉을 중심으로 거듭되면서 국사학계와 경제사학계의 맞대결 양상까지 보였다. 두 학계는 일제 식민지에 대한 견해부터 서로 다르다. 역사학계는 대체로 조선이 자주적으로 발전할 싹을 내재하고 있었으나 식민지 지배에 의해 좌절되었다고 주장해 온 반면 경제사학계의 다수는 식민지 지배가 근대화에 기여한 측면도 있다는 논의를 전개해 왔다. 물론 이는 식민지 지배의 양면성 때문에 일제청산이 어렵다는 주장으로도 이어진다.

양측 모두를 비판하는 견해도 나와 주의를 끌었다. 김동택(정치학) 교수는 이태진 교수에게는 고종의 보수적 개혁에 내적 붕괴 조짐이 있었던 점을 놓치지 말아야 한다고 했고, 김재호 교수에게는 식민지적 근대화가 갖는 폭압적 성격을 고려해야 한다고도 지적했다. 한편 근대화와 관련 중국은 풍부한 문화유산의 종주국답게 어느 정도 자율적으로 서구의 근대개념과 싸웠고, 일본은 19세기 후반 정치적으로 상당한 자율성을 유지하면서 숱한 신조어를 만들어냈지만, 한국은 곧 식민지가 되면서 서구 근대개념을 다루는 데 가장 취약했다고 하였다.

조선 최초의 일본 유학생이자 미국 유학생이던 유길준(俞吉濬, 1856~1914)이 『서유견문(西遊見聞)』을 쓰기 시작한 지 6년 만인 1889년 원고를 마쳤다. 『서유견문』은 한국 최초의 근대문명론에 해당한다. 유길준은 『서유견문』에서 인민의 자유와 권리에 대해 상세히 논했고, 인민이 국가를 지킬 의무를 지닌다고 명시했다. 그런 점에서 『서유견문』은 국민 스스로 주권국가를 담당하는 주체로 자각하도록 깨우친 계몽서로 평가받기도 한다. 『서유견문』이 나온 지 15년 후 조선은 망했고 유길준도 불운한 선각자로 잊혀지고 말았다.

민족주의 사학자 단재(丹齋) 신채호(申采浩, 1880~1936)[43]는 1909년 4월 29일 〈대한매일신보〉에서 "독립, 자유 등 정신만 있으면 강토, 주권 등 형식이 없을지라도 그 눈 속에 마음 속에 국가가 완전히 있으며, 그 국민 한 몸에는 그 나라의 독립, 자유 등의 실력과 광채가 있어서 마침내 그 국가를 건립할 날이 있을 것이다"라고 한 바 있다.

민족주의 사학자 단재 신채호

그는 잃어버린 조국을 찾고 싶은 애틋한 심정에서 "살이 썩어 흙이 되고 / 뼈는 굳어 돌이 되어라 / 님 나라에 보태지게"라고 읊었다. 울림이 있는 시를 통해 단재는 살아서 죽도록 조국을 사랑하다가 죽은 뒤에도 거름이 되겠다는 결연한 의지를 보이고 있다. 단재는 나라를 지키려고 안간힘을 쓰다가 결국 국가가 패망하자 중국 상하이(上海)로 망명하여 그곳에서 이렇게 조국에 대한 끓어오르는 애정을 토로했다. 그토록 염원하던 조국의 광복을 보지 못한 채 단재는 1936년 57세를 일기로 남의 땅 뤼순(旅順)감옥에서 눈을 감고 말았다.

---

43 신채호는 묘청의 난(1135년)을 우리 역사 천년의 흐름에서 최대사건이라 칭송한 바 있다(일천년대 제일대사건一千年來 第一大事件). 그는 일찍이 '세상이 온통 잔약·쇠퇴·부자유의 길로 들어서게 된 것은 독립당과 진취사상을 대표한 묘청이 사대당(事大黨)과 보수사상을 대변한 김부식에게 패함이 그 원인'이라고 절규한 바 있다.

전통적인 한국정치문화의 성격을 파악하기 위해 대내외로 구분하여, 대외관계에 있어서는 중국과의 외교사를 개략적으로 검토한 후 신숙주의 『해동제국기(海東諸國記)』를 중심으로 대일관계를 살펴보고, 대내적인 정치에서는 율곡 이이의 문집에 나오는 「만언봉사(萬言封事)」라는 글을 통해 그의 정치적 소신을 들어보기로 한다. 이와 더불어 실학자 정약용의 정치 또는 행정에 관한 구체적인 언급을 들어본다. 이상과 같은 몇몇 정치가의 견해를 중심으로 당시 사회의 정치의식을 가늠해볼 수 있다고 생각한다. 무엇보다 우리 민족이 지녀왔던, 법에 근거를 두고 정치해야 한다는 합리주의적 사고와 최상의 정치는 왕도정치라는 인간주의적 사고를 확인하게 된다.

14. 외교력으로 이룬, 삼국통일

2004년 '자주외교' 논쟁에 휘말리면서 한·미동맹을 중시하던 윤영관(尹永寬) 외교통상부장관이 경질되는 사건이 있었다. 자주외교라는 말을 사용하는 나라는 한국과 북한밖에 없다는 전

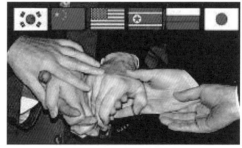
남북통일을 위한 6자회담

문가들의 주장이 있는가 하면, 자주외교는 균형적 실용외교라고 설명하는 사람들도 있다. 그러나 분명한 것은 자주와 동맹의 이분법을 넘어서는 것이 바람직하리라는 점이다. 지금도 6자회담을 통한 북핵문제의 평화적 해결을 위해 정부가 노력하고 있다.

사실 몇 년 전 북핵문제 해결을 위한 만남의 형식을 놓고 북한의 당사

국 쌍무회담 주장과 미국의 관련국 다자회담은 첨예하게 대립했었다. 2003년 4월 중국의 적극적인 중재로 북한·미국·중국의 3자회담이 개최됐고, 그해 8월 한국·일본·러시아를 추가한 제1차 6자회담이 마련되기에 이른 것이다. 앞으로의 6자회담에서 우리의 역할을 확대할 수 있는 구체적이고 현실적인 방안을 찾아야 한다. 길고 지루한 6자회담에 답하는 길은 이것뿐일지도 모른다. 한반도 문제가 당사자들의 어깨 너머로 강대국들의 이해에 따라 결정되는 상황이 벌어지도록 방치해서는 결코 안 된다.

2010년 8월 김정일 국방위원장은 후진타오(胡錦濤) 중국 국가주석과 3개월 만에 다시 정상회담을 갖고 3대 세습을 눈앞에 둔 국내 정치체제에 대한 중국의 포괄적 지지를 끌어내면서 6자회담의 조속한 재개 희망을 밝혔고, 북·중이 합작으로 6자회담 재개를 주장했다. 지금 국제정치의 큰 파도, 작은 물살이 잇따라 한반도에 밀려와 부딪치면서 남북한 관계, 나아가 동북아 정세에 복잡다단한 소용돌이를 만들어내고 있다.

아직도 분단의 아픔을 겪고 있는 우리는 하루 빨리 남북 간은 물론 관련 강대국들 사이에서 정치력과 외교력을 발휘하여 민족통일을 이룩해야 한다. 얼마 전에도 한미동맹과 주한미군 감축처럼 중요한 협상에서 우리가 미국에 일방적으로 당하는 듯한 인상을 지울 수 없다. 그 즈음 대우자동차를 GM에 판 뒤, 정건용 당시 산업은행 총재가 "이 같은 비굴한 협상이 다시 있어서는 안 된다."고 하소연했다고 한다.

우리나라는 삼국시대부터 중국과의 관계를 주축으로 평화 또는 항쟁의 대외정책을 전개해왔다. 수나라처럼 고구려를 무시하다 멸망을 자초한 중국의 왕조도 한 두 개가 아니었고, 선린외교로써 공존 번영의 시기를 구축한 왕조도 많았다. 특히 우리나라와 중국의 교류는 중국이 황제국의 입장에서 우리를 제후국왕으로 책봉하는 형식을 통해 이루어졌다.

삼국은 각국의 국내정세와 수·당의 외교전략이 맞물리면서 복잡하

충북 단양에 있는 SBS 대하사극 연개소문 오픈세트장

게 전쟁을 치뤄야 했으나 승패의 향방은 대외정책에 의해 좌우되었다. 고구려는 642년 연개소문(淵蓋蘇文, ?~665) 쿠테타 이후 대외강경책으로 나당연합의 길을 열어주며 고립을 자초한 반면,[44] 신라는 당의 외교전략을 정확히 읽어내고 648년 나당 군사동맹을 체결함으로써 삼국통일의 발판을 마련했다.

이처럼 신라는 군사력보다 외교력을 통해 삼국을 통일하였다. 신라의 외교력은 그 후 나당전쟁에서도 유감없이 발휘되었다. 고구려와 백제 유민을 대거 동원하여 당나라의 군사를 한반도에서 몰아낼 수 있었던 것은 당의 야욕을 간파하고 겉으로 외교관계를 긴밀하게 유지했기 때문이다. 전쟁이 끝났는데도 당나라는 물러가지 않고 공주에 웅진도호부, 평양에 안동도호부를 두고 눌러 앉으려 하자 신라는 고구려·백제의 유민들과 함께 당나라 군대를 공격했다. 통일을 이룬 신라는 정치적 안정 속에서 원숙한 당나라 문화를 받아들여 눈부신 발전을 해나갔다. 그러나 신라가 통일을 이룬 후 고구려의 정치, 사회, 문화의 중심지였던 평양조차도 영유하지 못했다는 점은 못내 아쉬움으로 남는다.

---

44 대중국 강경책을 주도한 연개소문은 중국인들의 기록에 의해, 그리고 그 기록을 토대로 『삼국사기』를 저술한 편찬자들에 의해 많은 오명을 뒤집어 쓴 면도 있다. 당나라의 100만 대군에 맞서 승리한 고구려의 장군임에도 불구하고 연개소문은 『삼국사기』에서 642년 쿠데타를 일으켜 영류왕을 비롯하여 수백의 대신들을 죽이고 665년 사망할 때까지 23년간 한 마디로 잔인하고 포악한 독재자로 군림했던 인물로 그려져 있다.

15. 외교력 부재가 낳은, 삼전도굴욕

몇 년 전 이라크 파병 문제를 놓고 찬반이 거세었다. 외교적인 감각과 판단의 중요성은 여전히 우리를 일깨우고 있다. 조선은 국초 이래 중원의 패권을 잡은 명나라에 대해 사대[45]관계를 맺었는데, 명나라의 연호를 쓰며 1년에 3~4 차례 사신이 왕래할 뿐이고 대내적으로 모든 정치를 자주적으로 한 편이다. 조선이 명과 우호관계를 지속하고 있는 가운데 임진왜란이 일어나자 명나라는 왜군을 격퇴하는 데 적극 도움을 주었다.

그러나 이 전쟁을 통해 명나라의 국력이 크게 소모되는 사이에 만주 지방의 누르하치(努爾哈赤, 재위 1616~1626)가 1616년 13살 어린 나이에 후금(後金)[46]을 세워 명나라를 위협했다. 정치 외교적 능력이 있었던 광해군은 명의 파병 요청을 거부하기 어려워 1만 명의 군대를 내보내면서도 사령관 강홍립(姜弘立, 1560~1627) 장군에게 싸움에 말려들지 말라는 밀지를 내리는 실용외교를 통해 후금과 우호를 도모했다.

그러나 인조반정 이후 정부는 노골적으로 금나라를 배척하는 정책을

---

45 '사대(事大)' 라는 용어가 처음 등장하는 것은 중국 춘추시대(B.C. 722~481)의 역사를 기록한 『좌전(左傳)』이다. 즉 "예란 작은 나라가 큰 나라를 섬기고, 큰 나라가 작은 나라를 아끼는 것을 말한다(예야자 소사대 대자소지위禮也者 小事大 大字小之謂)." 라는 구절에서 유래하였다. '사대' 에는 보다 고급문명에 부딪칠 때마다 이를 적극 받아들이면서도 자기 정체성을 잃지 않으려고 애썼던 한민족의 고투가 담겨 있다고 한다. 이에 비해 강한 나라를 받들어 섬긴다는 '사대주의' 란 용어가 우리 역사에 등장한 것은 그리 오래 되지 않은 일제 말이라 하겠다(이선민, 사대와 사대주의, 〈조선일보〉, 2010. 2. 1).

46 여진족(17C 만주족)인 아구다(阿骨打)가 1115년에 금나라를 세웠고, 1616년에 누르하치가 선양(瀋陽)에 후금을 세웠다. 아구다의 금은 이후 더욱 세력을 키워 요(遼)를 멸망시키고 1127년엔 한족 왕조 송(宋)을 양쯔강(揚子江) 남쪽으로 밀어냈다. 그러나 금은 1234년에 몽골에 의해 멸망했다. 한편 1636년에 아들 태종이 청으로 국명을 바꾸었으므로 누르하치는 초대 청나라 황제가 되는 셈이다. 1644년 베이징 천도와 함께 명나라는 멸망하고, 이때부터 청이라 칭하기도 했다.

세계문화유산인 청태종의 무덤 소릉(중국 션양)

썼다. 후금의 태종은 더욱 국력을 확장하여 황제의 자리에 오르고 청(淸)나라로 국호를 고친 뒤 그 해, 즉 인조 14년(1636) 12월 9일 직접 청군 7만 명, 몽골군 3만 명, 한군 2만 명 등 12만 명의 대군을 이끌고 압록강을 건너 남한산성(南漢山城)으로 쳐들어왔다.[47] 청군이 압록강을 넘은 사실을 4일 뒤에야 안 인조는 화급히 수비부대를 편성해 보지만 파죽지세로 밀고 오는 청군을 막지 못해 남한산성으로 피란하게 되었다. 청군이 남한산성을 포위한 가운데 1만 3000명의 병력으로 저항하던 인조는 추위와 굶주림으로 병사와 백성들이 죽어나가는 것을 보고 결심을 했다.

1637년 1월 30일 조선 제16대 임금 인조(재위 1623~1649)는 소현세자와 백관을 거느리고 남한산성을 나와 한강 상류 나루터인 삼전도(三田渡, 현 서울시 송파구 소재)로 나아갔다. 그리고는 높다랗게 쌓은 수항단(受降壇) 위에 거만하게 앉은 청 태종 황타이지(皇太極)에게 세 번 큰 절을 올리고

47 전국 각지에 크고 작은 성이 1700개가 넘게 있지만 남한산성만큼 성의 기본구조가 고스란히 보존된 경우는 드물다. 남한산성은 현존하는 성 중 가장 크며, 한 번도 함락되지 않은 난공불락의 요새다. 2007년 작가 김훈에 의해 소설 〈남한산성〉(학고재)이 출간되었다. 1636년 병자년 겨울. 청의 대군은 압록강을 건너 서울로 진격해 오고, 조선 조정은 길이 끊겨 남한산성으로 들 수밖에 없었다. 소설은 1636년 12월 14일부터 1637년 1월 30일까지 47일 동안 고립무원의 성에서 벌어진 격렬한 언쟁, 삶과 죽음의 등치에 관한 참담하고 고통스러운 치욕의 역사를 담대하게 그려냈다.

작가 김훈

아홉 번 머리를 찧는 삼궤구고두(三跪九叩頭)의 굴욕적인 예를 올렸다. 조선왕조 500여 년 동안 명·청의 황제를 대면했던 임금은 인조가 유일하다고 하겠다. 만주족을 오랑캐라고 멸시했던 조선의 임금은 후금을 창업한 누르하치의 아들 태종, 즉 만주족인 오랑캐에게 무릎을 꿇은 것이다. 무조건 항복이었다. 청은 항복문서에 '청나라 군대가 물러가고 난 후 어떠한 경우라도 산성을 보수하거나 새로 쌓아서는 안 된다'는 조항을 달았다.

청 태종에게 굴복하고 세운 대청황제공덕비(일명 삼전도비, 서울 송파)

또 청나라는 '대청황제공덕비'[48]의 건립을 요구했다. 이 삼전도비는 '숭명배청'이라는 사대주의 이념에 경도되어 나라를 망쳤던 한 시대에 대한 교훈으로 우리 시대를 되돌아보게 하는 거울이다. 전승을 기리는 비를 남긴 청군은 자기들과 싸우기를 주장했던 척화(斥和) 삼학사(三學士)인 홍익한(洪翼漢)·윤집(尹集)·오달제(吳達濟)를 인질로 잡아가 끝내 죽였으나 청 태종은 이들의 절개를 높이 평가하여 사당과 비석을 세우기까지 했다. 병자호란 당시 끌려간 포로들은 알려진 것보다 더 처절한 고통을 겪었다고 한다. 물론 여성들은 더했다. 천신만고 끝에 탈출하여 고향 땅에 돌아온 조선의 여성들은 '오랑캐에게 몸을 더럽혔다'며 '환향녀(還鄕女)'라는 딱지를 붙여 내쫓는 조선의 남성중심 문화 앞에 또 한 번 좌절해야 했다.

---

48 청 대종의 공덕을 칭송하는 치욕적인 비문을 지은 이경석(李景奭, 1595~1671)은 1650년 효종의 북벌계획이 밀고로 청에 알려졌을 때, 목숨을 걸고 책임을 자청하여 청에 의해 백마산성에 위리안치된 일이 있는 인물이다.

선양 고궁에 있는 만주족의 팔기군사령부

적게는 수만에서 50만 명으로 추정되는 조선인 포로문제는 인조정권의 정당성을 위협할 만큼 중요한 이슈였다. 김영삼 정부시절 문화체육부장관을 지낸 주돈식 씨는 2007년 펴낸 『조선인 60만 노예가 되다』(학고재)에서 당시 선양으로 끌려간 포로가 60만 명에 달한다고 밝혔다. 봉림대군(효종)의 맏아들인 현종은 조선역사에서 유일하게 타국땅 선양에서 태어난 왕이다. 병자호란이 일어나기 직전 최명길 등은 청과 결전을 벌이려는 의지가 있다면 인조가 앞장서고 조정이 압록강변까지 나가 싸워야 한다고 촉구했다.

조선은 항복한 뒤에도 명나라를 밝은 해와 달에 비유하며 섬기는 반면 청나라에 대해서는 반감을 지니고 있었다. 끊임없이 북벌론(北伐論)이 제기되었던 것도 이와 무관하지 않다. 그래도 사신의 내왕은 빈번했고 문화적 교류도 활발했다. 한편 조선은 비록 병자호란에서 청에 항복했지만 그 후 여전히 살아남아 독자적인 국가와 민족문화를 유지했다. 만주족이 1644년 자신들보다 인구가 350배나 많은 명나라를 접수한 이래 영토를 확장하여 신장, 티베트, 내몽골 지역 등을 자신들의 판도 속에 집어넣었던 점을 감안한다면 다행이 아닐 수 없다. 만주족이 자신들의 말과 상무정신을 상실하고 한족에 동화되었다는 것이 대다수 학자들의 견해였으나, 미국 하버드대 교수인 마크 C. 엘리엇은 만주족이 팔기제(八旗制)를 기반으로 민족성을 유지하고 이를 통치에 활용했다며 주류 견해를 비판한다.[49] 최근 『대청제국 1616~1799』(-100만의 만주족은 어떻게 1억의 한족을 지배하였을까?-이시바시 다카오(石橋崇雄, 홍성구, 휴머니스트, 2010)가 출간되어 주목을 받고 있다.

고려 외교전략가였던 서희 장군의 묘(경기도 여주군)

요즈음 우리 정부는 새로운 시대를 강조하며 창조적 실용외교를 추진하고 있다. 이러한 노력의 일환으로서 외교통상부는 과거 선조들로부터 오늘날 필요한 외교적 지혜를 발견하기 위한 외교사적 발굴 작업에 나섰다. 2009년에는 고려시대 외교 전략가였던 서희(徐熙, 942~998)를 첫 인물로 선정하였다.

993년 거란의 소손녕(蕭遜寧) 장군이 고려를 쳐들어와 항복을 강요했을 때 단신으로 80만 대군의 진영을 찾아가 탁월한 외교술로 전쟁을 피하고 강동 280리를 얻어왔던 서희 장군을 오늘날도 우리가 그리워 할 만하다. 거란이 내세운 침략 이유는 고려가 거란 땅인 옛 고구려 영토를 침식했고, 송나라를 섬기고 있다는 점이었다. 서희 장군은 고려가 고구려의 후계자이며, 여진족이 거란과의 중간 지역을 점거하고 있기 때문에 거란과 국교를 이루지 못하고 있을 뿐이라고 반박했다. 송과의 일전(一戰)을 위해 후방

---

49 팔기제란 1601년 누르하치에 의해 처음 실시되었는데, 부족별로 8개의 깃발아래 뭉치게 하였던 군대 편성 단위인데 원래 사냥에서 출발한 조직이다. 션양고궁박물관에 가면 청 건국 당시의 궁궐 정전인 대정전(大政殿)이 있고, 대정전 앞에 좌우로 각각 5개의 십왕정(十王亭)이라 부르는 정각이 있다. 여기가 바로 청의 팔기군이 출정식을 하는 곳이다.

의 골칫거리가 되는 고려를 자기 편으로 만들겠다는 거란의 의표를 정확히 찌른 것이었다. 7일간의 협상 끝에 고려는 거란을 섬기는 대신 여진족이 점령하고 있는 강동 6주를 차지하기로 합의했다.

2010년 여름 몇 달 동안 한국과 중국 사이엔 천안함 피폭, 중국·북한 정상회담 등으로 인해 그 어느 때보다 긴박한 상황이 조성된 바 있다. 우리와 중국 당국 간 소통이란 측면에서 심각한 문제점을 드러내고 있어 안타깝다. 2차 세계대전 이후 한국과 중국은 이념과 체제의 차이로 인해 오랜 기간 정치적·문화적 교류의 길이 단절되었다가 다행히 2010년 8월 24일로 한중 양국은 수교 18년을 맞았다. 교역량에 있어 1992년 63.8억 달러이던 것이 2009년 1409억 달러가 되었다. 양국 교역규모가 무려 22배 늘어난 것이다. 양국 간 교역과 투자가 활성화되면서 인적 교류도 크게 늘어났다. 2009년 중국을 방문한 한국인은 320만 명으로 수교 당시 4만 명의 80배나 됐다. 중국으로 유학 간 한국학생과 한국에 유학 중인 중국학생의 수도 각각 6만 7000명과 6만 3000명으로 합쳐서 13만 명에 이른다. 류우익 주중 한국대사는 2010년 8월 23일 특파원 간담회서, "수교 이후 이렇게 인적 교류가 늘어난 사례는 전 세계적으로 유례를 찾기 힘들 것"이라고 말했다.

16. 가깝기에 오히려 불편한, 한일관계

경덕왕 11년(752) 700여 명에 달하는 대규모 신라사절단이 7척의 배를 이끌고 규슈(九州) 북단의 동아시아의 핵심적인 무역항이었던 하카다(博多)항에 도착했다. 사절단은 교역에 전력을 다했고, 양국의 우호증진을 위해 일왕을 예방하기도 했다. 그 다음 해 신라에 온 일본사신이 오만무례하여 접견하지 않은 사건을 계기로 국교는 사실상 중단되어 오다가 애장왕 4년

(803) 교류가 시작되어 양국 간에 무역이 성행했다. 그러나 9세기 해상세력을 바탕으로 한 신라의 일방적인 진출과 무역압력에 시달려 온 일본은 마침내 외교의 단절을 선언한 바 있다.

동아시아 주요 무역항이었던 규슈 하카다항

고려가 초기부터 일본에 사신을 파견하는 등 적극적으로 문호개방을 요청했으나 해상세력을 기반으로 한 왕건이 등장하자 일본은 두려워한 나머지 수동적 자세를 버리지 않았다. 하지만 표류민의 송환이 이루어지는 현종(재위 992~1031) 때부터 불신에서 벗어나기 시작하여 문종(재위 1019~1083) 대에 이르러 교역 중심으로 사절의 왕래가 빈번해졌다.

상복(常服)을 착용한 조선 태조 어진

한편 삼국시대부터 우리를 침입하던 왜구는 고려 말에 극성을 부렸다. 이성계, 최무선, 정지, 박위 장군 등의 활약으로 왜구의 준동이 진정되기는 하였으나 완전히 절멸된 것은 아니었고 조선초기에도 그들의 침략 행위는 종종 일어났다. 조선은 일본 막부에 사신을 보내어 왜구를 단속해줄 것을 교섭하였다.

피차의 사절이 자주 왕래하던 중 세종 원년(1419) 왜구가 또 우리 연해의 땅을 엿보았다. 이에 세종이 이종무(李從茂, 1360~1425) 장군으로 하여금 쓰시마(對馬島) 원정에 나서 왜구의 근거지를 소탕케 하였다. 쓰시마에 도착한 우리 군은 적의 해변시설을 불태우고 쓰시마 영주의 항복 문서를 받아내 완전한 승리를 거두고 거제도로 개선하였다. 이것을 '기해동정(己亥東征)'이라고 한다.

기해동정은 외교관계를 정상화하고 평화적인 교역만이 바른 길이라는 것을 일본에 철저하게 인식시키는 교훈적인 사건이었다. 이를 계기로 일본과의 관계는 주로 쓰시마 섬을 중개로 점차 순조로워졌고, 특히 세종 25년(1443)에 쓰시마 섬과 체결한 '계해조약(癸亥條約)'에 의해 교역이 정식으로 이루어졌다. 당시 외교적 현안이었던 배와 쌀 문제를 해결하였다. 이때 맺은 계해조약은 이후 50년간 조선과 일본 관계를 원만하게 하는 근거가 되었다.

이렇듯 조선은 개국 당시부터 일본에 통신사를 보내는 등 외교관계를 맺어왔다. 임진왜란으로 교류가 한때 중단된 적도 있으나 조선은 일본이 포로를 송환해오자 그 대가로 선조 40년(1607)에 국교를 재개해주었다. 조선 정부가 임진왜란 후 일본 정부에 공식 사절단인 통신사를 처음으로 파견한 것이다. 임진왜란이 끝나고 일본이 사절단 파견을 요청해 오자 조선은 고심 끝에 수락했다. 1607년 1월 한양을 출발한 일행 467명은 5월 24일 에도(江戸)에 도착해 도쿠가와 이에야스(德川家康)의 아들이자 쇼군(將軍)50이었던 도쿠가와 히데타다(德川秀忠)를 만나 국서를 교환했다. 그리고 전쟁 중에 끌려간 조선인 1418명을 돌려받아 7월 17일 귀국했다. 민간인 피랍자는 20만 명으로 추정한다. 1764년 이후 30년간 통신사의 왕래가 없었던 적도 있으나 대체로 관계가 적절히 유지되어 왔다.

---

50 한 시대에 한 명뿐인 막부의 최고통치자로 우리의 장군과는 의미가 다르다. 일본의 통치자는 나라 안에서 '쇼군(將軍)'인데 책봉을 받아 '일본국왕(日本國王)'이 되었다. 일본의 통치자에게 將軍의 직함을 준 것은 '천황(天皇)'이 한 일이다. 군사를 이끌고 아이누를 정벌하라고 해서 부여한 명칭이다. 1867년 마침내 마지막 쇼군 도쿠가와 요시노부(德川慶喜)가 막부의 막을 내린다. 1868년 개혁세력은 새로운 정권을 수립하고 연호를 '새롭게 한다'는 뜻을 담은 메이지(明治)로 정했으며 새로운 천황 무쓰히토(睦仁)가 즉위했다. 수도는 교토에서 도쿄(당시의 에도)로 옮겨졌다. 봉건제도와 사무라이가 없어지고 산업화, 현대화 등 일련의 개혁이 뒤따랐다.

17. 조선통신사는 한류의 원조

한일 양국 간의 왕래가 이어지다가 1811년 마지막 통신사 김이교(金履喬, 1764~1832)가 쓰시마까지 갔다 돌아온 뒤 두 나라의 공식적인 외교는 끊어졌다. 조선과 일본 사이에 본격적인 외교의 전개와 통신사 파견이 이루어진 것은 임진왜란 이후였다. 1607년에 시작된 통신사 파견은 1811년까지 200여

조선통신사 이동 경로

년 동안 12차례에 걸쳐 이어졌다. 규모는 300~500명으로 매회 평균 450여 명이었다. 부산에서 에도까지 한 번 행차하는데 6~8개월이 걸렸고 여기에 드는 막대한 비용은 일본 측이 부담했다. 처음에는 다분히 정치적이었지만 파견이 거듭되면서 조선통신사는 한·일간 선린외교와 문화교류의 첨병 역할을 했다. 일본인들이 동경의 눈길을 보냈던 조선통신사는 한류의 원조인 셈이다. 원조 한류스타라 할 수 있는 조선통신사에는 학자뿐만 아니라 다수의 예술인들도 포함됐는데 그중 화가의 인기는 사람들이 밤낮으로 몰려들어 괴로울 정도로 대단했다. "통신사 일행이 머무른 숙소에 찾아가 몰려든 인파 속에서 소품 4장을 입수했는데 하나는 인물이 거꾸로 그려져 있었다."는 일본 에도시대 유학자 아사히 시게아키(朝日重章)의 기록[51]은 17세기 당시 조선 화가의 그림이 얼마나 인기가 있었는지를 보여 주는 사례다.

51 〈동아일보〉, 2006. 11. 7.

제1부 사회-정치와 경제

친일 매국노였던 이완용

그러나 군사적으로 강국이 된 일본에 의해 훗날 우리는 침략을 당하고 말았다. 1905년 대륙 침략의 원흉인 64세의 이토 히로부미(伊藤博文)가 조선 정부의 각료들은 머리가 매우 낡아 빠르게 변화하는 세계정세에 어둡다면서 그들이 도대체 지난 10년 동안 나라의 생존을 위해 무엇을 했느냐며 호통을 쳤다. 한국이 외교를 일본에 위임하고 보호받지 않으면 안 되는 구실을 만들기 위해서였다. 참으로 오만무례한 폭언이요 궤변이었다. 우리의 대신들은 이토가 회의를 하자고 부르면 그의 사무실이건 숙소이건 마다하지 않고 한 걸음에 달려갔다. 이토 히로부미는 일본인들에게는 현대 일본의 기초를 쌓은 위인으로 추앙받는 영웅적 인물이다. 사실 이토는 일본정계의 온건파로서 국익을 위해 한국과의 병합에도 반대했었다. 그는 한 남자로서 여자를 꽤나 밝힌 호색가로 이름이 높아 "사나이 배꼽 밑에는 인격이 없다."는 말을 남겼으며, 누구에게도 뒤져 본 적이 없는 애주가이기도 하다.[52]

1905년 11월 어전회의가 열리고 있는 덕수궁을 중무장한 일본군이 이중 삼중으로 포위하면서 공포분위기로 몰아갔다. 덕수궁은 원래 조선 초 성종의 형인 월산대군의 사저였던 곳이다. 조약 체결이 지연되자 저녁 8시 넘어 이토가 하세가와 요시미치(長谷川好道) 조선군사령관을 대동하고 궁궐로 들어왔다. 학부대신 이완용(李完用)은 오늘날 우리나라의 사정은 일본을 믿고 의지하는 것 외에 방도가 없다며 분위기를 잡았다. 참정대신 한규설(韓圭卨)이 형식적인 외교권만이라도 남겨 달라며 읍소했지만 소용없었다. 그가 분연히 일어나서 밖으로 나가다 졸도하자 하야시(林權助) 공사가 부하에게 물을 부어 머리를 식혀 주라고 했다.

---

52 진병팔, 『늙은 여우를 단칼에 베다』, 더불어책, 2003, 157면.

다시 말해 1905년 11월 17일 일본의 특명전권대사 이토 히로부미가 군대를 동원하여 고종 황제의 집무실인 덕수궁 중명전(重明殿)[53]을 침범했다. 이토는 대한제국의 외교권을 강탈하는 내용의 문서를 내놓고 체결을 강요했다. 총리격이었던 참정대신 한규설이 거부하자 이토는 1층 마루방에 그를 가둬버렸다. 다음날 새벽 1시 그를 제외한 다른 대신들이 문서에 서명했다. 군대를 동원 삼엄한 경계 속에서 조약이 맺어졌고 대한제국 황제가 끝내 비준을 거부했으니 당연히 상호 합의된 협약이라 할 수도 없었다.[54] 그러나 일제는 '을사늑약'을 핑계로 한국 정부의 외부아문은 물론 우리나라에 있던 외국공관들도 모두 폐쇄해 버렸다. 외교권을 빼앗겼으니 대외적으로 한국은 없어진 것이나 다름없었다.

마침내 1910년 8월 22일 오후 4시 제3대 한국통감 데라우치 마사타케(寺內正毅)는 대한제국 총리대신 이완용을 통감관저 2층으로 불러 '일한병합조약'을 체결하고 1주일 후인 29일 이를 공포했다. 그러나 현재 남아 있는 비준서에 해당하는 조칙문에 어새(御璽)는 찍혔지만 황제 서명이 빠져 있다. 조약공포일까지 순종이 서명을 거부하자 데라우치는 어새만 찍은 채 조칙문을 공포한 것으로 보인다. 합방 조약은 형식적으로도 무효였던 것이다. 2010년 10월 한국과 일본의 학자 26명이 참여한 '한일 신시대 공동연구' 팀은 "일본은 무력을 바탕으로 한국인들의 반대를 억누르고 한국병합을 단행했다"는 내용을 채택, 처음으로 '무력'이라는 표현이 추가된 보고서를 발표했다.

지금의 서울 남산 유스호스텔(옛 안기부 본관)이 한국통감의 관저가 있

---

53 을사늑약 체결의 아픈 기억을 안고 있는 덕수궁의 중명전이 원형 복원돼 2010년 8월 한일강제병합 100년을 맞아 국민 곁으로 돌아왔다.

54 '을씨년스럽다'는 말이 생겨날 만큼 을사년의 조약은 강제적으로 이루어졌다. 다시 말해 당시 사람들은 마음이 어수선할 때를 일컬어 '을사년스럽다'고 했는데, 이 말이 차츰 변하여 '을씨년스럽다'로 굳어졌다고 한다.

순종의 서명이 빠져있는 한일병합조약 조칙문

한일병합조약이 체결되었던 한국통감 관저
(현재는 그 자리에 은행나무 한 그루만 남아 있다)

던 자리다. 경술국치의 현장임을 기억하게 할 흔적은 거의 사라졌다. 어린 시절부터 신동소리를 들었던 이완용은 친미, 친러, 친일 등 변절과 아부의 귀재였다. 그는 한때 독립협회 창립멤버이기도 했다. 1905년 학부대신이 되자 을사조약 체결을 적극 옹호했고 마침내 대한제국의 총리대신으로 합방조약 체결을 주도하여 그 공로로 일본에서 백작작위를 받았다.

오늘날 한국이 대륙과 바다 양쪽의 막강한 세력 사이에 외롭게 놓여 있는 것은 임진왜란 때와 똑같다. 우리가 일본에서 일으킨 한류 열풍은 400년 전을 연상시킨다. 2007년이 조선통신사 400주년이었다. 조선통신사가 중단되고 일본이 조선 침략에 다시 나섰듯이 문화교류는 한일관계에 중대 변수임이 분명하다. 2차 세계대전 종전과 한국전쟁 이후로 줄곧 양국의 국교가 단절되

조선통신사 400주년 기념 퍼레이드(2007)

어 있다가 1965년 6월 한일협정이 맺어지면서 간신히 양국의 국교가 회

복되었다. 그런데 두 나라가 서로 묵은 감정을 헤집으며 관계를 악화시키고 있다. 특히 정치인들이 자신의 역할을 제대로 하지 못하는 편이어서 안타깝다. 쉽게 흥분했다 잊어버리는 우리의 감정적 대응도 이제는 그만 불식시켜야 한다. 현재 민간 교류가 확대되면서 두 나라가 가까워질 수 있는 여건은 조성돼 있다. 한일관계에서 우리가 선조보다 얼마나 슬기롭게 대처하고 있는지 스스로 판단해 보아야 한다. 한층 복잡해진 국제적인 역학관계 속에서 한일 양국은 서로 가까운 이웃임을 잊어서는 안 될 것이다.

18. 전문 외교관, 신숙주

한일외교와 관련하여 일찍이 관심과 역량을 드러낸 신숙주(申叔舟, 1417~1475)[55]의 입장은 주목할 만하다. 그가 쓴 『해동제국기』는 외교 관계의 규범을 마련코자 하는 의도에서 국가적 차원으로 편찬되었다. 이 책의 제목 '제국'은 일본의 본국을 포함한 규슈(九州), 이키 (壹岐), 쓰시마(對馬) 등 부속도서와 류큐국(琉球國, 지금의 오키나와 沖繩) 등을 총칭하여 붙인 것이다. 이긍익(李肯翊, 1736~1806)의 『연려실기술

7개 국어에 능숙했던 신숙주

---

55 신숙주의 자는 범옹(泛翁)이고, 호는 보한재(保閒齋)이다. 세조 밑에서 영의정까지 지내다가, 세조가 죽고 예종이 어려서 즉위하니 원상(院相)으로 승정원에 들어가 정사를 보았고 남이(南怡)장군을 숙청하여 보사공신(保社功臣)의 호를 받았다. 예종이 재위 1년 만에 죽고 성종이 즉위한 뒤 다시 영의정에 임명되었다. 『경국대전』의 편찬에 참여했고, 『동국통감』・『오례의』도 편찬했으며, 『해동제국기』 등도 지었다.

금(1115)·후금(1616)을
건국한 여진족

(燃藜室記述)』에 의하면 신숙주는 중국어, 일본어, 몽골어, 여진어 등 7개 국어를 두루 구사하여 외교일선에서 능동적으로 활약할 수 있었다. 언어학에 뛰어나 세종이 훈민정음을 창제할 때도 그의 공이 가장 컸다.

이미 세종 20년(1438)에 집현전의 부수찬이 되었는데, 장서각에 들어가서 동료들의 숙직을 대신하면서까지 밤새워 공부하는 그에게 세종은 어의(御衣)를 하사하여 칭찬한 바도 있다. 그는 세종 때부터 외국사신의 접대나 주요 외교협정의 체결에 핵심적인 역할을 했으며, 일본·여진과의 복잡한 외교문제도 슬기롭게 풀어갔던 인물이다.

세종은 신숙주를 일본에 파견해 당시 외교현안을 해결하게 했으며, 세조는 신숙주로 하여금 여진족에 대한 북방외교정책을 주도적으로 추진케 하였다. 신숙주는 일본과 여진의 지도까지 만드는 치밀함도 보였다. 신숙주는 세종 때 능력을 인정받아 많은 일을 했으며, 또한 세조 때도 큰 일을 많이 했다. 특히 세조가 즉위하기 전 사은사의 서장관으로 그를 따라 중국에 갔다 오면서 각별한 친분이 맺어졌을 것이다. 그 후 세조가 어린 단종의 왕위를 빼앗을 때는 의리를 저버리고 이에 가담했으므로 가장 가까운 친구였던 성삼문과도 멀어지게 되기도 했다.

세종 24년(1442)에는 통신사의 서장관 자격으로 일본에 갔는데, 그의 재주를 듣고 시를 써달라는 사람들이 마구 몰려들 만큼 명성이 자자했다. 돌아오는 길에 쓰시마에 들려서 무역협정을 체결하니 이것이 바로 위에서 언급한 계해조약이다. 이 협상에서 신숙주는 대마도주를 설득하는 데 크게 기여했다.

19. 외교관계의 지침서, 해동제국기

신숙주는 일본에 다녀오고 나서 28년이 지난 뒤에 일본 체험을 바탕으로 각종 문헌기록을 참고하면서, 현실적인 외교관례 등을 참작해 『해동제국기』를 저술했다. 즉 이 책은 성종 2년(1471)에 왕명을 받들어 지은 것으로서 당시의 외교정책, 외교활동 등을 체계적으로 정리해 완성한 것이다.

이 책이 1471년 1차로 완성된 이후 중요한 조약체결과 같은 외교적 내용이 추가되거나 잘못된 부분을 계속 보충하는 과정을 거친

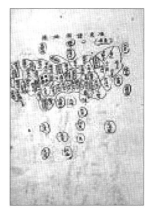

해동제국 총도

것은 이 책이 외교분야의 지침서 역할을 충실히 했음을 반증하는 것이다. 특히 이 책은 일본의 역사, 지리를 비롯하여 양국 간 외교관례 등을 상세히 적고 있어 이후 양국 외교관련의 텍스트로서 활용됐으며, 일본 에도(江戶, 도쿄의 옛이름)시대 한일관계를 연구할 수 있는 유일한 자료로 이용되기도 했다.

이 책은 신숙주가 쓴 서문과 일곱 장의 지도, 「일본국기」, 「유구국기(琉球國紀)」, 「조빙응접기(朝聘應接紀)」로 구성되어 있다.

일곱 장의 지도는 해동제국 총도, 일본 본국지도, 일본국 서해규슈지도, 일본국 이키지도, 일본국 쓰시마지도, 유구국지도 등이다.

「일본국기」는 천황의 세계(世系), 국왕의 세계, 국가의 풍속, 도로의 거리, 8도 66주의 군현, 쓰시마, 이키 등의 내용으로 되어 있다. 당시 일본의 형식상 실권자인 천황과 국왕으로 칭하는 막부의 실권자들의 세계를 먼저 기록한 다음 그들의 풍속과 물산에 대해 적고 있다. 본문에 나오는 일본의 풍속을 보면, 창과 칼 쓰기를 좋아하고, 젓가락만 있고 숟가락은

유구국에 해당하는 현 일본남쪽 오키나와현

없으며, 얼굴을 꾸미는 자는 남녀 모두가 이빨을 검게 물들이고, 사람마다 차 마시기를 좋아한다는 내용 등이 있는데, 15세기의 풍속이 오늘날과 거의 유사해 흥미롭다.

「유구국기」는 국왕의 세계, 국도(國都), 국가의 풍속, 도로의 거리 등 세부항목으로 구성됐다. 「유구국기」에서는 먼저 유구국이 우리나라와 거리가 가장 멀어 그 상세한 것을 규명할 수 없으므로 우선 접대 및 명호(名號)의 차례만 기록해 후일의 고증을 기대한다고 했다. 근래에 허균의 〈홍길동전〉에 나오는 율도국이 유구국, 곧 오키나와의 남쪽 섬인 '궁미도'라는 설이 나와 주목을 끌고 있다. 유구국이 고려와 조선시대에 계속 교류했다는 기록은 『고려사』나 『조선왕조실록』에 자세히 전해온다.

「조빙응접기」의 본문 내용은 사행선(使行船) 수의 규정, 증명서 발급, 삼포에서의 연회, 급료, 삼포금약, 조어금약 등 양국 간의 외교관례를 규정한 것으로서 대일 외교협정의 근거를 마련하였다.

신숙주는 외교에 있어 무엇보다 중요한 것이 국내정치의 안정과 발전임을 인식하고 있었다. 그러므로 국가 내의 기강을 확립하고 문화를 중시하지 않은 채 상대국으로부터 환심을 얻으려 한다든지 또는 무력에 의해 외국을 정복하려 해서는 실익이 없을 뿐만 아니라 국가가 위태로워진다고 보았다. 정치와 외교에 탁월한 안목을 지녔던 그는 안을 비워놓고 바깥에 힘쓰는 것은 마치 근본을 버리고 말류를 따르는 것과 같다고까지 했다. 남을 다스리기에 앞서 자기를 닦는 일이 중요함을 깊이 깨닫고 있었다.

대일 외교의 전략

이웃 나라와 국교를 맺고 서로 방문함에 있어 풍속이 같지 않은 상대국에게 환심을 얻고 접대를 잘하기 위해서는 반드시 그들의 실정을 알아야 한다. 그런 다음에야 그 예(禮)를 다할 수 있고 예를 다한 다음에야 그 마음을 다할 수 있는 것이다.……

내가 가만히 보건대 동해에 있는 나라가 하나만이 아닌데, 이 중에 일본이 가장 역사가 오래되고 또 지역이 크다. 그들의 땅은 흑룡강 북쪽에서부터 시작하여 우리나라 제주의 남쪽에까지 이르고, 유구와 서로 인접해 있어서 세력

신숙주의 해동제국기

이 매우 크다. 그들이 맨 처음에는 곳곳에서 집단으로 모여 각기 나라를 세웠는데, 주나라 평왕 48년에 그들의 시조인 적야(狄野)가 군사를 일으켜 모조리 쓸어버리고 비로소 주·군을 설치한 다음, 대신들이 각기 토지를 점령하여 나누어 다스려서 마치 중국의 봉건제도와 같았기 때문에 그리 통합되어 있지 않았다.

그들의 습성은 강하고 사나워 칼쓰기와 배타기에 익숙하다. 그런데 우리나라와는 바다 하나를 사이에 두고 서로 바라보는 처지로서, 무마를 잘 해주면 예로써 사신을 보내고 무마를 잘못하면 곧 노략질을 자행하곤 하였다. 고려말엽에 나라가 혼란스럽고 정치가 문란하여 제대로 무마하지 못하자, 마침내 변방의 근심거리가 되니 연해의 수 천리나 되는 땅이 모두 폐허가 되었는데, 우리 태조께서 분연히 나오시어 지리산, 동정, 인월, 토동 등지에서 수 십 차례나 힘껏 싸우신 다음에야 적이 감히 함부로 굴지 못했다.

조선이 개국한 이후로는 여러 훌륭한 임금이 서로 계승하여 정사가 투명하고 이치에 맞아 국내정치가 융성해지자, 밖에 있는 오랑캐들이 즉시 복종하여 변방 백성들이 평안하게 되었다. 세조께서는 중흥하시어, 그동안 태평성대가 계속되었으므로 안일의 함정에 빠질까 염려하시고, 하늘의 뜻을 받들어 백성을 보살핌에 전념하시어, 훌륭한 인재를 뽑아 온갖 정사를 함께 하시고 실추된 기강을 진흥시켜 바로잡으시며, 밤에도 옷을 벗지 못하시고 밤중

에야 저녁밥을 잡수시면서 정신을 가다듬어 정사를 도모하셨다. 그리하여 어진 정치의 교화가 백성들 사이에 젖어들고 그 성과가 멀리 퍼지니, 만리 밖의 머나먼 나라들이 산에서는 사다리를 타고 바다에서는 배를 타고 모두들 예방하러 왔다.

내가 일찍이 들으니, 오랑캐를 대우하는 이치는 그들을 물리치는 데 있지 않고 국내를 잘 다스림에 있으며, 국경의 방어에 있지 않고 조정의 깨끗함에 있으며, 무력에 있지 않고 기강의 떨침에 있다 하였는데, 이 말이 여기에서 증명되었다. 옛날 익(益)이 순임금에게 말하기를 "걱정이 없는 때에 미리 경계하시어 법도를 잃지 마시고, 안일에 빠지지 말고 지나치게 향락하지 마소서. 어진 이에게 맡겼으면 변경하지 마시고, 간신을 제거함에 있어서는 의심을 갖지 마시며, 도를 어기고 백성의 칭찬을 구하지 마소서. 마음을 게을리 하지 않고 일을 거칠게 하지 않으면 사방의 오랑캐들이 귀순할 것입니다." 하였다.

순임금 같은 성인이 임금이 되었는데도 익이 이와 같이 경계하는 것은 대개 국가가 걱정이 없는 때를 당하면 기강이 해이해지기 쉽고 안일과 향락이 방종으로 흐르기 쉽기 때문이다. 자신을 수행하는 도가 진실로 완전하지 못한 점이 있다면 조정에 시행하고 세상에 베풀고 사방 오랑캐에게로 미루어 나감에 있어 어떻게 잘 될 수 있겠는가. 진실로 자신을 닦고 남을 다스리며 국내를 밝히고 외부를 다스리며, 또한 반드시 마음에 게으름이 없고 일에 거침이 없는 뒤라야, 정치적 교화의 왕성함이 멀리 사방의 오랑캐에게까지 미칠 것이다. 익의 깊은 뜻이 여기에 있었던 것이 아니겠는가.

— 『해동제국기』

『해동제국기』의 서문에 해당하는 윗글에서 알 수 있듯이 신숙주는 우리와 풍속이 다른 외국과 원만한 수교를 위해선 반드시 상대국의 실정을 알아야 한다고 했다. 이러한 시각에서 그는 일본이 군소집단에 의해 세워진 나라라는 건국의 연혁과 더불어 지형이 매우 길고 세력이 강하다는 사실을 전하고 있다. 그가 분석하고 있는 일본국토의 모양이나 위치는 오늘날의 모습과 비슷하다고 할 만큼 정확한 편이다. 그리고 신숙주는 그들의 습성이 강하고 사납기 때문에 무마를 잘 해야 한다는 점도 주문했다.[56] 일본의 역사, 지리, 민족적 기질을 비롯하여 양국 간 사신왕래의 전례와 접대예절 등을 서술한 것이다.

일본 지도

한편 외국과 교류를 하기 위해서는 항상 상대국에 대해 경계심을 늦추지 말아야함을 전제로 물리적인 힘의 과시보다 성숙한 문화와 융숭히 예를 갖추는 태도가 필요함을 역설했다. 외교와 관련하여 그가 말한 "오랑캐를 대우하는 이치는 그들을 물리치는 데 있지 않고 국내를 잘 다스림에 있으며, 국경의 방어에 있지 않고 조정의 깨끗함에 있으며, 무력에 있지 않고 기강의 떨침에 있다."는 대목이 무엇보다 우리의 관심을 끌기에 충분하다. 예부터 문치주의를 내세운 우리는 군사를 일으켜 상대를 위협하기보다 한 자루 붓을 들고 이웃나라의 사신들을 대상으로 능란한 외교를 펼치곤 했다.

외교문제를 국내정치와 직결시키고 있는 점이 매우 설득적이다. 예나 지금이나 외교 정책과 성과는 국내정치와 불가분의 관계에 있다고 보기 때문이다. 그는 원만한 국제 관계와 외교적 실익이 국내정치의 안정과 발전에 달려 있다고 보았다. 물론 국내정치가 안정되고 융성해진다는 것은 어질고 도의적인 정치로 백성들을 평안하게 하며, 조정이 깨끗하고 정사가 투명하여 사회기강이 확립될 때를 말했다. 그가 남을 다스리

---

56 전통적으로 무위(武威, 무력과시)를 앞세우는 일본인들의 의식세계는 승부(勝負, 쇼부)가 제일의 가치다. 그 세계에서 지는 것(負)은 죽음과 같은 것이다. 일본이 한국지배의 불법성을 쉽게 인정하지 못하는 이유도 바로 여기에 있다. 드라마 〈겨울소나타(겨울연가)〉가 경제대국 일본 여성들에게 인기를 얻는 것도 태반이 무사들의 무위에 관한 일본의 전통연예와 달리 정서적 갈등을 달래주기 때문일 것이다.

는 정치에 앞서 자신을 바로 세우는 것을 선결과제로 언급하는 데서는 한국 정치문화의 특성을 새삼 감지하게 된다.

그의 이러한 정치적 견해는 지금에도 외교적 원칙이 될 수 있는 유효한 발언이라 하겠다. 그가 선린외교의 중요성을 강조하면서도 일본에 대한 경계심을 나타내고 언제 발생할지 모를 국가적 변란을 막기 위해서 조정의 기강을 바로잡아야 한다고 말한 것은 참혹하게 임진왜란을 겪은 우리들을 부끄럽게 하며 그의 선각자적 면모를 느끼게 한다.[57] 그가 죽기 직전에 성종에게 일본과의 우호적 관계를 유지할 것을 당부했다는 점도 그들의 호전성을 경계하는 예리한 식견의 발로라 하겠다.

일본과의 외교문제를 다룬 『해동제국기』는 당시의 국정전반과 외교정책의 실상 및 방향을 제시하는 중요한 문헌자료라 할 수 있는데, 이 책의 머리말에 속하는 윗글 역시 당시 인접 국가들과의 친선관계를 유지하기 위한 우리의 외교정책과 정치의식의 일면을 확인케 하는 좋은 자료가 된다.

2008년 5월 한국의 이명박 대통령은 국가 원수로는 처음으로 중국의 대지진 피해 현장인 쓰촨(四川)성 두장옌(都江堰)시를 찾았었다. 이 대통령이 안고 위로해줬던 초등학생 웨이웨하오(魏月濠) 군은 2009년 청와대로 초청받기도 했었다. 2010년 1월 류우익 신임 주중대사가 부임 후 첫 지방 방문지로 양국 친선교류의 상징으로 삼고 싶어 그곳을 방문했는데 이 대통령의 방문 사실을 아는 사람은 별로 없었다고 한다. 오히려 대지진 당시 외국 원조와 관련해 그들이 기억하는 것은 일본구조대의 활약이었다. 지진 발생 6일째 일본구조대원 31명은 현장에서 16시간 이상 계

---

57 원래는 『삼국지연의』에서 유비가 조조의 식객으로 있으면서 자신의 재능을 숨기고 은밀히 힘을 기른 것을 뜻하는 말이었으나, 덩샤오핑(鄧小平) 시절 중국의 대외정책을 가리키는 표현으로 자주 인용했던 '도광양회(韜光養晦, 빛을 감추고 어둠속에서 힘을 기르다)'와도 견줘 볼 수 있을 것이다.

속된 밤샘 작업 끝에 모녀의 시신을 찾아냈다. 대원들은 시신을 가운데에 놓고 바르게 정렬한 뒤 추도의 묵념을 올렸다. 그 이후에도 잠을 잊고 구조에 매달린 대원들은 시신이 발굴될 때마다 경건한 태도로

중국 쓰촨성 두장옌 대지진 현장(2008)

숨진 이들을 애도했다. 쓰촨성 청두(成都)로 돌아온 일본구조대원들은 연도에 늘어선 시민의 열렬한 박수를 받았다. 국가원수의 형식적인 방문보다 인접국의 진정성이 상대국에 더 감화를 준다. 국가 간의 친선에서도 가장 중요한 것은 마음의 교류임을 입증한 예다.

한·중·일 세 나라는 역사 및 영토 문제 등에서 아직도 첨예한 갈등을 빚고 있다. 김기덕(역사학) 교수는 한중일비교문화연구소가 주최하는 '다시 쓰는 한·중·일 신(新)삼국지, 과거 100년 미래 100년' 국제심포지엄(2010. 6. 11, 일본 도쿄 신주쿠 한국문화원 개최)에서 세 나라의 문화교류에 있어 인터넷의 역할에 주목하면서 현재 네티즌의 인터넷 활용은 부정적인 측면이 더 강하다고 했다. 2010년 3월 한국인 유학생이 러시아에서 테러를 당해 사망한 사건에 대해 일본의 인터넷 커뮤니티인 '2ch(www.2ch.net)'에는 '당연한 귀결이다'를 비롯하여 '한국인은 어디에서도 미움받는다' '조선 쓰레기 하나 줄었다' 등 자극적인 댓글이 올라왔음을 지적했다. 그러나 김 교수는 인터넷을 통해 국가의 틀을 넘어서는 활동도 활발히 일어나고 있다며 다른 국가와 문화에 대해 열린 태도를 가지고 민과 민 사이의 '민제(民際)'를 확립하는 정치문법'을 창안할 것을 제안했다.

한편 이 국제심포지엄에서 국제일본문화연구센터 소속의 중국학자인 류젠휘(劉建輝, 비교문화 전공) 교수는 "한중일 삼국은 근대국가를 완성시키고 비로소 서로 사귈 수 있는 지점에 도달했다."고 진단했다. 중국 중심의 전근대, 일본이 앞서나갔던 제국주의시대를 지나 이제 서로 견제하면서 뒤를 받치는 건전한 '삼각관계'가 형성됐으며, 한 나라가 폭주하지 않도록 삼국이 연동하면서 그 균형을 기반으로 세계의 다른 지역과 협력해 나가야 한다는 것이다.

조동일(국문학) 교수는 "공자는 어느 나라 사람인가?"라고 도발적으로 문제를 제기하면서, 원래 노(魯) 나라 사람인 공자는 500년 후 중국인이 됐고, 다시 500년 후 동아시아인이 됐으며, 이제는 세계인이 되도록 동아시아인이 함께 노력해야 한다고 했다. 아테네인이었던 소크라테스가 그리스인이 되고 유럽인을 거쳐 세계인이 된 것과 마찬가지라는 것이다. 유럽이 라틴어·기독교 문명인 것처럼 한문·유교·불교는 동아시아권이 함께 만든 공유자산이라 하면서, 공자를 중국에 가두면 유럽문명과 선의의 경쟁을 펼칠 동아시아문명은 없게 된다고 역설했다. 하지만 역사 및 영토문제 등으로 갈등을 빚고 있는 현재 한중일의 상황으로 볼 때 '동아시아문명'은 아직 머나먼 이야기는 아닐까? 라는 우려도 드러냈다.[58]

20. 직언의 정치문화

2007년 6월 민주당 최인기 부대표는 국회 비교섭단체 대표 연설에서 "지금 이 나라 행정부 전체가 졸렬한 홍위병적 행태를 보이고 있다."며

58 조동일, 「동아시아 문명론」, 지식산업사, 2010.

국무회의에서 기자실 통폐합 조치를 심의한 국무위원들을 강도 높게 비판한 바 있다. "그 많은 국무위원들이 꿀 먹은 벙어리처럼 대통령 말에 '지당하십니다' 라는 말만 해서야 그게 무슨 국무회의냐"고 개탄하였다.

쓰시마에 있는 면암 최익현의 순국비

대통령에게 직언(直言)하지 않는 국무회의는 조선시대 어전회의만도 못하다고 쓴 소리를 한 것이다.

우리의 역사 속에 나타나는 정치문화는 달랐다고 본다. 임금 앞에서라도 목숨을 걸고 상소를 올리는 강직한 인물들은 수도 없이 많았다. 중종 앞에서 거침없이 시비(是非)를 논하던 조광조의 직언을 비롯하여 선조 임금을 부끄럽게 만든 율곡 이이의 직언, 풍전등화의 국난의 위기 속에서 백성만을 생각했던 서애 유성룡(柳成龍, 1542~1607)의 직언, 조선 말 봉건과 외세에 대항했던 면암 최익현(崔益鉉, 1833~1906)[59]의 도끼 직언 등에서 목숨 걸고 바른 소리하던 우리 선비들의 기개를 느낄 수 있다.

특히, 영의정 황희는 좋은 사람 또는 청백리 정승으로 알려져 있지만, 정사(正史) 속에 등장하는 그에 관한 이야기는 당혹스럽기 그지없다. 그는 매관매직으로 돈을 벌었고 남의 아내와 간통했다고 실록은 적고 있다. 그는 야사에서 말하는 것처럼 이도 좋고 저도 좋다고 말하는 호인(好人)도 아니다. 그러나 그는 세종대왕 앞에서 'NO' 라고 말할 수

---

59 일본 쓰시마 섬으로 끌려간 면암 최익현은 일제의 을사늑약에 단식으로 저항하다 1906년 순국했다.

있는 정치가였고, 국가의 미래를 내다보는 정확한 판단력을 가지고 있었다. 그러기에 세종은 그의 여러 단점에도 불구하고 끝까지 중용했던 것이다.

성종 때의 일이다. 임금이 갑자기 승지, 사관(史官), 육조, 삼사에 붓 40자루와 먹 20개씩을 각각 내려주었다. "이것으로 내 잘못을 써서 올려라. 감히 잘 살펴 바른 길로 이끄는 자를 직신(直臣)이라 하고, 아부을 떨며 잘한다고 하는 자를 유신(諛臣)이라 한다. 너희는 나의 직신이 되어 다오." 성호 이익은 『성호사설』에서 이 일을 두고 이렇게 적고 있다. "임금이 바른말을 구하는 정성이 이와 같으니 침묵하려 해도 마음이 편안치 않을 것이고, 아첨하는 말을 하려다가도 부끄러울 것이다."

2010년 6월 1일은 정부가 국가기념일로 제정해 처음 맞는 '의병의 날'이었다. 6월 1일은 곽재우가 의병을 일으킨 1592년 4월 22일을 양력으로 환산한 날짜다. 우리나라는 삼국시대부터 조선말기까지 숱한 외침을 받았으며, 바람 앞의 촛불처럼 위태로울 때마다 의병이 나타나 목숨을 바쳐 나라를 구했다. 상해임시정부 대통령을 지낸 민족주의 사학자 박은식(朴殷植)은 이런 의병정신을 가리켜 우리 민족의 본성, 즉 '국성(國性)'이라고 했다. 그는 어느 침략자에게도 정복당하거나 동화되지 않은 것은 바로 의병정신의 덕분이라고 했다. 이 의롭고 강직한 정신이 우리의 피 속에 면면히 흘러 온 것이다.

『제갈량문집』에도 군주와 신하 간에는 예를 근본으로 삼아야 한다는 말이 나온다. 군주가 올바르지 않으면 신하가 구부러지며, 군주가 어지러우면 신하는 군주를 치받게 된다. 군주에게는 직언하는 신하가 있어서 의롭지 못할 때는 직언을 해야 올바름을 따르고 악을 바로잡을 수 있다고 되어 있다.

중국 북송의 학자이자 정치가로서 『자치통감(資治通鑑)』[60]으로 많이 알려진 사마광(司馬光, 1019~1086)은 자기 생각을 펼치면서 왕안석의 급진적 개혁을 반대하고 공자의 정신에 따라 덕치를 내세웠다. 이렇듯 사사건건 의견이 부딪쳐 하나부터 열까지 마음에 들지 않았던 정적(政敵) 왕안석(王安石, 1021~1086)을 평하여 다음과 같이 말했다고 한다. "그의 행동은 과격하지만 다 나라를 위한 것이다."

21. 선조의 반성을 촉구한, 이율곡

율곡 이이(李珥, 1536~1584)[61]는 중종 31년에 그의 외가인 강릉 북평촌(北坪村)에서 출생하였다. 여섯 살에 어머니 사임당 신씨를 따라 본가인 서울로 돌아와서 어머니의 깊은 배려 밑에 많은 감화를 받았다. 그러고 보면 동시대에 어머니와 아들이 등장하는 화폐를 사용하는 나라는 우리밖에 없다. 23세가 되던 해에 강릉 외조모 댁으로 가던 도중 영남 예안으로 당시 석학이었던 58세의 노학자 퇴계[62] 이황을 찾아 예방하고 도(道)를 물은 후 더욱

---

60 마오쩌둥이 열일곱 번이나 읽었다는 『자치통감』은 공자의 『춘추』, 사마천의 『사기』와 더불어 중국의 3대 사서의 하나로 꼽는다. 우리의 경우 고려의 김부식이 지은 『삼국사기』나 조선시대에 나온 『고려사(고려사절요)』 등이 『자치통감』의 정신에 따라 저술되기도 했다. 『자치통감』 전 31권이 권중달 교수에 의해 2010년 완역되어 나왔다(사마광 지음, 권중달 역주, 삼화, 2010).

61 이이의 호는 율곡(栗谷)이다. 그가 지은 『성학집요(聖學輯要)』, 『격몽요결(擊蒙要訣)』 등의 저술들은 『율곡집』과 『율곡전서』에 모두 수록되어 전하고 있다.

62 이황은 34세에 문과에 급제한 후 여러 관직을 거치면서도 늘 고향에 돌아갈 마음을 버리지 못했다. 그러다가 46세 때 그는 고향 마을의 토계(兎溪)라는 시냇가에 조그마한 암자를 짓고 '양진암(養眞庵)'이라 이름 붙인 뒤 은거를 위한 준비를 했다. 그리고 이 때부터 그는 자신의 호를 '토계로 물러난다'는 뜻의 '퇴계(退溪)'라 쓰기 시작했다. 계속 왕의 부름을 받고 마지못해 나갔다가는 사직을 하였다. 55세까지는 조정의 중책을 맡아 서울에서 생활하다가 55세에 사직상소를 세 번이나 올려 사실상 은퇴를 하게 되

어머니 신사임당과 아들 이이

깊이 느낀 바가 있어 주야로 경서에 매진하였다. 그러나 이이는 대부분 은거생활을 했던 스승인 이퇴계와 달리 현실정치에 적극 참여하였다. 이이의 이기설은 서민의 참상을 구제하여 국가를 지키려는 현실적 정치론의 기틀이었다. 후일 이황은 이이를 가리켜 '후생가외(後生可畏)'[63]라는 말로 칭찬한 바 있다.

이이가 성장하여 정계에 진출한 때는 선조(재위 1567~1608)가 등극한 후 사림이 사회의 중심으로 자리 잡던 붕당정치(朋黨政治)[64]가 도래한 시기였으므로 그도 정쟁(政爭)의 한가운데에 있어야 했다. 29세에 문과에

었다. 57세에 이르러 도산(陶山)의 남쪽에 새로운 거처를 마련하기 시작하여 61세에 완성한 것이 바로 도산서당이다. 여기서 이황은 본격적으로 제자들을 가르쳤다(이곳에서 2008년 방영된 SBS 드라마 〈바람의 화원〉(박신양 · 문근영 출연)을 찍었다). 조정에 나아갔다가는 번번히 물러나 있는 퇴계에게 명종은 편지글을 써서 "시기를 따지지 말고 언제든 올라오라"고까지 하였다. 이후에도 임금의 부름과 퇴계의 사양은 계속 이어졌고, 퇴계가 끝내 가까이 오지 않자 명종은 퇴계가 살고 있는 도산을 화폭에 그리게 하고, 병풍을 만들어 처소에 펼쳐 두기도 했다.

63 『논어』에 나오는 말로서 『순자』에 나오는 '청출어람이청어람(靑出於藍而靑於藍)'과도 통한다고 하겠다.

64 조선시대에 사림들이 붕당을 이루어 상호 비판하고 견제하면서 행하던 정치이다. 특히 선조 때에 인사권을 가진 이조전랑의 자리를 놓고 동인과 서인으로 갈라지면서 시작되어 노 · 소 · 남 · 북의 사색으로 나뉘는 등 조선후기까지 계속되었다. 15세기 말부터 형성된 붕당정치는 숙종 20년(1694) 이후 노론의 장기집권으로 이어졌고 그 결과 양반 가운데는 정권에서 배제되는 양반들이 생겨나게 되었다. 이에 강력한 왕권을 가지고 있던 영조는 탕평책을 써서 노 · 소 · 남 · 북 네 붕당의 인재를 골고루 등용하였다. 이로 말미암아 양반의 불만이 다소 완화되었지만 여전히 붕당의 대립으로 관료들 사이에는 갈등이 남아 있었다.

장원급제하여 호조좌랑을 첫 벼슬로 관계에 진출한 후, 외직으로는 청주목사와 황해도 관찰사를 지냈고, 내직으로는 대사간·호조판서·이조판서 등을 역임하였다. 아홉 번이나 장원급제한[65] 뒤 중앙의 요직을 두루 거쳤던 이이는 능력과 경륜을 지닌 정치인으로서 정치와 관련하여 많은 주장을 했다.

이이는 군주의 마음에 안일하게 지내려는 사심이 싹튼다면 소인들은 반드시 그 틈을 노려 "국가는 이미 잘 다스려지고 있으므로 걱정할 것이 없습니다"라고 아첨할 것이라 적었다. 패기의 30대 청년 율곡의 붓은 힘이 넘치고 있었다. 율곡 이이는 지금의 서울 옥수동 근처 '동호독서당'에서 연구차 휴가를 보내고 나서 한 달쯤 지나 왕위에 오른 지 2년밖에 안 된 신참 군주에게 글을 썼다. 야심찬 정치개혁의 간곡한 진언이었다. 33세에 춘추사의 서장관으로 명나라에 다녀온 그 이듬해에 홍문관교리로서 「동호문답(東湖問答)」을 지어 폐정의 개혁과 민생보호정책을 왕에게 상소한 것이다.

세종대왕은 재주있는 소장 학자들을 선발해 독서에 전념토록 1년 정도 휴가를 주었다. 이를 사가독서(賜暇讀書)라 했다. 사가독서제는 집현전의 혁파와 함께 세조 때 폐지되었다가 독서를 즐겼던 성종이 부활시켰다. 인재들이 책을 읽는 장소를 호당(湖堂)이라 했는데, 옥수동 근처 한강변을 동호(東湖)라 했고, 마포 근처는 서호(西湖), 용산 근처는 남호(南湖)라 했다. 따라서 동호에 있었던 독서당이 동호당이었다. 이율곡의 「동호문답」은 바로 동호당에서 특별휴가를 받아 저술한 일종의 리포트였다.

이율곡은 37세 때 승정원 부승지(정3품)로서 「만언봉사」를 지어 5개의

---

65 율곡 이이는 13~29세에 무려 아홉 차례 장원을 하는 유일무이한 기록을 세운 반면, 대학자 퇴계 이황은 과거에서 고전했다. 23세 때 한양에 올라와 과거공부를 했으나 소과에 세 번이나 떨어져 크게 자책했고, 27세에 비로소 진사시에 합격하고 33세에 문과에 급제했다.

동구릉(東九陵)의 하나인 선조가 묻힌 목릉(경기도 구리시)

안민책(安民策)을 제시하는 가운데, 과감하게 당대의 피폐한 현실을 지적하면서 임금의 각성을 촉구했다. '만언봉사(萬言封事)'란 '누설되지 않도록 밀봉한 1만 자에 이르는 상소문'이라는 뜻이다. 그는 임금을 향해 "전하께서는 백성을 염려하여 주색을 즐기지 않고 노숙한 선비에 의지하고 덕망 있는 사람을 뽑아 쓰시므로, 공정한 논의가 활발하여 조정과 민간이 모두 지극한 정치를 기대하는 만큼 마땅히 기강이 엄숙해지고 백성이 생업을 즐겨야 할 줄로 압니다. 그런데 관료의 기강이 말할 수 없이 해이해졌고 빈둥거리며 악행을 저지르는 백성이 많아 민생이 도탄에 빠졌습니다."라고 개탄했다.

그리고 "지금 전하께서는 훌륭한 일을 할 만한 자리에 계시고 그럴 만한 때를 당하셨는데도 기강이 이러하고 민생이 이러하니, 책임을 다하지 못하신 것입니다."라고 말하면서 "전하께서는 두렵게 여겨 반성하시기를 어찌 조금이라도 늦추실 수 있겠습니까."라고 강직한 발언을 서슴지 않았다.

사실 왜군이 서울로 북상한다는 소식에 안절부절 못하다가 도성을 버리고 북쪽으로 도망간 선조다. 왕이 떠나면서 졸지에 왜군 앞에 내던져진 백성들은 분노에 차서 임금이 탄 수레에 돌을 던지고 궁궐에 불을 질렀다. 압록강 아래 의주까지 피신한 선조는 아예 명나라에 몸을 의탁할 생각이었고 선조가 압록강을 건너겠다는 뜻을 내비치자 유성룡은 "임금의 수레가 이 땅을 한 발자국이라도 떠나면 조선은 우리의 것이 아닙니다."라고 직언했음은 잘 알려진 일이다. 선조는 정치적 위기에 몰릴 때마다 선위(禪位)파동을 통해 난국을 돌파해야 했다. 조선 건국 이래 처음으로

'후궁의 손자'라는 열악한 입장에서 왕위에 올랐으므로 정통성 콤플렉스에 시달린[66] 데다가 전란의 책임까지 떠안아야 했기 때문일 것이다.

물론 선조가 무능한 군주가 아니었다는 시각도 있다. 오히려 조선 최악의 위기를 넘긴 탁월한 군주로 비춰진다. 몇 가지 예를 들면 다음과 같다. 선조는 국가 변란의 위급한 상황을 맞아 명나라의 파병을 성사시켜 나라를 지켜낸 외교적 능력의 소유자다. 사서(四書)를 훈민정음으로 풀어쓰는 프로젝트를 전략적으로 추진해 한글의 위상을 높였다. 무엇보다 선조는 이황, 기대승, 이이, 정철, 유성룡, 이덕형, 이항복, 이순신, 권율, 허준 등 능력이 뛰어난 선비들을 중용했다. 이와 같은 예들을 근거로 선조를 리더십이 있는 군주로 해석하는 것이다.[67] 재위 42년 중 후반 7~8년을 빼고 '목릉성세(穆陵盛世)'라 칭송하는 것도 이와 무관하지 않을 것이다.

율곡 이이는 40세가 되어서는 부제학으로 국왕에게 유교정치이념을 쉽게 익히게 하기 위하여 『성학집요(聖學輯要)』를 지었다. 『성학집요』 중 위정(爲政) 편 식시무(識時務)에서 율곡은 국가경영의 근본은 "창업(創業), 수성(守成), 경장(更張)이라는 세 가지뿐이라"고 못 박으며 이 셋은 시행의 시기가 달라야 하는데, 창업의 시기에 경장을 하고, 경장의 시기에 수성을 하거나 수성의 시기에 경장을 하게 되면 나라의 경영이 뒤틀린다고 주장했다.

그가 48세 때는 병조판서로서 동서붕당의 세척소(洗滌疏)가 포함된 「시무육조계(時務六條啓)」를 지어 임금에게 올린 바도 있다. 그러나 유성룡의 반대로 실패했다는 '10만양병설'을 비롯하여 그의 제안들은 거의 실현되

---

66 명종이 후사 없이 죽자 왕위를 계승할 적자가 없어 왕실이 발칵 뒤집혔다. 왕재(王才)를 찾던 왕실에서 겨우 찾아낸 것이 중종과 후궁 사이에서 태어난 덕흥군의 아들 하성군 이균(李鈞)으로, 이가 바로 14대 임금 선조이다. 아들이 즉위했으니 아버지를 덕흥대원군으로 부르게 되었고, 이때부터 우리 역사에 대원군이 등장했으며, 덕흥군은 중종과 창빈 안씨 사이에 태어난 서얼이니 종통이 뒤틀리기 시작했다. 비록 장자승계는 아니지만 이전까지 조선 왕들은 정비 아니면 계비 몸에서 태어난 적통 왕자들이었기 때문이다.

67 이한우, 『선조, 조선의 난세를 넘다』, 해냄, 2007.

지 못한 채 조선왕조는 선조 26년에 임진란을 맞게 되었다. 유성룡의 탁월한 능력을 시기한 무능한 사대부들에 의해 유성룡이 이율곡의 '10만양병설'을 반대하여 임란의 참화를 초래했다는 악의적인 조작이 이루어졌다고 이덕일 씨는 지적한다.[68] 어쨌든 안타깝게도 선비가 뜻을 펼치기에는 주군은 너무나 용렬했다고 할 수 있다. 다시금 왕조체제의 성격과 더불어 정치개혁의 어려움에 대해서 생각해 보게 된다.

이이는 깊은 학문을 통해 많은 정치활동을 했으나 당론의 격화와 국사의 혼란에 크게 실망했다. 그는 더 이상 관직에 있을 필요가 없음을 깨닫고 석담(石潭)이라는 곳으로 내려가 평소에 하고 싶던 교육에 전념하게 되었다. 그 후 병환으로 인하여 선조 17년 향년 49세에 세상을 떠났다. 그의 청빈함은 유가족들이 끼니를 이을 수 없을 지경이었다고 한다.

22. 바람직한 정치는, 덕치

2010년 5월 국내에서 번역 출간된 후 석달 만에 30만 부 넘게 팔려나가며 정통 인문서로서는 드물게 한 달 동안 베스트셀러 1위를 차지했던 『정의란 무엇인가(Justice)』(김영사)[69]의 저자 마이클 샌델(Sandel) 미국 하버드대 정치철학과 교수가 그 해 8월 방한하였다. 그는 서울 신문로 아산정책연구원에서 가진 기자회견에서 공동선(公同善)을 추구하는 정치의 바람직한 방향에 대해 이야기했다. 그는 "이타주의, 동료애, 연대성, 신

---

68 이덕일, 『설득과 통합의 리더 유성룡』, 역사의 아침, 2007. 한편 10만양병설은 율곡의 수많은 상소문에 한 차례도 등장하지 않으며 그 후학인 서인이 집권한 뒤부터 등장한 다는 점에서 당쟁을 위한 과장의 산물일 가능성이 크다(박은봉, 『한국사상식 바로잡기』, 책과 함께, 2007)고도 한다. 야사에서 이야기하기로는 율곡의 10만양병설은 조헌의 집에서 별을 본 토정 이지함의 권고로 나오게 되었다고 한다.
69 2010년 최장기 16주 종합베스트 1위에, 65만 부 넘게 팔리며 최고의 화제작이 되었다.

뢰감, 시민 간의 우정과 같은 윤리적 가치들은 일종의 '근육' 과 같아서 사용하면 할수록 더 강해지고 커진다"면서 "정치가 도덕적이고 정신적인 문제에 대한 논의에 직접 관여하고 참여해야만 더 강건하고 건전한 민주주의 사회가 구축될 수 있다"고 말했다.

율곡 이이는 나이 어린 선조에 큰 희망을 걸고 그가 훌륭한 군왕이 될 수 있도록 세심하게 자신의 의견을 개진하였다. 그는 정치란 제왕의 수양과 덕망에 의한 것이어야 한다는 덕치주의를 주장하였다. 그가 뛰어난 정치가로서 특별히 정암 조광조를 추앙했던 것도 군주에 거는 도덕정치에 대한 열망과 기대 때문이었다. 물론 퇴계 이황도 조광조를 두고 그로 말미암아 나라 정치의 근본이 더욱 드러나게 되었으며 나라의 장래가 무궁하게 되었다고 조광조의 공덕을 기리는 글을 남긴 바 있다. 율곡은 퇴계와 정암을 비교하면서 다음과 같이 말했다. "퇴계 선생은 세상에서 유교의 최고봉이다. 정암 조광조 이후로는 견줄 만한 분이 없다. 그 재주와 배짱은 정암에 미치지 못할지 모르겠으나, 의리를 탐구하여 자세하고 은미한 데까지 드러내는 것은 정암이 미치지 못한다."

보수(保守)의 대명사로 알려진 퇴계가 실은 대표적 개혁가인 조광조의 영향을 받았고, 퇴계의 대표적 이론인 이기설과 사단칠정론이 조광조의 실패를 극복해서 당시 지배세력인 훈구파를 청산하기 위한 것이었음을 밝히는 저술[70]도 나왔다. 퇴계는 "기묘년의 영수 조광조가 도를 배워 완성하기도 전에 갑자기 큰 명성을 얻자 성급히 경세제민(經世濟民)을 자임하였습니다."[71]라고 말한 바 있다. 이는 참판이던 박순(朴淳, 1523~1589)에게 보낸 답장에서 벼슬하는 자의 몸가짐에 대해 언급한 것이다. 퇴계는 이렇듯이 앞선 실패를 거울삼아 경계하는 원숙한 지식인의 모습을 강조했다.

---

70 김호태, 『헌법의 눈으로 퇴계를 본다』, 미래를 여는 책, 2008.
71 이황, 『퇴계집』.

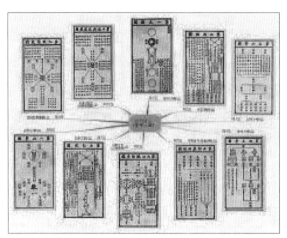

성리학을 10개 그림으로 설명한 퇴계 이황의 성학십도

국가의 원로인 퇴계는 어린 선조에게 정치의 근본을 세우고 민심을 바르게 하는 내용의 여섯 가지 상소를 올리기도 했다. 이후에도 퇴계는 선조에게 임금이 갖추어야 할 정사의 이치를 가르쳤고, 특히 임금이 익혀야 할 학문이라는 뜻으로 『성학십도(聖學十圖)』라는 책을 지어 바쳤다. 10개의 그림에 약간의 설명을 붙인 이 저술을 선조는 병풍으로 만들게 하였다. 이 책은 퇴계의 대표적 저술로 전하고 있고, 퇴계가 생존해 있을 당시 이미 제자 유성룡에 의해 『성학십도』는 중국에도 전파되었다. 유성룡은 베이징에서 오경吳京이란 학자를 만났는데, 『성학십도』를 본 오경은 퇴계를 가리켜 세상에 보기 드문 기품을 가진 자이자 퇴계가 공자의 제자였다면 반드시 70제자 중 한 사람이 되었을 것이라 칭송했다.[72]

덕치는 원수가 없어지고 죄인이 없어지게 하지만, 법치는 죄인이 더

---

72 신창호(교육학) 교수는 청나라 말기의 대학자인 양계초(梁啓超)와 신해혁명때 혁명군 수령이었던 려원홍(黎元洪) 등이 퇴계를 찬양했던 사실을 전하고 있다(신창호, 『함양과 체찰』, 미다스북스, 2010, 72면). 1928년 중국 상덕(尙德)학원에서는 학교설립기금을 조성하기 위해 퇴계 선생의 주요 저작인 『성학십도』를 간행했고, 『성학십도』는 공정제일국보(公正第一國寶)로 지정되었다는 것이다. 그리고 혁명군 수령이자 2대 총통이었던 려원홍이 발문을 쓰고 변법유신파의 대표이던 양계초가 축시를 썼다고 한다. 양계초는 "우뚝 솟으신 우리 퇴계 선생님……"이라는 〈퇴계선생성학십도찬시(退溪先生聖學十圖讚詩)〉를 지었다.

많아지고 원수가 더 성하게 한다는 것이 유학이 제시하는 올바른 정치관이다. 공자는 통치자의 도덕성을 중시하는 덕치주의 이상이 실현된 상태를 다음과 같이 표현했다. "덕으로 다스리는 것은 비유하자면 북극성이 제자리에 가만히 있어도 뭇별들이 저절로 북극성을 바라보고 도는 것과 같다." 맹자는 "힘으로 남을 복종시키는 것은 진정으로 복종시키는 게 아니다. 덕으로 남을 복종시키는 것이 마

법가사상의 시조인 진나라 상앙

음 속으로부터 기뻐서 정말로 복종하는 것이다."라고 말했다.

진(秦)나라 재상이요, 법가(法家)사상의 시조인 상앙(商鞅, 대략 B.C. 390~338)이 법치를 도입하자 백성들이 이전에 없던 법에 신뢰를 두지 않아 통치효과를 보지 못했다. 진의 통치이념이 법가였지만 그 배경에는 유교가 있었다. 진시황 옆에서 법가의 이론을 실제로 적용시켰던 이사(李斯)나 한비자(韓非子)가 당시에 대표적인 유가였던 순자(荀子)의 제자였기 때문이다.

상앙은 도덕이라는 것도 결국 힘에서 비롯된다는 주장을 하면서 물리적인 힘을 생산할 수 있는 가장 구체적인 수단인 법률을 최고의 통치원리로 제시했던 것이다. 법치 이전에 도덕적 신뢰가 우선되어야 함을 그는 깨닫지 못했다. 심지어 그는 백성들의 힘과 국력은 서로 반비례하는 것이라고 강조하면서 백성들의 힘을 약화시키는 것이 좋은 정치라고 주장했다.

2010년 역사저술가 공원국의 『춘추전국이야기』(역사의아침)가 출간되어 화제다. 총 12권 중 제 1~3권이 먼저 나왔는데, 1권의 부제는 '최초의 경제학자 관중'이다. 저자는 인(仁)을 바탕으로 한 정치로 백성들의 삶을 윤택하게 했으며, 계급을 뛰어넘는 인재등용으로 제나라의 성장을 이끌었다고 관중을 칭송했다.

창덕궁의 정전(正殿), 즉 으뜸 건물인 인정전(仁政殿)

「만언봉사」에서 이이는 백성의 소리는 하늘의 말씀이니 언제나 귀 기울여 들어야 하며, 백성을 선량하게 교화하기 이전에 배고프지 않게 해주어야 한다고 말했다. 또 백성이 행복하게 살도록 하는 것이 하늘이 임금을 내고 나라를 다스리는 사람을 낸 까닭이라고 했다. 백성을 주체적 존재로 보지 못한 역사적 한계는 있으나 지배자 집단의 덕치와 인정(仁政)에 대한 강력한 요구는 주목할 만하다. 신분적 지배질서 아래 국왕을 정점으로 한 통치방식, 그 가운데 견제와 균형의 장치가 보장되는 정치형태를 구현하고자 했던 것이다. 그리고 그는 시대에 맞게 적절한 개혁을 단행하여 항상 새로운 정치가 이루어지기를 소망했다.

이이는 이상적인 정치를 실현하기 위해서는 무엇보다 정치와 권력의 최고자리에 있는 왕이 먼저 덕망을 갖추지 않으면 안 된다고 본 것이다. 그는 권력자가 마음을 바르게 한 다음 어진 인재들을 등용하여 백성을 편안하게 하는 것이 정치의 근본임을 주장했다. 그러나 그는 절대적 이상국가를 꿈꾸기보다 어느 정도의 융통성과 점진적인 개혁을 추구하였다. 보편적이고 근원적인 '이(理)'와 능동적이고 자율적인 '기(氣)'의 조화를 강조함으로써 보편성과 특수성을 모두 인정하는 현실적 개혁 논리를 전개하였다.

뒤에 나오는 인용문에서 보여주는 바와 같이 그가 그토록 시대에 맞게끔 법률을 개정해야 한다고 주장하는 이유도 바로 도달하기 힘든 인의 중심의 왕도정치를 멋지게 실현해 보고자 했던 간절한 염원에서 나온 것임을 알 수 있다.

23. 덕치의 실현을 위한, 법치

율곡 이이는 선조에게 시의(時宜)를 모르고 실효에 힘쓰지 않으면, 비록 두려워하고 반성하는 마음이 지극하더라도 정치의 효과는 끝내 아득할 것이라고 했다. 그는 사업을 하면서 실리(實利)에 힘쓰지 않는 어리석음에 비유하여, 정치를 하는데 시의를 모르면 비록 훌륭한 임금과 어진 신하가 서로 만나도 치적은 이루지 못한다고 갈파했다.

그가 말하는 시의라는 것은 때에 따라 변화를 수용하는 법을 만들어 백성을 구함을 말하는 것이다. 그의 20년간의 정치생활은 구국과

유가를 통치이념으로 내세우면서도 법가의 방법론을 즐겼다는 한의 무제

안민의 경륜을 전개한 개혁정치의 실천이었다. 그는 도덕적인 정치를 이상으로 삼으면서 그 이전에 현실에 맞는 법을 제정하여 그 법에 따라 정치를 해야 한다고 주장했다.

역사적으로 보면 중국에서 법가사상은 지나치게 가혹하다는 이유로 억눌려 왔다. 그리고 대신 덕치를 주장하는 유가사상이 그 자리를 차지해 왔다고 볼 수 있다. 그러나 황실이나 권력층 내부에서는 법가사상이 은밀하게 전수되어 왔다. 한(漢)나라를 세운 고조(高祖) 유방(劉邦)도 유가를 정치적으로 채택할 뿐이었고, 유가를 통치이념으로 정립한 6대 황제 무제(武帝)도 내심으로는 한비자로 대표되는 법가의 방법론을 즐겼다고 한다. 이른바 내법외유(內法外儒)라 할 수 있다.

사실 조선시대의 정치적 특색은 통일법전의 제정에 따른 법치주의적 통치였다. 조선 태조는 즉위교서에서 법제는 고려의 것을 따르며 급격한 개혁을 하지 않을 것을 천명하고 법치주의 통치를 표방하였다. 조선은 법전편찬왕국이라고 특징지울 수 있을 정도로 법전의 편찬과 개정으

로 일관했다. 그리하여 기본적 통일법전을 수단으로 국가와 백성을 조직적으로 지배하고 규제했던 것이다. 성종 때 완성된 『경국대전』의 편찬으로 법치주의는 확고한 궤도에 올랐다.

예컨대 『경국대전』 이전(吏典)에는 상피법(相避法)이 규정되어 있다. 가족, 친척 등 특별한 관계에 있는 사람들이 같은 관청에서 근무하는 것을 금지하는 법이다. 물론 구체적인 기준도 법률로 정해져 있었다. 그러나 때로는 아무 연관이 없는 관청들이라도 상피하는 경우가 있었다. 근본적이고 종합적인 부정방지 대책을 세우기 위한 각고의 노력이 있었다.

서거정은 『경국대전』 서문에서 다음과 같이 적었다. "어느 곳 어느 때 세워도 어긋나지 아니하며, 옛날의 성인을 상고해도 그릇되지 아니하고 백세의 성인을 기다려도 의혹되지 아니할 것을 알 만하다. 이어서 지금부터 왕의 자손이 모두 이루어진 법에 따라서 어긋나지 아니하고 잊지 아니하면 우리 국가의 문명한 정치가 어찌 융성한 주나라에 비할 뿐이겠는가"

오늘날 민주국가로서 법치주의를 표방하면서도 법에 의한 민주정치가 아닌, 밀실정치라든가 골프정치, 등산정치 운운하는 불명예스런 정치행태가 난무하는 현실을 감안할 때 법치를 중시했던 정치문화의 전통은 매우 설득적인 것이다. 몇 년 전 정치권은 중앙선거관리위원회에서 제출한 선거법 개정에 관한 의견을 무시했을 뿐만 아니라, 심지어 현행 선거구제가 헌법정신과 일치하지 않으니 정해 준 기간 안에 이를 개정하라는 헌법재판소의 결정조차 무시했으니 참담하기 그지없다.

또한 법이 급변하는 상황을 따르지 못하는 경우, 이를테면 인터넷 환경 속에서 일어나는 원조교제, 자살사이트 운영을 비롯하여 현대사회의 문란한 성행위에 따른 낙태의 속출 등 탈법·범법 행위들에 대해 법률의 미비로 처벌하지 못하는 현실을 고려할 때 조선의 정치적 특색과 이이의 정치적 소견은 대단히 선구적이다. 심지어 에이즈 감염자가 아이를 낳지 못하도록 강제할 법조차 마련되어 있지 않은 현실은 안타깝기 그지없다. 전에 부모가 에이즈에 걸린 사실을 알고도 출산하는 바람에 아이가 에이즈에 감염된 것으로 드러나 (2003. 8) 충격을 준 바도 있다.

사회통합위원회 표지석 제막식(2010)

2010년 1월 계층·이념·지역·세대 등 우리 사회의 4대 갈등을 해소하기 위해 조직된 대통령 직속 사회통합위원회가 세종로 정부종합청사에서 고건 위원장 주재로 첫 회의를 갖고 본격 출범했다. 이날 송복(정치사회학) 교수는 사회 속의 제반 갈등의 강도를 낮추고 갈등의 수위를 조절하는 법치는 사회통합의 수준을 보다 높이고 공고히 하는 가장 중요한 수단이라고 말했다. 또 송 교수는 지난 10년을 '잃어버린 10년'이라 하는 것은 국민소득 1만 달러 수준에 이른 이후 내내 그 수준에 있는 것도 물론 큰 이유지만 법치의 상실이 더 크다고 지적했다. 그리고 "우리 사회는 떼법이 너무 무성하고 그 무성한 떼법이 지난 10년 내내 실정법보다 우위를 차지했다. 무슨 사건만 터지면 으레 법치를 송두리째 무너뜨리는 '범국민대책위'가 만들어지는 것도 일상화됐다"고 말했다.

송 교수는 그 전에 있었던 용산참사도 시위자 잘못으로 사망자가 나왔다는 법원판결에도 불구하고 법을 어긴 사람에게는 7억 원을, 법을 시행한 경찰관에게는 1억 3,000여 만 원을 보상하는, 법치국가에서는 도저히 상상할 수 없는 고(高)비용 거래가 만들어졌다고 덧붙였다. 송 교수는 법치의 주체는 정부이고, 법 위반자를 가려서 처벌하는 것은 정부의 책무라며, 정부가 그 존재 이유를 저버리는 것은 포퓰리즘도 아니고 식부유기라고 지적했다.

현실에 맞는 법, 그에 따른 정치

때를 따라 변할 수 있는 것은 법제이고, 고금에 걸쳐 변할 수 없는 것은 왕도
며 인정(仁政)이며 삼강이며 오상인데, 후세에는 도술에 밝지 못하여 변할 수
없는 것이 때로 변개되고 고쳐지고 변해야 할 것이 굳게 지켜졌으니, 이것이야
말로 다스려진 때는 늘 적고 어지러워진 때는 늘 많은 까닭입니다.

현실개혁을 건의했던 이율곡의 만언봉사

또 우리나라로 말하면 기자
의 8조의 가르침을 문헌으로도
소상히 살필 길이 없으며, 삼국
이 정립하여 소요하였을 무렵은
정치적 교화라고 할 만한 것이
없었으며, 고려 오백 년은 비바
람에 어두웠습니다. 다만 조선
에 이르러서 태조께서 국운을
여시고 세종이 지키고 이룩하시
어 비로소 『경제육전』을 썼으며, 성종 때에 이르러서 『경국대전』을 간행하였으
며, 그 뒤로 때에 따라 법을 세워서 이름을 『속록』이라 하였습니다.

대개 성군께서는 성군의 뒤를 이으셨으므로 같지 않은 것이 없어야 할 터인데
도 혹은 『경제육전』을 쓰고 혹은 『대전』을 쓰고 여기에 덧붙여 『속록』을 만드신
것은 시의에 따른 것에 지나지 않을 따름입니다. 그대로 말하면 건의하여 제도
를 만들어도 그것은 괴이한 일이 아니었으며 법의 시행이 지체되지 않아서 백성
이 편안할 수 있었습니다. ……

다행히 밝으신 전하께서 등극하여 마음을 학문에 두시고 생각을 백성에게
드리우시니 때에 맞도록 법을 만들어 일세를 구제하실 터인데, 전하께서는 불
확실한 결과를 두려워하여 개혁하려는 뜻이 적으시고, 신하된 자는 남을 논할
때는 왕안석의 환란이 있을까 두려워하고, 자기를 아끼는 데는 기묘의 변란을
당할까 두려워하여 감히 개혁을 논의하지 못하고 있습니다.

오늘날의 정사를 말하여 본다면 조세는 연산군 때의 백성을 학대하던 법을
그대로 쓰고 있고, 인물의 등용은 권세 있고 간사한 자의 청탁하는 버릇을 따
르고 있습니다. 문예를 앞세우고 덕행을 뒤로 하여 덕행이 높은 이는 마침내
낮은 벼슬에서 굽혀 있고, 문벌을 중하게 여기고 어진 인재를 업신여겨서 어진

인재라도 문벌이 변변치 못한 이는 그 재능을 펴지 못하고 있습니다. 승지가 임금 앞에 나아가 말씀을 올리지 못하므로 신하는 멀어지고 내시가 가까워지며, 임금을 모시는 신하가 조정에 참여하지 못하므로 지식 있는 신하는 가벼이 여겨지고 속된 논의가 중하게 여겨지고 있습니다. 한 벼슬자리에 있지 아니하고 가지가지로 높은 자리나 중요한 직책을 지내는 것을 영화로 여기며, 직무를 갈라 맞지 않고 오직 말단에 있는 사람에게 맡기기를 일삼는 바, 나쁜 관습과 그릇된 규례를 다 말할 수 없을 정도입니다.

이런 것들은 기묘 때에 시작된 것은 아닐지라도 을사 때에 뚜렷이 이루어진 것인데, 지금 논의하는 자들은 옛사람이 남긴 법이라 하여 감히 개혁의 논의를 펴지 못하니, 이것은 이른바 시의를 모르는 것이라 하겠습니다. 대개 비록 훌륭한 임금이 법을 세웠더라도 어진 후손이 있어서 개신하지 못하면 마침내 반드시 폐단이 있는 것입니다. 주공은 큰 성인으로서 노(魯)를 다스렸으나 뒷날에 쇠퇴할 형세를 떨쳐줄 수는 없었고, 태공은 큰 현인으로서 제(齊)를 다스렸으나 뒷날에 찬탈이 일어날 징조를 막지는 못하였습니다. 만일 제나라와 노나라에 어진 후손이 있어서 역사적 교훈을 잘 지켜 법칙에 구애되지 않았던들, 노의 쇠퇴와 제의 환란 같은 화가 있었을 리가 있겠습니까.

우리 선왕들께서 법을 세우신 당초에는 물론 지극히 상세하였으나, 그 뒤 2백 년 가까이 되었습니다. 따라서 때도 바뀌고 일도 바뀌어 폐단이 없지 않아 반드시 변혁해야 할 것입니다. 더구나 그 뒤의 잘못된 법규라면 부지런히 고쳐 마치 불에서 건져내듯이 하여야 하지 않겠습니까. 『전(傳)』에 "궁하면 변하고 변하면 통한다." 하였으니 원하건대 전하께서는 변혁하여야 할 까닭에 유념하십시오.

— 이이, 『율곡집』

율곡 이이는 정치일선에서 활약하면서 국왕의 위치가 얼마나 중요한가를 누구보다 잘 알고 있었다. 그리고 국가에 충성을 다하고자 하는 신하로서 임금에게 위와 같이 제언하면서 정치의 본질과 이념 등을 강조하고 있다.

윗글의 요지는 정치에서 무엇보다 법이 중요한데, 법이라는 것은 현실에 부합되는 것이어야 하므로 변화를 수용하는 법을 만들어 백성을 구원하는 것이 정치의 관건이라는 내용이다. 정치라는 것이 무엇보다 현실을 직시하고 문제를 개선함으로써 창조적인 미래를 지향하는 것임을 전제로 이 정치의 본질에 맞게 시의적절한 법률의 제정이 불가피함을 주장한 것이다. 올바른 정치는 새로운 법률에서 나오고 그 법률을 올바로 시행하는 것이 정치라고 보는 이이의 입장이 매우 설득적이다. 이는 정치와 법률의 불가분의 관계를 극명하게 제시하는 탁견이라 하겠다.

이율곡의 중심적인 생각과 행동은 유가사상에서 벗어날 수 없었다. 그가 현실 속에서 지향하고 있던 궁극의 목표는 중국 고대의 이상사회였던 요순시대의 재현이었다. 그렇기 때문에 그는 왕도정치와 철인정치를 정치적 이상으로 삼았던 것이다. 따라서 이러한 정치적 목표에 도달하기 위해 불변적 가치로서의 인의(仁義)가 강조되었음은 자연스런 논리이다. 이는 윗글에서 밝히고 있듯이, 법은 때에 따라 변할 수 있으나 고금에 걸쳐 변할 수 없는 것은 왕도와 인정(仁政)[73]이며 삼강과 오륜이라고 한 데서 쉽게 유추된다. 요컨대 현실에 맞는 법에 따라 어진 정치를 해야 한다는 것이었다.

세종대의 탁월한 재상이었던 황희(黃喜, 1363~1452)는 역대 최장기간이라는 약 18년 동안 정승의 자리에 있으면서도 끼니를 걱정해야 하고 허름한 집은 비까지 샜다고 한다.[74] 황희의 청렴성과 관련된 유명한 일화 하나를 들어보자. 어느 겨울날 퇴궐하여 한 벌밖에 없는 조복의 홑꺼풀

---

73 창덕궁의 으뜸 건물의 이름이 인정전(仁政殿)이다.

74 물론 황희가 역모를 꾀했던 박포(朴苞, ?~1400)의 아내와 밀회를 즐기고 관직에 있는 여러 해 동안 매관매직하고 재산을 모은 부패한 관리로 평가되기도 한 바 있어 흥미롭다(박현모, 『세종, 실록 밖으로 행차하다』, 푸른역사, 2007). 사실 1407년 친구 박포의 아내가 황희를 찾아온다. 고려 말의 무장이었던 박포는 1400년 2차 왕자의 난을 일으킨 주모자로 몰려 죽음을 당했고 이후 박포의 아내와 가족들은 고향에서 생활하던 중이었다. 욕정을 참지 못해 젊은 종과 관계를 맺은 것에 이의를 제기하던 노비를 죽이고 도망 중이었던 박포의 아내는 황희에게 자신을 도와달라고 부탁한다. 황희는 친구의 아내를 토굴에 숨겨줬고 가끔 토굴을 들여다 보며 보살피던 중 박포의 아내와 '부적절한 관계'로 발전한다. 황희의 염문은 이 일을 사초에 기록한 이호문의 가필 논란 등으로 결론이 나지 않았다.

을 벗겨 빨았는데, 그 날 밤에 갑자기 입궐하라는 세종의 분부가 있었다. 입장이 난처해진 황희는 부득이 솜이 너덜너덜 붙은 속옷에 관대를 매고 입궐하여 어전에 나아갔다. 세종은 황희를 보자 수달피 옷을 입은 줄 알고 꾸짖었다. 이때 옆에 있던 맹사성이 사실을 아뢰자 세종은 놀라 노여움을 풀면서 비단 피륙을 하사하였으나 황희는 사양하였다고 한다.[75]

강직하고 지혜로웠던 황희 정승

세종이 왕권의 상당 부분을 의정부로 옮기도록 결심한 것도 곧으면서도 어진 황희가 영의정으로 있었기 때문에 가능했다고 본다. 여종들의 다툼에 "네 말이 옳고, 네 말도 옳고, 또 네 말도 옳다"고 했으며, 종의 자식들이 수염을 잡아당겨도 웃기만 했다는 일화로도 유명하다. 심지어 길에서 만난 어린 성균관 유생이 "정승이 되어서 임금의 그릇됨을 잡지 못한단 말이냐."라고 공격했을 때도 황희는 기뻐했다고 이긍익의 『연려실기술』에서는 적고 있다.

아들 황수신(黃守身)이 기생과 절교하라는 충고를 무시하자, 황희는 "아버지의 말을 듣지 않으니 앞으로 손님의 예로 대하겠다."며 관복을 입고 인사해 아들로 하여금 뼈저린 반성과 함께 기생과 헤어지게 했다는 사건이 유몽인의 『어우야담』에 전하기도 한다. 그런가 하면 황희는 양녕대군의 폐위를 끝까지 반대한 원칙론자였다. 황희는 자신에게 엄격하고 타인에게 관대한 자만이 민심을 얻고 그런 힘이 진정한 실세임을 몸으로 보여 준 인물이다. 특히 강직하기 때문에 불이익을 받은 사람들로부터 모함을 받고 탄핵에 이른 경우도 많다.

훌륭한 정치가였던 황희 정승에게 누군가가 정치를 잘 할 수 있는 비

75 장수황씨 대전연지회 발행, 『황희 정승 방촌 선생 일화집』, 1994, 236~237면.

제1부 사회·정치와 경제

101

결을 물었을 때, 『논어』 읽기를 권장했던 것은 궁극적으로 도의를 중시하는 것이 정치임을 전한 것이다. 한국정치사상을 전공한 부남철 교수는 『논어』가 동양의 정치학개론이라고 말한다. 수신(修身)을 강조한 동양철학의 고전이라는 일반적 관점을 넘어 참다운 정치가의 말과 행동이 어떤 것인지를 보여주는 '치인(治人)'의 책으로 새롭게 읽어야 한다는 것이다.[76] 『논어』는 동양에서 가장 오랜 세월 동안 가장 널리 읽히고 있는 책이다. 이미 부모로부터 『논어』를 물려받은 어느 학자는 자식에게 유산으로 물려줄 책은 『논어』라고 했다.

공자는 말하길 "군주는 군주다워야 하고, 신하는 신하다워야 한다." 고 했다. 군주는 예로 다스리고 신하는 예로 섬긴다는 뜻이다. 물론 이름과 실체가 부합되어야 한다는 공자의 정명(正名)사상을 가리키는 것이다. 자로(子路) 편에 나오는 '정명'이란 이름을 바르게 하는 것이다. 이렇게 해야 하는 이유는 가치관을 분명하게 해서 흔들림이 없어야 하기 때문이다. 즉 이인(里仁) 편에서 공자가 강조하는 '일이관지(一以貫之)'처럼 일관된 가치관을 갖기 위해서는 반드시 이름을 바르게 해야 할 것이다. 그러니까 이율곡이 말하고 있는 정치의 시작이자 본질은 법이요, 정치의 이념·이상은 도덕인 셈이다. 이를테면 정치는 법치주의에서 나와 왕도정치에 도달해야 하는 것이다.

정약용이 『경세유표』에서 법치의 의의를 밝힌 다음과 같은 내용도 시사하는 바가 크다. 즉 일찍이 왕들은 예(禮)로써 나라와 백성을 다스렸으나 예가 쇠퇴함에 이르러 법이라는 명칭이 생겼다. 법으로써 하는 것은 나라를 다스리는 것도 백성을 다스리는 것도 못된다. (… 중략 …) 선왕은 예로써 법을 삼고 후왕은 법으로써 법을 삼았다고 했다. 이로써 법과 윤리가 불가분의 관계이며, 윤리적인 목표를 구현하기 위해서 합법적인

---

76 부남철, 『논어정독』, 푸른역사, 2010.

수단이 따른다는 속뜻을 유추할 수 있다.

세종 즉위 원년에 상왕인 아버지 태종이 자신의 장인인 영의정 심온 (沈溫, 1375~1418)을 역모로 몰아 자살을 명했다. 세종은 심온의 무죄를 알면서도 이를 막지 못했으며, 태종 승하 후에도 심온과 그 가족들을 복권해주지 않았다. 냉혹하지만 오히려 그런 점 때문에 세종은 우리 역사상 최고의 성군으로 남을 수 있었다. 법 경제학용어로 말해 '기회주의(opportunism)'를 자제함으로써 군주로서의 신뢰를 쌓았던 것이다.

정약용은 「도산사숙록(陶山私淑錄)」을 쓸 만큼 퇴계 이황의 편지글 한 줄 한 줄이 자신을 반성하는 채찍이 되고 정신을 일깨우는 죽비가 되었다. 퇴계학이 성리학을 바탕으로 이룩한 철학이요, 연암학이 문학을 토대로 만든 사상이라면 다산학은 시대와 장르를 넘어서는 다양하고도 복합적인 세계라 하겠다. 정다산은 도덕정치를 가장 이상적으로 여기고, 필요에 따라 법으로 통치하도록 요구했던 것이다. 유학사상을 통치 철학 및 이념으로 삼았던 조선시대에

가정의 의례, 즉 가례(家禮)와 비교되는 국가의 의례를 규정한 국조오례의

왕은 인(仁)으로 보위를 지키고 예(禮)로써 백성을 다스리기 위해 오례(五禮)를 제정하였다. 오례는 나라에서 지내는 다섯가지 의례로 가례(嘉禮), 길례(吉禮), 흉례(凶禮), 군례(軍禮), 빈례(賓禮)인데, 특히 가례와 길례는 국혼(國婚)으로서 가례는 왕과 세자, 세손 등 왕통을 이어나갈 인물들의 혼례이고 길례는 그 외 왕족의 혼례이다. 예는 곧 법이었고 인간생활의 규범이었다. 국가의 의례를 규정한 『국조오례의(國朝五禮儀)』 등 예에 관한 제도는 일종의 기본법적인 성격을 띤 것으로 조선시대 여러 분야에 큰 영향을 끼쳤다.

이태진(국사학) 교수는 조선의 정치적 이념이었던 유학사상이 농업과

의학 등의 기술 발달과 민본주의 확산에 기여하는 등 근대적 성격을 가졌던 가치체계였음에 주목했다. 또 유학이 당파싸움을 낳았다는 기존의 비판에 대해서도 이 교수는 조선이 군주 1인 지배체제에서 정파정치로 발달해 가는 과정으로 해석하고 있다.

사실 도덕적인 이상정치를 구현하려 했던 우리의 노력은 역사적으로 무수히 입증되고 있다. 대동법이나 균역법 등은 모두 농민들의 불평을 덜어주기 위한 배려에서 나온 것이었으며, 노론의 장기집권과 소수 벌열정치에 대응하는 탕평책의 실시를 비롯하여 세도정치에 대응하는 흥선대원군의 개혁도 피지배층에 대한 배려가 수반되어 있는 것이다.

24. 불후의 정치교본, 목민심서

경기도 광주에서 태어난 정약용은 조선후기 실학을 집대성한 대학자로 유명하다. 어려서 아버지 재원(載遠)에게 경사를 배우고, 상경하여 성호 이익이 남긴 글을 보고 백성을 위한 학문에 뜻을 두고, 이벽에게서 서학을 공부했다. 이렇듯 유학자이자 한때 처남 이벽으로부터 『천주실의』를 얻어보던 천주교신자였던 다산은 당시 불교계 인사들과도 가깝게 지냈다. 전남 강진 유배시절 그가 해남의 대둔사(현 대흥사) 역

사찰역사서인 대둔사지가
들어 있는 다산의 서간집,
매옥서궤(梅屋書軌)

사인 『대둔사지(大芚寺志)』 편찬을 주도했던 사실이 이를 잘 말해준다.

그의 학문과 정신은 근세 한국문화의 거의 모든 분야를 포괄하고 있다고 해도 과언이 아니다. 위당(爲堂) 정인보(鄭寅普, 1892~?)는 정약용에 대한 고찰은 곧 조선사 연구이자 조선근세사상의 연구라고 했으며 나아

가 조선 존망의 연구라고까지 평한 바 있다. 정약용의 그 폭넓은 학문과 사상은 500여 권의 방대한 저서로 남겨졌다. 국가경영에 관한 일체의 제도나 법규에 대하여 적절하고도 준칙이 될

탁월한 정치교본인 정약용의 목민심서(47권 16책)

만한 것을 논의한 『경세유표(經世遺表)』 등은 모두 그의 학문적 귀결이며, 탁월한 업적이 아닐 수 없다. 그의 모든 저서 가운데 정치적 관심이 가장 잘 집약되어 있는 것은 『목민심서(牧民心書)』라고 할 수 있다.

인사행정의 여섯 가지 원칙, 즉 하급관리의 단속, 부하통솔, 채용, 천거, 민정시찰, 공적평가를 비롯하여 재무행정, 법무행정 등 12분야에 걸쳐 72조로 체계화되어 있는 『목민심서』에 나타난 정약용의 정치적 안목은 매우 구체성을 띤다. 각 조에는 지방수령으로서 지켜야 할 원칙과 규범들을 간명하게 설정하고, 다음에는 그 규범들에 대해 설명하고 역사적 연원에 대한 분석을 하면서, 고금을 통해 이름 있는 사업과 공적에 대하여 자신의 견해를 첨부하였다.

즉 『목민심서』를 일관하는 내용과 전체적인 체제로 본다면, 먼저 지방관리의 부임으로부터 해임에 이르기까지 전 기간을 통하여 반드시 준수하고 집행해야 할 실무상의 문제들을 조목별로 설정하였다. 그리고 나서 필자 자신의 진보적인 사상과 심오한 식견을 드러냈다고 하겠다. 정약용 자신이 이 저서를 내기까지 많은 견문과 체험을 쌓았으므로, 그 내용이 결코 추상적인 훈계에 흐르지 않고 조목마다 절실함이 느껴지게 한다.

일찍이 수령을 지내는 아버지를 따라다니면서 탐관오리들의 실정(失政)을 보았고, 정조 18년(1794) 33세에 경기도 암행어사로 나가 지방행정

의 부패상과 농민의 빈곤상을 왕에게 보고하는 등 직분을 다하였다. 특히 경기도 연천지방을 순찰하다가 목격한 농민들의 비참한 생활상과 지방관리들의 횡포는 그의 삶과 사상에 크게 영향을 미쳤다. 그는 순찰을 마치고 "깨진 항아리 새는 곳은 헝겊으로 때웠으며 / 무너앉은 선반 대는 새끼줄로 얽었도다"[77]라고 시를 읊었고, 전 연천현감 김양직(金養直)과 전 삭녕군수 강명길(康命吉)을 탄핵하여 처벌케 했다. 김양직은 지사(地師)로서 정조의 아버지인 사도세자의 능을 수원으로 옮기게 한 일로 왕의 총애를 받고 있었으며, 강명길은 정조의 어머니인 혜경궁 홍씨의 주치의를 지냈던 연고로 역시 임금의 총애를 받던 사람이었다.[78]

과감하게 탐관오리들을 징벌하고 감사 서용보(徐龍輔)의 탐학도 철저하게 탄핵했다. 그 당시 농민들의 굶주림 위에 살찌는 관리들의 불의와 비리에 대해 마침내 정약용은 "간사한 아전들은 거짓말만 늘어놓고 / 답답한 선비들은 걱정이라 하는 말이 // 오곡이 풍성하여 산더미 같은데 / 게으른 놈 굶는 것은 모두 다 제 탓이지"[79]라고 비판·탄식했다. 39세에 곡산부사로 나가 농민의 참상을 몸소 체험했으며 많은 선정을 베풀고 돌아와 형조참의가 되었다. 한편 강진의 유배생활 중 지방관리의 횡포와 무능, 그리고 아전의 농간과 농민의 억울하고 가엾은 사정을 수없이 보고 들을 수 있었다. 이런 것들이 『목민심서』를 쓰게 된 동기로 작용했을 것이다.

그는 백성들에 대한 제반 행정사무를 직접 담당하여 집행하는 지방수령들의 역할을 대단히 중시하면서 그들의 태도 여하에 따라 백성들의 생활이 결정된다고 보았던 것이다. 베트남의 국부라고 하는 호치민은

---

77 파앵포호두천루 기가삭박방추탈(破甖布糊杜穿漏 庋架索縛防墜脫) 〈봉지염찰도적성촌사작(奉旨廉察到積城村舍作)〉.

78 송재소, 『몸은 곤궁하나 시는 썩지 않네』, 한길사, 2003, 259~260면.

79 간민호사언 우유다우시 / 오곡차여토 타농자핍자(奸民好詐言 迂儒多憂時 五穀且如土 惰農自乏貲) 〈기민시(飢民詩)〉.

일찍이 조선의 다산 정약용이 지은 『목민심서』를 구해보고 늘 옆에 가까이 두었다고 한다. 조선의 대표적 경세가였던 정도전이 '정치의 핵심은 인재등용' 즉 인사임을 강조했던 일이 새삼 떠오른다.

최병헌(영문학) 교수가 10년 작업 끝에 『목민심서』를 영역, 미국 캘리포니아대 출판사에서 'Admonitions on Governing the People : Manual for all Administrators' 라는 이름으로 출간했다. 그는 "부정부패는 인류 공통 문제요, 앞으로 서양인들이 정치 이야기를 할 때 플라톤, 루소, 존 로크뿐 아니라 다산도 거론하길 기대한다"는 말을 했다.

25. 수령은 백성을 기르는 목자(牧者), 정약용

정약용은 진주목사 정재원의 아들로서 문장과 경학에 뛰어났으며 정조 13년(1789)에 문과에 급제하여 벼슬이 부승지까지 이르렀다. 정조 말 천주교를 가까이 한 탓으로 금정찰방

강진 유배생활 1년 동안 지냈던 다산초당

(金井察訪)으로 좌천되었다가 다시 소환되어 여러 벼슬을 맡았다. 직무에 최선을 다하다 신유사옥 때 강진으로 유배가게 되어 그곳 다산기슭에서 18년간 독서에 힘썼으며 그의 대부분의 저서는 그곳에서 완성되었다. 다산 정약용은 벼슬에서 밀려나 귀양살이를 하면서 한 시대의 정신적 표상이 될 수 있었다.

다산 정약용은 기본적으로 정조의 정치참모로서 정치개혁을 구상했

던 실천적 사상가였다. 정조가 세상을 뜬 후 다산은 강진 유배생활 대부분의 시간을 주자학을 넘어서는 사서(四書) 연구를 통해 왕권강화를 모색했다. 『경세유표』, 『목민심서』, 『흠흠신서』는 각각 중앙·지방 행정제도와 형정(刑政)을 어떻게 개혁할 것인가를 담은 글이다.

다산은 자신의 학문적 역량을 한데 모아 『여유당전서』라는 인류역사상 유례가 없는 대작을 후세에 남겨 놓았으며, 이 속에는 유명한 그의 저작물들이 거의 모두 포함되어 있다. 순조 18년(1818) 귀양에서 풀려나와 승지에 올랐으나 기해사옥 때 배교(背敎)한 것을 뉘우치고 고향에 돌아가 저술과 신앙생활로 여생을 보내다가 죽었다.

그는 유형원·이익을 통해서 내려온 실학사상을 한 몸으로 집대성했는데, 그의 다양한 견문과 경력은 그의 사상에 현실적인 인식과 자료로 제공되었다. 그의 폭넓은 체험과 깊이 있는 생각들은 많은 저서로 묶여져 나왔는데, 그 다양하고 방대한 저술의 밑바탕에 일관되게 흐르는 것은 백성의 평안과 복리를 염원하는 정치적 고뇌라 하겠다.

그는 『목민심서』 전편을 통하여 지배층의 착취와 폭정으로 신음하고 있던 민중의 어려움에 대한 동정을 표시하는 가운데 "백성들은 흙으로 밭을 삼고 있는데 관료들은 백성으로 밭을 삼고 살과 뼈를 긁어내는 것으로 농사를 삼는다."고 비판한 바도 있다. 그는 『목민심서』의 첫머리에서 목민(牧民)이 얼마나 어려운 것인가와 목민을 책임진 지방수령들의 기본 자세가 얼마나 중요한 것인가를 말하였다.

앞에서도 언급된 바와 같은, 왕이 총애하고 권력이 보호하는 수령들을 탄핵한다는 것은 쉬운 일이 아니었다. 주위의 만류에도 불구하고 다산이 이들을 탄핵한 것은 수령들의 비리에 의하여 희생당하고 있는 대다수 농민들의 참상이 너무나 가슴 아팠기 때문이었을 것이다.

수령은 일반관리가 아니라 백성을 기르는 성스러운 목자여야 한다는 것이다. 그의 다른 글인 「원목(原牧)」에서도 "수령은 백성을 위해 있는 것인가. 백성이 수령을 위해 사는 것인가(牧爲民有乎 民爲牧生乎)"라고 했다. 백성을 소중히 여기고 사랑하며 보호하는 자신의 민본적 사고를 관철시키고 있다.

옛날 중국의 소현령(蕭縣令)이라는 나라를 다스리는 사람이 부구옹(浮丘翁)이라는 도인을 찾아가 고을을 다스리는 방법을 물었다. 부구옹은 "……청렴해야 위엄이 생기 법. 백성들이 명을 따르게 된다네. 청렴해야 강직할 수 있네. 상관이 함부로 하지 못하게 되지. 이래도 부족한가." 현령이 벌떡 일어나 두 번 절하고 허리띠에 '염(廉)'자를 여섯 개 써서 즉시 길을 떠났다. 다산이 벗의 아들인 영암 군수 이종영(李種英)에게 준 글에 나온다.

26. 능내, 다산 문화유적지

두물머리라고도 불리는 양수리(兩水里)에서 만난 남북한강이 서울로 입성하기 전에 한 바퀴 휘돌아 나가는 팔당호 한복판에 마치 곶串과도 같은 모습이 한눈에 들어온

다산 정약용의 생가(경기도 남양주시 조안면 능내리)

다. 산과 물이 넉넉한 자태로 주위를 둘러싼 남양주시 조안면 능내리에는 다산 정약용의 생가, 사당, 묘소가 한 울타리 안에 모여 있다. 이곳을 우리는 다산문화유적지라 부른다. 먼저 입구로 들어가면 왼쪽에 유물들을 전시한 다산기념관이 있다. 다산의 영정을 비롯하여 『목민심서』, 『아언각비』 등 낯설지 않은 제목들이 찾아오는 이들을 반긴다. 다시 왼쪽엔

다산이 자신의 거처에 이름을 붙인,
'진중하게 살아 갈 곳'이라는 뜻의 여유당

다산이 창안한 거중기로 수원 화성을 축조하는 모습을 재현해 놓았다. 고졸한 정신과 전통의 세계에서 불쑥 튀어나온 듯한 첨단과학에, 강변을 달리다 잠시 들르는 많은 사람들이 매력을 느끼기에 충분하다.

기념관을 돌아 나오면 숲으로 둘러싸여 차분히 자리잡은 고택이 보인다. 이곳이 다산의 생가인 여유당이다. 서재와 더불어 독서하고 명상하기에 알맞은 곳이어서 '여유당(與猶堂)'이라 이름 붙였다 한다. 『노자』에 나오는 여혜약동섭천(與兮若冬涉川) 유혜약외사린(猶兮若畏四隣)에서 가져온 말이다. 즉 망설이기를(與) 겨울에 시내를 건너듯 하고, 겁내기를(猶) 사방 이웃을 두려워하듯 하라는 뜻이다. 정약용이 고향에 내려가 자신의 방에 '언행에 앞서 신중할 것을 다짐하는' 뜻의 표어를 써붙이고 공부에 정진하게 된 것이다. 그는 신유사옥 직전 노론의 숙청 칼날이 자신을 겨냥해 한 발 한 발 옥죄어오던 때의 불안한 심리를 토로한 바도 있다. 그는 혹시 모를 자신의 독선이나 아집을 걱정했지 비겁하게 행동하지 않았다.

이와 같이 '여유당'은 다산이 고향집에서 만년을 보낼 때 스스로 지은 호이다. 이곳에서 태어나 일찍이 14세에 서울로 올라간 다산은 평생토록 무수한 부침 속에 지내다가 늘그막인 57세 때 고향으로 돌아온 것이다. 18년간의 전남 강진의 유배생활을 끝낸 직후였다. 여기서 그는 갈건야복(葛巾野服)의 소탈한 차림으로 평온하게 17년 동안 소요·침잠하며 학문에 정진하다 세상을 떠났다.

원래 있던 건물들이 홍수로 떠내려가 지금의 건물은 지난 1975년 복원한 것이지만 ㅁ자형의 고아하고 단정한 옛 모습은 그대로 남아 있다.

생가 왼쪽으로 난 길을 따라 언덕을 조금 오르면 다산의 묘소가 나온다. 부인 홍씨와 합장한 소박한 봉분과, '문도공(文度公) 다산 정약용'이라고만 적힌 비석도 깔끔하고 고상한 품격을

생가 뒷쪽에 있는 다산 정약용의 묘소

드러내고 있다. 무덤을 둘러싼 소나무들이 고개를 숙이고 다산을 호위하는 듯하다.

다산은 시대를 꿰뚫고 미래를 내다보며 개혁과 더불어 위민(爲民)을 주장했다. 실학정신을 방대한 500여 권의 저술에 집약한 그는 근대성의 본보기이자 그 이전에 정명(正名)과 왕도(王道)의 원칙을 지켰던 위대한 유학자이다. 권모술수가 판치는 사색당파의 현장에서 밀려나면서도 고난과 혼란의 시대를 학문의 열정으로 승화시킬 줄 알았던 훌륭한 정치가였다.

2009년 다산유적지 맞은편에 실학박물관이 설립되어 최한기·박지원·박규수·김육·조익 관련 유물 등 약 1,000점의 유물이 수집·전시되고 있다.

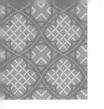

제2장 법률, 윤리적 삶을 위해 엄정해야 한다

광화문 앞의 해치

형(刑)은 이미 일어난 일을 징벌하고 법은 아직 일어나지 않은 일을 사전에 방지하는 것이다. 이미 일어난 일을 징벌함으로써 사람들로 하여금 두려움을 알게 하는 것이 아직 일어나지 않는 일을 사전에 방지함으로써 사람들로 하여금 피할 줄 알게 하는 것보다 못하다.

— 『고려사』 형법지에서

정치와 법률은 불가분의 관계에 있다. 정치는 반드시 법률의 도움을 받아야 하고, 법률은 정치를 위해 필요할 뿐만 아니라 정치에 의해서 법률은 새롭게 태어나기도 한다. 나아가 정치는 법률에 근거하여 행해져야 하고, 따라서 법률은 정치의 옳고 그름을 판단해야 한다는 점에서 법률의 존재적 의의는 매우 크다고 할 수 있다.

일반적으로 정의(正義)의 여신은 왼손에는 저울을, 오른손에는 검을 들고 서 있다. 저울은 법의 공평한 적용을, 검은 준엄한 집행을 나타낸다. 더욱이 그녀는 종종 천으로 눈을 가린 모습으로 등장한다. 감각의 유혹에 빠지지 않는 공정성을 상징하는 것이다. 우리나라 대법원 앞 정의의 여신상은 검 대신 법전을 들고 높은 의자에 앉아 있는 모습이다. 법 앞에 만민이 평등하다는 뜻을 나타내는 것이리라.

앞서 정치 분야에서는 법에 의거하여 정치를 해야 한다는 점에서 단지 수단으로의 법이 언급되었다면, 이와 달리 여기 법률분야에서는 법 자체가 논의의 중심에 되어야 할 것이다. 따라서 법의 제정이나 심판 등과 관련하여 법에 대한 의식을 비롯하여 법전(혹은 법률)의 내용, 법전의 성격, 법전의 변천 등을 다루고자 한다.

과거에는 삼권분립이 이루어지지 않았기 때문에 법이나 법치 등의 개념을 이해하는 데 다소 어려움이 따른다.

1. 법을 지켜야 선진국 된다

사공일 G20 정상회의 준비위원회 위원장은 2010년 벽두 언론 인터뷰에서 '법을 지켜야 한다'고 주장했다. 1인당 국민소득 2만 달러를 넘어 선진국 문턱에 선 한국경제의 진퇴와 관련해 그는 무엇보다 '준법성'이 필요함을 지적했던 것이다. 그는 먼저 "법을 지키지 않는 나라는 선진국이 될 수 없다."고 말했다. 그리고 사 위원장은 법이 지켜지지 않는 나라에선 기업인의 경우 각종 법규를 확인하기 위해 많은 시간을 들여 공무원을 만나야 하고, 그들과 밥도 먹어야 하고, 모든 정보를 수집해야 한다고 말했다. 그는 법대로만 한다고 하면 책만 보면 된다며, 미국에 투자가 많은 것도 법을 지키기 때문이라고 말한 바 있다.

오늘날 우리 사회의 고질병 중의 하나로 부정부패를 꼽을 수 있을 것이다. 과연 부정부패를 방지하고 처벌할 법은 있는지, 있다면 법규가 어느 정도 엄격한지 자못 궁금하지 않을 수 없다. 몇 년 전 아침 신문에 대

문짝만 하게 쓰인 "걸릴 걱정 말고 돈만 갖고 오세요"라는 문구가 나의 눈길을 끌기에 충분했다. 정부가 투기를 막는다고 전 국토의 15%인 46억 평을 토지거래허가구역으로 묶었지만 투기꾼들은 법망을 교묘하게 빠져나가고 있다. 최근 서울에 사는 B씨는 토지거래허가를 두 번이나 신청했는데도 허가가 나지 않자 궁리 끝에 무상증여방식으로 거래를 위장한 뒤 용인에 있는 땅을 취득했다. 땅을 무상으로 증여할 때는 규모에 관계없이 토지거래 허가를 받지 않아도 되는 점을 이용한 것이다.

전 국무총리의 후보시절 임명동의안이 우여곡절 끝에 2009년 9월 국회를 통과했다. 말 많았던 인사청문회 정국이 지나갔지만 영 개운치 않다. 위장 전입, 다운계약서 작성, 소득 불성실 신고, 세금탈루, 논문 중복게재, 병역기피 의혹까지 총리와 장관 후보들의 성적표는 갖가지 위법과 범칙으로 얼룩져 있다. A+의 준법 성적표를 기대하는 것은 아니지만 국민의 평균점에도 미치지 못하는 성적표에 우리의 실망은 크다. 우리 국가 사회의 관행이었던 부분도 있고 직무수행을 못할 만큼 중대한 결함이 아닐 수도 있다. 그러나 법률과 규칙을 지키는 데 모범을 보여야 할 사회지도층의 처신으론 문제가 많다.

청문회에 묻혀 잊혀 지나긴 했지만 씁쓸한 여운이 남는 게 또 있다. 2009년 같은 해, 8 · 15 특별사면 때 음주운전 전과자가 일괄 사면되는 행운이 있었다. 그런데 그들 가운데 20명 가까이 사면된 바로 그날 또 술을 마시고 운전대를 잡았다가 경찰에 걸렸다. 그 다음 날은 25명 정도가 걸렸고, 그런 식으로 한 달 동안 사면 받자마자 음주운전을 하다 적발된 파렴치한 사람이 630여 명이나 됐다고 한다. 경찰 눈에 띄지 않아 그냥 넘어간 음주운전 전과자는 또 얼마였을까.

총리 이야기와 음주운전자 이야기를 합쳐 보면 한국은 현재 사회지도층부터 일반국민에 이르기까지 심각한 준법 불감증에 빠져 있다는 결론에 도달한다. 심야 소음으로 수면을 방해하거나, 술을 마시고 소란을 피우거나, 아무데나 쓰레기를 버리거나, 거리에서 방뇨하는 등 기본 질서를 지키지 않아 2008년 경범죄로 처벌된 숫자가 일본의 약 45배인 것으로 나타났다. 2010년 준법을 비웃기라도 하듯 나라 전체가 온통 거짓말 범벅이었다. 계속된 인공위성 나로호 발사 실패 과정에서 러시아와 맺은 계약서만 들여다보면 그대로 드러날 내용이 종종 과장되고 왜곡되는 안타까운 모습이 연출되었다. 천안함 폭파 침몰 사건에 대한 감사원의 조사 결과에 따르면 보고 과정의 거의 모든 길목마다 축소, 은폐, 왜곡, 조작 등 온갖 형태의 거짓말이 난무한 것으로 드러났다. 우리는 지금 불법, 탈법, 편법, 위법, 범법이 만연한 사회 속에 살고 있다.

법치국가시대인 오늘날 필요한 법규조차 제대로 마련되어 있지 못한 실정이다. 파출소(지구대로 바뀜)에 와서 술주정을 부려도 경찰은 체포할 권한도 없다 보니 음주소란이 폭행 등의 더 큰 사건으로 비화되기도 한다. 하루빨리 법과 시스템이 온전히 갖춰져야 함은 당연하다. 무엇보다 편법이 성행할 만큼 원 법규 자체가 정밀하지 못하고 허점이 많다는 데 문제의 심각성이 있다. 게다가 단속에 걸린다 해도 처벌규정이 약해 사람들이 눈 하나 깜짝하지 않는다는 것도 문제다. 벌금을 내든 감옥에 가든 남는다는 계산이 나오면 불법을 무서워하지 않는 사람이 많은 것 같아 무섭기만 하다.

오늘날은 공동을 위해 개인의 희생이 강요되는 시대가 아니다. 각 개인은 자기 책임 아래 자신을 위해 살 권리가 있다. 그러기 때문에 개인의 자유와 양심이 소중함을 가르쳐야 한다. 먼저 법치의 중요성을 가르쳐야 한다. 민주니 진보니, 세계니 인류니, 정의니 평화니 아무리 숭고한 이념을 외친다 해도 법치를 벗어나면 끝이다. 권력과 총칼만이 독재가 아니다. 다수의 대중도 독재를 할 수 있다. 부모세대가 민주주의 정신을 제대로 가르치지 못했기 때문에 요즘은 자유가 아닌 녹선, 개인이 아닌 집단이 판을 치는 세상이 되고 말았다. 숫자만 많으면 진실인 것으로 착각한다. 법으로가 아니라 힘으로 문제를 해결하려고 한다. 개인의 책임은 없고 무슨 권리로 남 탓만 하는지 모르겠다. 우리의 마음 속에 양심과 정의가 사라져가고 있는 것 같아 답답하기 그지없다. 아니, 최소한의 도덕인 법규마저 지키지 않으려 하니 '그런 법이 어디 있는가' 묻고 싶다.

2010년부터 행정고시나 외무고시에 합격한 수습 사무관에 대해 헌법교육을 강화하고, 교육 후 평가를 통해 기준 점수 이상을 얻은 경우에만 교육 이수를 인정해주는 '헌법교육 패스제'를 도입 시행하기로 국무회의에서 의결되었다. 늦게나마 다행이 아닐 수 없다.

2. 사법부의 신뢰를 흔드는, 튀는 판결

2010년 벽두부터 잇따른 법관 판결의 시비가 세간을 뒤숭숭하게 만들었다. 일부 형사단독 판사들에 의한 강기갑 의원 국회폭력 무죄, 전교조 시국선언 무죄, PD수첩 광우병보도 무죄 등으로 꼬리를 물고 나

강기갑 국회의원의 공중부양

온 판결은 마침내 사법부 개혁을 요구하는 법원사태로까지 비화되었다.

교수가 우스갯소리로 학생들에게 법과대학이란 똑똑한 아이들 데려다가 바보 만들어 내보내는 곳이라고 했다는 말이 있다. 특별히 고시촌이 없던 시절 대학에 들어오자마자 곧바로 고시공부에 돌입하면서 학교수업은 뒷전이고 절간이나 고향집에 들어 앉아 육법전서와 씨름하던 학생들이 주류를 이루던 세태의 산물이다. 인문학적 덕목과 자연의 이치를 소홀히 한 채 세상적 출세를 향해 매진하는 젊은이로 자라나는 것을

경계했던 것이다.

사실 인간이 인간을 심판하고 정죄한다는 것 자체가 대단히 불안하고 두려운 일이다. 그래서 대한민국 헌법 103조는 "법관은 헌법과 법률에 의하여 그 양심에 따라 독립하여 심판한다"고 규정하여 사법권의 공정성을 보장하고 있다. 이는 선량한 개인의 자유와 권리를 보호하고 공동체의 건전한 목표와 질서를 유지시키기 위한 것이다. 이렇듯 법규란 개인의 자유와 공동체적 질서에 안정성을 부여하는 것이므로, 인간이 인간을 심판할 때 쓰도록 '법'이라는 잣대와 함께 '양심'이라는 보조기구를 명시해 두었다.

법을 온전히 해석하고 양심을 바르게 작동시키기 위해 법을 다루는 사람은 많은 지식과 폭넓은 경험은 물론 깊이 있고 확고한 철학을 지녀야 한다. 만일 법조인이나 법대생들이 사전적 지식에 매달리는 사태는 우려를 낳을 수 있다. 법이란 건강한 상식이자 사회적 윤리에 속한다고 한다. 그러므로 법에 따라 심판하는 재판관의 '양심'이란 판사 개인의 신념이 아니라 법관으로서의 직업적 양심이며, 이는 사회가 인정할 수 있는 보편적 가치에 부합되어야 한다. 어느 자리에 있는 사람보다 공인으로서의 법관은 권리에 앞서 사회정의 구현을 위한 책임을 다해야 한다.

법치주의라는 것이 불안한 인간의 주관성을 배제하고 정도(正道)와 원칙으로서의 윤리적 지배를 가능하게 한다는 점에서 그 의의를 인정받는다고 본다. 따라서 법규는 모든 국민의 선량한 기본권을 보호하고 공동체의 합당한 질서유지를 위해 만들어져야 한다. 그리고 법규에 따라 판결하는 법관은 법은 물론 공인으로서의 양심과 윤리의식에 근거하여 심판해야 할 것이다. 이러한 전통적 법의 정신이 매몰되지 않고 계승될 때 곧 사회적 정의가 살아 있는 반듯한 인간세상이 될 것이다. 그리고 여기서 법이 존재하는 온당한 이유를 찾을 수 있고, 이것이 바로 우리가 소망하는 법치주의의 근간이 될 것이다.

그렇다고 우리 사회의 여론 형성을 주도하는 곳이 성급하게 단정 짓는 것도 또 다른 문제를 야기할 수 있으므로 신중하지 않으면 안 된다. 기술개발, 경제발전 등 국가의 하드파우어도 국가위상의 제고를 위해 필요하지만 진정으로 선진국이 되기 위해서는 그에 못지 않게 정신적 가치로서의 법치주의 실현이 중요하다. 문제해결을 위해 물리적인 힘이나 비정상적인 방법 등을 사용하는 것은 바람직하지 못한 처사요 온당하지 못한 일이다. 판결에 불만이 있고 화가 난다고 담당판사의 집 앞에서 시위를 벌이며 신변을 위협하고, 개별 재판에 대하여 간섭할 수 없는 대법원장의 차량에 계란을 던지는 행동은 어떤 이유로든 정당화 될 수 없다.

선진국을 지향하면서 국격을 높이고자 하면 법치주의를 존중하는 올바른 가치관의 형성이 급선무라 하겠다. 우리가 보이는 법도 안 지키면서 어찌 보이지 않는 양심을 바라겠는가. 공동체적 질서, 사회적 정의, 신뢰할 수 있는 인간사회 같은 것은 최소한 법부터 지키는 데서 가능해질 것이다. 법치주의 시스템이 사회를 건전하고 평화롭게 발전시키는 최선의 제도라는 데 대한 사회적 합의가 이루어질 수 있도록 우리 모두 지혜를 모아야 할 것이다.

우리의 역사 속에서 법을 예(禮)로 대치하고자 하면서, 법의 문제에서 법리(法理) 자체보다 윤리(倫理)를 더 중시했던 전통적 법문화의 효력과 가치를 새삼 느끼게 한다. 양심과 정의라고 하는 도덕적·윤리적 덕목이 법을 이끌어가는 고차원의 개념임을, 따라서 법의 논의가 결국 가치관에 관한 것으로 나아갈 수밖에 없음을 거듭 확인하게 된다.

3. 엄격했던 조선의 법규

경복궁의 정문인 광화문을 지나갈 때 그냥 지나칠 수도 있는 것이 바로 경복궁의 수문장인 해태상일 것이다. 부리부리한 눈으로 남쪽을 응시하고 있는 해태는 매우 영물스러운 동물로 성군을 도와 현명한 일을 많이 하고, 잘못한 사람이 있으면 뿔로 받는 정의의 수호신이라고 한다.

해태[80]는 옳고 그름을 가리는 법정신의 상징이자 준법의 표상이다. 예부터 중국에서는 법을 심판하는 사람은 해치관(獬豸冠)이라는 해태를 새긴 관모를 쓰기도 했고, 의복에 해태의 모습을 장식했다고 한다. 우리 조선에서도 백

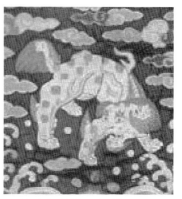

오늘날의 검찰총장과 같은 대사헌의 흉배에 새겨진 해치

관을 규찰, 탄핵하고 법을 집행하던 사헌부 관헌들은 해치관을 쓰고 대사헌(大司憲)의 흉배에 해태를 장식하기도 했다. 사헌부 관리들이 해치관을 쓴 것은 『후한서』 여복지(輿服志)에 근거한다.

요즈음 대통령의 아들은 물론 친인척들이 검거·구속당하고 있으며, 이에 따라 친인척 비리를 막기 위한 특별법 제정이 무르익어가고 있다. 자연스레 과거 임금의 자제나 친인척의 권력형 비리를 어떻게 대처해 왔는가 하는 궁금증을 불러일으키기도 한다. 성종의 외숙이 승지 벼슬에 있을 때 수입목재인 자단향(紫檀香)으로 정자를 지었다는 소문이 임금

---

80 시비와 선악을 판단하여 안다고 하는 상상의 동물로서 해치(獬豸)라고도 부른다. 중국의 후한 때 양부(楊孚) 『이물지(異物誌)』에는 동북 변방에 있는 짐승으로 한 개의 뿔을 가지고 있고 성품이 충직하여 사람이 싸우는 것을 보면 바르지 않은 사람을 뿔로 받는다고 설명되어 있다고 한다. 그러나 김언종 (한문학) 교수는 같은 후한 때 사람이지만 양부보다 앞선 시기의 사상가인 왕충(王充, 27~?)의 『논형(論衡)』 시응(是應) 편에는 '해태(해치)는 외뿔 양(一角之羊)이며 천성적으로 죄 있는 자를 안다'고 기록되어 있다고 말한 바 있다. 더구나 『이물지』는 원본이 전하지 않아 해태에 관한 기록이 실렸는지도 불확실하다. 일각에선 기원전 2세기 전한 때 나온 『회남자(淮南子)』에 해치관(冠)에 대한 기록이 나온다는 지적도 있다.

의 귀에 들어왔다. 임금은 내시를 몰래 보내 그 사실을 확인한 다음 병이나 피방(避方)을 핑계대고 경복궁으로 이궁(移宮)을 한 뒤 특명을 내려 외숙을 베어 죽이고 환궁했다. 궁을 옮기지 않으면 반드시 대비가 동기간을 용서하라고 청할 것이 뻔하므로 궁을 옮겨서 권력형 비리를 척결했던 것이다.

일찍이 조선사회는 세계에서 유례없을 만큼 치밀하게 관료의 부정과 부패를 막아내는 제도적 장치가 발달했다. 가령, 친족 간에는 같은 관청 또는 상하관계에 있는 관청에서는 근무할 수 없게 했고,[81] 상급자의 집을 방문하여 청탁을 한 자는 곤장 100대를 쳐서 3,000리 밖으로 유배한다고 규정하고 있으며, 또 이 두 법을 위반한 사람의 경우 자자손손 공직에 임용될 수 없도록 했다. 쉽게 말해 조선시대 뇌물죄 처벌은 요즘의 특정범죄가중처벌법보다 몇십 배 엄했다고 할 것이다. 주로 부정부패한 관리는 잡아다 공개석상에서 솥에 삶아 죽이는 시늉을 하는데 이를 솥찜질, 즉 부형(釜刑) 혹은 팽형(烹刑)라 했다. 솥찜질 당한 죄인은 산송장으로 장사를 치르고 호적이나 족보에서도 삭제되며 도적질이나 폭행을 당해도 보호를 받지 못한다. 아기를 낳아도 그 아이는 아비 없는 자식이 되는 만큼 살아 있는 시체다.

조선에서는 역모(逆謀) 다음으로 무거운 처벌을 받는 죄가 뇌물죄인 장죄(贓罪)였다. 뇌물 액수가 80관(貫) 이상이면 교형(絞刑)이었다. 그런데 장죄와 동일하거나 더 엄한 처벌을 받는 죄가 하나 더 있었으니, 바로 감수자도죄(監守自盜罪)라는 것이었다. 이는 관리가 자신이 지켜야 할 국

---

81 2010년 9월 초 유명환 외교통상부 장관은 딸을 자신이 있는 외교통상부의 5급 통상 전문직에 특혜 채용하려 했다는 의혹을 받고 사임하고 말았다. 자신이 외교통상부 차관으로 있던 2006년에도 이미 딸은 비슷한 계약직에 특채로 3년 동안 근무했었다. 한 마디로 공직자로서의 염치가 없다. 나라의 지도자라는 사람들이 부끄러움을 모르는데 국민들이 어찌 법의 두려움을 알겠으며 나라가 온전하겠는가.

가의 재물을 유용한 죄이다. 공금횡령 내지는 직권남용 정도에 해당하는데,『대명률』감수자도율에는 "수범(首犯) 종범(從犯)을 가리지 않고 장죄로 논죄한다"라고 규정되어 있다. 때로는 장죄보다 더 엄하게 다

KBS 2TV드라마 해신에 등장하는 해적 염장(송일국 분)의 이마에 문신을 새긴 자자형(刺字刑)

스려 40관 이상이면 목을 베는 참형(斬刑)에 처한다는 기록도 있다. 뇌물은 개인의 돈을 받은 것이지만 감수자도는 공직자가 백성들의 세금을 도둑질한 것이기 때문이다.

　감수자도에 걸리면 영원히 벼슬할 수 없었고 부패관리 명부인 장안(贓案)에 기록되어 자손들의 벼슬 진출까지 막았으니 한 번 걸리면 패가망신이 아닐 수 없었다. 뿐만 아니라 죄인의 이마에 죄명을 새기는 자자(刺字)까지 행했다. 세종 7년(1425) 7월 의령 현감 허계(許季)가 초계(草溪) 기생에게 관청 쌀 20말을 주었다가 적발되자 사헌부는 감수자도율을 적용하여 곤장 80대를 치고 자자율을 적용해야 한다고 주청했으나 세종은 자자는 하지 말라고 명했다. 조선은 관리들의 세금 유용에는 관용이 없었다.[82]

　『경국대전』을 살펴보면서 관인이나 지폐 위조 같은 통치 및 경제질서 위반행위에 대해 가차 없이 사형에 처하도록 규정하고 심지어 옷이나 그릇의 색깔 등에 이르기까지 까다로운 생활양식에 대해 규정하고 그것을 어기면 범죄로 다루었음에 자못 놀라게 된다. 그런데 더욱 우리를 놀라게 하는 것은 법을 제정하는 정신이나 의도가 백성을 구속시키는 데 있지 않았음을 강조하는 전통적인 법문화이다.

---

82 『세종실록』 29권, 세종 7년 7월 15일 을사.

정약용의 형법서로 잘 알려진 흠흠신서

정약용은 형법서인 『흠흠신서』에서 다음과 같이 말했다. "사건을 다루는 법은 정황과 조리를 통해 판별하는 데 있다. 정황에 맞지 않으면 여러 사람이 서로 증언하더라도 억지로 끼워 맞춘 형사사건이 되기 쉬우며, 조리에 타당성이 없으면 비록 네 이웃에서 같은 말을 하더라도 억지스러운 추측이므로 판단할 수 없다" 정약용은 당시 살인사건의 조사·심리·처벌과정이 매우 형식적이고 무성의하게 처리되는 것을 보았다. 이는 사건을 다루는 관료 사대부들이 법률에 밝지 못하고 사실을 올바르게 판단하는 실무에 어두우며 성의조차 없기 때문이라고 여겼으며, 그 결과 생명존중사상이 무디어 가는 것이라고 그는 개탄하였다.

여러 강간치사사건에서 형조까지의 복심(覆審)에서는 강간 기수(旣遂)를 명확한 증거에 의해 재판하기보다는 피해자가 자살했다는 결과만으로 사형을 주장하는 데 대하여 조선의 정조 임금은 오로지 증거의 유무, 그리고 법조의 근거에 따라 판결하였다[81]고 하는 점은 시사하는 바가 크다.

4. 백성을 보호하기 위한 법, 정약용

다산 정약용은 법의 참된 의미가 백성의 평안을 도모함에 있음을 전제로 진정한 법치는 도덕성에 기초해야 한다고 보았다. 그가 추구한 중앙행정에 관한 개혁구상이자 국가의 기본적인 재건 방향을 제시한 『경

81 박병호, 『한국의 전통사회와 법』, 서울대학교출판부, 1985, 328면.

한국문화를 논하다

세유표』의 이름을 처음에 『방례초본(邦禮草本)』이라고도 하여 법의 근본 정신을 예(禮)와의 일지에서 찾고 있는 데서 더욱 그러하다. 특히 『경세유표』 서문에서 정약용은 "하늘의 이치에 견주어 보아도 부합하고 인간적 정리에 비추어 보아도 알맞은 것을 가리켜 예라 이르고, 반대로 두려운 것으로써 위협하고 참혹한 것으로써 협박하여 백성들로 하여금 조마조마하게 하여 감히 범할 수 없게 하는 것을 가리켜 법이라고 한다. 선왕은 예로써 법을 삼고 후왕은 법으로써 법을 삼았으니, 이것이 양자가 같지 않은 점이다."라고 했다.

법치를 내세웠던 중국의 진시황시대가 오래가지 못한 점은 시사하는 바가 크다. 역사적으로 법치는 육식동물에 비유되는 서양인들에게 부합하는 것이라 할 수 있다. 따라서 법치는 서양의 정치적 가치 체계의 기반이 되었고, 로마시절부터 서양사회는 법 위주로 질서를 이뤄왔다. 이와 달리 초식동물에 비유되는 동양인들에게 잘 맞는 것은 도덕과 신뢰였다. 그러므로 동양의 정치적 가치이자 이상은 덕치라 할 수 있었고, 역사적으로 동양사회는 공동체를 이루기 위한 권위와 도덕으로 질서를 이뤄 왔다. 다시 말해 동양에서는 수단 방법을 가리지 않고 승리를 쟁취하는 패도보다는 배려와 포용을 바탕으로 한 왕도정치에 더 매력을 느껴왔다. 의리와 도덕을 강조한 중국의 역대 왕조들이 장구했고, 유교를 통치철학으로 삼았던 조선왕조가 500년 넘게 이어져 왔던 점을 되새겨 봐야 할 것이다.

정약용은 예의와 도덕에 의한 인본주의적 통치가 결코 안일과 해이의 속성을 띠지 않는다는 점을 강조했다. 인의(仁義) 중심의 도덕정치라 할지라도 그 정치적 목적을 구현하기 위해서는 오히려 제도나 정책이 엄격하게 제정되고 시행되어야 하며 만일 바르지 못할 때는 단호하게 심판 처벌해야 한다는 것이다. 다산은 "공자가 위정(爲政), 즉 '정치를 하다'라고 말했는데, 유자(儒者)들은 '무위'라고 떠벌리고 있다"며 "임금이 일을 할 수 없도록 만들고 온갖 법도가 무너져 천하가 부패해지고 정치가 피폐해진 것을 강하게 비판했다. 엄격하고 치밀한 제도나 정책의 올바른 시행을 이끄는 준거가 다름 아닌 법이요, 이 법의 제정과 시행 그리고 법에 의한 판단에 의해서 이상적인 정치사회가 이루어진다고 보는 것이다. 이렇듯 엄한 법규의 제정과 법규에 따른 단호한 심판을 주장하는 의도가 최대한 백성을 보호하고자 했던 인의적(仁義的) 사고의 소산이었다는 점에서 그 의의는 매우 크다고 하겠다.

아울러 중세 봉건사회를 극복하려는 정약용의 혁신적인 사고는 중앙과 지방의 행정문제에서부터 재정문제, 상공문제, 토지문제 등 사회 전반의 개혁을 위한 제도적 장치로서의 법률적 근거의 필요성에 대한 주장으로 이어졌다. 이와 같이 그에게서 백성을 보호하기 위해 법

이상적인 법전 제정의 필요성을 밝힌 정약용의 경세유표

률이 제정되고 시행되어야 한다는 자각과 더불어 이상적인 법전을 만들고자 했던 집요한 의도를 엿볼 수 있다. 그는 무엇보다도 『경세유표』의 저술동기를 밝히는 서문을 통해서 시의에 맞게 법이 적절히 개정되어야 함을 언급하고, 고칠 수 없는 법률조항을 설정함으로써 인의를 실현할 수 있는 온전한 법전이 제정되어야 한다는 소신을 잘 드러냈다.

오늘날 국민의 도덕적 품성을 높여 국가의 격을 높여야 한다고 아우성이다. 우리 정부와 국민은 오랜 세월 권력이 '법을 이용한 국민의 지배(rule by law)', 즉 법을 도구로 한 지배에 익숙해져 스스로 법의 정신에 따라 결정하고 행동하는 '법의 지배(rule of law)'에 서툴렀다. 이제는 권

력층과 국민이 함께 '법의 지배' 시대를 열어나가야 한다. 그리하여 우리가 진정 원하는 바르고 따뜻한 인의(仁義)사회를 이룩해야 한다.

5. 인본주의적인, 한국의 법문화

『경국대전』을 비롯한 여러 법전이나 정도전, 이익, 정약용 등 많은 학자들의 견해를 통해서 확인할 수 있는 바, 우리의 법문화의 특징은 법규 제정과 시행 그리고 심판에 있어 가장 크게 고려되어야 하는 것이 도덕성의 제고와 인권의 보호였다는 사실이다.

조선시대에는 살인사건처럼 인간의 생명이나 존엄성과 관련된 사건의 경우에는 함부로 조사를 끝내거나 소홀히 다루지 않았다. 사건의 의문이나 의혹을 남김없이 풀어 원통함이 없도록 하려는 인정(仁政)의 원칙이 확고히 작동되었다. 이는 물론 당시 조사나 심판이 그저 형식적으로 이루어진 것이 아니라는 점을 보여준다. 전 근대사회에도 증거 확보나 과학적인 수사 등 법 집행에서 현대에 못지 않게 인권을 중시했다.

특히 고려에서 조선으로 넘어오는 시기는 복지정책이라는 측면에서 중요한 의미가 있었다. 적어도 조선초기 건국세력은 근대적 의미의 복지에 대한 최소한의 개념을 인식하고 있었고 구호활동을 국가의 주요정책으로 명문화 했다. 『경국대전』 권3 예전(禮典) 혜휼조(惠恤條)의 기록은 조선의 복지제도를 가늠하게 하는 척도가 될 것이다. 무엇보다 부모 없는 고아나 집 잃은 어린이, 가난으로 혼인을 못한 처녀, 그리고 몸이 성치 않은 환자가 복지혜택의 주요 대상이었다.

예를 들어 보면 "버려지거나 집 잃은 어린이는 한성부와 본읍에서 양육하기를 원하는 이에게 맡기고 관청에서 의복과 식료품을 준다. 10세가 넘도록 찾는 신고가 없으면 양육한 자가 부리는 것을 허용한다."라고

노처녀·노총각을 없게 하는 것이 왕의 긴요한 정무였던 조선시대의 혼인

되어 있다. 자생력이 없는 어린아이들을 국가와 사회가 적극적으로 책임지고 보호·구제하려는 인도적 처사를 엿볼 수 있다.

또한 환자가 긴급히 의사를 요청하면 즉시 대응 치료해야 하며 거부할 경우에는 고발하게 하여 죄를 다스리도록 되어 있다. 오늘날 논란이 되고 있는 병원의 환자 거부행위를 감안할 때 조선시대의 사회복지에 대한 인식과 정책이 얼마나 선진적이고 구체적이었는가를 짐작하게 된다.

노처녀 구제방안도 선구적인 편이었다. 나이가 30이 가깝도록 가난하여 시집가지 못한 여자에게는 곡식과 옷감을 마련하여 지급한다는 대목이 나온다. 당시 상황에서 혼인(婚姻)은 여성에게 있어 거의 유일한 삶의 수단이었다는 점에서 매우 합리적이다. 이렇듯 조선왕조가 복지정책에 대해 적극적인 의지를 갖고 법제화했던 점을 눈여겨 볼 수 있다.

삼강오륜의 도덕에 어긋나는 이른바 강상죄(綱常罪)를 반역죄와 함께 범죄 가운데 가장 무겁게 다뤘던 것이나 가벼운 죄는 벌금으로 대신케 하고, 형 집행에 있어서 어린이와 늙은이를 구금하지 않았던 것 등도 인권과 윤리를 기준으로 한 법의 해석과 적용 때문이라 하겠다. 세종 12년 15세 이하의 어린이와 70세 이상의 노인은 살인·강도 죄인을 제외하고는 옥에 구금하지 못하게 하고, 80세 이상의 노인과 10세 이하의 어린이는 비록 사형에 해당하는 죄를 범했더라도 구금이나 고문을 하지 못하도록 했다.[82]

이처럼 형벌에 있어서도 인도주의적 색채가 강했던 것이 우리 법문화

82 박병호, 『한국의 전통사회와 법』, 서울대출판부, 1985, 333면.

이다. 오늘날까지 자식이 부모를 살해하는 행위(존속살해)는 일반살인 죄보다 더 무겁게 처벌하도록 형법이 규정하고 있는 것도 이와 무관하지 않다.

조선조에서 의리를 저버리고 남의 잘못을 고발하거나 고발케 하면 '잘못을 저지른 것은 기사지소(其事至小)하고 그 잘못을 악용하는 것은 기사지대(其事至大)하다' 하여 법리(法理)보다 인륜을 선행시켜 다스린 사례는 비일비재하다. 조선 태종 12년(1412) 전사직장(典祀直長) 박욱(朴彧)이 역모에 참여한 혐의를 받고 있는 부친 박계생(朴桂生)과 관련해 투옥되었다. 그런데 박욱이 옥에 갇힌 것은 놀랍게도 역모의 연좌죄 때문이 아니었다. 부친이 3개월 투옥된 동안 가보지 않았다는 불효죄였다. 부친의 혐의는 무고로 밝혀졌지만, 사간원에서 "불효하고도 충성한 자는 없다"며 아들을 탄핵한 것이다.

중종 14년(1519) 내금위(內禁衛) 곽원종(郭元宗) 형제가 어머니 정(鄭)씨와 함께 "곽윤원(郭胤源)이 양모(養母) 이씨를 간음했다."고 고발했는데, 조사결과 허위인 무고(誣告)로 밝혀졌다. 의금부에서 반좌죄(反坐罪)로 장형 100대에 유형 3,000리를 처해야 하지만 한 등급을 감해서 처벌하자고 주청하자, 중종은 '강상을 범한 죄'라며 감형하지 말고 처벌하라고 명했다. 조선의 형벌 중에 반좌율(反坐律)이란 것이 있다. 남을 무고하거나 위증(僞證)한 사람에게 그 무고한 죄와 같이 처벌하는 것을 말한다. 다른 사람을 사형에 해당하는 죄로 고발했는데, 조사결과 무고로 밝혀지면 되레 사형당한다는 것이다.

윤리가 법리(法理)에 앞서는 것은 마치 『논어』 자로 편(子路篇)에 나오는 내용과 같다. 섭공(葉公)이 공자에게, 자기 동네 정직한 사람이 있어 그의 아버지가 양을 훔치자 즉시 아버지를 고발했다고 말하자, 공자가 자기 동네의 정직한 사람은 그와 다르다고 하면서 아버지가 아들을 위해서 숨겨주고 아들이 아버지를 위해서 숨겨주니 거기에 정직이 있다고 대답한 것

목을 졸라 죽이는 교형 장면

과 근본적으로 상통한다고 하겠다.

실제로 몇 년 전에도 이와 관련된 사건이 발생했다. 기러기아빠가 해외로 날아가 성적과 품행이 나빠진 아들의 종아리를 때린 것을 아들이 학교 교사에게 고발하고 학교에서는 폭행죄로 경찰에 고발함으로써, 그 아빠가 시한부 접근 금지형을 선고받은 사례가 2005년 보도되었다. 기러기아빠에 대한 형사적 처벌은, 좁아지는

세상에서 자연 발생되는 횡적 갈등과 자식의 부모 고발이라는 윤리체계의 해이에서 필연인 종적 갈등의 합작품으로 꼬리를 물고 일어날 심각한 사건이 아닐 수 없다.

『경국대전』이나 『대전회통』에도 자식이 부모를 고발하거나 아내가 남편을 고발하고, 노비가 상전을 고발하면 반역음모나 역적의 경우를 제외하고는 교형(絞刑)이라는 중죄로 처단한다고 명시되어 있다. 물론 신분차별에 따른 불합리한 점도 있으나, 악을 제거하는 법규도 중요하지만 고발행위는 반윤리적인 행위로서 지탄의 대상이었음을 깨닫게 된다. 조선시대에는 또한 남의 약점이나 은미한 과실을 들춰내서 고해바치는 고알(告訐)도 엄격하게 처벌했다.

6. 윤리에 반하는, ~파라치

유명인들을 따라다니며 그들의 사생활 장면을 찍어 언론매체에 팔아먹는 사진사들을 가리키는 이탈리아어가 '파파라치'다. 이 파파라치가

우리나라에 들어와 호화롭게 적응하며 자리를 잡아가고 있다. 바야흐로 한국은 '~파라치' 전성시대라 해도 과언이 아니다. 2001년 교통법규 위반 운전자를 잡는 '카파라치'가 등장한 이래 지금까지 50여종의 신고 포상금제가 도입되었기 때문이다.

교통법규 위반 차량을 숨어서 촬영하는 카파라치의 모습

교통위반 사례를 숨어서 촬영·고발하여 포상금을 받는 카파라치는 불법에 대한 감시라는 명분도 없지 않으나 남의 약점을 노린다는 차원에서 부도덕한 부류들이다. 카파라치의 직업 숙달을 위한 학원까지 생겨난 적도 있었으니 도덕적인 사회, 바른 정치의 측면에서 큰 문제가 아닐 수 없다.

쓰파라치(쓰레기불법투기), 봉파라치(돈 안 받고 1회용 봉투제공), 식(食)파라치(식품위생법 위반), 선(選)파라치(불법선거운동), 주(株)파라치(불공정한 증권거래), 과(課)파라치(불법 고액과외)까지 종류도 다양하다. 인터넷에선 각종 포상금 내용과 신고 방법을 전문적으로 가르쳐주는 유료사이트 10여 개가 성업 중이다. 그 밖에 청소년을 대상으로 술을 판매하는 업주를 신고하는 주(酒)파라치도 등장했다. 2004년 1월 1일부터는 식품접객업소에서 1회용품 사용하는 것을 제보하면 포상금을 준다 했고, 부당진료비를 신고하는 의(醫)파라치까지 뜬다고 했으며, 2009년 불법 편법운영 학원신고 포상제인 학파라치까지 등장하고 있으니 파파라치는 사라지지 않을 기미다. 도덕은 고사하고 법규마저 잘 안 지키는 세상이 되어버렸으니 할 말이 없다.

얼마 전엔 성(性)파라치가 등장한다고 야단이었다. 성매매를 알선하거나 강요하는 등의 범죄를 신고하거나, 감금 또는 인신매매된 피해여성의 구조를 도우면 최고 2,000만 원까지 포상금을 지급하는 제도가 도입됐기 때문이다. 신고포상금제도에 대한 여론은 엇갈리고 있는 편이다. 찬성하는 쪽은 자발적인 시민 참여로 불법행위를 줄이고 범죄에 대한 경각심을 높이는 효과가 있다고 주장한다. 또 규제 대상 분야가 광범위해 정부가 일일이 대응하기 어렵다는 사정도 든다. 한편 반대하는 쪽은 정부가 해야 할 일을 보상금을 내세워 시민에게 떠넘기는 것은 잘못이라고 주장한다. 전문적인 신고꾼을 양산하는 점, 인권 침해의 가능성 등의 폐해도 지적한다.

2009년 한국전력공사는 좀처럼 줄어들지 않는 부정부패를 근절하기

강력한 내부고발제도를 발표했던 한국전력공사

위해 전례 없이 강력한 내부고발제도를 마련·가동하겠다고 발표한 적이 있다. 동료직원의 뇌물수수 사실을 신고하면 종전에 지급하던 포상금 상한선을 5,000만 원에서 무려 40배인 20억 원까지 올렸다. 가장 효율적인 질서 유지 체제 중의 하나겠지만 함께 화합하고 협력해야 할 동료들로 하여금 서로 감시하게 만드는 이 같은 제도는 자칫 공동체 정신을 해칠 수 있다는 점에서 문제가 심각하다.

실효성 유무는 둘째 치고라도, 이런 제도가 끊임없이 운영되는 사회를 건강하다고 볼 수 없다. 한 시민이 다른 시민의 불법행위를 돈벌기의 수단으로 여기기 시작하면 결국엔 '만인의 만인에 대한 감시'가 보편화될 수 있다. 무차별적 감시는 사회 구성원 사이에 불신과 반목을 키운다. 효과는 좀 더디더라도 상호 감시보다는 시민 자율을 강조하는 것이

더 근본적인 대책이며 바람직한 방안이라 할 것이다.

　물론 명령과 강제는 단기적으로 백성을 통제하는 데 매우 효과적인 수단이다. 이런 물리적인 수단을 적극 활용하여 나라를 다스려야 한다고 주장한 사람들이 바로 법가사상가들이다. 법가사상의 창시자라고 할 수 있는 상앙은 백성들과 국가의 이익은 서로 배치되므로 국가의 존속을 위해서는 백성들을 분열시켜 힘을 약화시켜야 한다고 말한다. 그래서 그는 다섯 집 또는 열 집을 하나의 단위로 묶은 다음 그 중에 한 사람만 다른 나라로 도망가도 나머지 사람을 모두 처벌하는 연좌제를 시행함으로써 백성들이 서로를 감시하도록 했다. 그러나 행정적 명령이나 사법적 강제로 다스리면 사람들이 도망치려고만 하여 부끄러움이 없어진다. 도덕과 예의로 다스리면 사람들이 부끄러움을 알게 되어 스스로 올바른 행동을 하게 된다는 것이 유교이념에 따른 우리의 법문화라 하겠다.

　조선 개국과 더불어 제정된 『조선경국전』의 편찬의도나 내용 등을 살펴보더라도 인간의 도덕과 윤리를 존엄시하는 인간중심적 사고가 짙게 드러난다. 정도전은 행정법 제정에 있어 재상이 자신을 바르게 한 다음 임금을 바로잡는 것이 행정법의 근본이 되고, 신하를 비롯한 백성들을 볼 줄 알고 나서 일을 처리함이 시행규칙에 따르는 것이라 했다. 재정법 제정에 있어서도 나라가 있고 사람이 있은 다음에 부를 얻을 수 있고, 덕이 있은 다음에 그 부를 확보할 수 있다면서 덕으로써 재정법의 근본을 삼는다고 말했다. 그 밖의 어느 법률의 제정에 있어서든 인간중심적 사고가 법의 기본정신으로 작용했다. 여기서 새삼 우리의 법문화 속에서 엄정한 법규를 만들어 약자와 소수를 보호해 주는 것이 국가가 법을 제정하는 목적이라는 인간주의적 사고를 깊이 깨닫게 된다.

7. 고려까지의, 관습법 / 율령

우리나라는 일찍부터 고유한 법을 가지고 있었다고 본다. 토템이나 타부야말로 사회생활의 중요한 법적 규범이었다. 『한서(漢書)』「지리지」에 의하면 고조선에 생명과 사유재산을 중히 여기고 보호하기 위한 팔조법금이 있었다. 이 시기 다른 부족국가인 부여, 고구려, 삼한 등에도 살인자는 사형에 처하고 절도죄의 경우 절취물의 12배를 배상하게 하며 간음한 경우 죽이는 등 형벌이 매우 엄했다.

삼국 초기에는 왕권을 강화하기 위하여 노력했다. 고구려에서는 모반자나 반역자를 기둥에 매어놓고 횃불로 태운 다음 참수했는가 하면, 신라에서도 거열형(車裂刑)에 처하고 일족을 멸하는 등 혹형이 가해졌다.

율령(律令)[85]은 중앙집권적 전제국가를 유지하기 위한 법률조직으로, 고구려가 가장 빨리 소수림왕 3년(373)에 공포하였고, 백제는 기록이 없으나 늦어도 4세기경에는 율령이 있었던 것으로 추정된다. 신라는 무열왕 원년(654)에는 법흥왕 율령을 검토하고 『이방부격(理方府格)』 60여 조로 수정했으며, 통일의 위업을 달성한 문무왕 대는 당나라의 제도를 수용함으로써 중앙집권적 율령체제를 완성하였다.

고려시대에도 온전한 법전의 편찬에 이르지는 못했다. 고려는 성종 초 중앙집권적 정치체제를 정비함에 있어 독자적인 율령을 제정하지 않고 당송과 원의 율령을 부분적으로 수용하면서 고유법에 해당하는 교(教)·판(判)·령(令)·명(命)·조(詔) 등의 왕법과 관습법에 의존하고 있었다. 중국을 종주국으로 삼고 국호 및 왕위를 승인받아야 하는 정책 기조의 조선과 달리 칙(勅)이나 조(詔)를 사용했던 점은 특기할 만하다고 하겠다.

---

85 중국에서 생긴 국가통치의 기본법으로, 국가의 기본법을 율과 령으로 나누는 것이 특징이며, 이 법체계는 우리나라와 일본 등에도 영향을 미쳤다.

『고려사』의 「형법지」에 '고려율(高麗律)'이라 하여 71개조의 율령이 수록되어 있다. 『고려사』에 기재되어 있는 이 율은 비교적 이상법으로서의 성격이 강하다고 볼 수 있었다. 고려 말에는 법의 실효성과 안정성을 확보하려는 기운이 일어났다.

특히 정몽주는 서정(庶政)의 퇴폐, 형정(刑政)의 문란을 바로잡기 위해 통일형법전(統一刑法典)의 제정이 필요함을 깨달아 지정(至正) 5년(1345)에 제정된 원(元)의 조격(條格)과 명률(明律), 그리고 고려의 고유형법을 수집 연구하여 율전(律典)을 만들어 공양왕 4년(1392)에 왕에게 바쳤다. 공양왕은 6일 동안 정몽주로부터 율전의 강의를 듣고 그 훌륭함에 감탄하여 이를 더욱 깊이 연구·검토하면 법으로 시행해도 좋다고 했으나 끝내 법전으로서 시행되지 못하고 고려는 망했다. 이 율전의 초안은 정몽주의 사찬(私撰) 법서로 그치고 말았으나 우리 역사상 명백한 최초의 법률서(Rechtsbuch)라고 할 수 있다.[86]

8. 법치주의 선언과 조선경국전

법의 존재형태이자 입법을 이루는 국왕의 명령이 형식화된 것을 교(敎) 또는 교지(敎旨)라고 하는데, 조선의 모든 행정사무를 총괄하던 육조에서는 자기 관청의 직능에 따라 사무처리에 필요한 규정을 국왕에게 제기하여 비준을 받았다. 이렇게 국왕에게 비준 받은 것, 즉 각 관청에 하달된 교지를 수교(受敎) 또는 수판(受判)이라 하고, 수교나 수판이 법제화(법조문화)된 것을 조례(條例)·조획(條劃)·조령(條令)·조건(條件)이라고 했다. 각 관청에서 이것에 연월일을 붙여 모아놓으면 등록(謄錄)이 되는 것이다.

86 박병호, 『한국의 전통사회와 법』, 서울대출판부, 1985, 25~26면.

조선왕조의 기틀을 세우고자 했던
정도전의 조선경국전

세월이 경과하면서 등록 상호 간의 모순이나 중복, 영구적으로 시행해야 할 것과 편의에 따라 준용해야 할 것과의 구별이 생겨남으로써 법령 상호 간의 혼란을 해결하기 위해 법전의 필요성이 생겨나는 것이다. 따라서 법전의 제정·편찬은 법을 새로 만드는 것이 아니라 각 관청에 등록되어 있는 수교를 수집하고 정리하는 과정인 것이다. 이 가운데 일시적인 법령(權宜之法)과, 영구적인 법령(經久之法)을 구별하여 후자만을 육조별로 정리하여 모으는 과정이 핵심이다.

태조가 즉위교서에서 고려의 법제를 따를 것과 법치주의 통치를 선언[87]한 뜻을 받들어 정도전은 『고려사』가 지닌 6전 체제의 영향과 부문별로 제도를 체계화해온 우리의 전통적 방법에 기초하여 태조 3년(1394)에 통치의 기본이념을 구체화한 상하 2권으로 된 『조선경국전(朝鮮經國傳)』을 편찬하였다.

정도전은 이태조로부터 가장 신임 받는 신하로서 행정·군사·재정 등 모든 분야에서 권력의 핵심을 장악하고 새 왕조의 기틀을 세워나갔다. 지금의 수도 서울도 그가 설계한 것이며 4대문 4소문의 이름까지도 그가 지은 것이다. 더욱이 태조 이성계가 조선 개국 4년째인 1395년에 창건한 경복궁은 정도전이 실무를 총괄해 지은 궁궐이다. 경복궁과 광화문 명칭에서부터 그 안의 근정전·사정전·강녕전 같은 주요 전각의

---

87 조선왕조는 법제사적으로 '법전왕조'라고 부를 수 있다. 조선은 법전편찬으로 날이 새고 해가 저물었으며, 법치를 위해 온 정력을 다 쏟았다.

이름도 그가 지은 것이다.
정도전은 근정전과 근정
문을 일직선상으로 하는
남쪽에 대문을 세워 광화
문(光化門)이라 했는데, 이
것이 전통이 되어 후대에
궁궐을 지을 때 대궐의 정
문은 모두 화(化)자를 돌림

조선의 정궁(正宮), 즉 제일 궁궐인 경복궁의
정전(正殿)인 근정전(勤政殿)

자로 썼다. 창덕궁의 돈화문(敦化門)과 창경궁의 홍화문(弘化門)이 그것이
며 경희궁의 홍화문(興化門)도 마찬가지다.

일찍이 정도전은 1342년 경상북도 영주에서 태어나 아버지의 친구인
목은(牧隱) 이색(李穡) 문하에서 수학했다. 28세에 성균관 박사가 되어 중
앙정치무대에 진출하였으나 기득권자들의 질시와 모함을 받아 수차례 유
배와 처형의 위기를 겪었다. 귀양에서 풀려나 삼각산(三角山)[88]에 초막을
짓고 호를 삼봉(三峰)이라 고쳐 지으며 절치부심 칼을 갈았다. 그러다가
함흥에 있던 이성계를 찾아가 그의 막료가 되었다. 그때 나이 마흔 하나였
다. 정도전은 한고조 유방이 장량을 이용한 것이 아니고 장량이 고조를 통
하여 천하를 얻은 것이라는 논리를 펴면서 자신을 장량에 비유하여 치켜
세웠다. 마치 이성계를 군왕이 아니라 동지로 대하듯이. 그렇다보니 주변
의 질시와 분노를 샀고, 정도전은 스스로 제 무덤을 파고 있었던 셈이다.

마침내 정도전은 세자 방석(芳碩)을 옹호하고 정실 소생의 왕자들을
죽이려 음모했다는 구실로 태조 7년에 왕권강화를 기도했던 이방원(李芳
遠)에게 참살 당했다. 정도전과 이방원의 대결은 국가의 방향성을 둘러
싼 사생결단이었다. 하지만 승리한 태종 이방원도 이후 국가 체제를 설

---

88 북한산의 다른 이름으로 백운대, 인수봉, 만경대의 세 봉우리가 있어 이렇게 부른다.

계하는 과정에서 정도전의 구상을 다수 채택했다. 백성을 위한 재상정치의 웅지를 미처 펼쳐보이지도 못하고 참혹하게 죽은 정도전의 시신은 행방이 묘연하여 묘소도 없다. 그는 조선시대 내내 역적의 누명을 벗지 못했다. 고종 때 대원군에 의해 누명이 벗겨지는가 싶더니 그는 오늘날까지도 복권되지 못하고 있다.[89]

정도전의 『조선경국전』에 의하여 종래 사용되던 금(禁)·율·령·격과 달리 처음으로 '전(典)'이라는 법적 술어가 쓰였다. 이 6전 체제의 법률서의 저술로 말미암아 치국의 대체적인 틀과 관제를 비롯한 모든 제도 및 운영방침이 정해졌다. 따라서 이는 법전편찬을 촉진하는 계기가 되었으며 이 책은 조선일대 법전의 기본이 됐다. 다만 국가제도의 전반을 다루는 법전이면서도 어디까지나 개인의 저술로서 국가의 통일법전으로 적용되지 못한 아쉬움이 있다.

9. 경제육전과, 조종성헌준수원칙

태조 6년(1397) 당시 영의정이었던 조준(趙浚, 1346~1405)이 적극 주도하여 우리나라 최초의 성문통일법전이라는 『경제육전(經濟六典)』을 만들었다. 『경제육전』은 비록 편찬 전까지 현행되는 조례를 수집한 것에 불과하지만, 조선왕조가 만든 최초의 법전으로서 중요한 의의를 지닌다. 『경제육전』은 조선왕조 수립을 배경으로 하여 편찬되었으므로 건국 초기에 취한 일련의 제도개편에 따르는 법령들과 고려시대의 각종 법규도 상당히 반영되어 있다.

이 『경제육전』의 경우 15세기 중엽까지 수정본들이 나왔다. 태종 때는 하륜(河崙, 1347~1416)의 주재하에 『경제육전』을 개정 보완하면서 각종 교

---

89 이정근, 『이건 몰랐지, 조선역사』, 책으로 보는 세상, 2009, 102면.

지, 수교, 조례 등을 모아 『원육전』과 『속육전』으로 편찬하였다. 이어 원·속육전 사이의 모순을 원육전 본위로 정리함으로써 원육전에 해당하는 『경제육전』을 군주 대대의 성문법으로 절대 존중하여 속육전 등 뒤의 법령에 의해 개폐할 수 없도록 한 '조종성헌(祖宗成憲) 존중주의'가 성립되었다.

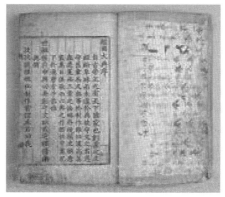

조선왕조가 만든 최초의 법전이라는 의의를 지닌 경제육전

그러므로 법령개정시 조종성헌 준수의 원칙에 따라 원전의 조문은 그대로 두고, 그 조문 밑에 고쳐야 할 내용만을 각주로 명기하는 방식을 택했다. 세종 때는 태종이 정한 원칙에 따라 속전을 마련하였다. 먼저 『신속육전』과 『등록』을 완성하고, 몇 년 뒤 『정전(正典)』 6권과 『등록』 6권으로 된 『신찬경제속육전』(1433)을 완성했다. 그러나 이들 법전은 조항이 중복되거나 모순된 내용이 많고 체계적이지 못했다. 『신찬경제속육전』도 불완전하여 문종 원년에는 재편찬의 논의가 계속되었다.

이때 영구히 지켜야 할 법령인 경구지법(經久之法)은 『정전』에 싣고, 편의에 따라 시행해야 할 법령인 권의지법(權宜之法)은 『등록』에 실어 전(典)과 녹(錄)을 구분하였다. 이와 같이 태종~세종조 조종성헌 준수의 원칙과 법령을 전과 록으로 구분한 원칙은 조선법전편찬의 기본 원칙이 되었다.

10. 경국대전 탄생의 진통

세조는 즉위와 함께 속전의 형식으로 증보하는 고식적 법전편찬 방식을 지양하고 원전·속전을 비롯한 모든 법령을 조화시켜 새로 조직적이고 통일적인 법전을 편찬하겠다는 결심을 했다. 1457년에 육전상정소(六典詳定所)를 설치하고, 최항·김국광·한계희·노사신·강희맹·서거정 등에게 명하여 『경국대전(經國大典)』이라는 새로운 종합적인 법전의 편찬에 착수토록 했다. 그러나 이러한 영구불변의 법전을 만들어보겠다는 세조의 꿈은 자신이 죽고 예종을 거쳐 오랜 세월이 지나 이뤄질 수 있었다.

마침내 성종 15년(1484)에 『경국대전』의 완성으로 조선의 독자적인 법전이 마련되었다. 세조 때 호·형·이·예·병·공의 6전 편찬이 완료되기는 했으나 그의 갑작스런 죽음으로 반포가 중지되었고, 이후 증보와 교감이 계속되다가 최종적으로 현존하는 『경국대전』이 완성된 것이다. 『경제육전』을 모체로 조선건국 직후부터 편찬에 착수하여 이처럼 거의 1세기를 끌어온 것은 새 왕조가 수립된 후 단행된 통치기구의 개편, 토지제도의 정비, 통치이념의 확립 등 정치 및 사회경제적 개혁들을 법제화하는 데에 보다 합리적인 방법을 모색하는 과정이 요구되었기 때문일 것이다. 물론 『경국대전』이 『경제육전』을 기초로 편찬되었기 때문에 두 법전 사이에 공통점도 많지만 내용과 서술방식 등에 있어 차이점도 크다.

『경국대전』이라는 이름으로 처음 나온 법전은 세조 12년(1466)에 편찬된 『병술대전』이었고, 예종 원년(1469)에 수정본 『기축대전』이 나왔으며, 성종 2년(1471)에 『신묘대전』이 나오고, 성종 5년(1474)에 다시 수정본인 『갑오대전』이 편찬된 후, 1484년 마침내 오늘날 『경국대전』이라 부르는 『을사대전』이 나온 것이다.[90] 영구히 지킬 법전을 만들려는 노력은 여러 차례 수정작업을 피할 수 없게 했다. 그러니까 『경국대전』은 15세기 중엽에 들어서면서 통치자들이 지배체제의 확립을 모색하던 끝에 종래의 법전편찬 방식

---

90 성종 때에는 국가 권력이 안정되었으므로 『경국대전』을 비롯해 『동국여지승람』, 『동국통감』, 『악학궤범』 등 많은 서적이 간행될 수 있었다.

을 참작하면서 새롭게 일반화된 법전을 마련코자 했던 의지의 산물이다.

11. 경국대전 이후의 법전 편찬

『경제육전』과 『경국대전』의 편찬은 중국문화의 압도 속에서 우리 고유의 법문화를 세운 주체적 사상의 발로였다. 『경국대전』이 편찬된 이후에 사회의 다양한 변화를 수용하고 법제화해야 할 필요성에 따라『속대전』을 비롯한 여러 법전이 나왔어도 어디까지나 『경국대전』이 세워놓은 기본 틀에서 크게 벗어나지 않았다.

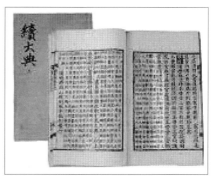

조선전기의 경국대전과 쌍벽을 이루는
조선후기의 법전인 속대전

그만큼 이 법전은 15세기 당시는 물론 조선왕조 전 기간의 통치질서를 유지하기 위한 제반 관계를 해명하는 기초사료라는 점에서 법제사적 의의가 크다. 시기적으로뿐만 아니라 내용적인 면에서도『경국대전』은 특별히 주목할 만하다. 『경국대전』은 조선의 정치, 경제, 사회, 군사, 문화 등 사회생활의 기본적 규범을 포괄적으로 규정한 우리나라 최초의 종합적인 법전이라 할 수 있기 때문이다.

『경국대전』의 완성을 계기로 조선에서는 왕조 말기까지 법전 편찬을 계속해나갔다. 성종 23년(1492)에『대전집록(大典輯錄)』, 중종 38년(1543)에『대전후속록(大典後續錄)』, 명종 10년(1555)에『경국대전주해』가 편찬되었고, 양란 이후 숙종 24년(1698)에『수교집록(受敎輯錄)』, 숙종 32년(1706)에『전록통고(典錄通考)』가 편찬되었다.

조선시대 마지막 법전인 대전회통

영조 22년(1746)에는 『경국대전』 이후의 새롭게 변화된 사회상을 법제화한 『속대전』의 편찬으로 이어졌다. 영구히 시행할 필요가 있는 법령만을 골라 만든 『속대전』은 조선전기의 『경국대전』과 쌍벽을 이루는 조선후기의 기본 법전이 되었다. 결국 『속대전』이 편찬됨에 따라 조선조에 시행된 법전은 크게 『경국대전』과 『대명률』을 포함하여 3가지로 압축된다.

법전이라는 용어가 최초로 등장하는 현암사에서 출간된 법전

정조 9년(1785)에 완성한 『대전통편(大典通編)』은 『경국대전』을 원(原), 『속대전』을 속(續), 『속대전』 편찬 이후의 수교를 새로이 증보하여 증(增)이라 표기함으로써 종래의 법전을 통합하는 방식으로 편찬되었다. 지금 살아있는 노인들에게 조선시대의 법전을 물으면 예외없이 『대전통편』을 들 정도로 가장 많이 알려져 있는 법전이다. 또 고종 2년(1865)에 만들어진 『대전회통(大典會通)』은 『대전통편』을 근본으로 삼아 그 이후의 현행법령을 추가한 조선시대 마지막 법전이었다. 이처럼 『대전회통』의 편찬에 이르기까지 조종성헌 존중주의는 굳게 지켜지고 있었다. 이에 근거하여 『경국대전』은 사회가 변함에 따라 새로운 법조문이 늘어나고 옛 조문이 더러 폐지되었음에도 불구하고 19세기 중엽까지 조선왕조의 기본 통치규범으로서의 지위를 누릴 수 있었다.

오늘날 '법전'이라고 불리는 것은 현암사에서 1959년에 처음으로 『법

전』(초판)을 내면서부터인데,
이는 『경국대전』이나 『대전통
편』의 용례에서 따와 '법전'이
란 이름을 지은 것이다.

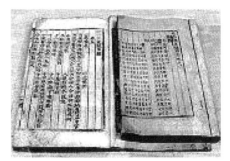

이러한 공적 법전 외에도 『증
보전록통고』(영조 15년)·『전률
통보(典律通補)』(정조 10년)·『백
헌총요(百憲總要)』(정조 20년경)·

원나라 왕여가 편찬한 무원록에 주석을 달아 새로
제작한 최치운의 신주무원록

『만기요람(萬機要覽)』(순조 8년) 등이 편찬되었고, 또한 왕명에 의하거나 혹
은 개인이 편찬한 『사송유취(詞訟類聚)』·『신주무원록(新註無寃錄)』·『증수무
원록(增修無寃錄)』·『추관지(秋官志)』·『경세유표』·『흠흠신서(欽欽新書)』 등의
법률서도 있었다.

『신주무원록』은 조선시대 세종의 명으로 최치운(崔致雲) 등이 원나라 왕
여(王與)가 편찬한 『무원록(無寃錄)』에 주석을 달아 새로 제작한 의학서이다.
'원한이 없도록 하라'는 의미의 『무원록』은 각종 살인사건에 대한 수사 경험
을 기록해 둔 책이다. 결국 『신주무원록』은 검시(檢屍)를 하면 자살인지 타살
인지를 과학적으로 알 수 있었던 조선시대 최고의 법의학서였다. MBC TV에
서 2005년 제작하고 2007년 다시 제작 방송했던 조선판 CSI 과학수사대 〈별
순검(別巡檢)〉은 『무원록』, 『증수무원록』 등을 바탕으로 수사관 별순검이 지
휘하는 과학수사과정을 그린 드라마다.[91] 『경국대전』에 조선의 공식 법의

---

91 2010년 9월 케이블채널 MBC 드라마넷에서 처음
방송된 '조선과학수사대 별순검 시즌3'은 구한
말 개화기의 경무청 소속 특별수사팀 별순검을
배경으로 한 추리드라마이다. 국내첫 3D(입체영
상)로 촬영된 첫회분은 조선 최고의 기생 진금홍
의 의문의 죽음을 별순검이 파헤친다는 내용이었
다. 조선에는 죄인을 체포하고 신문하여 벌을 주

조선시대 경찰업무를 수행하던 포도청

학서로 규정된 『신주무원록』도 애매하고 잘못된 것이 많다고 하여 영조 24 년(1748)에 구택규(具宅奎)가 『무원록』의 내용을 증보하고 용어를 교정 · 해석하여 간행한 것이 『증수무원록(增修無冤錄)』이다.

정약용의 3대 역작 중의 하나인 『흠흠신서』는 정약용이 유배되어 있는 동안 『증수무원록』을 기초로 저술한 책이다. 이를 두고 학자들은 한국 법제사상 최초의 율학 연구서이며 동시에 살인사건 심리 실무지침서라 말하기도 한다. 특히 『흠흠신서』는 근대 이전 시기의 법의학서의 길잡이가 되었고, 정조의 경우는 이 저서를 통해 새삼 인권의 소중함을 인식하고 범죄자의 형벌에 공정성을 기약하려 노력했다.

대한제국이 성립되자 융희 2년(1908)에 250권 50책의 방대한 『증보문헌비고』가 간행되었다. 이는 조선왕조 이전부터 시행되어 온 형사문제를 전반적으로 다루었으므로 조선시대의 민본사상을 표방한 군왕들의 통치이념과 법체계를 이해하는 데 도움이 된다. 조선형법의 기본은 『대명률』이지만 조선의 국내 사정이 중국과 달라 『경국대전』이 편찬되었고 이어서 『속대전』이 편찬되었으며, 이들 조례를 참고하여 종합적으로 분류한 『증보문헌비고』가 간행되었다고 할 수 있다.

『경국대전』의 편찬을 계기로 법전 편찬의 길이 열려, 당시 국가들 중에서 조선왕조만큼 풍부한 법전을 가진 나라가 흔치 않았다. 이에 따라 조선을 법령국가라 해도 무방할 것이다.

는 기관이 여러 곳 있었지만 죄인들에 대한 조사, 체포, 순찰 등 본격적인 경찰업무를 수행한 곳은 포도청(捕盜廳)이다. 사람들이 가장 무서워하던 이 포도청이 등장한 것은 조선 성종 때이다. 그러나 포도대장의 가장 큰 역할은 범인을 잡는 것보다 왕실 경호였다. 사법기관 가운데 의금부는 태종 때부터 출범한, 왕명에 의해 개정되는 특별재판기관으로서 양반재판소로 불린 반면, 형조는 보통재판기관으로 상민재판소로 불렸다. 전옥서(典獄署)는 오늘날의 교도소로 형조의 지휘 감독을 받았다.

우리나라의 전통적인 법제와 그에 따른 법의식이 어떤 것이었는가를 구체적으로 확인해볼 필요가 있다. 첫째로 조선왕조의 기본법전이었던 『경국대전』을 검토해보고, 둘째로는 『성호사설(星湖僿說)』, 『곽우록(藿憂錄)』 등의 저술을 통해 법률에 대해 탁월한 식견을 보여준 성호 이익[92]을 비롯하여 다산 정약용에 이르는 경세치용을 주장했던 실학자들의 주장을 대강 살펴보도록 하자.

12. 조선 통치규범의 확립

2004년 헌법재판소는 "정부가 추진 중인 신행정수도의 이전은 곧 우리나라의 수도 이전을 의미한다."며 정부가 추진해온 행정수도 이전 작업을 사실상의 천도(遷都)로 규정했다. 그리고 "지금의 서

서울시 종로구 재동에 있는 독립된 헌법기관, 헌법재판소

울인 한성의 지위는 조선시대의 기본 법전인 『경국대전』에도 나타나 있

---

92 이익(李瀷, 1681~1763)은 호가 성호(星湖)이고, 조선 영조 때의 남인학자이다. 학문과 인품이 뛰어나 제자인 순암(順菴) 안정복(安鼎福)은 "강직하고 굳세며 두터운 인정과 정성스러운 것은 선생의 뜻이다(강의독실 선생지지야 剛毅篤實 先生之志也)"라고 했고, 그 뒤 정약용은 이익을 가리켜 "참으로 위대하시도다(위기성의 偉其盛矣)"(『여유당전서』 성호선생찬)라는 말을 수없이 반복했다. 이익은 한글의 우수성을 발견하고 한시(漢詩)에 우리 말을 사용하며, 민간의 속담을 수집하여 정리하는 등 우리의 말과 글에 대한 애정도 남달랐다.

다. 『경국대전』은 한성에 수도로서의 지위를 부여하고 있다."고 하였다. 이를 보면 행정수도 이전이 진행되고 있는 아직까지도 조선의 『경국대전』은 우리의 생활에 영향을 미치고 있는 것으로 보인다.

『경국대전』은 전통적으로 내려오던 관습법이나 판례법, 조선시대에 만들어진 수교와 규정들을 성문화하여 만든 우리 고유의 법전이라는 점에서 매우 귀중한 가치를 지닌다. 이『경국대전』은 조선의 통치체제와 국정의 기틀을 세우는 헌법의 성격은 물론, 행정절차를 규정한 행정법이며, 형사와 민사에 관한 법인 동시에 관혼상제 등 풍속에 관한 사회규범까지를 담고 있는 매우 포괄적인 법전이었다.

법은 그 시대의 사회사상을 반영하고 정치이념을 표현하는 것이다. 이에 『경국대전』 편찬에는 조선건국의 사상적 기반이었던 성리학적 질서가 배경이 되었고, 조선왕조의 지배층으로 새롭게 등장한 혁신파 관료들의 의식이 바탕이 되었다. 국가정치나 사회생활의 모든 분야에 유교적 윤리관이 침투되고, 이 법전편찬으로 말미암아 조선은 유교적 법치국가로서의 자리를 확고히 할 수 있었다. 『경국대전』은 조선왕조의 행정기구인 육조의 직능과 조직형식에 따라 6전으로 구성되었으며, 각기 14~61개의 항목으로 이루어졌다.

한편 『경국대전』 반포 때 보충법규로서의 몇몇 하위법 적용규정을 두었다. 「호전」의 세입과 세출은 공안(貢案)과 횡간(橫看)에 의거하고, 「예전」의 국가의식절차는 『국조오례의』를 따르며, 형벌에 관한 것은 「형전」에 저촉되지 않는 한 『대명률』을 적용할 수 있도록 했다. 『대명률』은 고려 말에도 사용되었으며 조선시대 전 기간을 통해 결정적으로 영향을 미쳤다. 특히 『대명률』을 우리의 형사법이라 할 만큼 조선의 형사사건에 크게 영향을 미쳤음을 『속대전』은 밝히고 있다.

명나라에서 편찬된 『대명률』이란 법전이 조선일대를 통하여 『경국대전』과 함께 통용되었는데, 뒤의 인용문에도 나오는 내용이지만 『대명률』

의 첫머리에는 가장 악질적인 죄로 열 가지를 들면서 10악(惡)이라고 불렀다. 첫째 모반(謀反), 둘째 모대역(謀大逆), 셋째 모반(謀叛), 넷째 악역(惡逆), 다섯째 부도(不道), 여섯째 대불경(大不敬), 일곱째 불효(不孝), 여덟째 불목(不睦), 아홉째 불의(不義), 열째 내란(內亂)이 그것이다. 당나라 『당률소의(唐律疏議)』에도 이런 내용이 나오며, 조선의 『경국대전』도 대체로 『대명률』이나 『당률소의』와 비슷한 내용이다.

조선시대 법전 제정은 물론 형사사건에 크게 영향을 미쳤던 명나라의 대명률

조선은 10악이 사형죄였다. 위 언급된 순서대로 보면 모반(謀反)은 사직을 어지럽힌 내란죄이다. 모대역은 종묘와 능과 궁궐을 파헤치는 행위이다. 모반(謀叛)은 조국을 배신한 외환죄이다. 악역에는 조부모, 처조부모 등의 구타나 살해를 비롯하여 남편살해도 여기 해당한다. 부도는 죄 없는 사람 셋을 살해했거나 시신을 토막 내거나 산 사람의 신체 일부를 베어낸 경우다. 대불경은 왕실의 제사물건이나 임금의 물건을 훔친 경우, 그리고 임금에게 올릴 약을 잘못 조제하는 행위이다. 불효는 조부모, 시부모 등을 고소·고발·악담하거나 부모가 생존해 있는데 호적을 옮기거나 재산을 분리하는 등 봉양하지 않는 행위이다. 불목은 동성 8촌 이내의 친족 살해나 부모 항렬의 존속을 구타·고발하는 행위이다. 불의는 백성이 지방관을, 병사가 직속상관을, 제자가 스승을 살해한 행위이다. 마지막 내란죄는 근친상간으로 동성 5촌 이내의 친척과 부모나 조부의 첩과 화간한 것이다.

10악은 가을의 추분까지 기다리지 않고 바로 죽였으며 사면에서도 제외되었다. 이처럼 범죄 가운데 가장 무겁게 다뤄진 것이 모반(謀反)·모대역·모반(謀叛)·대불경 등의 반역죄와 악역·부도·불효·불목·불의·내란 등의 강상죄(綱常罪)였던 것이다. 유가의 이상은 효를 기본으로 하는 가족주의적 도덕을 정치의 세계에도 적용하고자 하는 것, 즉 충효일본(忠孝一本)이었음을 여기서도 확인하게 된다. 10악은 오늘날에도 내란·외환 등의 죄로서 근대화되어 있고, 존속에 대한 죄의 가중문제는 약간의 이론이 있으나마 가족도덕의 기본으로서 형법 속에 자리잡고 있다.

13. 조선의 다섯 가지 형벌

오형(五刑) 가운데 장형(杖刑)에 속하는 죄인을 다스리는 데 쓴 곤장을 치는 형틀

조선시대에는 『대명률』을 적용하여 범죄자에 대해 다섯 가지 형벌, 즉 태형(笞刑), 장형(杖刑), 도형(徒刑), 유형(流刑), 사형(死刑) 제도를 시행했다.

우리나라에서 태형이 보편적으로 시행된 것은 고려시대부터인데 조선에서도 이 제도를 답습하였다. 태형은 가장 가벼운 형벌로 회초리 10대에서 50대까지 5등급이 있다. 장형은 태형보다 무거운 벌로서 60대에서 100대까지 5등급이 있다. 가령 부모에게 불효하거나 형제간에 싸우거나 마을에서 행패를 부리는 자를 잡아들여 훈시를 하거나 가벼운 태형을 가하고 내보냈다. 그런데 한 번 관아에 잡혀가면 며칠씩 호되게 시달리거나 모질게 장형에 처해지기도 했다. '경칠 놈'이라는 욕이 있는데, 경(警)은 깨우친다는 뜻으로, 이런 태형이나 장형에 '경을 치는 것'이다.

치도곤(治盜棍)은 태형과 장형을 통틀어 가장 심한 곤장이다. 말 그대로 중대한 절도범을 다스릴 때 쓰던 곤장형이다. 회초리에 가까운 태형과 달리 장형 중에서도 가장 심한 치도곤을 당할 경우 장독(杖毒)이 올라

종종 죽음에 이르곤 했다. 그러므로 '저런 치도곤 놓을 놈'은 요즘 식으로 하자면 '패 죽일 놈'이다. 문학작품에나 등장하는 '육장(肉醬, 장조림) 내다'는 치도곤을 쳐서 초주검을 만든다는 뜻이다. 남형(濫刑)의 피해가 가장 많았던 것이 장형이었다.

도형은 오늘날의 징역형에 해당하는 것으로 1년에서 3년으로 5등급이 있다. 도형 기간 동안 관아에 구금하여 두고 일정한 노역에 종사시키는 자유형의 일종이다. 우리나라에서 도형이 처음 시행된 것은 고려시대로 당나라의 영향을 받아 도입되었고 조선시대에는 이를 더욱 구체화시켰다.

유형은 중죄를 지은 자를 먼 지방으로 유배 보내어 죽을 때까지 고향으로 돌아오지 못하게 하는 형벌이다. 기간이 정해지지 않고 왕명에 의해서만 특별히 석방될 수 있었다. 유배지에 처와 첩은 따라가도록 하며 부모와 조부모, 그리고 자와 손은 본인이 따라가기를 원할 때는 허락하였다. 이 외에도 유형의 일종으로서 부처(付處), 안치(安置), 천도(遷都) 등이 있는데, 부처나 안치는 활동범위를 일정한 구역으로 제한·유폐시키는 유형 중에서도 중형에 해당하며, 천도는 죄인을 그 가족과 함께 국경지대로 이주시키는 형이다. 특히 안치제도는 왕족이나 고관 현직자에게 부과하였다. 안치에는 다시 고향에 유폐시키는 본향(本鄕)안치, 흑산도·추자도·제주도 등에 유폐시키는 절도(絕島)안치, 가시가 있는 탱자나무로 담을 치고 유폐시키는 위리(圍籬)안치가 있다. 일제침략 후 1912년의 「조선형사령(朝鮮刑事令)」에 의하여 금고형으로 바뀌었다.

사형은 형벌 중에서 극형에 해당하는 것으로 조선시대에는 『대명률』의 규정에 의하여 교형(絞刑)과 참형(斬刑)의 2종으로 정하였다. 교형은 목을 졸라 죽이는 것이고, 참형은 머리를 잘라 죽이는 것이다. 다시 말해 교형은 신체를 온전히 하는 것이고, 참형은 몸과 머리를 둘로 나누는 것을 뜻한다. 특히 참형은 참수형(斬首刑)의 준말로 회자수(劊子手) 또는 망나니가 목을 베어 죽이는 것이다. 그렇지만 죄질에 따라 사형의 방법을 달리하여 능지처사(陵遲處死) 하

죄인의 사지와 머리를 말이나 소에 묶고 각 방향으로 달리게 하여 사지를 찢는 거열형 장면

는 경우도 있었다. 능지처사란 '언덕을 천천히 오르내린다'는 뜻의 능지(陵遲)에서 비롯돼, 죄인을 기둥에 묶어 놓고 포를 뜨듯 살점을 조금씩 베어 고통 속에서 서서히 죽음에 이르게 하는 중국 고대 형벌의 이름이다. '살

천도(殺千刀)'라고도 하는데, 1,000번 칼질하여 죽인다는 뜻이다. 능지처참(陵遲處斬)이라고도 한다.[93] 10세기 경부터 국사범이나 강상범에 대하여 새로이 능지처참이라는 극형이 법전에 등장하게 되었다.

능지처사의 경우에는 대역사건의 국사범이나, 특히 일반에게 경계할 필요가 있는 반도덕적 범죄인에게 행하여졌기 때문에 민중에 대하여 위협의 목적으로 오살(五殺), 육시(戮屍), 거열(車裂) 등 여러 가지 잔인한 방법으로 집행되었다. 그 외에도 역모 등과 관련되어 왕명으로 독약을 마시게 하는 사사(賜死), 무덤을 파헤쳐 시체를 꺼내 참형하는 부관참시(剖棺斬屍) 등

---

93 "병사들은 죄수를 기둥에 묶고 윗옷을 벗긴 다음 가슴 부위부터 시작해 이두박근과 허벅지 살을 차례대로 도려내기 시작한다. 살을 저미는 작업 도중 심장을 단번에 찔러 목숨을 끊는다. 그리고 팔목과 발목, 다음으로 팔꿈치와 무릎, 마지막으로 어깨와 엉덩이 부분을 잘라낸다. 장의사는 순식간에 30여 조각으로 분리된 왕웨이친(王維勤)의 시신을 모아 공동묘지로 옮긴다(티모시 브룩 외 지음, 박소현 옮김, 『능지처참』, 너머북스, 2010)." 말하자면 중국에서는 죄수의 팔다리, 어깨, 가슴을 잘라내고 마지막에 심장을 찌르고 목을 베었다. 청나라는 1905년 능지처사를 폐지했다. 한편 조선에서는 수레에 팔과 다리, 목을 매달아 찢어 죽이는 것으로 능지처사를 대신했다. 『조선왕조실록』DB에서 '능지처사'를 입력하면 320건의 기사가 뜬다. 하지만 한국사 연구자들은 능지처사가 실제로 이뤄지지 않았고, 죄인의 사지를 찢어 죽이는 '거열(車裂)'로 대신한 것으로 보고 있다. 1894년 참형과 능지처사가 폐지되어 일반인의 사형은 교형, 군인의 사형은 총살형으로 정해졌다.

이 있었다. 사사는 왕족이나 현직자로서 역모에 관련되었을 때 주로 행해졌고 참형 등에 비해 죄인에게 명예로운 죽음을 선택하는 것으로 인식되었다. 한편 살아서 영화를 다 누렸던 조선의 한명회도 훗날 연산군에 의해 부관참시를 당했다. 그러나 극형에 해당하는 사형은 조선건국과 함께 세 번 심리하

지렛대를 이용하여 주리를 트는 형벌 장면

는 삼복제(三覆制)에 의하여 재판에 신중을 기하도록 하였고, 사형의 확정은 반드시 임금의 재결을 받아야만 했다. 정조가 인명을 다루는 사건인 경우 의심스러운 것은 함부로 결재하지 않고 12여 년이 지난 사건임에도 불구하고 진상을 밝혀야 한다는 생각을 갖고 사형집행에 서명하지 않다가 형조참의 정약용이 머슴 함봉련의 무고함을 밝히자 곧바로 석방하라고 지시했음[92]은 시사하는 바가 크다. 그만큼 중죄자라 하더라도 가능하면 인권이 유린되지 않는 범위에서 행형이 이루어져야 한다는 법문화가 기반이 되어 있었다.

조선시대 형벌 중에는 법에 규정된 형 이외에 행해지던 몇 개 종류의 형이 있는데, 법 이외의 형이라도 실제 관에서 관습적으로 시행함으로써 일반화되어 있던 것과 권세가 있는 사가에서 불법으로 행하여지던 것 등이 있다. 주리(← 주뢰), 태배, 압슬, 난장, 낙형 등은 전자에 속하고, 의비(劓鼻), 월족(刖足), 비공입회수(鼻孔入灰水), 고족 등은 후자에 속한다. 특히 등을 몽둥이로 치는 태배형(笞背刑), 거적에 씌워 몽둥이로 난타하는 난장(亂杖), 몽둥이로 정강이를 까는 압슬형(壓膝刑), 다리의 위아래를 묶고 지렛대질을 하는 주뢰형(周牢刑), 벌겋게 달군 부젓가락으로 지져대

---

92 이종호, 『조선 최대의 과학수사 X파일』, 글로연, 2008, 146면.

제
1
부

사
회
ㅣ
정
치
와
경
제

는 낙형(烙刑) 등의 혹형의 폐지가 꾸준히 진행되어 왔다. 형의 집행에 있어 인도주의적 정신이 떠나지 않았음을 뜻하는 것이다. 그 외에도 솥에 삶아 죽이는 부형(釜刑) 혹은 팽형(烹刑)이 있었는데, 실제로 산 사람을 삶아 죽인 적이 있는지는 확실히 알 수 없고, 죄인을 솥 안에 앉힌 다음 적당히 물이 데워지면 꺼내는 이 이색형벌은 구한말까지 존속했던 것으로 보여진다.

관청의 수교도 하나의 법령이면서 『경국대전』을 보완하는 하위법의 기능을 하도록 규정했다.

14. 도덕성을 기반으로 한, 경국대전

『경국대전』이 지니는 의의는 실로 크다 할 수 있다. 무엇보다 『경국대전』은 조선사회 전반의 성격을 밝혀줄 수 있을 정도로 이 법전의 규제가 왕조전 기간에 걸쳐 의연히 작용했다는 점에서 중요한 사료이다. 또한 6전 체제 속에 정치·경제·군사 등 조선의 모든 분야를 포괄할 만큼 『경국대전』은 내용이 풍부하고 형식이 체계적인 점에서 훌륭한 종합법전임을 들 수 있다.

이밖에도 『경국대전』은 법에 입각한 조선시대 정치관료 체제를 정비했다는 점, 왕조통치의 법적 기초인 통치규범을 확립했다는 점, 여말선초의 고유법을 성문화하고 15세기 후반까지의 사회적 변화를 수용함으로써 중국법의 모방에서 벗어나 독자성을 갖췄다는 점, 일반법으로 준용되던 『대명률』에 대해 우선하여 시행할 수 있는 특별법인 형률로서 「형전」을 갖게 되었다는 점 등의 의의가 있다.

이렇듯 『경국대전』은 중세기 법전으로서 대단히 방대하고 내용이 잘 짜여졌을 뿐만 아니라 자국의 실정에 맞게 국가의 정책적 기조 위에 제반규정을 충실히 담아냈다는 측면에서 문화사적 의미가 매우 크다. 다만 『경국대전』에 설정된 항목과 조문내용이 일치되지 않거나, 같은 항목이 여러 편에 중첩되어 있는 점, 법제상의 규정과 실제 사이에 거리가 있는 점, 전제적 권력을 지닌 국왕에 대한 규정이 없다는 점을 비롯하여 범죄를 다스리는 데 있어 신분 차별을 했던 점, 노비를 재산으로 취급한 점 등의 한계도 지니고 있다.

『경국대전』이 지닌 법정신의 성격을 규명하기 위해서는 그 근간이 되는 역사적·사회적 배경을 고찰하는 것이 필요하다. 무엇보다 먼저 들 수 있는 것은 유교 특히 성리학을 조선왕조의 정치적 이데올로기나 사회생활의 윤리적 기초로 내세운 사상적 바탕이다. 조선 통치의 주역들은 인의를 정치의 근본으로 삼고 국가정치에서 덕치를 표방하고 나섰으며, 법전편찬자들은 모든 분야에서 인의와 도덕을 법규정의 이론적 토대로 삼았다. 「형전」의 몇 가지 내용만도 이 사실을 뒷받침한다.

범죄사건의 처리를 고의로 지연시켰거나 그르다는 것을 알면서도 잘못 판결한 자는 장형 100대에 처하고 영구히 채용하지 않았다. 가벼운 범죄에 대해서는 벌금으로 대신하게 했다. 15세 이하의 어린이나 70세 이상의 늙은이의 경우 강도나 살인죄가 아니면 구금하지 않았다. 3일 이내에는 고문을 두 번 하지 못하는 등 고문이 필요할 때는 신중하게 집행했다. 감옥이 견고하지 않아 비가 새거나 죄수들을 침해하는 경우 관계기관의 관리를 장형 100대에 처했다. 모든 법령과 제도에 이러한 사상이 침투되어 왕도정치에 어긋나거나 윤리관에 저촉되는 행위들은 범죄로 규정되었다.

관리의 업적과 근무실태

관리의 업적평가

중앙관리는 해당 관청의 당상관 제주 및 소속된 조(曹)의 당상관이, 지방관리는 관찰사가 해마다 6월 15일과 12월 15일에 등급을 평정하여 임금에게 보고한다.

조선왕조 통치의 규범을 확립했던 경국대전

사헌부, 사간원, 세자시강원의 관리는 등급평정이 없다. 고을원은 관찰사와 병마절도사가 함께 의논하여 등급을 평정하며 제주에 있는 세 고을의 원은 목사가 등급을 평정하여 관찰사에게 보고한다. 중앙관리는 부임한 지 만 30일, 지방관리는 만 50일이 된 후에야 등급을 평정하는 것을 허락한다. 죄를 범하고 신문을 받는 중에 있었기 때문에 그 기간에 대한 등급평정을 받지 못한 경우에는 신문을 끝낸 다음에 그 기간의 관찰사가 교체되었다고 하더라도 등급을 평정하여 임금에게 보고한다.

열 차례 평정에서 열 차례 '상(上)'으로 평정되면 표창하여 한 품계를 올려주고, -당하(堂下)에서 더 올라갈 품계가 없을 때에는 관직을 올려주되 목사 이상은 그렇게 하지 않는다- 두 번 '중(中)'의 평정을 받으면 녹봉 없는 관리로 채용하며, 세 번 '중'의 평정을 받으면 파직시킨다. 다섯 차례 평정이거나 세 차례 평정이거나 두 차례 평정이거나 할 것 없이 누구나 '중'만 한 번 있으면 현재보다 높은 자리에 임명하지 않으며, '중'이 두 번 있으면 파직시킨다.

예문관, 성균관, 승문원, 교서관의 7품 이하 관리가 '중'의 평정을 받은 경우에는 그 정기 인사기간에는 벼슬을 옮겨주지 않는다. 체아 벼슬자리[95]를 가지고 있는 관청의 전직관리가 '중'의 평정을 받은 경우에는 다음 기간의 평정이 있기 전에는 등용하지 않는다. 1년에 네 차례의 정기인사에서 '중'의 평정을 받으면 인사기간을 한 번 거르며 '하(下)'의 평정을 받으면 인사기간을 두 번 걸러서 취재시험을 보게 한다.

당상관인 고을원은 한 번만 '중'의 평정을 받아도 파직시킨다.

— 『경국대전』 이전

관리의 근무실태 조사

모든 관청의 관리들은 묘시(卯時, 5~7시)에 출근했다가 유시(酉時, 17~19시)

95 체아직(遞兒職)이란 관원 몇 명이 한 명 몫의 녹봉을 나누어 받고 돌아가며 근무하는 제도를 말한다. 즉 질병이나 사망 등 사고로 인하여 생긴 결원을 보충하는 수단으로 이용되었는데 대개 현직을 떠난 노인들에게 일자리를 제공하는 의미가 컸다.

에 퇴근한다. —해가 짧을 때에는 진시(辰時, 7~9시)에 출근했다가 신시(申時, 15~17시)에 퇴근한다.

일이 바쁜 관청은 퇴근 후 한 사람이 남아서 숙직원이 올 때까지 기다려야 한다. 종묘서(宗廟署), 문소전(文昭殿),[96] 활인서(活人署),[97] 사직서(社稷署), 돈과 양곡을 다루는 모든 관청에서는 모임이 있을 경우에도 한 사람만은 참가 시키지 않는다.

대체로 모든 관청의 숙직원에 대해서는 이조의 숙직 당하관이 초저녁에 수 표한 다음에 밀봉한 것을 올리며, 또 승정원에서 통행표신을 받아다가 순찰하 고 숙직에 빠진 자는 파면시켜 내쫓는다. 이튿날 아침에 두루 바친다.

각 계절의 마지막 달에 형조, 한성부, 개성부, 장예원의 당하관들이 처결한 송사 사건 수를 임금에게 보고한다. 3개월 안에 한성부와 장예원은 작은 사건 이면 30건, 큰 사건이면 20건, 형조는 작은 사건이면 50건, 큰 사건이나 보통 사 건이면 30건을 처결해야 하며, 이 건수에 미치지 못할 경우에는 한 품계를 낮춘 다. 개성부는 건수에 구애되지 않는다.

매해 연말에 본조에서는 각 관청 관리들의 실제 출근일수와 각종 사고를, 관 찰사는 고을원들이 실행할 일곱 가지 일의 집행정황을 종합하여 임금에게 보 고한다. —일곱 가지의 일이란 농사일과 누에치기가 잘 되는 것, 호구가 느는 것, 학교를 부흥시키는 것, 군사관계의 정사를 잘 다스리는 것, 부역을 고르게 시키는 것, 송사를 간소하게 하는 것, 아전들의 농간질을 없애는 것이다.

한 해에 병으로 인한 결근이 30일이 찬 자라든지 특별히 고려될 임금의 친척 이나 공신이나 열 가지 극악한 죄인 외에 다섯 번 죄를 범한 자는 대사령이 내 리기 이전의 일이라도 상관없이 모조리 임금에게 보고하여 파직시킨다.

한산인(閑散人)인 경우에는 1년이 지난 뒤라야 채용한다. 한산인이란 특별 히 고려될 임금의 친척이나 공신으로서 직무를 맡지 않는 한직에 임명된 사람 을 가리킨다. 병조도 마찬가지이다.

종친이나 높고 낮은 관리로서 전체 모임에 병을 핑계 대고 참가하지 않는 경 우에는 사헌부와 종부시(宗簿寺)[98]에서 검열 적발하여 임금에게 보고하고 죄 를 따진다.

—『경국대전』 이전

---

96 조선 태조와 신의왕후의 위패를 모신 혼전을 말한다.
97 도성 안의 급한 환자들을 구제하는 기관이다.
98 왕실 자손들의 족보를 편찬하고 종실들의 불법행위를 조사하여 규탄하는 일을 맡은 기관이다.

『경국대전』에는 정부조직법에서 사회규범에 이르기까지 다양한 내용이 담겨 있는데, 조선의 전제정치에 기반을 두고 제정된 『경국대전』인 만큼 이 법전에서 행정법적 규정이 대부분을 차지한다. 이에 「이전」이 갖는 의미가 더욱 증폭된다. 『경국대전』의 이전은 총 29개 항목으로 구성되어 있는데, 「이전」에서 가장 큰 비중을 차지하는 것은 통치기구의 조직과 계층적인 관료질서에 대한 규정이다.

「이전」에 규정된 통치기구는 조선 500여 년을 내려오는 동안 그 기본 구조에서는 큰 변화가 없었다. 「이전」에 의하면 관료체계는 정1품으로부터 종9품까지 18개 등급으로 나누었다. 제1항목 내명부로부터 제9항목 경아전에 이르기까지 국가의 동반계통의 통치기구와 관료체계를 크게 중앙관제와 지방관제로 구분하고, 기타 왕궁관계의 관직·내시직·잡직·토관직·아전직을 포괄하여 서술했는데, 이것은 「이전」 전체분량의 5분의 4 이상에 달한다.

중앙관제는 기본체계, 특수체계, 영판지체계, 제주체계로 크게 구분된다. 기본체계에는 국가정책에 직접 관여하는 최고관청으로 의정부가 있고 그 밑에 육조가 있어서 행정사무를 담당·집행했다. 지방관제는 전국을 경기·충청·경상·전라 등 8도로 구분하고, 그 밑에 부·목·도호부·군·현의 지방행정조직을 갖춘 다음 관찰사를 비롯한 동반계통의 지방관들을 열거하였다.

또한 「이전」에는 시험·천거·과거·임명·품계제한등용·임명장 등의 항목에서 관료의 등용절차와 방법에 대해 규정하고 있으며, 업무인계·업적평가·근무평정 등 항목에서 관료들의 근무와 업적에 관한 규정들이 수록되어 있다. 이런 규정들은 조선사회 관료제도의 내부질서를 이해하고 그 운영방법을 총체적으로 파악하는 데 주요한 자료가 된다. 이 밖에도 노인직(老人職), 추증(追贈), 시호규정, 휴가규정 등 항목에서 관료들에 대한 우대규정들을 수록하였다.

위 내용은 「이전」에서 발췌한 관료들에 대한 업적평가와 근무실태 파악 등에 관한 것이다. 관리의 업적평정은 말 그대로 관리들의 성적을 평가하는 것인데, 평가 방법은 상·중·하의

고을 원님, 즉 지방수령이 집무를 보던 동헌

세 등급으로 구분하고 한문으로 짤막한 평을 붙이는 것이 규례로 되어 있다. 관리들의 근무실태를 조사한다는 뜻의 '고과(考課)'에 있어 그 조사의 내용은 대체로 관리들의 출퇴근 현황, 숙직 정황, 송사처결 건수, 고을 원님들의 7사(七事) 집행 정황 등을 포괄한다. '수령칠사(守令七事)'라 하여 고을 원님, 즉 지방 수령(守令)들의 의무에 7가지 사항이 있는데, 새로 부임된 수령들은 왕에게 하직인사를 하는 자리에서 7사를 외우는 것이 하나의 관례가 되었으며 이 기준에 의하여 그들의 업적도 평가되었다.

『고려사』 75권에 의하면 현종 9년 2월에 수령들이 시행해야 할 사항 6조를 새로 제정했으며, 우왕 원년에는 수령들의 업적을 평가하는 기준으로 토지를 개간하는 것, 호구를 늘리는 것, 부역을 골고루 시키는 것, 소송을 간소화하는 것, 도적을 없애는 것 등 5가지를 들었다. 이로써 수령들이 해야 할 일과 평가기준이 고려시대부터 있었다는 것을 알 수 있다. 『태종실록』 31권에는 수령들이 해야 할 일을 7가지로 규정하고 있는 바 고려시대의 5사 또는 6사가 조선 태종 때에 7사로 변하였고 그것이 『경국대전』에 고착된 것이다.

『경국대전』 「이진」 조항에 따르면 지방 수령의 임기는 1,800일로써 약 5년이었다. 수령은 임금의 분신과 같은 자로서 백성들을 직접 다스

리는 자리에 있기 때문에 그 선발에 신중을 기했고 사후 관리도 엄격했다. 각 도의 감사(監司)는 매년 6월 15일과 11월 15일 이전에 지방관의 성적을 평가하여 중앙에 보고했는데, 이를 '전최(殿最)'라고 했다. 근무 성적이 상(上)이면 최(最), 하(下)면 전(殿)이었다. 수령에 대한 평가 기준이 '수령칠사'다. 첫째 농사와 뽕나무를 융성하게 하였는가(農桑盛), 둘째 인구는 증가했는가(戶口增), 셋째 학교를 일으켰는가(學校興), 넷째 군정을 정돈했는가(軍政修), 다섯째 세금을 고르게 했는가(賦役均), 여섯째 송사를 간편하게 했는가(詞訟簡), 일곱째 간사·교활한 일을 중지시켰는가(姦猾息)가 그것이다. 그리고 그 평가보고서가 '칠사계본(七事啓本)'이다.

박지원이 1797년부터 1800년까지 충청도 면천(沔川)군수를 지낼 당시 작성한 필사본 『면양잡록(沔陽雜錄)』 가운데 「칠사고(七事考)」는 사대부 출신의 수령을 위한 지침서다. 29항목 190조로 구성된 「칠사고」는 연암이 당시 유행하던 『목민고(牧民考)』 계열의 서적과 『한서(漢書)』, 『북사(北史)』, 『송사(宋史)』, 『자치통감』 등 중국의 사서(史書)를 간추려 편집했다. 연암은 사대부가 관직에 나가거나 떠날 때 노자(路資)가 없으면 구차해지므로 수령으로 부임한 직후부터 별도의 비용을 마련해 갑자기 떠날 때를 대비하라는 등 구체적인 행동지침까지 제시했다.

15. 새로운 법을 반포할 때 기존법은 폐지

역사적으로 우리의 선각자들은 현실개혁을 위한 법과 제도의 개정을 끊임없이 요구해왔다. 일찍이 당나라에서 유학하고 돌아온 최치원은 국정의 문란과 호족의 발호를 목격하고 진성여왕 8년(894)에 「시무십여조(時務十餘條)」를 올렸다. 물론 극도로 혼란한 신라 하대사회는 최치원을 받아들이지 못했고, 그는 세상을 등진 채 방랑의 길로 들어서면서 가야산 해인사로 숨어 들어간 후 다시 나타나지 않았다. 임진왜란 당시 의병장으로 유명한 조헌(趙憲, 1544~1592)이 1574년 중국에 사신으로 갔다 와서 스승 이이가 『만언봉사』를 썼던 것처럼 「동환봉사(東還封事)」라는 여덟 가지 개혁안을 상소했다. 이 「동환봉사」는 군대의 신고식 문화에 대해 서술한 대표적 조선시대 자료이다.

의병장 조헌이 제작·
상소했던 개혁안, 동환봉사

숙종 때 우의정을 지낸 미수(眉叟) 허목(許穆, 1595~1682)[99]의 시무 개혁의 「논정폐소(論政弊疏)」도 유명하다. 그는 첫째 훈련도감의 둔전제를 혁파할 것, 둘째 호포제를 개혁할 것, 셋째 과거의 부정과 과장(科場)의 폐단을 없앨 것을 제시했다. 박지원도 연행길에 「개혁오무(改革五務)」라는 다섯 가지 개혁안, 즉 건축자재인 벽돌, 문물 유통의 수레, 교통수단인 마종(馬種) 개량, 비활동적인 한복 개량, 무역 진흥 등의 개혁안을 내놓았으며, 박제가는 법을 바꾸지 않으면 현재의 풍속하에서는 하루아침도 살 수 없다는 강경한 내용을 담은 『북학의(北學議)』를 저술하는 등 법을 바꾸지 않으면 국가발전을 기대할 수 없음을 학자들은 주장해 왔다.

법전의 보완 작업이 계속되지만 현실과 모순되는 것이 계속 발견되고, 체제가 정비되어감에 따라 조직적이고 통일된 법전의 필요성이 대

---

99 허목의 스승은 한강(寒岡) 정구(鄭逑, 1543~1620)이다. 한강 정구는 김굉필의 외증손으로 어릴 때부터 퇴계와 남명에게 수학하여 '학문하는 자세와 인격수양의 방법은 이황을 닮았고, 천성이 호방하고 원대한 기상은 조식의 모습 그대로 였다'는 평을 받았다. 학자에 따라서는 한강을 조선중기 실학의 연원으로 평가하기도 한다. 성호 이익은 퇴계로부터 시작한 도맥(道脈)이 한강으로 이어진 다음 미수 허목에 이르렀고, 자신의 학맥이 미수와 연결되었음을 밝히고 있다.

두되기 마련이었다.

조선조 통일법전인『경국대전』의 편찬이 시작되어 최종 완성을 보기까지 많은 법전들이 만들어졌음에도 불구하고 관리들이 옛 법전을 그대로 쓰는 것을 막기 위해 새로이 법전을 반포할 때마다 옛 법전과 판목까지 폐기처분함으로써 그 이전의 법전이 전혀 남아있지 않았다는 사실도 시사하는 바가 크다. 사실 법이란 좋은 세상을 만들기 위해 마련한 장치일 뿐이다. 그것이 세월의 변화에 맞지 않아 오히려 장애가 될 때는 과감히 수정하는 것이 현명한 사회고 또 법의 생리일 것이다.

16. 헛된 일을 하지 마라, 성호

성호 이익은 평생 관직에 뜻을 두지 않고 경기도 안산(安山) 첨성리(瞻星里)에 머물면서 학문을 연마하였다. 이익은 부친 이하진(李夏鎭)이 1680년 경신환국(庚申換局)으로 서인들에 의해 평안도 운산(雲山)에 유배되었을 때 그곳에서 출생하였다. 부친이 유배지에서 두 해를 넘기지 못하고 사망하자 선대부터 내려와 살던 안산의 첨성리로 돌아와 홀어미 밑에서 자랐다. 첨성촌에는 수십 년 전까지 이익이 별을 관측했던 도당산, 수백년 묵은 느티나무·향나무를 거느린 성호장 등이 있었으나 신도시 건설 계획에 따라 개발이 되면서 첨성촌과 성호장 등이 모두 사라졌다.

그는 숙종 31년(1705) 증광문과(增廣文科)를 보았으나 낙방하였고, 이 듬해 그의 둘째형 섬계(剡溪) 이잠(李潛)이 당쟁으로 희생된 후 벼슬의 뜻을 버리고 학문에 몰두, 유형원(柳馨遠)·허목(許穆) 등의 남인학풍을 계승하여 실학의 중조(中祖)가 되었다. 이익에게 학문적으로 가장 크게 영향을 미친 사람은 소신을 갖고 살던 형 이잠이었다고 한다. 그런 이잠이 숙종 32년(1706) 장희빈이 낳은 원자(경종)의 책봉을 반대하는 김춘택(金

春澤. 1670~1717)과 이이
명(李頤命, 1658~1722)을
탄핵하는 상소문을 올
렸다가 장살(杖殺)되었
던 것이다. 부친과 형의
죽음에 이르기까지 그
의 집안은 철저하게 당
쟁의 피해를 겪어야 했다.

평생 학문연구에 매진했던 성호 이익의 묘(경기 안산)

그의 호 성호(星湖)는 그가 살던 곳에 있던 호수에서 유래한 것으로,
성호(星湖)처럼 이익은 기라성 같은 학자들이 모여든 실학파의 호수가
되어 18세기를 대표하는 학자로 자리매김한다. 퇴계 이황[100]은 물론 북
인 학문의 연원이 되는 화담 서경덕과 남명 조식의 학풍을 계승하기도
한 그는 불학이든 유학이든 실용성이 없는 학풍을 배격하고 실증적인
사상을 확립시켰으며, 천문 · 역법 · 지리 · 경사(經史)를 비롯하여 서학
에 이르기까지 다양한 학문에 관심을 가지고 연구하였다. 특히 서양에
대한 관심이 두드러졌다.

말하자면 성호 이익은 전통유학을 바탕으로 서양학문의 수용을 통해
과학적 지식의 탐구와 실사구시를 강조한 유학자이다. 이익은 스스로
양봉과 양계에 종사하면서 무실(務實)의 중요성을 체험하기도 하였다.
둘째 형 이잠의 아들이며 조카인 정산(貞山) 이병휴(李秉休, 1711~1776)에
게 보낸 편지에서는 "너는 이미 실학을 해왔으니 모름지기 세상의 잡다
한 일일지라도 부디 마음을 기울여 헛된 것에 매달리지 말아야 한다."고

---

100 80 평생 오로지 학문연구에 정진하면서 성호 이익은 『퇴계선생문집』을 한 순간도 가
까이 하지 않은 적이 없었다고 술회하였다(안산시, 『성호기념관』, 2004, 149면). 성호
는 "우리나라에 퇴계가 있는 것은 중국에 공자가 있는 것과 같다"(권오봉, 『가을하늘
밝은 달처럼』, 교육과학사, 2004)고 말했다.

충고를 했다. 조카 이병휴는 성호의 경세학을 바탕으로 양명학·불교·도교에도 비상한 관심을 기울였던 혜환(惠寰) 이용휴(李用休, 1708~1782)의 동생이다.

이용휴는 18세기 연암과 함께 새롭고도 독특한 작품세계로 한 시대 문단을 이끌었다. 그의 창작정신은 '기(奇)'라는 글자 하나로 표현이 가능하다. 이용휴의 아들인 금대(錦帶) 이가환(李家煥, 1742~1802)은 아버지와 달리 정계에 진출하여 대사성·형조판서 등을 지냈다. 20년 아래인 정약용은 이가환을 극도로 존경하여 "문자로 된 것은 한 번 물으면 술술 쏟아져 나와 막힘이 없었다"고 했다. 특히 천문학과 수학 등에 밝았던 그는 신유사옥 때 역적으로 몰려 죽었다. 정약용은 성호의 5형제와 그들 후예들의 학문을 가리켜 "한 집안의 학자가 마치 무성한 수풀을 이룬 것 같다"라는 뜻으로 '일가학림(一家學林)'이라 칭송한 바 있다.

무엇보다 성호 이익은 국조 이래로 세상의 실무를 잘 아는 최고의 학자로 율곡 이이와 반계 유형원을 꼽아 역대로 실사를 중시하는 인물을 높이 평가하였다.[99]

17. 낡은 법은 꼭 고쳐야 한다, 이익

이익은 재야 학자로서 평생 고향에 은둔하면서 『성호사설』, 『곽우록』, 『성호선생문집』 등의 저서를 남겼다. 그의 저술 『성호사설(星湖僿說)』은 이익이 40세 전후부터 책을 읽다가 느낀 점이나 제자들의 질문에 답한 내용을 기록해 두었다가 나이 80세가 되었을 때 집안 조카들이 정리해 편찬한 책이다. 『성호사설』은 선배 학자인 이수광의 『지봉유설』과 유형

99 신병주, 『조선 중후기 지성사 연구』, 새문사, 2007, 281~282면.

원의 『반계수록』을 계승하여, 백과사전적인 학풍이 18세기 후반 이후 조선사회에 자리 잡는 데도 큰 역할을 하였다.

여러 학문 분야를 포괄하며 후세 학자들에게 크게 영향을 미친 이익의 성호사설

이익의 『성호사설』은 안정복(安鼎福, 1712~1791)의 『잡동산이(雜同散異)』, 조재삼(趙在三, 1808~1836)의 『송남잡지(松南雜識)』, 이규경(李圭景, 1788~1860년경)의 『오주연문장전산고(五洲衍文長箋散稿)』, 최한기(崔漢綺, 1803~1877)의 『명남루총서(明南樓叢書)』

성호기념관(경기도 안산시 상록구 이동)

등의 백과전서적인 저술에 큰 영향을 미쳤다. 정조 때의 문인 유만주(俞晩柱)는 성호와는 반대파였던 노론이었음에도 불구하고, 『성호사설』을 허준의 『동의보감』 등과 함께 경세제민에 없어서는 안 될 중요한 책이라고 평가하였다.

『성호사설』의 사설이라는 말도 '자질구레하고 번잡한 글'이라는 뜻을 지니듯 천지·만물·인사(人事)·철학·역사·시문 등 복합적인 성격의 저술임을 단적으로 나타낸다. 『성호사설』은 우리나라의 국토와 백성에 대한 애정을 가지고 살피는 자아의식이 뚜렷한 점 등에서 다른 나라 사람의 저술과는 비교할 수 없다.

정약용은 16세 때 과거공부에 열중하면서 이익의 글들을 읽고 유교경전과 주희의 『논어집주(論語集註)』에 대한 비판적 태도를 갖게 되는 등 그에게 이익의 학문은 새로운 세계를 여는 나침반과 같은 것이었다. 독서광이었던 정약용은 특히 이익의 『성호사설』을 탐독하고, 박지원·박제가 같은 실학자들과 사귀면서 자신의 학문적 주체성을 키워갔다. 그의 학문은 윤덕규, 안정복, 정약용, 허전 등에 의해 계승돼 조선후기 실학 발전의 기틀을 마련했다. 성호의 폭넓은 학문세계는 부친 이하진이 숙종 4년 사신으로 베이징에 갔다 돌아오며 사가지고 온 수천 권의 도서가 바탕이 되었을 것이다.

성호의 학문과 학맥을 종합적으로 들여다 볼 수 있는 미공개 유물 100여 점이 무더기로 공개되어 화제가 된 적이 있다. 이 유물들은 이익의 조카인 정산 이병휴의 8대손인 이돈형(李暾衡) 선생 등 성호 집안에서 대대로 전해 내려온 것으로 2002년 성호의 고향인 경기도 안산시 이동 성호공원에 들어선 성호기념관에 기증됐다. 이돈형 선생은 집안 대대로 소장해 오던 장서 165종 804책을 1993년 국립중앙도서관(관장 성남기)에 기증한 바도 있다.

이익은 항상 국가 부흥을 위한 자기의 이상이나 포부를 저술하고 전개하는 데 전력하였다. 예컨대, 그는 직제는 한정되어 있는데 너무 많은 관리가 배출되므로 자연히 당파싸움이 생긴다고 보고, 이의 타개책으로 양반계급[102]의 생업 종사와 방만한 과거제도의 정비, 그리고 관리의 엄격한 승진절차 등을 주장했다. 한편 그는 토지제도를 경제정책의 기본적 대상으로 삼고 중국의 정전제(井田制)를 이상으로 한 한전법(限田法)의 시행을 제창하였다. 이 같은 투철한 주체의식과 비판정신을 토대로 이익은 자신의 주요저서인 『성호사설』과 『곽우록』을 통해 당시의 사회제도를 실증적으로 분석 비판하여 정책적 대안을 제시하였다. 『곽우록(藿

---

102 조선전기에는 7% 정도에 머무르고 있던 양반의 수가 조선후기에는 전 인구의 60%
이상이 되었다.

憂錄)』의 곽우는 '콩잎을 먹는 사람의 걱정'이라는 뜻이다. 높은 벼슬을 하면서 고기를 먹고 지내는 사람의 편안한 삶과 대비되는 것이다.

이익은 법률에 관해서 누구보다도 풍부한 지식과 높은 안목을 지녔다. 그는 앞으로 살펴보게 될 『곽우록』에서뿐만 아니라 『성호사설』에서도 법이 없으면 백성을 다스릴 수 없고 어진 자가 아니면 법을 제대로 시행할 수 없다고 했으며, 심지어 법이 행해지지 않으면 비록 어진 마음과 바른 정치가 있더라도 국가에 도움이 되지 않는다고까지 했다. 따라서 그는 법이 지나치게 너그럽거나 번거로우면 백성이 법을 멸시하게 되고 그것이 백성의 원망을 사게 되는 근원이 된다고도 했다. 성호는 덕치를 근본으로 여기지만 현실적인 통치수단으로서 법을 중요한 도구로 보았기 때문에, 엄격한 법의 시행과 형평에 맞는 판결과 집행, 연좌제 금지 등의 법률 적용 방법을 주장하였다.

이처럼 법의 중요성을 깊이 인식한 성호 이익은 무엇보다 시의적절한 입법의 필요성을 강조했고, 현실에 부합하지 않는 낡은 법을 고치지 않는 것에 대해서 신랄하게 비판하였다. 백성을 위한 어질고 바른 정치 구현의 기반이 되는 법의 가치에 온 관심을 쏟았음을 새삼 확인하게 된다. 성호는 삶을 중심으로 한 이기(理氣)와의 관계와 경학(經學)을 근거로 하여 인간의 실존적 본성을 재발견하고, 소외된 사람들에 대한 인간애의 실천을 위한 사회개혁 사상을 주장하였다.

법률의 개정과 방법

점차 개혁해 가는 것이 최상이다. 차라리 추위로 인한 감기는 얻을지라도 무거운 갖옷으로 더위를 먹어 죽는 일은 면하려는 것이 다음이고, 우물쭈물하면서 감히 변통하지 못하다가 결국 고질이 되어 구제하기 어렵게 되는 것이 최악이다. 폐난을 바로잡지 않을 수 없음은 이것을 미루어 보아도 알 수 있다.

무릇 법이란 것은 한 사람이 전단할 것이 아니며, 변통하는 것도 하루아침의

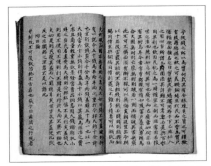
법률에 대해 풍부한 식견을 갖춘 성호의 곽우록

노력으로 되는 것이 아니다. 세상은 넓고 백년은 오랜 세월인데, 누가 폐단을 따라서 바꾸기를, 따뜻하고 두터운 것과 홑과 겹으로 철에 맞추어서 어기지 않음과 똑같이 하겠는가. 반드시 폐단이 불어난 다음이라야 고치기를 도모하게 되는 것이 원칙이라 하겠다. 또한 이미 고치지 않을 수 없는 것이므로 그동안에 비록 작은 흠이 있어도 그렇게 걱정할 것도 아니다. 그런데 보통 사람들은 현실에 안주하는 버릇이 있어서 우선 탈이 없는 것을 편케 여긴다. 만약 고친 후에 하나라도 흠집이 보이면 무리 지어 헐뜯어서 저지시킨 다음에야 그만두는데, 이는 앞에서 말한 더위를 먹어 죽어도 추위는 싫어하는 것이다. ……

무릇 개혁한다는 것은 하나같이 허물어뜨려서 온통 고치는 것만을 말하는 것이 아니다. 다만 개정하지 않을 수 없는 것만을 변통하고 조금 새롭게 하여, 끝판의 형세가 수습할 수도 없는 지경에 이르지 않도록 하는 것인데, 군자는 무엇을 꺼려서 행하지 않는가. 많은 사람들이 "아름답지도 못한 법을 부정하게 시행하면 사람이 어떻게도 할 수 없다."라고 말하나, 이것은 고집스런 소견이다. 당연히 할 일이면 기필코 할 뿐이다. 군자가 어찌 훗날에 생길 폐단을 염려하여서 중지하고 거행하지 않겠는가. 군자가 백성을 사랑하는 것은 비록 간절하나 법을 세우는 데에는 엄격하지 않을 수 없다.

어머니의 사랑이 아버지보다 무겁지마는 명령을 시행하는 데는 아버지가 어머니보다 낫고, 아버지의 사랑이 임금보다 중하여도 명령을 시행하는 데는 임금이 아버지보다 낫다. 만약 법을 느슨하게 세워놓고 백성이 어기지 않기를 바란다면, 이는 엎드려서 하늘을 핥고 목 맨 것을 구원하면서 그 발을 당기는 것과 같아 반드시 성공할 수가 없다.

법이란 바람이 불면 쓰러지지 않는 풀이 없는 것과 같다. 비록 수백 가지로 요리조리 떳떳한 도리를 피하는 사람이라도 또한 법에 의지하여 무겁게 보이려 한다. 까닭에 조정에서 불초한 자로 진출시키면서도 반드시 "이 사람은 우수하다."하여 불초한 자를 진출시키는 것이 당연하고 무딘 자를 뽑는 것이 마땅하다는 말은 하지 않는다. 그러나 그와 같이 법을 굽히는 것은 제가 굽힌 것이고, 그 어진이를 진출시키며 우수한 자를 뽑는 그 법은 그대로 있다. 또한 법이 있으면 반드시 사람이 슬금슬금 따라와서 "나는 장차 불초하고 무디도록 하여서 시대의 요청에 맞도록 하겠다"고는 하지 않을 것이다.

　그러나 우리나라는 사람들의 말에 "고려 정사는 사흘을 넘기지 못한다."라는 것이 있다. 그 법의 약하고 느슨함은 대개 고려 때부터 벌써 그러했고, 천백 년을 지나도록 그 버릇은 변하지 않았다. 이와 같으면서 하루아침에 뒤집어 엎어짐을 면한 것은 지역이 한쪽 모퉁이에 붙어 있었으므로 적국의 외환이 드물었던 까닭이다. 비유하면 고질병이 든 사람이라도 혹 잘못 치료하는 해를 당하지 않으면 병이 오래도록 끊어지지 않으면서도 그냥 버티어 넘기는 것과 같다.

— 『곽우록』 입법

　윗글에서 무엇보다 주의를 끄는 것은 이익이 법의 개정과 관련하여 구체적으로 자신의 입장을 표명하고 있는 사실이다. 이익은 윗글 바로 앞에서 비유를 들어 겨울에는 두터운 갖옷을 입고 여름에는 시원한 베옷을 입어야 하듯이 법이 오래되면 폐단이 생기고 폐단이 있으면 고쳐야 하는 것이 자연스런 이치라고 했다. 그리고 시기에 맞게 점진적으로 법을 개정하는 것이 가장 바람직하다고 말하고, 시기적으로 늦었더라도 개정만 한다면 그것도 다행스러운 일로 보았다. 마침내 고루한 법을 그대로 유지하는 것을 최악의 사태로 규정하였다. 이로써 이익이 어느 정도로 법 개정의 필요성과 방법을 확고히 인식했는지 깨닫게 된다.

　『경국대전』을 비롯한 우리나라의 훌륭했던 법률도 이제 시대에 맞게 개정을 해야 한다는 것이다. 현실을 개혁하기 위한 법률개정의 당위성을 전개함에 있어, 군자가 백성을 사랑한다는 것은 바로 입법을 엄격하게 하는 것이라는 논리적 귀결은 매우 설득적이다. 여기서 입법의 의미가 반드시 법의 제정이나 개정에 국한되지 않고 법의 시행이나 판결까지도 포함될 수 있음을 알 수 있다. 곧 '입법' 또는 '법치' 라는 것이 법의 제정 · 시행 · 판결 등에 자유롭게 걸칠 수 있는 포괄적 성격의 개념이었다는 사실도 간과할 수 없다.

또한 이익은 『성호사설』에서도 진실로 엄정한 법규가 없다면 강자는 약자를 위협하고 다수가 소수를 횡포하고 용자(勇者)가 겁자(怯者)를 괴롭혀서 인의(仁義)로써는 다시 제어할 수 없을 것이라 하여, 강자와 다수자의 횡포에 대해서 약자와 소수자를 보호해주는 것이 국가가 법을 제정하는 기본 목적이라 하였다. 이로써 국가의 기강이 확립되기 위해 법이 준엄하게 지켜져야 할 것이며, 이러한 법이 될 수 있도록 현실에 맞게 점진적으로 법을 개정해야 함이 잘 부각되었다.

윗글에서 인용하고 있는 "고려 정사는 사흘을 넘기지 못한다."는 속담은 시사하는 바가 크다. 물론 '고려공사삼일(高麗公事三日)'이란 말은 원칙 없이 이랬다 저랬다 하는 고려의 정령(政令)이 사흘을 못 간다고 중국 사람들이 비꼬아 한 말이다. 사실 기본 법전 없이 왕법이라는 왕의 명령만으로 통치하던 고려사회는 속담처럼 법의 안정성을 확보하기 어려웠다. 왕법에 의한 통치는 자칫하면 법의 혼란을 가져오며, 독재군주가 나타나거나 왕권이 미약해지면 자의적인 법의 남발로 인하여 법의 개폐가 빈번하고 안정성을 상실하게 되는데, 고려 말에는 이러한 현상이 극도에 달했다. 이러한 문제점을 지적하고 있는 필자의 의도를 통해 무엇보다 함부로 법을 개정해서는 안 된다고 하는 법의식을 엿볼 수 있다.

법전의 편찬은 새로운 법의 제정이라기보다 기존 법의 개선이었기 때문에 엄격한 의미의 법의 창조가 아니었다. 따라서 전통적인 옛법은 아름다운 것으로 존중되었고 자주 새로운 법을 제정하는 것은 옳지 못한 일로 인식되었다. 신법제정의 억제는 처음부터 엄수될 것이 요구되고 법을 세우면 그에 따라 새로운 폐단이 생긴다[103]고 생각하는 사고는 조선 전 시대를 통해 일관되었다.

---

103 '일법립 일폐생(一法立 一弊生)', '법립이폐생(法立而弊生)'.

법을 바꾸지 않겠다고 결심했던 세종대왕이 부득이한 사정이 생길 때마다 자주 바꾸었음을 스스로 반성했고, 신하들의 의견을 무시하고 법을 바꾼 데 대하여 영의정인 황희가 "시행한 지 얼마 안 되어 자주 바꾸어 온전한 법전이 되지 못하니 장차 무용지물이 될까 염려 됩니다"라고 간언한 바 있다. 세종 때 영구히 준수할 법은 전(典)에 수록하고, 일시적 필요에서 만들어지고 시행되는 법은 록(錄)에 수록하도록 하는 법전편찬의 원칙을 세웠던 것도 이러한 이유에서였다. 중종 38년(1543) 8월의 『대전후속록(大典後續錄)』의 서문에서는 "아침에 한 가지 법을 바꾸고 저녁에 한 가지 법을 세워 남김없이 어지럽게 고친다면 조종(祖宗)의 양법미의(良法美意)가 하나도 남지 않게 될 것입니다"라고 하여 무절제한 개폐(改廢)에 제동을 걸기도 했다.

수원지법이 2010년 7월 장학재단에 거액을 기부한 생활정보지 〈수원교차로〉 창업자 황필상 씨에게 수원세무서가 140억여 원의 증여세를 부과한 것은 잘못이라는 판결을 내렸다. 황씨는 회사 주식 90%와 현금 10억 원을 합쳐 210억 원을 자신의 모교인 아주대에 기부해 장학재단을 설립했었다. 수원세무서는 지난 2008년 140억 여원의 증여세를 부과하면서 공익재단에 회사 주식을 5% 이상 기부할 경우 최고 60%까지 증여세를 부과하도록 한 세법 규정을 근거로 댔다. 법 규정만을 그대로 따른 세무서를 무조건 탓하기는 어렵다. 물론 공익재단에 대한 주식기부에 증여세를 중과(重課)하는 것은 과거 재벌들이 이를 편법 상속의 수단으로 악용하는 사례가 많았기 때문이다. 그렇다고 하더라도 기업인이 순수한 뜻에서 거의 모든 재산을 장학사업에 내놓았는데 국가가 세금으로 몰수해간다는 것은 누가 봐도 황당한 일이다. 이런 낡은 세법 규정이 있는 한 기업인이나 부유층이 거액 기부를 망설이게 되고, 우리 사회에서 기부 문화가 활성화 되지 못한다.

마이크로소프트 창업자 빌게이츠와 세계적인 투자자 워런 버핏은 수백억 달러의 재산을 자선사업에 내놓았다. 이 같은 부자들의 기부는 주식 형태로 이루어진다. 미국·영국·독일 등 선진국에서는 공익단체·자선단체에 대한 주식 기부에 세금을 전혀 매기지 않는다. 기부자가 살아있는 동안 주식을 기부하면 오히려 소득공제 혜택까지 준다. 우리도 세법을 고쳐 주식만이 아니라 부동산·미술품·귀금속 등 다양한 기부 방식을 폭넓게 인정할 필요가 있다. 물론 기부금 사용이 투명하게 공개되도록 제도와 시스템도 갖춰야 한다.

　　요즈음과 같은 한국의 낙후된 법적 현실을 감안할 때 성호 이익의 법률 개정에 대한 강력하고 합리적인 주장이 얼마나 선진적이었는지 새삼 깨닫게 된다. 아울러 오늘날 법률을 준수하기 위한 인간의 기본적인 양심의 부활이 절실히 요청됨을 느끼게 된다.

제3장 경제, 의리를 먼저 생각하다

　몇 년 동안 천하의 물건을 수출입해서 수백만 금을 번 자가 간혹 있는데, 한양에 가장 많고 그 다음은 개성이고 또 그 다음은 평양과 안주로서 모두 중국과 통하는 길목이기 때문에 갑자기 거부가 된 것이다. 이것은 선박의 이익보다 훨씬 많은 것이니, 전라·경상·충청의 삼남에도 이런 이익은 없을 것이다. 그러나 사대부는 이런 짓

조선시대 전통 한선(韓船)

을 할 수는 없고, 다만 고기와 소금이 상통하는 곳을 보아 배를 장만해서 이익을 얻어 관혼상제의 비용에 대비한다면 해로울 것이 뭐 있겠는가.

― 이중환, 『택리지』「복거총론」에서

　국내 기업 사상 최초로 삼성전자가 2009년 총매출 136조 2,900억 원에 영업이익 10조 9,200억 원을 달성하며 세계 최대 전자기업의 자리를 차지했다고 2010년 발표된 바 있다. 삼성이 이룩한 수치는 2008년 세계 전자업계 매출 1·2위인 독일 지멘스와 미국 휴렛패커드(HP)의 수치를 모

세계 최대 전자기업의 자리를 차지하고 있는 삼성전자

두 능가하는 것이다. 보르도 TV 2006년 250만 대 판매, LED TV 2009년 260만 대 판매, 3D TV 2010년 300만 대 목표 운운하는 가운데 삼성전자는 보르도 TV와 LED TV에 이어 3D TV를 세계 최초로 내놓으

며 전 세계 TV 시장을 주도해가고 있다. 특히 2006년부터 거의 매년 새로운 개념의 TV를 내놓으면서 삼성전자는 세계 TV 시장에서 2007년부터 연속 1위를 달리고 있다. 판매량과 판매액 모두 1위로서 지금도 세계 TV시장에서 삼성전자가 최고의 화제로 오른다.

2010년 초 정부의 한 고위공직자가 외국에 나가면 "한국이 부럽다"는 말을 자주 듣는다고 했다. 특히 콩고민주공화국(옛 자이르)을 방문했을 때 조제프 카빌라 대통령은 그를 반갑게 맞으면서 "한국으로부터 도움을 받고 싶은 것이 딱 하나 있다. 잘사는 나라가 되는 노하우를 전수받는 일이다"라고 말했다고 한다. 카빌라 대통령은 지난 2005년 우리나라를 방문하여 삼성전자·현대자동차 공장 등을 둘러봤던 적이 있다. 한국을 잘 알고 있는 그는 우리나라가 식민지였고 내전까지 겪지 않았느냐면서 한때는 자기들보다 못 살았는데 자신들이 머뭇거리는 사이 한국은 멀리 달려갔다고 했다고도 한다.

선진국들이 산업화를 이루는 데 대략 250여 년이 걸렸다고 한다. 이에 비해 대한민국은 불과 30~40년 만에 산업화를 달성했다. 2009년 우리는 글로벌 금융위기의 격랑을 헤치고 경제협력개발기구(OECD) 회원국 30개 국가 중 가장 빠른 경제 회복세를 보였으며, 1인당국내총생산(GDP) 성장률은 OECD 국가 가운데 거의 유일하게 플러스 성장을 달성했다. 그리고 2010년 1분기 경제성장률 역시 OECD 국가 중 1위를 차지했다. 마침내 대한민국은 아시아 최초로 G20 정상회의를 유치하는가 하면, 내로라하는 선진국들을 제치고 천문학적 규모의 아랍에미레이트(UAE)

글로벌기업으로서의 위상을 보이는 현대자동차 공장

원전 사업을 수주하기에 이르렀다.

2010년 리얼 아틀라스-리얼 월드가 발표한 2015년 국부(國富) 10개국의 순위는 타이완, 홍콩, 싱가포르, 몰타, 룩셈브르크, 대한민국, 미국, 노르웨이, 일본, 아일랜드이다. GDP 예상 추정치를 가지고 전망한 것이다. 또한 IMF가 예측하는 바에 의하면 2014년에 한·중·일을 비롯한 아세안(ASEAN) 10개국 등 동아시아권은 세계 최대의 경제대국인 미국과 맞먹는다고 한다. 그리고 아시아개발은행연구소(ADBI)는 2020년이면 한·중·일을 위시한 아세안 10개국 등 동아시아권의 경제규모(24조 8000억 달러)가 미국을 능가할 것이라고 내다봤다. 동아시아의 핵심국가인 우리나라의 경제수준은 세계의 이목을 집중시키기에 충분하다고 하겠다. 1950년대 많은 국가들이 독립했으나 OECD에 들어간 나라는 우리밖에 없다.

무엇보다 경제성장과 함께 우리의 국력은 점차 증대하고 이에 따라 한국에 대한 세계의 관심도 점점 더 커지면서 많은 외국인들이 우리나라를 찾고 있는 실정이다. 한국관광공사에 따르면 2009년 한국을 찾은 외국인 관광객은 전년 대비 13.4% 증가한 780만 명(일본인 305만 명·중화권 194만 명 등)으로 추정되고 있다. 총 관광수입은 약 10조 4,700억 원으로 외국인 관광객 1인당 약 134만 원을 소비했다. 한국관광공사는 2010년엔 일본인 관광객 345만 명·중화권(중국·홍콩·타이완) 230만 명 등 2009년보다 70만 명 늘어난 850만 명의 관광객 유치를 목표로 세우기도 했고, 2012년까지 1000만 관광객을 유치하겠다고 한다.

문제는 찾아오는 이들에게 우리가 무엇을 보여주고 그들을 만족시키며 다시 찾아오도록 할 것인가 하는 점이요, 이에 우리는 깊이 고민하지 않을 수 없다. 더욱 우리 고유의 문화유산을 발굴하고 개발하는 프로젝트를 추진해야 하는 이유도 여기에 있다. 다행스러운 것은 다른 국가들과 달리 국가의 규모나 자원이 턱없이 부족한 데 비해 우리나라는 우리 모두의 근면과 지혜로 창조해낸 세계적인 문화유산이 많다는 점이다. 우리가 보유한 총 28건의 세계문화유산 가운데 1건만 자연유산이요 나머지는 모두 문화유산인 것이 이를 단적으로 말해 준다.

1. 국가발전전략, 정신자본 중시해야

최재천(행동생태학) 교수는 2007년 미국을 진원지로 하여 일어난 세계금융위기는 경제학을 심각한 주체성의 위기에 빠뜨렸다고 지적했다. 그리고 대부분의 경제학 분야의 대가들조차 전혀 예상하지 못한 세계경제의 총체적인 붕괴 앞에서 경제학은 학문의 뿌리부터 되짚어 볼 수밖에 없게 되었다고 했다. 2010년 초 개최되었던 제40회 다보스 세계경제포럼의 주제도 '더 나은 세계 – 다시 생각하고, 다시 디자인하고, 다시 건설하자'였으며, 1월 초 애틀랜타에서 열린 미국경제학회의 총회에 모인 학자들도 경제학을 근본부터 다시 생각하자고 입을 모았다고 했다. 최 교수는 (최재천의 자연과 문화)(44) 경제학 문진(問津)〈조선일보, 2010. 2.2)에서 다음과 같이 말했다.

"'시장이 가장 잘 안다'는 믿음을 기반으로 한 시카고학파의 시대가 저물고 있다. 그동안 경제학은 인간을 지극히 합리적인 동물로 간주하고 모든 이론 모델들을 세워왔다. 하지만 우리가 과연 그런 존재이던가? 불과 몇 푼 싼 기름을 넣겠다고 먼 주유소까지 가느라 돈은 물론 시간까지 허비하며, 재래시장에서는 콩나물값 10원을 깎느라 승강이를 벌이곤 윤리적 기업이 만든 제품이라면 기꺼이 두둑한 웃돈까지 얹어 사는 게 우리들이다. 경제학이라면 모름지기 경제활동의 주체인 인간이라는 동물의 행동과 본성을 들여다봐야 한다."

인류사회 발전의 근본이 자유에 기반하고 있음은 부인할 수 없다. 그러나 2008년 세계금융위기와 함께 신자유주의 시대가 보여준 한계는 명백하다. 자유로운 개인의 선택과 시장경제의 원리에 무한히 신뢰할 수는 없다. 그렇다고 시장 대신 국가에 의한 계획이나 통제의 시대로 돌아갈 수는 없다. 21세기 새로운 국가발전의 패러다임을 제시하기 위한 한반도선진화재단(이사장 박세일)이 출범하면서 공동체자유주의(communitarian liberalism)를 내놓은 바 있다. 특히 2010년 신년 시리즈 '서울컨센서스'는 국가발전전략을 10개 주제로 나누어 세계화시대 한국이 선진국으로 발돋움하기 위해 추진해야 할 정책대안을 제시했는데 그 첫 번째 주제가 '정신자본을 중시해야 한다'는 것이었다. 내용을 들어 보면 대체로 다음과 같다.

선진사회가 되려면 정신자본을 새롭게 구축해야 한다. 과거 새마을운동에서 보여준 통합과 전진의 비전을 다시 불러일으켜야 한다. 국가와 역사에 대한 자긍심, 정직·성실의 노동철학과 직업윤리, 개인의 자유와 공동체적 연대의 가치도 다시 세워야 한다. 사회의 진정한 변혁과 창조는 탐욕을 경계하는 양심과 절제, 타인에 대한 배려를 기반으로 한다. 그리고 경제가 지속적으로 발전하기 위해서도 근면과 신뢰, 조화와 협력의 정신자본이 중요하다는 것이다. 정직, 배려, 신뢰, 협력 등의 도덕성이야말로 사회와 경제의 장기적 발전을 위한 최대의 자본이라 하지 않을 수 없다.

칼빈의 청교도정신은 스위스의 경제발전에 결정적으로 기여했고, 미국도 청교도정신이 깃든 인적자본이 경제성장을 주도했으며, 일본을 선진국으로 만든 조건 중 하나는 사이좋게 살고자 하는 와(和) 정신임에 주목하게 된다. 강정모(경영학) 교수는 우리나라가 선진화 달성을 목표로 한 단계 더 높은 경제발전을 실현해야 하는 상황에선 '홍익인간' 사상을 시대정신에 맞춰 재조명할 필요가 있다고 보고, 공동체 자유주의에 적합한 정신자본 모형으로서 '홍익인간'을 바탕으로 한 애국심의 강화가 필요하다고 했다.

2010년 2월 고(故) 호암 이병철 회장 탄생 100주년 기념식에서 이건희 삼성그룹 회장은 호암의 경영철학 중 지금 우리 사회에 필요한 것이 무엇이라고 생각하느냐는 기자들의 질문에 "모든 국민이 정직했으면 좋겠다. 거짓말 없는 세상이 돼야겠다"고 말했다. 삼성의 신입사원 채용이나 간부직원 승진과정에서 이병철은 관상을 보았다고 하는데 그가 선호하는 얼굴은 정직하고 배신하지 않을 단정한 상이었다고 한다. 이병철은 한국의 신유교주의와 외국의 선진경영을 종합한 독창적 경영모델을 창조했다고 한다.

뉴욕의 금융가로 진출하는 졸업생이 많은 미국의 세인트존스대학은 의아하게도 '책을 읽는 학교'로 유명하다. 책도 투자나 경영기법에 관련된 것이 아니다. 학생들은 4년 내내 고전 100권을 읽고 토론하며 글쓰기 공부에 주력하게 된다. 주로 훌륭한 사상가나 역사적 인물들이 지은 책들을 읽는다. 이 대학뿐만이 아니라 월가에 뛰어난 금융기관 CEO와 애널리스트들 중 경제학이나 경영학을 전공하지 않은 인재들이 미국엔 많다. 한때 실리콘 벨리의 여제(女帝)로 불렸던 칼리 피오리, 휴렛패커드(HP) 전 회장, 전설적 펀드 매니저인 피터 린치에서 볼 수 있는 것처럼 투자 분야에 오히려 문·사·철 등 인문학 지식이 장기적으로는 더 도움이 된다는 게 일반적 견해다.

인문·예술 관련 프로그램은 이제 국내의 CEO 교육 프로그램에서도 중심축으로 자리 잡았다. 한 치 앞을 내다 볼 수 없는 글로벌 경제에서 창조정신과 기업가 마인드를 기르려면 일반 경영학적 지식을 넘어 역사와 문화에 대한 이해와 경험을 통한 창의적 사고가 무엇보다 중요하다는 데 CEO들이 공감하기 시작한 것이다.

2. 경제성장의 동력, 열정과 패기

조선의 위대한 지식인이었던 다산 정약용은 뇌물 받지 않고 살아가는 관료의 어려운 삶을 토로했고, 〈가난〉이란 시에서는 "안빈낙도하리란 말을 했건만 / 막상 가난하니 안빈이 안 되네. / 아내의 한숨 소리에 그만 체통이

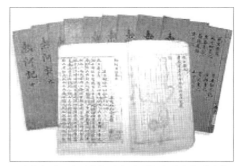

개방적 사고와 이용후생의 정신을 유감없이 담아낸 박지원의 열하일기

꺾이고 / 자식들에겐 엄한 교육 못시키겠네."라고 적었다.

연암 박지원은 "등성마루가 휜칠하고 문호가 가지런하며 네거리가 직선이어서, 양쪽 가가 마치 먹줄을 친 것 같았다. 담은 모두 벽돌로 쌓았고, 사람 탄 수레와 화물 실은 차들이 길에 즐비하며, 벌여놓은 그릇들은 모두 그림이 그려진 도자기였다. 어디를 보아도 시골티라고는 조금도 없었다."(『열하일기(熱河日記)』의 도강록(渡江錄) 중에서)고 말했다. 우주의 질서를 논하던 당시 사대부들의 학문풍토를 뒤로 하고 생활 속의 실리를 추구했던 박지원이 청나라의 수도 연경을 다녀와 남긴 소감이다.

기와조각이나 벽돌에서부터 온돌이나 수레 등에 이르기까지 편리하게 정돈된 청나라의 모습에서 충격을 받은 그는 조선 선비들 사이에 유행하던, 소중화주의나 북벌론 등 청나라 배척의 위선을 꼬집고 실생활

에 도움이 되는 이용후생의 학문을 주장했다. '똥 부스러기까지도 일대 장관'이라고 표현할 정도로 길을 가던 농부와 필담을 나누며 농사방법을 배우고 세밀하게 청나라의 풍토를 관찰한 그는 조선에 돌아와 벼재배는 물론 나무가꾸기, 누에치기 등에서 실용적 농법을 시도했다. 또 지방수령의 경험을 바탕으로 기후와 토질에 따라 농사짓는 방법을 적은 『과농소초(課農小抄)』 등의 실용서적들을 쓰기도 했다. 한편 국가의 번영을 위해서는 청나라의 시장과 상업, 역참과 교통, 각종 건축물과 기계류 등 각종 선진적인 분야에서 필요한 것은 하나도 빠뜨리지 않고 배워야 한다고 역설했다. 또한 명분을 앞세우는 사대부들의 허위성을 풍자한 〈양반전〉, 〈호질〉, 〈허생전〉 등의 소설을 통해서도 자신의 이용후생의 정신을 유감없이 발휘했다.

2007년 세계한인회장대회에 참석하기 위해 한국을 찾았던 승은호 코

젊은이들의 열정

린도그룹 회장은 당시 한국경제를 어떻게 보느냐는 질문을 받았다. 그는 샌드위치론 등 한국의 경제위기를 걱정하는 목소리는 성장 동력이 없다는 고민에서 시작된 것이라며 "젊은이들의 열정과 패기가 성장 동력이 될 수 있다."고 힘주어 말한 바가 있다. 일찍이 1969년 인도네시아에서 사업을 시작한 승 회장은 코린도그룹을 인도네시아 재계 15위 그룹으로 키워 낸 주인공이다. 가장 성공한 한상(韓商) 중 한 사람으로 꼽히는 그가 내놓은 한국경제의 해법은 바로 열정과 패기였다.

그는 지금 외국에서 뛰는 성공한 한상은 열정과 오기만으로 도전한 사람들인데 요즘 젊은이들은 그런 면이 없어서 너무 아쉽다고 말했다. 그가 운영하는 코린도그룹에서 몇 년 전 30여 명의 한국 대학생을 채용

한 뒤 현장경험을 위해 벌목현장에 배치했지만 2년을 채 버티지 못하고 다 그만 두었다는 것이다. 그는 "주가가 올랐다고 국민의 삶이 나아졌느냐"고 반문하면서 "정부는 주가가 올랐다고 자랑할 것이 아니라 국민의 씀씀이도 그만큼 좋아졌는지 걱정해야 한다."고 쓴소리를 했다.

한편 세계경제는 눈에 띄게 호황을 보이거나 개선되고 있는데도 한국 경제는 대내외적으로 큰 어려움을 겪는 경우가 있었다. 2004년에도 한국경제는 잠재성장률 이상으로 반등하기 힘든 상황이라고들 예측했었다. 전문가들은 이러한 위기를 극복하고 경제에 활력을 불어넣기 위한 대책들을 내놓곤 했다. 기업의 투자의욕을 북돋우는 조치가 시급하고 정부재정의 역할이 어느 때보다 절실하다고도 했다. 재정이 적자냐 아니냐보다 더욱 중요한 문제는 국민이 세금으로 내는 돈을 얼마나 효율적으로 사용하느냐에 있다고 말하기도 했다.

재정정책의 초점은 단순히 경기 부양에만 둘 것이 아니라, 보다 효율적인 사용으로 경제의 막힌 부분을 뚫어주는 한편 중장기 성장잠재력을 확충하는 데 둬야 할 것이라도 했다. 여러 경제 살리기의 방법들은 침체된 사회분위기와 위축된 가정경제에 희망을 줄 수 있을 것이다. 패기와 열정은 개인뿐만 아니라 근원적인 개선과 확실한 효과를 기대하는 국가정책에서도 통한다고 하겠다.

농업만 보더라도, 1993년 우루과이라운드(UR) 이후 정부는 농업에 막대한 돈을 쏟아 부었다. 이 가운데 대부분이 경지정리, 도로정비, 농업 근대화를 위한 농업시설의 확충 등에 들어갔다. 그러나 농촌의 현실은 그 전과 크게 다를 바가 없다. 상당한 규모의 돈이 중간에 유실된 탓도 있지만, 근본적으로는 농업과 농촌의 구조에는 손대지 않은 채 시설 확충에만 돈을 썼기 때문이다. 그런 점에서 최근에 내놓은 정부의 농지제도 개혁 방안은 획기적인 정책으로 평가할 만하다.

3. 경제에도, 윤리가 중요하다

구본무 LG그룹 회장이 새로운 임원들에게 경영자로서 갖추어야 할 자질로 세 가지, 즉 '신의', '배려', '가치창조'를 주문한 바 있다. 구 회장은 2010년 초 경기도 곤지암리조트에서 90여 명의 신임 임원들과 저녁을 함께 하며 경영자에게 '신의'는 생명과 같은 것이라고 했다. 그리고 어떤 상황에서도 약속을 했으면 반드시 지켜야 한다고 역설했다. 그는 또 사업장을 방문 때 항상 직원들에게 먼저 고맙다는 말을 전한다면서, 현장에서 열심히 일하는 직원 때문에 성과가 있고 자신도 인정받는 것이기 때문에 감사의 말을 서로 자주 해야 한다며 '배려'를 강조했다.

최소 비용으로 최대 이윤을 내는 데 무자비해야 한다는 『게임즈 맨(Games Man)』의 저자 인 마이클 맥코비(Michael Maccoby) 교수는 시대가 바뀌어 자기만을 생각해서는 안 된다고 보고, 대국적 차원에서 인간중시의 경영윤리를 목표로 삼는 '리더상'을 제시했다. 다니엘 얀케로비치(Daniel Yankelovich) 교수는 이기주의는 끝났다 하면서 속깊은 인간관계와 집단적 생존만이 기업에서 이기는 길이라는 '새로운 윤리'를 주장했다. 미국 경영이 배제해온 인간 호혜윤리경영시대를 예고한 것이다. 2002년도 전경련에서는 경영윤리시찰단을 미국에 보낸 바 있다. 이윤보다 사람을 배려하는 새로운 윤리가 어떻게 안착되고 있는가 확인하기 위해서였다.

재벌가라고 하면 그 자체로 막대한 특권을 지닌다. 그렇기에 더욱 엄격한 윤리가 요구된다. 막스 베버(Max Weber)는 '프로테스탄티즘의 윤리와 자본주의 정신'에서 프로테스탄티즘에 기초한 금욕주의와 정직 · 근면이라는 직업의식이 자본주의 발전의 토대라고 갈파하였다. 우리의 안철수연구소 이사회 의장도 한국 벤처와 경제의 미래에 대해서 금융범죄를 저지르는 사람은 패가망신시켜야 한다면서 기업의 도덕성을 강조하곤 한다. 케임브리지대 장하준 (경제학) 교수가 쓴 『그들이 말하지 않는 23가지』(김희정·안세민 옮김, 부키)가 마이클 샌델(Michael J. Sandel, 정치학) 교수의 『정의란 무엇인가』(이창신 옮김, 김영사)에 이어 2010년 말 5주 연속 베스트셀러 1위를 차지한 것도 경제에서 요구되는 도덕성을 반영하는 것이라 하겠다. 장 교수의 저술은 자본주의의 전형인 자유주의 시장경제를 비판한 책이다.

우리의 경주 최부잣집은 1년에 1만 석 이상 모으지 마라, 흉년에는 남의 논밭 사지 마라, 사방 100리 안에 굶어 죽는 사람 없게 하라는 등의 가훈이 있었기에 12대 300년을 유지할 수 있었다. 『열하일기』 옥갑야화(玉

노블리스 오블리제로 회자되는
경주 최부자집의 고택(경주 교동)

匣夜話)에 나오는 조선 최고의 부자 변승업(卞承業, 1623~1709)의 조부는 거지차림의 허생에게 1만 냥을 선뜻 꿔 줄 정도로 타인에게 인색하지 않았다. 돈이 많은 부자든 상인이든 그들에게 돈 자체가 목적은 아니었다. 더 소중한 것은 '신의'였던 것이다.

유학이념이 지배하는 전통사회에서는 기본적으로 인간의 실존적 가치가 경제적 가치보다 우위에 놓여 있었으므로 물욕 절제의 윤리의식을 비롯하여 사치를 억제하자는 의견은 조선시대를 거쳐 구한말에 이르기까지 끊임없이 제기되어 왔다. 한양 종로에 깔려 있던 육의전(六矣廛)의 상인사회에는 독특한 문화가 계승되고 있었다. 예컨대, 아버지가 자식에게 단골손님의 명부인 '복첩(福帖)'을 넘겨주는 것으로 가정경영권이 이양되었다. 따라서 이 복첩은 조상의 신주와 같이 높은 곳에 나란히 모서져 신격화되었다. 육의전의 규모는 가게의 크기나 거래의 많고 적음으로 정하는 것이 아니었다. 얼마나 오래된 단골손님을 많이 보유하고 있느냐, 즉 복첩의 두께로 가늠했다. 단골손님을 복인(福人)이라 했고, 복첩이 두꺼운 집의 돈을 복전(福錢)이라 하여 같은 값의 돈보다 항상 비싸게 쳤다. 육의전에서 이렇듯 신용을 복(福)이라 했으니, 경제에서의 '신의'의 위상을 충분히 짐작할 수 있다.

더욱이 상업 활동을 두고 남을 속이는 일로도 여겼던 조선시대 성리학자들은 화폐 경제의 발달을 그다지 탐탁지 않게 생각했다. 결국 나라에서는 관리들에게 쌀이나 콩으로 월급을 대신하였다. 17세기에 들어와서는 백성들이 나라에 바치는 세금도 쌀로 대신하도록 제도를 만들었으니, 그게 바로 대동법(大同法)이다.

과학자 담헌(湛軒) 홍대용(洪大容, 1731~1783)은 『임하경륜(林下經綸)』에서 "신분에 관계없이 노동을 해야 하며 노동하지 않고 놀고먹는 것을 허용하지 말아야 한다."고 했다. 그러나 노동의 가치를 역설하면서 생산활동에 적극 참여할 것을 촉구했던 홍대용도 "농사를 짓고 장사를 한다 해도 진실로 의리를 먼저하고 이익을 뒤로 해야 한다"고 했다.[104]

선박통상으로 이익을 극대화해야 한다고 주장했던 이중환조차도 갑자기 거부가 되고 지나치게 이익을 추구하는 것에 대해서는 "사대부가 이런 짓을 할 수는 없다"고 하면서 "이익을 얻어 관혼상제의 비용에 대비하면 해로울 것이 뭐 있겠느냐"고 한 바 있다. 물론 실학자들은 유교적 귀천사상과 명분론에 토대를 둔 신분제도에 대해 그 모순과 불평등

---

104 홍대용은 지구자전설을 주장한 과학자이고, 과거제 폐지와 균전제 실시를 주장한 실학자이며, 또 당대 최고의 거문고 연주자였다. 그는 또 과학사상서 『의산문답(醫山問答)』과 중국여행기 『을병연행록(乙丙燕行錄)』 등을 남긴 문인이다. 그는 주자의 해석만을 따르는 경직된 사람들과 달리 본래의 공자의 가르침을 토대로 백성들이 함께 잘사는 세상이 되어야 한다고 여겼다.

의 관계를 설파하였고 소위 유학자들이 생산
활동에는 참여하지 않으면서 놀고 먹는 계급
이 된 잘못을 격렬하게 지적하였다.

그러나 실학자 이익, 정약용 등은 물론이
요, 철종의 부마였던 개화사상가 박영효(朴泳
孝)[105]마저도 "양반이 아무리 하더라도 노동
을 할 수 없다."[106]고 말했다. 심지어 김옥균
(金玉均) 같은 급진 개화파의 인물도 마찬가지
로 경제에서도 의리가 먼저임을 역설했다. 여

경제의 윤리를 강조한 급진
개혁파 김옥균

기서 다시 물질에 대한 욕심으로 인간의 순수한 정신이 훼손되는 점을
경계했던 한국인의 인식을 엿보게 되며, 모든 분야에서 의리를 비롯한
인간의 윤리성을 중시하는 한국문화적 특성을 확인하게 된다.

그런데, 통계에 따르면 아시아 10여 개 국가의 외국 출신 기업인들이
체감하는 한국의 부정부패 정도가 매우 심각한 것으로 나타나 충격을
주고 있다. 2007년 홍콩 소재 위험컨설팅회사 정치경제위험자문공사
(PERC)가 발표한 아시아 부패인식도 조사에 의하면, 한국의 수치는
6.30을 기록해 그 전 해의 5.44보다 악화되었다. 이 조사에서 6.29를 기
록한 중국보다도 뒤졌는데, 청렴도 순위를 보면 중국과 한국이 7, 8위였
다. 가장 청렴한 곳은 2006년과 마찬가지로 싱가포르였다. 일본은 2006
년 2위에서 홍콩에 밀려 3위로 떨어졌고 마카오, 타이완, 말레이시아가

105 1882년 8~9월 일본에 특명전권대신 겸 수신사로 파견된 박영효는 태극기를 처음 만
들어 사용했다는 점으로도 주목받아 왔다. 다만 2004년 박영효 태극기보다 2개월여
앞선 것으로 추정되는 태극기 사진(美해군성 발간 책자)이 발견되었다는 보도도 있
었다.
106 김도태, 『서재필 박사 자서전』, 을유문화사, 1985.

그 뒤를 이었으며, 가장 부패한 국가는 조사대상 13개국 중 13위인 필리 핀였다.

일본의 하토야마 유키오(鳩山由紀夫) 전 총리가 인도의 국부(國父)로 추 앙받는 마하트마 간디가 생전에 제시했던 '7개 사회악'을 그대로 인용 하면서, 이 사회악들이 척결된 사회를 일본사회의 미래상으로 제시할 예정이라고 〈마이니치(每日)신문〉이 2010년 1월 보도하여 세간의 주목을 끌고 있다. 간디가 제시했던 7개 사회악은 원칙 없는 정치, 노동 없는 부 (富), 양심 없는 쾌락, 인격 없는 교육, 도덕심 없는 상거래, 인간성 없는 과학, 희생 없는 종교이다.

4. 농경의 시작과 토지

인류가 출현한 이래 경제생활의 변혁을 초래한 최초의 획기적인 사건 은 농경생활의 시작이었다고 하겠다. 우리나라의 경우 삼국시대 이전에 는 친족관계를 갖는 부족이 하나의 마을을 이루어 함께 농사를 짓고 그 생산물을 공동으로 소유하면서 공동체적 생활을 했다.

그러나 부족들끼리 싸움을 통하여 합쳐지고 보다 큰 규모의 국가사회 를 이루게 되면서 공동으로 생산하고 공동으로 소유하기 어렵기 때문에 사유재산이 발생하고 가족단위의 생활이 시작되었다. 『삼국지』 위지 동 이전 고구려조에서는, 백성을 다스리는 사람들은 정치적인 권력과 함께 많은 재산을 가질 수 있었고 피지배자들은 좋은 밭이 없어 힘들여 농사 를 지어도 흡족한 식량을 얻을 수 없으므로 자연히 음식을 아끼는 습속 이 만들어졌다고 한다.

이처럼 식량을 생산하는 농업은 우리로 하여금 굶주림에서 벗어나게 한 풍요의 원천이자 차별과 갈등을 낳은 불행의 씨앗이 되기도 했다. 결국 사회가 발달할수록 부의 분배 문제와 더불어 빈부의 격차가 심화되는 가운데 경제의 중요성과 함께 농경지의 가치에 대한 인식을 크게 불러 일으켰다고 하겠다.

생명산업으로서의 농업을 상징하는 벼이삭

따라서 농업이 기간산업이었던 조선시대까지 경제분야를 다룰 때 가장 중요한 것으로 토지문제가 부각되는 것도 당연하다. 농기구의 발달과 농업생산력의 발전에도 불구하고 특권층의 토지 사유가 확대되어 갔고 이에 실학자들은 토지제도의 개혁을 통해 농민들에게 토지를 돌려줘야 한다고 주장했다.

농기구의 발달과 농업생산력의 발전에 따르는 사회의 분화는 계속되었고, 삼국시대에 이르러 토지에는 사적 소유권이 확립되고 있었다. 사실 농경을 시작하게 되면서 우리의 경제생활의 기반은 토지에 있었다. 식량의 자급자족 문제가 바로 국가의 흥망성쇠와 직결된다고 판단하는 정부와 더 많은 식량을 획득하기 위하여 여러 방면으로 노력하는 백성들 사이에 새로운 농지의 확보는 최대의 관심사였기 때문이다.

그런데 왕권을 중심으로 한 중앙집권적인 귀족국가의 성장에 따라 전쟁에 공이 있는 장군이나 관직을 가지고 있는 귀족에게 식읍이나 녹읍과 같은 명목으로 많은 토지가 주어졌고, 그 결과 귀족들이 사적으로 소유하는 토지가 증가되어 갔다. 귀족들은 매매를 통해서 대토지 소유자로 성장해갔으며 무력한 일부 귀족과 농민층은 몰락하지 않을 수 없었다. 토지제도의 개혁에도 불구하고 조선 말기까지 토지가 왕족이나 양반 같은 일부 특권층의 횡포에 의해 집중 점유되어 일반백성들은 경작할 만한 땅을 거의 가질 수 없었다.

5. 균전제의 실시와, 붕괴

통일의 대업을 이룩한 신라는 통일과정에서 야기된 생산력의 파괴를 극복하고 농민경제를 안정시키지 않으면 안 되었다. 농업생산의 증진을 위한 정책은 조직적으로 취해졌다. 수리시설을 갖추는 일이 중요했고, 뽕나무가 재배되고 마포(麻布)의 생산을 위한 밭이 마련되었다. 하지만 농정책으로 무엇보다 긴요한 것은 농지분배였는데, 농민을 토지에 고착시켜 노동력과 토지생산력을 관장하고 조세와 부역을 확보할 필요가 있

우리나라에서 가장 오래된 저수지 전북 김제의 벽골제

었기 때문이다. 농지의 분배를 위해서는 토지의 실태파악과 등급규정이 절실했다.

국가경제를 튼튼히 하기 위하여 채택한 토지정책은 당에서 도입한 균전제의 시행이었다. 관료들

이나 노동력 있는 장정들에게 토지를 균등하게 재분배하고자 했던 것이다. 그러나 균전제는 중국에서 그랬듯이 귀족층의 대토지소유를 억제치 못하는 신라에서도 원칙대로 시행될 수 없었다.

균전제가 무너진 통일신라 후반기부터는 관료층에게 수조권(收租權)을 부여하는 녹읍제(祿邑制)가 시행되었으며, 왕실·귀족·사원 등에서는 사유지 확대와 함께 대규모의 전장(田莊)을 소유하게 되었다. 고려의 전시과와 조선의 과전법 등 중세사회에서 실시되었던 국가권력에 의한 토지분급제도 균전제 붕괴 이후 시작된 것이다. 넓어진 영토와 늘어난 백성들을 통치하려면 끊임없는 쇄신이 요구되었지만, 국왕의 친인척세력을 중심으로 한 정치체제와 진골귀족을 중심으로 한 골품제는 이를 불

가능하게 했다. 결국 불안정한 정국으로 인해 지방통치가 원활히 이루어지지 못했고, 귀족과 사원의 대토지소유가 확대되면서 농민들의 몰락은 필연적일 수밖에 없었다.

6. 농장 확대와, 그 폐해

고려는 토지국유의 공전제를 표방하며 전시과규정에 의거 직책에 따라 관리들에게 과전을 지급했다. 하지만 공전제하에서도 공음전·외역전·군인전 등 세습되는 사전이 있었고, 귀족들은 강대한 세력에 따라 과전도 점차 사전화하고 공전이나 남의 땅을

농업기술의 발전을 선도한 쟁기에 의한 농사

겸병하기도 했다. 어떻든 고려는 농민의 안정과 국가재정의 확보를 위해 세를 감면하거나 적극적인 권농정책을 펼쳤으며, 농기구의 보급과 농업기술의 발전이 뒤따랐다. 후기에 들어서는 수리시설 확충과 저습지 개발로 다양한 농업환경에 적응할 수 있는 종자들이 개발·도입되었고, 재배법·시비법 등의 농업기술의 발달로 농업경영의 안정화가 이루어져 전기에 비해 단위면적당 생산량이 두 배 정도 증가했다.

그러나 무신난과 몽골침략 등으로 인한 사회적 혼란은 경제파탄과 함께 토지제도를 여지없이 무너뜨리고 말았다. 혼란 속에서 권문세가들은 농장(農莊)이라 불리는 사전을 늘려갔고 그들은 사전을 기반으로 점점 부를 축적해갔다. 국왕이나 귀족관료 및 사원 등이 소유했던 당시 농장은 산천을 경계로 삼을 만큼 엄청난 규모였다. 최씨 정권이 전라도와 경

상도 일대에 대규모 농장을 가지고 있었고, 이색(李穡, 1328~1396)도 10여 곳에 농장을 가지고 있었으며, 장안사·송광사·통도사 등도 여러 지역에 농장을 형성했다.

토지를 경작하는 것은 농민이지만, 그들은 신분적 특권이 없기 때문에 나라로부터 토지를 받지 못하고 오히려 고위관료와 부호에게 토지를 빼앗기고 공전이든 사전이든 경작하여 조를 바치고 공물을 부담해야 했다. 힘없는 농민들은 1년에 한 번만 내면 되는 토지세를 8~9번까지 내기도 했다. 권력층인 전주(田主)가 수조권을 강화하고 사유지를 확대해 나가는 데 따라 자영농민층과 중소지주층이 몰락을 면할 수 없었다. 결국 농장의 확대는 국가의 재정을 파탄으로 몰아넣었다.

7. 과전법의 실시와, 후퇴

사회가 기강을 바로잡는 것은 시대적 요청이다. 권문세족들의 횡포로부터 백성들을 자유롭게 하기 위해 이성계를 중심으로 한 개혁파는 공양왕 3년(1391)에 과전법이라는 새로운 토지제도를 실시하였다. 과전법이란 토지 국유의 이상 아래 모든 사전을 공전으로 하고, 공무를 수행하거나 국가에 봉사하는 자에게 적당한 땅을 주어 현실을 개혁하는 것이었다.

조세를 부담하지 않던 사전이 국가에 납세하는 공전적 농장으로 변모하게 되었다. 토지사유의 확대를 막기 위해 수조지의 분급을 경기도로 한정하는 조치가 취해졌고 수조율을 낮춤으로서 수조권을 통한 토지지배의 권한을 약화시켰는데, 세종조에 이르러 세율은 더욱 낮추어졌다. 선초에 거듭 실시한 토지조사로 많은 은결(隱結)을 찾아내고, 토지대장에서 누락되었던 막대한 토지를 회수했다.

그러나 과전조차 세습되거나 공신들에게 사급이 잇따르면서 70여 년이

지나 토지가 부족하여
더 이상 과전법을 실시
할 수 없게 되어 세조
11년(1465) 과전법을 폐
지하고 현직자에게만
토지를 주는 직전법으
로 고쳐야 했다. 직전
법으로 개정하면서는

과전법 시행의 기반이 되는 토지매각문서

수조의 방법이 관수관급으로 바뀜에 따라 이제 수조권을 통한 토지지배
의 의의는 점차 상실해가게 되었다. 하지만 점
차 봉건지배층의 수탈이 가중되면서 15세기
전반부터 다시 시작된 토지 겸병은 16세기 중
엽에는 크게 확대되어 많은 농민이 토지를 상
실하고 양인에서 노비로 전락하는 사람도 늘
어만 갔다. 양인 농민의 과중한 조세 부담도
작용하였지만 지배층의 탐욕과 비리가 더 큰
문제였다. 예컨대 조선 초 영의정을 지낸 정
인지도 넓은 농장을 가지고 만석의 재산을 모
았다고 비판을 받았다.

넓은 농장을 소유했던 정인지

 "오늘날의 급무는 말을 많이 하는 것이 아니라 오직 백성에게 편의
한 정사를 급히 실시해 사방에서 그 소문을 듣고 환하게 재생(再生)의
기대를 갖도록 하는 것입니다." 임진왜란이 발발한 지 2년 뒤인 1594년
에 서애 유성룡이 선조에게 공납의 폐단을 지적하며 올린 말이다. 서애
의 간곡한 호소는 잡다한 공납을 쌀로 통일해 땅 없는 가난한 백성이
공납의 부담에서 해방된 작미법(作米法)의 시행으로 이어졌다. 부속한
농지를 적절히 활용·확보하기 위해 우리는 특별히 지혜를 모으지 않

으면 안 되었다.

8. 농민층의 항쟁과, 농업개혁

조선왕조의 존속을 위해서는 전후의 복구사업이 필요했으며, 정부는 농지개간과 농법개량에 힘썼다. 병자년의 전란에도 불구하고 1720년경에는 농지면적이 조선 최전성기였던 세종 때의 수준에 이르렀다. 임진왜란 직후 54만 결이었던 토지가 숙종(재위 1674~1720)대에는 140만 결로 늘어난 것이다. 그리고 17세기 이후 이앙법(移秧法)[107]이 시행되자 벼와 보리의 이모작이 가능해지면서 생산량이 크게 증대되었다. 생산력의 발전에 따라 농민층의 경제력도 성장해갔다. 이렇듯 18세기는 농토의 증가와 농업기술의 혁신으로 생산량이 향상하고 경제적인 발전이 이루어졌다.

그러나 18세기에 이르러 오히려 많은 농민들은 자신의 삶의 터전인 농촌을 떠나야 하는 형편이 되고 말았다. 신분질서와 토지 지배의 기반 위에 수립된 봉건국가의 사회경제질서는 조선후기에 들어 전면적으로 흔들리게 되었기 때문이다. 국가가 토지분급마저도 시행할 수 없게 되고 수조권에 의한 토지 지배의 관행이 소멸되어감에 따라, 봉건지배층은 계속해서 개간·매득·점탈을 통해서 농장을 늘리고 있을 때 활동적인 농민은 경영확대를 통해 부를 형성해나갔으나 오히려 그로 인해 토지에서 밀려나는 농민층이 날로 증가하기도 했으니 농업생산력의 발전은 농민층 분화를 수반했다.

---

107 볍씨를 직접 논에 뿌리는 직파법(直播法)과 달리 이앙법은 볍씨를 못자리에서 키우다가 그 모를 논에 옮겨 심는 재배법이다. 무엇보다 잡초를 제거하는 노동력을 줄일 수 있는 이점이 있다.

더욱이 지배층에 의
해서 대규모의 농지개
발과 토지집적이 행해
져 지주제가 확장되고
있었으므로 농민층 분
화는 촉진될 수밖에 없
었다. 농민들 가운데는
양반과 같은 특권을 누

농민층의 분화와 빈곤이 낳은 동학농민운동

리고 싶어 하는 사람들이 늘어나면서 영세농은 더욱 큰 부담을 지게 되
었다. 그리하여 농민층 사이에서도 새로운 괴리가 일어나게 되었다. 결
국 개발을 통해 땅은 늘어났지만 양반과 소수 자영농에게 대부분 돌아
갔고, 생산량의 증가에 따른 혜택도 마찬가지여서 빈부의 격차는 더욱
심화되고 농촌사회가 크게 동요되었다. 이러한 분화와 갈등현상은
18~19세기에 이르면서 더욱 격화되어 나갔다. 농민층의 분화는 농민들
을 영세농으로 전락시키거나 유리걸식하도록 만들면서 마침내 체제 부
정적인 농민층의 항쟁을 불러 일으켰다.

19세기 전 기간에 걸쳐 끊임없이 발발한 농민봉기의 역사적 전통에서
다져진 자각이 마침내 동학농민전쟁에서의 응집력으로 발휘되었다. 19
세기 후기에 와서는 본격적으로 일본의 침략세력에 항거하여 의병활동
을 전개하기도 했고, 일제 강점기에는 끊임없이 소작쟁의 등의 반제(反
帝) 투쟁을 했다.

지식층에서는 문제의 심각성을 깨닫고 농업개혁론을 제기하게 되었
다. 집권층의 개혁은 19세기 중엽 철종시기에 그 방향이 마련되었다. 삼
정이정청(三政釐整廳)을 설치하고 삼정에 대한 개혁방안을 논의하였다.
이 가운데 토지에 부과하는 세와 관련된 전정(田政)이 가장 핵심 사안으
로 떠올랐다. 전정개혁을 위한 여러 방안이 제기되었으나 중요한 것은,

농민경제를 안정시켜야 하며, 그러기 위해서는 국가권력에 의한 지배층의 토지집적 억제와 농민층에 대한 토지분배가 필요하다는 것이었다.

그러나 중세사회의 수탈과 모순에 대한 근본적인 개혁안을 정부가 수용하는 데는 한계가 있었다. 개항 이후에도 정부가 농업기술상의 문제는 서구의 농학을 받아들여 농업생산력을 발전시키는 방향으로 해결하는 반면, 토지문제는 종래의 지주제를 그대로 유지한 채 그것을 바탕으로 근대 자본주의국가를 수립하려 했음에 주목할 수 있다.

9. 신라에 있었던, 3개의 큰 시장

우리나라의 경우 수렵 및 농경 중심의 자급자족시대에는 상업의 발달을 기대할 수 없었다. 그러나 고대사회 때부터 이미 농가는 기술적·자연적 제약 때문에 일부 물자를 교역에 의존해야만 했다. 일반 농민들은 집에서 생산한 곡물이나 옷감을 가지고 나가 수공업자가 만든 철제 농기구를 구입해와야만 했고 내륙의 주민들은 행상에게서 생선이나 소금 등을 구할 수밖에 없었다.

시장의 상인

고구려에서는 일찍부터 행상에 의한 물품교역이 행하여졌고, 교역이 확대되고 상인의 활동이 부각되면서 시장에 대한 의존도도 높아갔다. 압록강을 오르내리며 강변의 촌락에 소금을 공급하는 고구려 소금장수 을불(乙弗)이야기는 유명하다. 백제에서도 행상에 의한 거래가 성행하는 한편 서울인 고마성(固麻城)에는 관설시장이 설치되고 147개의 군현에 성읍시장이 있어 상행위가 이루어지기도 했다.

삼국 중에서도 신라의 경우 시장이 상당히 발달되었다. 『삼국사기』에 의하면 470년경 경주에 첫 시장이 생긴 이래 7세기 말까지 동시·서시·남시의 세 개 시장이 있었다. 그리고 한치윤(韓致奫, 1765~1814)의 『해동역사(海東繹史)』에 따르면 신라통일 이후에는 위 세 개 시장 외에 426주읍에 시장이 있었던 것으로 판단된다. 시장에는 시전(市典)이라는 관청을 두어 상품의 교역량과 도량형의 진위 판별 등 시장을 감독케 하였다. 그리고 신라에는 경시와 향시의 두 상업조직이 운영되었으며 행상이 발달하여 물자 판매를 주도했다. 삼국통일로 인해 인적·물적 자원이 풍부해지고 교통이 원활해지면서 통일신라시대는 민족자주경제의 비약적 발전을 이룩하였다.

10. 궁궐 앞에 시장거리를 만들라, 왕건

우리나라의 상업형태를 보면 삼국시대부터 조선시대까지 비슷한 양상을 띤다. 중앙에는 점포를 가지고 장사를 하는 좌상(坐商)으로서의 시전(市廛)이 상설 운영되었다. 즉 시전이란 국가가 지어 상인에게 대여하는 상설점포로서 큰 상점을 말한다. 국가가 지어서 빌려주는 대가로 국가는 상인들에게서 일정한 세금을 거둬들이고 왕실이나 관청에서 필요로 하는 물건도 공급받았다. 한편 시전상인의 수가 늘면서 정식 상가 옆에 임시건물을 지어 장사를 하는 상인들도 생겼는데, 이러한 작은 상점인 임시점포를 가가(假家)라고 했다. 오늘날 가게라는 말이 여기서 유래되었다고도 한다. 지방에는 행상(行商)에 의해 임시로 개설되는 노점으로서 거래가 끝나면 모두 흩어지는 향시(鄉市) 또는 장시(場市)가 있었다.

고려시대의 도시상업은 시전으로 설명될 수 있는데, 가장 규모가 컸던 시전은 태조 2년(919)에 처음으로 설치된 개성의 시전이었다. 태조 왕건은 상인의 후예답게 개경에 도읍을 정할 때부터 궁성 앞에 대규모의 시장거리를 함께 건설할 것을 명하였던 것이다. 『고려도경』에 의하면 13세기 초에는 개성의 광화문(廣化門)에서 부급관(府及館)까지의 길 옆에는 시전건물이 들어서 민가를 모두 가렸다고 한다. 국초 이래로 설립된 시전은 중기 이후 더욱 번창하였다. 개성에는 이와 같은 시전 외에 일정한 장소에서 열리는 노상시장이 설치되기도 했다.

이밖에도 역사적으로 개성은 고려의 수도로서 한양과 가깝고 교통이 발달했으며 서쪽으로 중국과 무역을 하면서 상업이 발달하는 등 화려한 풍속을 숭상할 정도로 생활이 풍요로웠다고 하겠다. 이익의 『성호사설』 등 실학자들의 기록에도 잘 나타나듯이 개성은 상품유통의 거점이자 상업으로 이익을 취한 거부들이 많게 되었다.

11. 전국 시장 1000여 개

조선의 시전은 태종이 1411~1414년간 중앙정부와 서울 주민의 수요를 위해 종로를 중심으로 하는 구역에 2027칸의 행랑을 짓고 상인을 입주시킨 것이 시발이었다. 시전은 18

관청의 허가를 받아 장사를 하던 조선시대 서울의 시전

세기 말 120개로 늘어났다. 그 중 중국산 비단을 취급하는 선전(線廛), 무명과 은자(銀子)를 취급하는 면포전(綿布廛), 국내산 비단을 취급하는 면주전(綿紬廛) 등은 규모가 가장 크고 국역부담도 무거웠다. 이들을 육의전(六矣廛)이라 하였다. 조선후기 시전은 궁궐 관청의 수리 등 잡역이 있을 때마다 노동력과 물력을 제공하는 국역을 부담하였으며, 그 대신에 난전(亂廛) 금지권의 혜택을 받아 시안(市案)에 등록된 물종을 독점적으로 취급할 수 있었다. 1791년 물가 안정과 상업 자유의 확대를 위해 육의전을 제외한 시전의 난전금지권이 폐지되고 일반 상인과 더불어 자유롭게 매매하는 통공발매(通共發賣)가 이루어졌다.

지방의 5일장

1882년 조청(朝淸)조약으로 중국·일본 상인이 자유로이 영업함에 따라 시전상인은 타격을 받았다. 이에 항의하여 시전은 세 차례 철시(撤市) 투쟁을 벌였다. 1894년 갑오개혁으로 육의전의 난전금지권이 폐지되었다. 1905년 화폐정리사업에 따른 금융 경색으로 부유한 시전상인도 유동자금을 구하지 못하여 동산과 부동산을 헐값에 팔거나 전당을 잡혔다. 시전은 이러한 삼중고를 견디어내면서 1910년경에도 서울 소매상업의 중심을 이루었다.

지방에는 일반적으로 10일마다 열리던 정기시(장시)가 5일장으로 바뀌면서 상업이 성행했다. 고려시대 관아부근에서는 한낮에 정기시가 열렸으나 조선 건국 무렵 사려졌다가 1470년 경부터 정기시가 다시 출현하였는데, 이것이 오늘날에도 전국 각지에 존속하는 장터의 기원이 된다. 장문(場門)이라고도 불리던 장시가 처음 출현했다고도 하는 15세기 후반은 왜구의 침입으로 황폐해졌던 해안시역의 농토개간이 완료되고 농업생산력이 현저히 발달한 시점이었다. 성종 원년(1470) 곡물과 해산

박지원의 소설 허생전의 무대인 경기도 안성장

물이 풍부했던 전라도 무안, 나주 등지의 사람들은 그 지역에서 처음으로 큰 흉년을 맞아 스스로 한 달에 두 번 읍내 거리에 시장을 열고 필요한 물건을 교역하면서 이를 장문이라고 불렀다 (『성종실록』). 대부분 농민과 수공업자들이 직접 물건을 매매하는 장시가 서게 되자 그 이전부터 농촌을 돌아다니던 행상들의 활동도 영향을 받게 되었다.

장시는 17세기 말 이후 더욱 확산하는 추세를 보였으며, 『동국문헌비고』에 의하면 18세기 중반에는 전국의 장시 수효가 1,000여 곳에 달하게 되었다. 전근대에 이 정도로 정기시가 밀집되게 발전한 나라는 세계에 많지 않다. 그후 장기간 장시 수에 큰 변화가 없다가 20세기 초 인구의 증가에 힘입어 장시가 늘어났다. 그러다가 1970년대 고도성장기 교통과 유통이 발전하면서 5일장은 경제 발전에 따른 급속한 도시화와 이농현상으로 현재는 650여 개만 남아 명맥을 유지하고 있다.

무엇보다 서울근교인 경기도의 송파·양주·안성의 장들이 유명했다. 송파나루는 강원까지 배가 왕래하고 객주집이 270호나 되는 손꼽히는 상업중심지였다. 상행위가 활발하고 사람의 왕래가 잦은 이 같은 송파장이나 양주장에서는 산대놀이가 성행했다. 박지원의 〈허생전〉에 나오는 허생이 거부가 되기 전 1만 냥을 가지고 제수(祭需)인 밤, 대추, 곶감을 모조리 매점했다는 장은 바로 안성장이었다.

또 강을 끼고 있는 경상도의 김해, 충청도의 강경 등에서 시장이 크게 발달했다. 전국 젓갈량의 60% 이상을 차지하는 강경은 평양, 대구와 함께 조선시대 전국 3대 상설시장의 하나였다. 포구 간의 선박유통은 시장경제에서 대단히 중요한 역할을 했는데, 18세기 말에는 전국을 단일한 시장권으로 들어오게 하는 역량을 발휘했다. 대표적인 포구로 서울 주위에 있는 경강을 비롯하여 원산포, 칠성포, 마산포 등을 들 수 있다. 특수시장으로는 약령(藥令)시장, 죽물(竹物)시장, 어시장, 우시장 등이 있었다.

개항 전부터 대구와 공주에서는 영시(令市, 약령시)가 열렸다. 대구와 공주의 영시는 약재를 취급하는 특수시장으로서 성립되었으나, 개항 초에 이미 일반상품을 취급하는 시장으로 발전해 있었다. 1890년대에는 전주·진주·충주에도 영시가 창설되었다. 전주 영시는 그 지역 감사가 도시를 발전시키기 위해 개설하였다. 1900년 가을 전국으로부터 6만 명이 대구 영시에 몰려왔다고 한다. 상인은 1만 명 정도였는데, 그 중 보부상이 7~8할을 차지했다. 당시 대구 영시는 약재를 중심으로 하여 전국 각지의 특산물이 집산되어 거래되었을 뿐만 아니라 중국에서 수입된 약재와 비단도 거래되는 원격지 유통의 중심지였다. 영시는 개항기에 수입품을 활발히 취급하고 외국인 행상을 끌어들여 성장하다가, 1900년경부터 쇠퇴하여 한일합방 당시에는 대구 영시만 남았다.

12. 조선의 장돌뱅이, 보부상

상설점포가 발달하지 않았던 조선시대에 행상은 상품유통의 주된 담당자였다. 행상은 부상(負商)과 보상(褓商)으로 나뉜다. 부상은 소금, 미역, 생선, 그릇 등과 같이 무겁거나 부피가 크면서 값싼 상품을 지게에 짊어지고 다니는 등짐장수를 말하며, 보상은 직물, 장신구, 종이 등과 같이 부피가 작고 가벼우며 비교적 비싼 상품을 보자기에 싸서 들고 다니거나 질빵에 걸머지고 다니는 봇짐장수를 말한다. 충남 부여 등지의 보상단과 부상단, 홍성과 예산의 보상단, 경북 고령의 부상단, 창녕의

옹기를 멘 등짐장수인 부상

보상단에 관한 문서가 남아 있다.

보부상단은 대내적으로는 질병이나 사망의 경우에 상호 부조하고 상도의와 단원 간의 예의, 신의, 성실에 관한 엄격한 규율을 실행하였다. 대외적으로는 관의 공인을 얻어 부패관리의 수탈과 토호나 객주의 횡포에 대응하였다. 개항기에 보부상은 정부의 상업관리정책과 압력단체로 활용하려는 목적에 따라 전국적인 조직을 결성하게 된다. 여기에 가담하는 보부상이 차츰 증가하여 1908년 말 결성된 대한상무조합의 장부상 인원은 73만여 명이었다. 이후 전국적 조직 해체로 상단 가입자가 줄었고, 교통통신의 발달과 상설점포의 성장으로 행상의 지위가 상대적으로 저하되었다.

한일합방과 더불어 내려진 집회 단속령에 의해 강력한 조직을 결성하려는 보부상의 노력은 봉쇄당하고 지방의 상단 세력은 위축되었다. 그래도 합방 무렵 시장과 포구에는 보부상이 아니면 만사에 불편이 많았기 때문에 상업계에서 보부상은 여전히 지난날의 세력을 잃지 않았다. 수 명 또는 수십 명이 대오를 이루어 행상하는 보부상이 1930년대 후반, 조선 땅에 1만~1만 5000명 존재했다.

보부상 출신으로 조선의 독립과 민족의 교육을 위해 헌신한 인물로는 남강 이승훈이 대표적이다. 남강은 15세 나이 되던 1878년 결혼한 후 유기행상을 시작했다. 처음에는 지게에 숟가락을 지고 납청 주변의 장시를 순화하다가 얼마 후에는 황해도, 서울 등지로 판로를 개척하였다. 한편 박승직은 행상으로 기반을 닦은 뒤 포목점 박승직 상점을 열었고, 이는 훗날 두산그룹의 모태가 되었다.

13. 근대경제로 진출할, 사상의 활약

18세기에 이르러 전국 각지에서 뛰어난 자금력과 조직망을 토대로 사상(私商)들의 활약이 커짐에 따라 전국적으로 시장이 확대되어 갔다. 사상은 주로 서울근교에 근거지를 두고 서울로 진입하는 물품들을 중간에서 사모아 장사를 하는 사람들이었다. 함경도나 강원도 등지에서 서울로 들어오는 길목인 의정부의 다락원이나 포천의 송우점, 삼남지방에서 서울로 들어오는 길목인 송파,

오늘날의 남대문시장인 조선의 칠패시장

한강연안의 용산이나 마포 등이 대표적인 사상의 거점이었다.

사상들은 이곳을 근거지로 삼아 서울의 종루(種樓, 현 종로), 칠패(七牌, 현 남대문시장), 배우개(梨峴, 현 동대문시장)에 생긴 3대 상설시장의 소상인과 지방의 대표적인 상인이었던 개성상인들과 연계하여 그동안 특권을 누리던 시전상인이나 공인들을 압박하면서 점차 서울의 상품유통을 장악하여 갔다.

정조 말년인 1795년에는 드디어 사상이 중심이 된 난전의 합법적인 상업활동이 공식적으로 인정됨으로써 봉건적 경제체제는 해체되기 시작하고 새롭게 근대적인 경제체제로 나아갈 조짐을 보였다. 한편 공인과 같은 도시상인의 활동에 의하여 이루어지는 자본의 축적, 시장의 발달, 산업의 융성 등은 조선사회의 경제체제를 공고히 하면서 나아가 근대자본주의로의 발달을 촉진하는 원동력이 되었다.

1910년경 기울어가는 국가의 운명처럼 구 상업체계인 시전도 점점 사

후에 한양상회가 된 잡화를 팔던 일본인가게

라져 가고, 대신 수입 양품(洋品)을 파는 상점들이 들어섰다. 이 상점들은 대부분 잡화점으로서 외국인 수입상의 대리점에 불과했다. 그러나 한양상회는 그들과 달리, 직수입을 하면 이윤을 다섯 배까지 올릴 수 있을 만큼 내외 물정에 밝았고, 심지어 수출까지 하고 있었다(〈서북학회월보〉 17호). 1908년에 설립된 이 한양상회는 우리나라에서 최초로 백화점을 자처하는 상점였다. 〈대한매일신보〉에 실린 광고에 의하면 "한양상회는 수입만 하는 것으로 달게 여기지 않는다. 우리나라 물산을 외국으로 많이 보내서 외국돈을 뺏어 온다 하니 모르는 사람은 이것을 거짓말이라 할 수도 있으리라."라고 되어 있었다. 또 수년 후 신문 전면 광고를 통해 "편협한 자급자족을 버리고 비싼 쌀을 일본으로 수출, 유리하게 처분하고 값싼 만주 좁쌀을 수입하여 저렴하게 공급함으로써 민족의 생활을 향상시키자"고 역설했다. 한양상회는 이윤만을 추구한 것이 아니라 국가복리 차원에서 새 활로를 개척한 상업계의 총아였다.

14. 신라, 동아시아무역 장악

신라에 의해 3국이 통합된 이후인 7세기 중엽부터는 상인들의 해상진출이 더한층 광범위해졌으며, 당을 비롯한 일본과의 통교가 번성했다. 중국 황해연안의 주요항구에 신라인들이 머무는 신라방(新羅坊)이라는 특수지역이 있었고 산둥(山東)반도 덩저우(登州)에는 양국의 무역선이 출입하는 신라관과 발해관이 있었으며, 일본이 대개 신라를 통해 중국과 무역할 정

도로 신라가 대한해협과
황해의 제해권과 더불어
무역의 주도권을 쥐고 있
었다.

신라와 무역하던 중국 산둥반도의 덩저우(登州)

특히 신라인들은 산둥반
도의 덩저우, 양쯔강구와
장안(長安, 현 시안西安)·뤄
양(洛陽)을 연결하는 대운

하에 접해 있는 추저우(楚州)·쓰저우(泗州)와 같은 상업적 요충지에 자국
민 거류지인 신라방을 형성했다. 이 신라방은 중국 내의 교역만이 아니
라 동아시아 3국간의 교역에도 참여하면서 국제무역을 비약적으로 발전
시켰다. 일본의 승려 엔닌(圓仁, 794-864)이 지은 『입당구법순례행기(入唐
求法巡禮行記)』[108]에 이런 사정이 잘 나온다. 엔닌은 838년 7월부터 847년
초겨울까지 9년 반 동안이나 중국의 동해안 일대 및 내륙 등지를 여행하
면서 상세한 일기를 남겼는데, 그 일기에 등장하는 인물의 반 이상이 신
라인들이다.

8세기 이후 동아시아의 무역을 장악했던 신라의 교역권 내에 있던 일
본인들에게 신라의 배는 거친 파도를 헤치고 나가야하는 신화적 존재였
다고 한다. 일본 나라(奈良)의 도다이지(東大寺)에 있는 왕실의 보물창고
인 쇼소인(正倉院)에 있는 유기제품, 피혁제품, 순모깔개, 약초, 염료, 먹
등의 유물들은 상당수 신라의 무역선을 타고 들어간 것이라 하겠다. 쇼

---

108 중국인 학자 거전자(葛振家)에 의해 이 엔닌의 『입당구법순례행기(入唐求法巡禮行記)』
는 기록문화의 백미로 찬사를 받는, 조선초 관리 최부(崔溥, 1454~1504)의 『표해록(漂
海錄)』(1488년 완성)과 이탈리아 여행가 마르코 폴로(Marco Polo, 1254~1324)의 『동방견
문록(東方見聞錄)』과 함께 세계3대 중국기행기로 꼽힌다. 최부는 15세기 후반 선박을
타고 항저우에서 베이징까지의 대운하, 즉 경항대운하(京抗大運河)를 이용했다.

소인에는 나라시대 일본과 당나라, 서역, 페르시아 등 인근국가들의 유물 1만여 점이 소장돼 있다.

2005년 일본 나라의 국립박물관에서 2주간 전시했던 도다이지 쇼소인 소장의 백제 의자왕이 선물한 바둑알은 놀라워 할 정도로 아름다웠다고

일본 황실의 보물창고인 도다이지의 쇼소인

한다.[109] 쇼소인 보물이 소장된 과정을 기록(756년)한 「국가진보장(國家珍寶帳)」에 따르면 의자왕은 후지와라(藤原鎌足, 614~669) 대신에게 흑백 바둑알 각각 140알, 검은색을 띤 진한 파랑(감색)과 빨강 바둑알 각각 160알 등 모두 600알을 선물했다. 이 가운데 지금까지 516알이 전해 내려오고 있으며, 상아로 만든 바둑알에 조각된 새는 언제라도 날아오를 듯 생생하다. 1400년 전 바둑 강국[110] 백제의 장인이 제작한 바둑알을 감상하기 위해 일본 관객들은 긴 줄도 마다하지 않았다고 한다. 지금의 오사카(大阪)인 나니와(難波)는 당시 신라물품의 교역에 가장 중요한 역할을 수행하고 있었다.

이슬람계통의 문헌에서 신라는 비옥한 토지, 풍부한 자원, 교역에 유리한 자연환경, 쾌적한 생활여건을 갖춘 나라로 묘사됐다. 신라에 정착한 이슬람사람들은 여러 가지 진귀한 물건을 가지고 와서 금이나 다양한 신라물건들과 바꿔가려 했던 상인이었을 것이다.

---

109 하도 명품이어서 1998년에 이미 특별 전시된 바 있고, 2008년 특별전에 또 전시되었다.
110 백제인들이 바둑을 좋아했다는 것은 고구려 침공 때 개로왕이 바둑에 빠져 마침내는 포로로 끌려가 죽게 된 사실로도 알 수 있다.

1973년 경북 경주시 황남동 계림로 14호 고분에서 황금보검(寶劍) 하나가 출토되었는데, 이 황금보검의 실체와 주인에 대한 실마리가 37년 만인 2010년에 풀렸다. 황금보검의 주인은 신라 진골계층의 성인 남자로 추정되며, 검집에 박혀 있는 붉은 보석은 그동안 알려졌던 마노(瑪瑙)가 아니라 석류석(石榴石)임이 밝혀졌다. 황금보검의 제작지는 흑해 연안에서 중앙아시아에 걸치는 지역의 한 곳으로 추정되고 있다. 이 황금보검은 6세기 초 신라의 왕성했던 대외교류의 상징물이라 하겠다.

신라의 무덤에서 출토된 유리병의 무늬는 페르시아의 사싼유리나 로마유리계통의 것이라 하며, 신라가 일본에 수출한 아프리카산 침향(沈香)은 아라비아 상인들에 의해 수입된 것이라 한다. 1966년 경주 석가탑에서 발견된 유향(乳香)은 아라비아 남단이나 팔레스타인에서 생산된 것임이 밝혀졌다. 834년 흥덕왕이 국산품을 애용하라는 명령을 내린 것을 보면 문물교류가 얼마나 활발했는지 짐작할 수 있다. 삼국을 통합한 이후 신라의 국제교역도시였던 경주의 인구가 100만 명이었다는 설도 허구는 아닐 듯싶다. 현재 인구 30만도 안 되는 경주시를 생각해보면 1,000년 전 신라의 경주는 놀랍기 그지없다.

15. 해상무역의 왕, 장보고

9세기 초 서해와 남해의 해적을 다스리는 한편 통상을 한 손에 쥐었던 장보고(張保皐, ?~846)는 대선박을 만들어 중국과 일본을 왕래하면서 대규모의 중계무역을 행하였다. 일본의 고승 엔닌의 순례기에 보면 서남해에서 장보고의 허가 없이는 운신을 못했을 정도로 그 위세가 당당했다. 장보고는 이미 1200년 전 동아시아의 바다를 무대로 활동했던 우리 역사상 최초의 세계인이었다. 우리나라 교민들이 많이 살고 있는 산둥반도 북쪽 끝의 항구도시인 웨이하이(威海)는 해상왕 장보고가 활약했던 곳이다.

장보고가 중국 웨이하이에 세운
절, 적산법화원

적산법화원에 있는 장보고상

거기에 있는 적산법화원(赤山法華院)은 장보고가 완성한 사원이다. 당나라로 건너간 장보고는 무령군(武寧軍) 소장을 지낸 뒤 823년 웨이하이에 법화원이라는 절을 세우고 5년 후 신라로 돌아와 청해진을 세웠다. 해상교통로를 장악한 장보고는 적산의 신이 용왕처럼 바다를 다스린다고 생각하고 적산에 사찰을 세워 바닷길이 평온하기를 기원하는 법회를 열었다. 그 시절 산둥성에서 규모가 제일 컸던 이 사찰은 재당(在唐) 신라인들의 정신적 지주 역할을 했던 곳으로 널리 알려져 있다. 지금의 모습은 1988년에 재건한 모습이다.

스다오시(石島市) 적산법화원에 산둥성 정부는 2005년 높이 8m, 무게 6t의 거대한 '장보고상'을 세우고 7000㎡ 부지에 궁궐 같은 건물 5채로 '장보고기념관'을 지었다. '장보고상'은 중국풍 갑옷을 입은 당나라 장군의 모습니다. 동상에는 한국어와 중국어로 "장보고는 한민족의 영웅, 평화의 사자일 뿐만 아니라 해상무역의 왕으로서 영예로운 그 이름을 떨쳤다."고 새겨져 있다. 요즈음도 스다오시가 있는 웨이하이지역엔 5,000명이 넘는 한국인들이 15만 명의 중국인들을 고용해 기업활동을 하고 있다. 이를테면 신라 최고 벤처기업가의 정신과 체취가 서려 있는 곳이다. 장보고와 비슷한 시기에 살았던 당나라 시인 두목(杜牧)은 장보고를 흠모하는 가운데, "나라에 사람다운 사람 몇 명 있으면 나라가 망하지 않는다."고 말했다.

법화원은 사찰이자 장보고 선단의 무역센터 같은 곳이었다. 상주하는 승려가 30명이었고, 연간 500석을 추수하는 땅도 갖고 있었다. 산둥성 스다오시의 적산 아랫자락에는 지금도 '짱자춘(張家村)'이라 불리는 마을이 있다. 통일신라시대 해상왕 장보고의 후예들이 10여 호 되게 살고 있는 곳이다. 이 마을에서 멀지 않은 바닷가에 '짱자부(張家埠)'가 있다. "장씨가 세운 부두"라는 뜻이다. 비단, 금은세공 그릇, 무소뿔, 페르시아 직물 등 실크로도를 건너온 서방의 물건들이 법화원을 통해 한국과 일본으로 수출되고, 우리의 인삼, 우황, 바다표범가죽, 사냥매 해동청 등이 중국으로 건너갔다.

16. 고려의 국제무역항, 벽란도

장보고의 피살 이후 주춤했던 한민족의 해상 진출은 고려시대에 다시 복원된다. 고려를 세운 왕건이 해상무역을 하던 가문에서 태어났다는 사실은 잘 알려져 있다. 고려는 해

고려 국제무역항인 예성강의 벽란도

상강국이었고 국제무역을 통해 부를 축적했다. 고려시대 대외무역의 범위는 전대에 비할 수 없이 확대되어 중국과 일본을 비롯하여 거란 · 여진 · 남만 · 아라비아 등의 상인이 왕래하였다. 외국과의 무역이 가장 활발한 시기는 11세기 이후 고려와 송나라의 무역이 정상화되어 있던 때였다.

현종 때는 송나라 상인의 왕래가 빈번했으며 이 당시 개성의 관문인 예성강에는 송나라만이 아니라 멀리 아라비아의 상선까지도 왕래했고

또한 고려 배가 중국 남쪽의 항구에까지 다니고 있었다. 고려의 수도 개성에서 30리 길인 예성강포구의 벽란도[111]는 신라 때부터 무역항으로 각광을 받기 시작한 이래 광종 때 송나라와 공식 무역관계가 열린 이후부터 활기에 찬 국제항이 되었다. 문인 이규보는 상선들이 쉴 새 없이 드나드는 국제무역항의 모습을 보고 〈예성항〉이란 시를 짓기도 했다.

즉, 요·금 등 한반도 북부를 장악한 세력에 의해 육상 루트가 막히게 되자 고려는 중국대륙 남부의 송나라와 해상 무역을 통해 불교경전과 유교서적 등 고급 문물을 수입했다. 아라비아 상인들도 중국으로 연결된 해상 루트를 통해 고려에 들어왔다. 그러나 원의 간섭이 시작되면서 고려는 조공국가가 되었다. 원이 고려에 요구하는 공물의 양은 많고 희사품은 적어지면서 외교관계를 이용한 무역보다는 왕실이 직접 무역에 개입해 수입을 챙기는 일이 많아졌다.

송에 대한 수출품은 백초(百草)의 영물이라는 인삼을 비롯하여 삼베·종이·먹·돗자리·금·은 등이고, 수입품은 비단[112]을 비롯하여 차·약재·서적·악기·문방구 등이었다. 개성상인들의 가장 중요한 수출품목은 당시 불로장생의 영약으로 세계적인 명성을 떨친 고려인삼이었다. 우리의 인삼은 삼국시대부터 해외에 이름이 높아 교역 또는 선물로써 다량 채취되어 왔다. 정조대왕은 『홍재전서』삼인(參引) 편에서 "사람은 만물의 영물이고, 삼은 백초의 영물"이라고 썼다. 인삼의 효능은 청나라 때도 유명했다. 철종 때 편찬한 개경부 읍지인 『중경지(中京誌)』에 "청나라

---

111 충북 제천시 충주호 청풍호반 근처에 KBS촬영소가 있는데, 〈태조 왕건〉(2000~2002) 촬영 당시 고려시대 예성강의 벽란도를 재현해 놓은 곳이다.
112 유럽으로 수출되던 중국 상품 중 최고가 단연 비단였으므로 '실크로드'라는 이름도 거기서 비롯되었다. 그리고 쑤저우(蘇州)에서 만드는 비단을 최고로 쳤는데, 그 쑤저우에 있는 정원으로서 중국의 4대 명원이자 세계문화유산이 된 '쭈어팅위안(拙庭園)'은 비단장수 왕서방의 원조격인 왕헌신이 살던 정원이다.

의 아편 중독자들은 인삼으로 치료한다."는 구절이 있을 정도로 인삼은 만병통치약으로 쓰였다. 조선정부는 베이징에 가는 역관(譯官)들에게 인삼 80근을 주어 경비로 쓰게 했다. 이를 팔포(八包)라고 했다. 이런 정식 무역

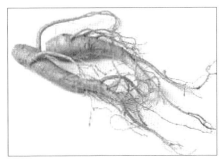

세계적인 명성을 떨친 고려인삼

외에 인삼을 밀무역할 경우 일률(一律), 즉 사형으로 처벌했음에도 은밀하게 활동하는 잠상(潛商)이 끊이지 않을 정도로 수요가 많았다.

특히 아라비아 상인들은 세 차례에 걸쳐 페르시아, 인도 등 세계의 진귀한 보물들을 갖고 와서 고려에 바쳤다는 기록이 『고려사』에 보이는데, 이때 가져온 특산물은 대체로 베트남 남부의 향료와 수은, 열대 특산의 몰약(沒藥) 등이다. 그들은 금과 비단을 갖고 돌아갔다.

17세기 후반 청이 일본과 국교를 수립하고 직접 무역에 나서면서 타격을 입었던 조선 상인들은 18세기 '홍삼(紅蔘)'이라는 새 상품으로 침체된 국제무역에 돌파구를 마련하는 저력을 보여줬다.

17. 국제중계무역의 발달

고려시대에는 신라에 이어 상업을 중시했으나 조선은 바닷길을 막는 해금(海禁) 정책을 폈다. 배를 타고 10리 이상 나가면 왕토(王土), 즉 국토를 벗어난 것으로 간주해 참형에 처했다. 여기서 쇄국정책은 대원군 이전부터 존재했음을 알게 된다. 국제무역은 육로로만 가능했던 것이다. 게다가 명나라는 외교사절을 통해 이뤄지는 조공무역 이외에 사무역을 용인하지 않았으므로 육로무역이라고 해 봐야 1년에 몇 차례씩 중국을

오가는 사절단을 통해 이루어지는 게 고작이었다.

조선사회 안에서 자연스럽게 불평이 일었는데, 특히 실학자들을 중심으로 비판이 쏟아졌다. 유몽인은 "중국과 일본은 활발한 무역을 통해 부강해진 반면 규모가 작고 자원이 빈약한 조선은 무역을 하지 않아 가난해졌다."고 불만을 토로했다. 유형원은 "우리나라는 백성이 가난하여 남쪽으로 선박이 닿는다면 넉넉해질 것이다."라고 대안을 제시했다. 박제가는 "고려 때는 송나라 상선이 해마다 왔으나 조선은 400년 동안 중국 상선이 한 척도 오지 않았다."고 개탄스러워 했다.

17세기 동안 청과 일본의 중계무역에서 주도권을 쥐었던 역관들은 막대한 부를 축적할 수 있었으며, 그들의 무역활동은 국내경제에도 활력소의 역할을 해주었다. 청일 국교가 수립된 후 18세기에는 역관에 의한 무역이 침체되는 대신 개성(開城)상인, 의주(義州)상인을 비롯한 국내 사상들에 의한 밀무역이 성행하여 결과적으로 조선의 대외무역이 이전보다 더욱 활발한 양상을 띠기 시작했다. 이 시기 개성상인이 중심이 되어 일본무역에 참여하는 동래상인과 중국무역의 의주상인으로 연결되는 국제중계무역이 발달하기도 했다. 국내의 인삼을 매점한 개성상인[113]이 동래상인을 통해 일본의 은과 바꾸고 그 은을 가지고 의주상인을 통해 중국무역으로 연결했다. 다시 말해 17세기 중엽~18세기 중엽에는 우리가 조선 인삼·일본 은·중국 비단의 유통을 잇는 '동북아시아 경제의 허브'였다.

대외무역의 발전은 국내 상업, 수공업, 농업 등 다른 산업을 자극하여 그전에 볼 수 없었던 상업적 분위기를 확산시키는 데 주요한 역할을 했다. 19세기 이후에는 백성들의 실생활의 개선에 앞장선 실학자들이 주도적으로 토지제도를 개혁하고 상업과 수공업의 발전에 역점을 두는 등 조선사회의 경제를 구조적으로 변혁시키려 했다. 특히 북학파들은 산업

---

113 개성의 경제계를 지배하는 원동력은 말할 나위 없이 그 특산물인 인삼이다.

활동을 통한 각자의 이윤추구와 부국강병의 경제발전을 모색하였으며, 나아가 국제통상의 중요성도 강조하기에 이르렀다.

1881년 시찰단의 일원으로 일본에 다녀온 어윤중(魚允中, 1848~1896)은 "부강하기 위해서는 통상을 도모해야 한다."고 말했다. 그 결과 조선은 무역정책을 국가의 주요과제로 채택하게 되었다. 배를 타고 한강을 여행한 영국인 이사

국제통상을 역설했던 어윤중

벨라 버드 비숍 여사가 1894년경 조선의 무역 현장을 인상적으로 적고 있다. "소금을 비롯한 거의 모든 상품과 외국물품이 해안으로부터 한강을 타고 올라와 각 포구에서 보부상 등 행상에게 건네지면 상인들은 지게, 소, 말 등으로 이를 내륙 장터로 날랐다. ……" 특히 당시 보고에 의하면 농민들이 내버려두고 돌보지 않던 논두둑도 잇따라 개발할 만큼 잉여소득에 대한 인식을 새로이 하기 시작했다고 한다. 또한 값싼 수입직물을 구매하면서 가내 직물업이 급격히 위축되고 도시 직물공장이 출현했다. 무역의 확대는 산업 및 경제의 발달에 크게 영향을 미쳤다.

1876년 개항 직전 조선의 무역액은 국내총생산(GDP)의 1% 정도였으나, 35년이 지난 1910년경에는 GDP의 20%에 달했다고 한다. 무역의 급증은 곧바로 경제성장으로 이어졌다. 조선시대 경제성장률은 다른 전근대국가와 비슷한 연평균 0.2% 정도였다가 개항 무렵에는 1%를 넘어섰다고 한다. 장기간 하락 추세이던 논의 단위면적당 쌀 수확량도 개항 이후부터 증가 추세로 바뀌었다. 개항 후 무역의 증가는 근대적 기술 및 제도의 도입과 더불어 당시뿐만 아니라 20세기 경제성장의 밑거름이 되었다고 말할 수 있다.

오늘날 '한강의 기적'을 넘어 세계 경제 13위에 G20 의장국으로 우뚝 서기까지 한국은 경제성장을 위해 수많은 어려움을 이겨내야 했다. 특

1876년 조선의 개항

히 1960년대 한국의 경제 개발을 방해하는 주요 요소는 국내시장이 너무 작다는 점이었다. 당시 인구는 현재의 절반을 약간 넘는 정도였다. 이런 문제점을 간파한 삼성의 이병철 사장은 제품을 외국에 팔아야 한다고 박정희 대통령에게 제안했다. 곧 한국은 수출 주도적 성장을 근간으로 새로운 정책을 수립했다.

18. 개성상인, 의주상인

제국의 황혼기에 일본상인이 한국상인을 압도하였지만, 이에 가장 굳건히 대응한 상인은 개성상인, 곧 송상(松商)이었다. 송상이 이처럼 외국상인에 굳건히 대항할 수 있었던 것은 개항 이전부터 상업을 발달시켜왔기 때문이다. 고려에서 조선으로 왕조가 바뀐 후 관직 진출이 곤란해진 개성의 엘리트는 일찍부터 상업에 전념하였다. 그래서 송상은 상술이 뛰어났고, 사개치부법(四介治簿法)이란 복식부기를 일찍부터 사용하였다. 송상들의 절약정신이 워낙 투철해 '개성상인이 지나간 자리에는 풀도 자라지 않을 정도'라고 했다.

2004년 2월 10일자 모 일간지에서「불황 때 빛난다, 개성상인의 후예들」이라는 기사를 보았다. 한일시멘트 · 태평양 · 신도리코 · 녹십자 · 한국화장품 등 송상(松商)의 피를 이어받은 대표적인 이 기업들은 2003년 돋보이는 성적을 냈다는 것이다. 한국을 대표하는 화장품 브랜드 아모레퍼시픽은 1945년 설립 후 국내 화장품시장에서 만년 선두기업이다. 2008년 말 현재 국내화장품 시장 점유율은 35.5%로 2위(12.4%)와의 격차도 현저하다. 개성출신 창업자 서성환 회장이 1973년 인삼 사포닌을 이용한 국내최초의 한방 화장품 '진생삼미'를 해외시장에 선보였다. 아모레퍼시픽은 이를 기반으로 1997년 경

아모레퍼시픽이 개발한 고급 한방화장품
설화수

희대학교 한의대와 공동연구를 통해 설화수(雪花秀)를 탄생시켰다. 한국을 방문한 중국관광객들 사이에서 '가장 갖고 싶은 화장품'으로 꼽힐 정도로 고급 한방화장품 브랜드 이미지를 다진 설화수는 일본·중국 시장에서 최고급 제품으로 통한다. 2011년 베이징 최고급백화점에서 시판되기 전에 이미 2010년 설화수가 미국 뉴욕의 고급백화점 버그도프굿맨에 들어가기도 했다.

2009년 신종플루 공포 속에서 백신 국산화의 선구자인 녹십자는 백신 치료제를 모두 갖춰 세간의 주목을 받기도 했다. 특히 전남 화순에 독감백신 생산시설을 세워 신종인플루엔자 백신 국산화를 이루면서 동아제약에 이어 제약업계 2위로 부상했다. 개성상인들에게는 '첫째, 남의 돈으로 사업하지 않는다. 둘째, 한 가지 업종을 선택해 그 분야 최고기업으로 키운다. 셋째, 목에 칼이 들어와도 신용을 지킨다.' 등과 같은 면면히 이어져오는 5대 경영철학이 있다. 2008년 200만 부 이상의 판매를 기록한 초대형 베스트셀러 〈베니스의 개성상인〉(예담)이 오세영 작가에 의해 탄생했다. 세계무역을 주름 잡은 개상상인의 일대기이다. 2002년 남북합작의 개성공단이 조성되고 공단의 첫 생산품인 개성냄비가 서울의 한 백화점에서 불티나게 팔렸었다. 개성은 우리의 상업 또는 상인과 떼어놓

베니스의 개성상인(2008)

을 수 없나 보다.

인삼은 조선의 여러 물품 가운데 청나라 상인들에게 가장 인기가 높은 상품이었다. 그런데 청의 상인들이 조선의 인삼을 헐값에 사려고 불매동맹을 획책하기에 이르렀다. 청나라 상인들이 결탁·담합하여 조선의 인삼매매를 거부하는 곤혹스런 상황을 맞아 자신이 가지고 간 인삼꾸러미에 불을 지르고 중국상인들이 일제히 달려들어 불을 끄자 임상옥(林尙沃, 1779~1855)은 "영약(靈藥)을 천대하는 사람들에게 파는 것은 조선의 영토(靈土)를 욕되게 하는 것이다."라며 다시 불을 붙이려 했다. 그 자리에서 값이 열 배나 뛰었고, 임상옥은 거부가 되었다.

조선 역관과 상인들은 사신단이 돌아갈 때까지 물건을 팔아야했기 때문에 가격 결정권을 가지지 못하고 시간 끌기 작전과 담합으로 나오는 중국상인들에게 속수무책으로 당해왔다. 황현이 『매천야록(梅泉野錄)』에서 "베이징 사람들은 지금도 그의 이름을 들먹인다."라고 전할 정도였던 임상옥은 하늘이 낸 큰 부자였다. 임상옥이 이조판서 박종경(朴宗慶)이 궁했을 때 모친상을 당하자 4000냥을 주어 장사를 치르게 한 것이 그가 거부가 될 수 있는 계기가 되었다고 한다. 임상옥은 박종경의 후원으로 국경지방의 인삼무역권을 독점하면서 거부가 되었기 때문이다.

그러나 그는 이재민을 살리기 위해 여러 차례 거금을 내놓는 등 돈을 유용하게 쓸 줄 알았다. 『의주군지(義州郡誌)』에는 벼슬에서 물러난 임상옥이 "빈민구제와 시주(詩酒)로 여생을 보냈다."라고 전한다. 그가 지은 시 가운데 한 구절이 "재물은 물처럼 평등해야 하고 사람은 저울처럼 곧아야 한다(財上平如水 人中直似衡)"이다. 이렇듯 말년에 불우이웃들을 위해 재산을 썼다는 임상옥은 의주상인이었다. TV드라마(MBC, 2001 방영)로 각색되기도 한 최인호의 소설 〈상도(商道)〉(세트 전5권, 여백미디어,

2000)[114]의 모델이
된 것도 임상옥이
다. 인삼, 초피(貂
皮), 한지 등으로 베
이징, 난징 등 중국
에서 거상이 된 임

최인호 소설 상도   MBC TV 드라마 상도

상옥·홍득주(洪得
周)·변승업(卞承業)
등의 의주상인들은 근대 해외에서 활동한 한상(韓商)의 뿌리라 할 수 있다.

19. 경제성장은 제조업에 달렸다

2010년 요즈음 한국야쿠르트의 '도시락' 라면은 러시아 라면시장에서
40% 점유율로 1위에 올라 있다. 국내에서의 연간매출보다 30배 가까이
높은 실적이다. 오리온의 '고래밥'은 중국 비스켓시장에서 선두를 달리
고 있으며, 롯데제과 '스파우트껌'은 1977년 중동에서 처음 판매한 후
현재 중동지역 껌 시장 점유율 1위다. 또한 빙그레 '꽃게랑'은 러시아·
극동지역에서 스낵시장 1위에 올라 있다.

한국공학한림원이 2009년 개발된 각종 연구 성과 중 전자책(e-book)·
스마트그리드·하이브리드 카메라·스마트폰용 앱스토어(App Store)·
3D TV 기술 등 중요 기술 23가지를 추려 2010년 5월 25일 발표한 바 있
다. 특히 공학한림원은 친환경에너지·디스플레이 기술이 한국의 미래

---

114 〈상도〉 400만 부 돌파 기념으로 청소년을 위한 〈상도〉(전 5권, 여백)도 2009년 간행되었
    다. 작가 최인호는 임상옥을 무역왕으로 칭하고, 그 위대한 인간의 길과 상업철학을 전
    한다. 특히 작가는 "장사란 이익을 남기기보다 사람을 남기는 것이다"라고 역설한다.

서남표 KAIST 총장

를 책임질 기술이 될 것으로 주목했다.

잘 알다시피 30년 전만 해도 전국에서 가장 뛰어난 학생들의 상당수가 과학과 공학 관련 전공을 선택했고, 우리나라는 이를 통해 빠른 속도로 산업화를 이룰 수 있었다. 그러나 요즈음은 그렇지 않아 다수의 뛰어난 학생들이 더 이상 과학·공학 분야에 지원하지 않고 특정 전문직으로 진출하려는 경향을 보이고 있다.

서남표 KAIST 총장은 2009년 말 언론을 통해 우리나라의 향후 지속적인 경제성장은 제조업과 서비스산업의 국제경쟁력 확보에 달려 있다고 말한 바 있다. 그러면서, 경제성장과 제조업분야의 발전은 특히 뛰어난 과학·공학자들의 능력과 큰 상관관계가 있다고 했다. 아울러 근래의 젊고 유능한 인재들에게 과학자나 공학자가 더 이상 매력적이지 않은 이유를 몇 가지 지적하면서 이런 문제들을 해결하기 위한 방법을 제시한 바도 있다.

지난 50년간 우리나라가 이룩하고 향유했던 놀라운 경제성장을 지속시키려고 한다면 우리는 몇 가지 문제를 해결하지 않으면 안 될 것이다. 한마디로 교육기관의 학습과정을 통해 과학과 기술의 중요성을 자연스럽게 인식시키고, 또한 과학자와 기술자들을 사회가 대우해주는 제도적 뒷받침이 필요하다. 중등교육기관에서는 수학을 포함 과학과 기술을 좀 더 흥미롭게 가르쳐야 할 뿐만 아니라 그를 위해서 교사의 재교육을 통한 연찬도 필요하고 퇴임한 과학자 중에서 훌륭한 자질을 갖춘 이들을 다시 고용하는 것도 방법이다.

직접 사회가 요구하는 인력을 배출해야 할 책임이 있는 대학의 역할은 더욱 중요하다. 대학에서는 먼저 기초연구 분야에 대한 관심을 이끌고 질적 강화를 위한 노력을 해야 한다. 그리고 기술혁신을 장려하며 산업체와 긴밀히 협력할 필요가 있다. 또한 가능하면 학생들이 창의성을 발휘할 수 있도록 유도하는 슬기로운 교수법과 효과적인 교육과정을 개발해야 한다.

아울러 정부나 국가출연연구기관이나 기업들에서는 아직도 왕성

고급 여성과학 인력

하게 일할 수 있는 과학·공학자들을 은퇴시키지 말고 유능한 사람들의 정년을 연장하여 일할 수 있도록 해야 한다. 기계적인 퇴출은 개인의 문제를 넘어 국가의 막대한 손실이다. 한국의 산업화를 이끌어온 기술인재의 요람이 서울공대와 카이스트라고 한다. 그런 서울공대의 박사과정이 해를 거듭하면서 정원 미달사태에 이르고 있다. 그 이유를 들어보면 이공계출신이 봉급이나 승진에서 유리하지 않을 뿐만 아니라 기술의 발전 속도가 빨라 이른 나이에 퇴출될 가능성이 크기 때문이라는 것이다.

무엇보다 국가출연연구기관에서는 과학·공학자들이 자신의 기술을 갖고 새로운 벤처기업을 세울 수 있는 시스템을 마련해야 한다. 그리고 그들을 위한 연금재원도 놓쳐서는 안 될 것이다. 국가와 기업과 사회에서는 과학적·기술적 발전에 특별한 공이 있는 사람들에 대한 보상제도도 강구하고, 무엇보다 정부에서는 과학과 기술발전 프로젝트에 대한 투자와 예산편성에 적극 나서야 할 것이다.

경제구조가 제조업 중심에서 지식정보화시대로 바뀌면서 여성의 사회활동이 급격히 늘어나 여성들이 다양한 분야에서 능력을 발휘하고 있다. 여성이 추구하는 아름다움, 섬세한 미적 감각, 창조적 감성 등이 중요한 경쟁력인 동시에 경제적 부가가치로 나타나고 있다. 이러한 시대적 흐름을 반영하듯 우리 정부도 여성 과학기술인력 전략적 육성과 경력개발 및 활용강화 등 32개 사업에 2008년도보다 87.6%나 증가한 913억 7000만 원

을 투자하는 것을 골자로 한 '2009년도 여성 과학기술인 육성·지원 시행계획'을 마련하는 등 고급 여성 과학기술인력 육성에 총력을 기울이고 있다. 그러나 아직 갈 길이 멀다. 통계에 의하면 이공계 여학생 비율은 2002년 이후 계속 줄어 5년간 약 18% 감소했으며, 정부출연연구소의 여성채용률도 2008년 기준으로 아직 16.5%에 불과하다. 만약 과학·기술 분야에서 여성 특유의 미적 감각과 섬세함이나 창의력이 적절히 활용되지 않는다면 21세기 기술경쟁력에서 당연히 뒤처질 수밖에 없을 것이다.

2010년 2월 호암 이병철 탄생 100주년 기념식이 5개 테마로 나뉘어 진행되었다. '사업보국(事業報國), 호암을 만나다' 순서에서는 기업 불모지였던 우리나라에서 제조업을 일으켜 국가 발전을 도모한 이병철 회장을 추모하는 영상과 이현재 호암재단 이사장의 기념사, 박태준 전 총리의 축사가 이어졌다. 이현재 이사장은 "인재제일(人才第一)과 사업보국을 축으로 하는 이병철 회장의 경영철학은 그 이념과 실천적 성격으로 보아 우리 사회의 기업경영철학으로서 영구한 생명을 지녀 나갈 것"이라고 평가했다.

20. 제조업에도 윤리가 중요

200년 장수기업 듀폰(Dupont)과 300년 명문가인 경주 최 부잣집엔 '인간을 존중한다'는 측면에서 공통점이 있다. 경주 최 부잣집의 가훈은 "첫째 과거를 보되 진사 이상은 하지 마라. 둘째 재산은 만석 이상 지니지 마라. 셋째 과객을 후하게 대접하라. 넷째 흉년기에는 땅을 사지 마라. 다섯째 며느리들은 시집온 후 3년 동안 무명옷을 입어라. 여섯째 사방 백리 안에 굶어 죽는 사람이 없게 하라."이다.

미국의 듀폰 기업의 핵심가치는 안전, 환경, 윤리와 인간존중이다. 초창기의 듀폰은 화약제조회사였다. 공장에서 화약폭발 사고가 빈번하게 발생하자 사장은 공장 옆에 사택을 짓고 그곳에서 생활하며 직원들에게

"나의 생명과 여러분의 생명이 한결같이 소중하니 안전을 최우선으로 작업해 주길 바란다"고 강조하였다. 그 후 오늘날까지 안전은 듀폰의 최우선가치로 존중되고 있다.

정호열 공정거래위원장은 2009년 7월 취임 이후 서민생활과 밀접한 생필품 제조업체들에 대한 카르텔(담합) 행위를 끊임없이 조사해 왔다. 재계의 거센 반발에도 사상 최대인 6689억 원의 과징금을 LPG업계에 부과했고, 소주·라면 업체들에 대해서도 강도 높은 조사를 했다. 앞으로는 담합 조사 대상을 전자·강철 등 공산품과 공산품 자재 부품으로 확대하겠다고 밝혔다. 정 위원장은 "실제 국민경제에 미치는 영향은 생필품보다는 주요 원자재나 공산품 부품 가격의 담합이 훨씬 크다"고 했다. 정 위원장은 또 계열사에 물량을 몰아주는 등 대기업의 부당 내부 거래도 철저히 조사하고 있다고 했다.

한편 정 위원장은 "대기업이 중소기업의 기술을 탈취하는 부당행위도 반드시 바로잡겠다"고 했다. 공정거래위원회가 혼탁한 시장 질서를 잡고 진입 규제를 없애야 유망한 중소기업들이 중견기업·대기업으로 성장하고 한국 경제가 투명해지고 경쟁력을 갖추게 될 것이라고 했다.

이렇듯 제조업에서도 기업의 윤리가 무엇보다 중요하다고 할 수 있으며, 오늘날 미국·영국 등도 시장 경제의 기본 원리를 정면으로 부정하는 담합행위에 참여하는 개인에 대한 형사처벌을 강화하는 추세이다.

담합은 경쟁 사업자가 많은 곳에선 어렵다. 과점시장에서 주로 일어난다. 이런 시장에서 담합을 없애면 기술 혁신을 하는 사업자들은 새로운 시장을 만들어 내고 시장에서 경쟁력을 얻을 수 있다.

21. 관영수공업의 발전과 조직화

금속제품이 처음 나오기 시작한 청동기시대부터 전업적인 장인이 있

철기제작소

현대 무형문화재 나전장

었을 것이다. 그러나 장인집단이 출현하고 금속제품이 널리 사용된 것은 철기시대부터다. 이 시기에 이르러 지배계층의 생활품제조와 국가의 기간산업이라 할 수 있는 무기제조를 목적으로 하는 관영수공업이 발달했다. 부여의 지배계층들은 모피로 된 모자에다 금은으로 장식을 하고 삼한에서는 가죽신을 착용하고 도검과 마구를 제조했다.

삼국시대에 접어들면서 관영수공업은 더욱 발전하였다. 고구려는 삼국 중에서도 가장 정복성이 강한 나라로서 무기제조공업이 크게 발달했으며, 백제의 경우는 무기제조장을 관리하는 도부(刀部), 금속공예품의 제조장을 관리하는 사공부(司空部) 등이 있었으며, 신라는 관영수공업 조직이 발달하여 직물, 무기, 도자기 등의 제조 분야를 관리하는 각각의 부서들이 있었다.

5세기 전후에는 철기제작소 외에 귀금속을 만드는 공방이 각광을 받게 되었고 이와 비교가 안 될 정도로 토기제작소가 전국에 많이 생기기도 했다. 중앙정부의 통제력이 강화되는 6세기 무렵부터 기술자들은 물품의 주문자인 국가의 의지에 따라 기술을 발휘하는 경우가 대부분이었고, 기술자들이 집단화되고 전업화가 이루어지면서 대량생산도 가능해졌다.

통일신라시대에 들어와서 관영수공업 조직은 더욱 발달했으며, 고려시대에 이르러서는 관영수공업 규모의 확대로 인하여 관부의 용도에 따라 관리부서의 조직이 이루어지는 형태로 발전하였다. 가령, 토목·건축 등을 관리하는 선공시(繕工寺)를 설치하여 목공·석공·금속공 등을 소속시키고, 장신구의 제조를 관리하는 공조서(供造署)를 설치하여 화공

(畵工)·조각장·나전장·화장(花匠)·소목장(小木匠) 등을 소속시켰다.

22. 경공장·외공장 체제의 확립

조선전기 국가는 필요한 물자를 확보하기 위해 직접 수공업부문을 관리하면서 엄격하게 기술자를 감독하고 계획적으로 물자를 생산하였다. 조선정부는 모든 기술자들을 경공장과 외공장으로 나누어 등록시키고, 이들을 바탕으로 하여 중앙과 지방의 관영수공업체제를 유지하였다.

15세기에는 30개 관서에 130여 종의 경공장 2,800여 명이 소속되어 있었고, 지방팔도에 37개 종류의 외공장 3,700여 명이 확보되어 있었다. 경공장의 경우 무기제조와 지배층의 생활품제조에 절반이나 투입되었고, 외공장의 경우는 무기와 농기구제조에 참여하는 비율이 가장 높았다.

조선시대의 기술자들은 일정기간 관영수공업장의 작업에 동원되었고 이 기간 동안은 정해진 급료를 받았으며 관영수공업에 동원되지 않을 때는 자기경영에 종사하고 있었다. 작업공정도 비교적 세분화되어 있었다.

예를 들면 인쇄를 관장하던 교서관(校書館)에 소속된 기술자도 목활자를 만드는 목장(木匠)과 각자장(刻字匠), 금속활자를 만드는 야장(冶匠)과 주장(鑄匠), 식자공인 균자장(均字匠), 인쇄공인 인출장(印出匠) 등이 있었다. 이렇듯 관영수공업은 조선왕조 초기에 이르러 최대 규모의 조직을 갖추었고 가장 높은 수준의 기술과 제조장 시설을 갖추었었다.

23. 공장제수공업의 출범

정부의 지배질서 이완과 재정적 어려움으로 관영수공업체제는 16세기에 접어들면서 무너지기 시작했다. 기술자들은 대우가 박해서 생계가

조선 숙종 때 제작된 상평통보

곤란한데다가 관원들이 과도하게 그들을 부림에 따라 태업으로 저항하거나 반발 도 피하게 되었으며, 한편으로는 전업수공업 자로 독립할 수도 있었던 기술자들이 작업 장을 이탈하기 시작했는데, 이와 같은 현 상은 17세기 이후 더욱 현저해졌다. 마침 내 민영수공업 제품으로 조달할 수 없는 특수한 분야를 제외한 대부분의 관영수공 업은 붕괴되기에 이르렀다. 무기제조를 비롯하여 자기제작이나 종이제조 같은 분야는 관영수공업으로 유지되었는데, 이 분야의 기술자들도 임금 노동으로 작업을 했고, 실질적으로는 점차 민영화되어 가고 있었다.

요컨대, 대동법의 실시를 비롯하여 금속화폐의 유통 등 상업의 발달과 아울러 관영수공업이 쇠퇴하면서 전국의 중소도시에서 민영수공업이 크 게 발달하였다. 이 시기에 있어서의 민영수공업 특히 도시수공업은 큰 변 화를 겪게 되었다. 도시수공업자들이 독립된 생산장과 판매장을 확보함으 로써 도시수공업이 시장생산을 위한 공장제수공업 형태로 발전되어 갔다. 그리고 수공업자들이 판로를 스스로 개척하는 어려운 상황에 직면하여, 이를 극복하는 차원에서 상인자본이 생산을 지배하는 현상이 뚜렷해졌다.

1876년에 문호개방이 이루어짐으로써 외국 자본주의상품의 본격적인 침입을 받았고, 이 때문에 겨우 공장제수공업 단계로 들어섰던 국내의 수공업계도 타격을 받게 되었다. 자본주의상품의 침투 앞에서 국내의 수공업계가 무너지고 생활품의 외국상품 의존도가 높아지게 되자, 외국 상품의 침입을 막고 소비재의 국산화를 이루기 위하여 근대적 공업생산 장을 건설하려는 움직임이 정부와 민간에 함께 일어났다.

한국문화의 경제분야에 있어서는 농업과 관련하여 자신의 농촌생활의 경험을 토대로 불합리한 토지제도의 개혁을 제시하고 자영농민을 육성함으로써 부국강병을 실현코자 했던 유형원[115]의 견해를 들어보고, 상업과 관련해서는 최고의 인문지리학자였던 이중환[116]의 견해를 중심으로 박제가의 논의까지 살펴보기로 한다. 끝으로 소프트파워가 강했던 대한제국이 하드파워가 뒤처져 식민지로 전락했던 점을 들어보기로 하자.

24. 개혁사상가, 유형원

조선후기 사회의 상품화폐경제의 발달과 함께 경제에 대한 인식의 변화는 매우 놀라운 것이었다. 특히 경제와 관련된 새로운 사고와 주장으로써 사회인식의 변화를 주도해 나갔던 실학자들의 공적에 주목하지 않을 수 없다. 무엇보다 근대화 되기 이전의 봉건적인 사회에 있어 경제의 근본은 농업이었으며, 농업의 성패를 좌우하는 것은 토지제도였다. 그런데 그때까지 토지제도에는 많은 문제점이 있었다. 양반들의 대토지소유, 즉 광작(廣作)이 증가함에 따라 소농민들은 몰락할 수밖에 없었기 때문이다.

이에 실학자인 유형원은 토지제도의 개혁에 앞장섰다. 유형원의 학문적 연원에 대해서는 일반적으로 율곡 이이의 학풍을 계승하여 실학의 개조(開祖)가 되었다는 것이다. 사실『반계수록』전편을 통해 보면 율곡의

---

115 유형원(柳馨遠, 1622~1673)은 호가 반계(磻溪)이다. 마을을 따라 흐르는 냇물을 반계라고 했다는 데서 유형원의 호가 유래한다고도 한다. 그가 두 살 되던 해 아버지 유흠(1596~1623)은 과거에 합격하여 한림학사로 전도가 유망하였으나 어우(於于) 유몽인(柳夢寅)의 옥사에 연좌되어 억울한 누명을 쓰고 28세라는 젊은 나이에 감옥에서 자결했다. 이에 유형원은 과거를 보아 벼슬할 생각을 버린 채 공부에만 열중하였다고 한다.
116 이중환(李重煥, 1690~1752)의 호는 청담(淸潭)이다. 그가 살던 곳이 바로 지금의 서울 강남의 청담동이다.

영향을 가장 많이 받고 있음을 알 수 있다. 반계는 전제(田制) 편 부록의 '국조명신론폐정제조(國朝名臣論弊政諸條)'에서 당시 사회의 난맥상에 대해서 소개하고 있는데 총 11개조 가운데 율곡 이이의 것이 8개조이고 중봉 조헌의 것이 3개조이다.[117] 율곡의 8개조는 『동호문답』의 것이 6개조이고, 「만언봉사」와 「진해서민폐소(陳海西民弊疏)」의 것이 각각 1개조이다.

한편 유형원의 외삼촌은 성호의 당숙인 실학자 태호(太湖) 이원진(李元鎭)인데, 유형원은 그로부터 학문을 닦았으니 유형원의 실학은 성호집안의 가학(家學)에 그 근본이 있다고 하겠다. 『반계수록』의 사상사적 의의를 율곡의 『성학집요』를 잇고, 성호의 『곽우록』, 담헌의 『임하경륜』, 다산의 『경세유표』로 이어지는 한국 실학파의 중요한 다리가 된다고 보는 것이다.

요컨대 『성학집요』가 상대적으로 도(道)의 성격이 강하다면, 『반계수록』은 그 도를 담아내는 기(器)의 성격을 지닌다. 이것이 반계가 한국 실학의 비조(鼻祖) 특히 경세치용학파의 원류가 될 수 있는 까닭이다.[118] 결국 실학은 조선후기의 시대적 과제를 해결하기 위하여 고대의 유교경전을 시대적 요청에 부응하도록 새롭게 재해석하는 과정에서 탄생한 것이다. 이러한 실학은 14세기 서양의 문예부흥과 맞먹는다. 서양의 문예부흥이 자기 시대의 문제를 해결하기 위해 그리스나 로마의 고전으로 돌아가려는 운동이었다면, 실학도 자기 시대의 문제해결의 길을 찾기 위하여 중국의 고전으로 돌아가려는 운동이었다.

하지만, 최근에는 유형원의 실학이 퇴계 이황의 학풍에서 비롯되었다는 주장도 제기되고 있다. 그러나 유형원의 학풍을 이해함에 어느 하나의 학통이나 학파만을 강조하는 것은 바람직하지 않을 것이다. 유형원의 학풍 형성에는 16세기를 대표하는 퇴계학파, 율곡학파, 화담학파, 남

---

117 『반계수록』 권4, 「전제후록(田制後錄)」 하 7~24면.
118 안재순, 『조선후기 실학의 비조 유형원』, 성균관대학교, 2009, 211면.

명학파 등 여러 학파들이 영향을 미쳤다고 볼 수 있다. 그만큼 유형원은 개방적인 처지에서 다양한 학문을 수용했고 그리하여 박학다식하기로 이름나 있는 학자였다.

폭넓은 지적 순례 속에서 그가 남긴 저서가 20여 종 된다고는 하나, 현재 전하는 책은 『반계수록(磻溪隧錄)』과 『동국여지지(東國輿地志)』뿐이다. 생각이 미치는 대로 그때그때 기록한 것이라는 의미의 '수록(隧錄)'답지 않게 『반계수록』은 내용이 아주 체계적이고 다루는 범위가 미치지 않은 곳이 없다. 즉 『반계수록』은 중국과 우리나라 역대의 서책들을 두루 섭렵한 바탕 위에서 나온 것으로 종합적인 개혁안을 담고 있다. 특히 교육제도, 관리제도, 군사제도의 개혁 등에 대해 심도있게 다룬 책으로서 당시 학자들이 도를 논한 것과 달리 제도를 논한 특징이 두드러진다. 여기서 알 수 있듯 그에게서 제도는 도(道)를 담아내는 그릇이었다고 하겠다.

『동국여지지』 또한 많은 지역을 답사한 바탕 위에서 나온 것이었다고 한다. 남인 실학자의 계보에 대한 연구에서 유형원의 학문이 이익을 거쳐 안정복으로 이어진다는 것은 이미 통설로 되어 있는데, 이익이 『성호사설』을, 안정복이 『잡동산이(雜同散異)』와 같은 유서류(類書類)를 저술한 것에서도 유형원의 박학풍의 영향력을 생각할 수 있다고 한다.[119]

유형원의 개혁사상은 그 이후 실학자들에게 상당한 영향을 끼쳤으므로 그를 실학의 개조 또는 비조라고 부른다. 그는 소과에 합격하여 진사가 되기는 하였으나 일체의 관직을 사퇴하고 오직 향리의 농민들을 지도하고 구휼하기 위해 세거지(世居地)인 전라북도 부안의 우반동에 내려가 은거하면서 52세로 세상을 떠날 때[120]까지 그곳에서 학문연구에 전념하였다. 당시 임병 양란 후의 어려운 국정을 회복하고자 정치, 경제, 군사 등 국가전체에 대한 총체적인 개혁안을 제시한 『반계수록』이 전하

119 신병주, 『조선 중후기 지성사 연구』, 새문사, 2007, 262~263면.
120 그의 묘소는 경기도 용인시 처인구 백암면 석천리에 있다.

고 있다. 물론 그의 사회경
제사상은 전반적인 데 걸
치고 있다. 개방적이고 실
용적인 학풍을 지닌 유형
원은 국부의 원천을 농업
만으로 보지 않았고, 상공
업을 국가경제의 중요한
분야로 인식했으며, 부의

유형원이 세상을 떠날 때까지 20여 년을 살던
전라북도 부안의 우반동

증진을 위한 화폐에 대해서도 적극적인 관심을 보였다.

25. 토지를 농민에게 골고루 돌려주자

다음에 인용되는 글에서처럼 유형원은 모든 농민들에게 토지를 골고루
나누어주고 토지 면적에 따라 세금을 부과해야 한다고 주장하기에 이르
렀다. 그는 옛날부터 나라가 공고하게 유지되고 수천 년 동안 문화가 발
달해온 것은 모두 토지제도가 올바르게 이루어진 데 기인한 것이라 하면
서 후세에 이르러 이와 같은 토지제도가 무너지고 토지의 무제한적인 사
적 소유가 가능하게 됨으로써 모든 일이 어지럽게 되었다고 개탄했다.

농토를 고르게 갖자는 유형원의 균전제(均田制)를 계승하여 이익은 농
토를 팔지도 사지도 못하게 하는 한전제(限田制)를 주장했고, 정약용은
농민의 토지 소유를 실현시키고 그 분배를 균등히 하자는 여전제(閭田制)
로 발전시켰던 것이다. 다시 말해 정약용이 유형원의 『반계수록』을 사
숙했고 이익의 한전제에 공감했기에 『전론(田論)』에서 가히 혁명적이라
는 여전제를 주장할 수 있었던 것이다.

사실 관직에 나가지 못하면 토지를 받을 수 없어 소작농으로까지 전
락할 수 있었기 때문에 관직을 두고 양반들끼리 다투는 사화나 당쟁 같

은 것이 발생하기도 하였다. 그리고 토지와 이익을 독점하는 지배층에 의해 백성들의 부역이 절제가 없어졌고 빈부의 차가 커졌으며, 양민들이 생활의 기반을 잃는 일이 허다하여 인구가 줄어들고 소송이 번거

최근 농지(토지)를 전용하여 만든 실버타운

로워지기 일쑤였다고 토로했으며, 또 권력을 가진 자들이 방자하여 도의가 땅에 떨어지고 뇌물이 횡행하여도 법이 이에 미치지 못하기 때문에 인심은 들뜨고 풍속은 각박해졌다고 했다.

유형원은 재야에서의 올바른 비판의식을 기반으로 다양하고 근원적인 사회경제정책을 제시했으나 당대의 현실사회에는 반영되지 못했다. 더구나 토지제도에 대한 인식이 과거사회와 크게 달라지고, 특히 유형원 같은 선구적인 학자의 입장과 크게 거리를 두고 있는 오늘날의 상황에 주목하지 않을 수 없다. 최근에는 정부가 농산물시장 개방을 어쩔 수 없는 현실로 받아들여 농지제도를 뜯어고치려 하고 있다. 개혁의 방향은 첫째 도시민이 소유할 수 있는 농지 한도를 대폭 늘리는 등 대규모 기업농을 육성하겠다는 것이다. 다음으로 농지에 실버타운이나 스포츠 시설 같은 대규모 관광·휴양단지가 들어설 수 있도록 농지전용을 허가하겠다는 것이다.

외국농산물과 경쟁하려면 대량생산으로 생산단가를 낮출 수밖에 없기 때문에 대규모 경작 농민에게 논밭을 몰아주어야 하고, 값싼 외국쌀이 들어와 농지가격이 폭락하기 전에 미리 농지용도를 쉽게 바꿀 수 있도록 한다는 전략이다. 죽어가는 농촌에 활기를 불어넣기 위해 이렇게 농지제도를 개선해야 하는 현실이 씁쓸하기만 하다.

토지를 고루 분배하고 면적에 따라 과세하자

국정 전반의 개혁안을 제시한 유형원의 반계수록

농토를 반드시 정(井)자형으로 구획하려고 하면 사실 어려운 일이다. 또 정전법에 있어서의 조법(助法)이라는 것은 여덟 농가가 협력하여 공전을 경작하고 그 수확을 정부에 납부하는 것인데, 지금 만약 관리와 농민에게 그 수납을 맡기면 다 받아들이기 어렵고 폐단이 생길 우려가 있으며, 또 일정한 세액을 정하려 하여도 정부와 관리들이 근거로 삼을 만한 기준이 없다.

옛날에는 반드시 믿을 만하고 치밀한 수세법(收稅法)이 있었겠지만 지금에는 그것을 고찰할 수 없으며, 또 옛날에는 대부들에게도 채지가 있었고 관리들에게는 세록(世祿)이 있어서 모두 공세를 받아먹을 뿐이었고, 농토는 본래 농민들이 받아서 경작하도록 되어 있었기 때문에 8명의 농부가 정전을 경작하여 조세와 병역을 같이 부담하였으며, 대부들은 직접 농업이나 상업에 종사하지 않게 되어 있었다.

훗날에는 관리를 임명함에 있어서 파면되는 일이 많았으므로 채지와 세록의 제도는 자연히 유지될 수 없게 되었는데, 만약 정전법을 실시하고 이 문제에 대한 적절한 처리가 없으면 대부로서 관직에서 물러난 자들은 생활근거가 없게 될 것이다. 이와 같은 점이 정전법의 실시를 어렵게 하는 원인이 될 것이다. 정전법은 반드시 봉건제도 아래서만 그 완전한 실시를 볼 수 있는 것이다.

중국 당나라 때는 균전제를 실시하였는데 그것이 옛날 법의 취지에 가까웠고, 우리 고려의 태조가 그 법을 써서 나라를 부강하게 하였다. 그러나 그 법은 토지를 주체로 하지 않고 사람을 주체로 하였기 때문에 장정을 등록시키고 토지를 나눠주게 됨에 있어 등급이 많아져서 토지를 지급할 즈음에는 사람은 많고 토지가 모자라거나 토지가 많고 사람이 부족한 폐단이 없지 않았다. 또 토지를 분배한 후에도 당시에는 토지가 남았다 하더라도 뒤에는 부족할 수도 있고, 당시에는 부족하더라도 뒤에는 남을 수 있는 폐단이 있었다.

옛법에는 토지를 기본으로 하여 그 면적에 따라 조세를 납부하게 함으로써 사람도 그 속에 포함되게 하였다. 그러므로 정전의 경계를 바르게 하여 농민들이 제 몫의 토지를 받기만 하면 폐단이 없었다. 그런데 당나라와 고려의 제도는 사람을 기본으로 하여 그 수에 따라 토지를 지급하였으므로 사람과 토지가 서로 남거나 부족한 폐단이 생겼던 것이다. 당나라와 고려의 제도는 정전법과 서로 비슷한 것 같지만 실제로는 서로 맞지 않는 것이었다. 이상과 같은 사정이 균전제를 유지하지 못하게 하는 원인이 되었고, 따라서 그 제도가 폐지되고 만 까닭이 된 것이다.

현실적 타당성을 바탕으로 옛 제도의 취지를 참작하여 합리적으로 실시하면, 반드시 지형적 여건이 합당하지 않더라도 제도가 시행될 수 있으며, 공전을 꼭 설치하지 않더라도 10분의 1로 세제를 실시할 수 있고, 채지를 설정하지 않더라도 관리의 생활을 부양할 수 있으므로 자연의 이치에 부합하고, 현재의 시행에 용이하여 모든 백성이 다 잘 살 수 있고 법도가 순조롭게 시행될 수 있는 토지제도를 마련할 수 있을 것이다.

그러므로 이 토지제도는 꼭 정전법의 형식이 아니라도 그 효과를 충분히 낼 수 있는 것이며, 또 당나라나 고려의 균전법이 가졌던 불합리한 점도 극복되어서 지극히 공정하고 오랫동안 실시될 수 있으며, 대단히 간략하면서도 모든 것이 갖추어진 것이다.

— 『반계수록』 제1권

전근대사회 경제의 근본은 농업에 있었으며, 농업의 발달은 토지제도의 운용에 달려 있었다. 조선시대 양반들은 나라 일을 하는 대신 국가로부터 토지를 받고 그 토지를 농민들에게 빌려주어 농사를 짓게 하였으며, 그 대가로 수확량의 절반 정도를 받아내었다. 이 토지는 규모가 크고 세습되는 경우가 많았기 때문에 양반의 경제력이 늘어날 수 있는 원천이 되었다.

반면 서민은 농업, 상업, 수공업 등의 생산활동에 직접 참여했던 계층이었는데 대다수는 농민이었다. 양반들의 토지를 경작하는 농민들은 자기가 수확하는 것의 약 절반을 양반에게 바치고 전조(田租, 국가에 바치는 토지세)나 공납(貢納, 국가에 바치는 지역특산물) 등 국가에서 요구하는 각종 세금을 내야 했기 때문에 경제적으로 가난할 수밖에 없었다. 이에 실학자들은 토지 소유의 불균형으로 인한 사회의 갈등과 불안의 병리현상을 타개하는 것이 시급한 일이라고 생각했다.

윗글에서와 같이 유형원은 토지제도를 바로잡는 것이 모든 일의 근본이라 판단하고 정전제(井田制)에 바탕을 둔 균전제(均田制)를 주장하였다. 그러니까 『반계수록』에 나타난 그의 경제에 관한 사상적 특징은 한 마디로 부강한 나라, 부유한 백성을 지향하면서 토지는 국가가 소유하고 경자유전(耕者有田)의 원칙에 따라 모든 농민들에게 일정량의 경지를 골고루 나누어 주는 균전제를 실시하자는 것이었다.

당시 토지는 결과 부로 헤아렸는데, 1결은 100부이다. 결부는 면적 자체를 헤아리는 단위가 아니라 토지로부터 징수하는 세금을 정하기 위한 단위였다. 그는 중간착취를 제거하기 위하여 토지의 수확량을 기준으로 토지 면적을 책정하던 종래의 결부법(結負法)을 폐지하고, 토지면적을 기준으로 세액을 정하는 경무법(頃畝法)을 써야 한다고 보았다. 이 법을 실시하여 토지를 일정한 면적단위로 구획정리해야 한다고 본 것이다.

그는 사방 100보를 1무(畝), 100무를 1경(頃), 4경을 1전(佃)으로 하되, 토지국유의 바탕 위에 농사짓는 20세 이상된 남자 한 사람에게 40마지기에 해당하는 1경씩을 고르게 나누어주며, 4경마다 군인 한 사람씩을 내게 하여야 한다고 하였다. 말하자면 종래에 조세는 토지에 부과하고, 군역은 호구(口)에 부과하던 것을 일률적으로 토지에 따라 부과하게 하여야 한다는 것이다. 세는 생산량의 10분 1로 하고, 학생과 선비와 관리는 2~12결을 주되, 군역은 면제해야 한다고 하였다.

이와 같이 토지를 농부와 생업에 종사하는 사람들에게 고르게 나누어 주고 그 토지를 근거로 조세와 군역을 거둬들인다면 민생이 안정되고 국가가 부강해질 수 있다고 유형원은 생각하였다.

26. 식량안보 위해, 농지확보에 주력해야 한다

30여 년 전만 해도 인구의 70%나 됐던 농촌 인구는 이젠 6.4%밖에 되지 않는다. 농촌마다 폐교(閉校)와 폐가(廢家)가 널려 있고 젊은 부부가 없어 아기 울음소리 그친 지가 오래다.

우리나라의 곡물자급률은 2010년 기준으로 27%이다. OECD국가 중 거의 꼴찌 수준인, 4번째로 낮은 수치다. 선진국에 비해 식량안보가 매우 취약하다는 데 문제의 심각성이 있다. 쌀을 제외하면 곡물자급률은 5% 이하로 추락한다. 공업국으로 알려진 독일이나 스웨덴도 곡물자급률을 100% 이상으로 유지하고 있다. 이는 농업을 경시해온 우리사회에게 경종을 울리는 일이다. 앞으로 우리는 어떻게 할 것인가. 밀, 옥수수, 콩의 자급률이 저조한 상황에서 100%의 자급률을 유지하고 있는 쌀의 자급기반을 계속 지키는 것이 무엇보다 중요하다. 세계적 식량 위기에도 불구하고 우리가 큰 걱정 없이 살 수 있는 것도 주곡인 쌀을 100% 자급하고 있기 때문이다. 각종 자유무역협정(FTA)과 다자 간 협상인 도하개발어젠다(DDA)가 타결되더라도 식량 안보 측면에서 쌀의 생산 기반을 유지할 수 있게 하는 정책적 배려가 필요하다.

이를 위해서는 무엇보다 경쟁력 있는 농지를 확보하려는 노력이 선행되어야 한다. 이를 테면 새만금개발 사업의 경우 공장지역이나 서비스지역 이외에 농업전용지역도 최대한 보전·확보되어야야 할 것이다. 해외 농업자원 개발 정책도 적극 추진해야 한다. 우리나라는 약 30개의 해외 농업기지를 추진해왔으나 이 중 3분의 1은 사업성이 맞지 않아 철수해야 하는 형편이었다. 일본의 경우 자국 경지면적 3배 수준의 농지를 해외에 확보하고 있고, 국제 곡물유통시장에서의 지배력도 증가되고 있다.

곡물 위기가 주는 한 가지 긍정적인 측면은 그동안 경제학적 비교우위의 논리에 의해 소외되었던 농업의 중요성이 새삼 부각되고 있다는 점이다. 곡물이 이제 희소성 있는 자원이 되어가고 있기 때문에 농업 경시의 패러다임을 전환하지 않으면 안 된다. 농업은 우리의 생존과 관련된 생명산업으로 육성되어야 마땅하다.

근대사회에 들어오면서 공업의 비중이 증대되었으며 오늘날 산업화

바다를 막아 광활한 농토로 만든 충남 서산 간척지 AB지구

에 따른 이농(離農)과 우루과이라운드에 의한 쌀 시장 개방이 맞물려 한 해에 여의도 100배의 논이 사라지고 있는 형편이다. 요즘에는 농촌살리기의 일환으로 관광·스포츠 시설 등을 위한 농지전용을 자유롭게 허가해주는 분위기다. 이에 안타까움을 금할 수 없다.

논의 연간 쌀 생산으로 인한 직접가치 창출이 10조 원인데, 물과 공기 정화, 토양 침식 및 유실 방지, 홍수 조절, 수자원 보존 등 간접가치의 창출은 20조 원으로 계산되고 있다. 농업은 인간의 생존에 직결되는 식량을 공급하는 원천일 뿐만 아니라 우리의 생활환경과 정서적 삶에 크게 기여하는 소중한 자산이라 할 수 있다. 시대가 변하더라도 그 중요성이 감소될 수 없는 농업의 가치를 새롭게 인식하고 논을 되살리는 데 우리가 앞장서지 않으면 안 된다.

재미있는 것은 오늘의 재벌을 대표하는 현대와 삼성을 볼 때, 그 뿌리가 농업에 있음을 알 수 있다. 현대 정주영은 미곡상을 운영했었고, 이병철은 정미소로 출발했다.

27. 물자유통이 경제발전의 관건이다, 이중환

다음에 나오는 「선박통상으로 이익을 극대화하자」라는 글은 경제분야와 직결된 이중환의 주장인데, 여기서는 경제발전을 위한 물자유통의 활성화를 전제로 화물운송의 방법 곧 선박수송에 의한 통상의 효과에 초점을 두고 있다. 오늘날도 국가 경제 활성화의 일환으로 운송비 절감을 위해 산업도로를 신설하고, 물류센터를 짓고, 직거래 장터를 운영하는 것을 볼 때 그의 주장이 얼마나 선구적인가를 알 수 있다.

이중환은 성호 이익의 재종손으로서 그의 사상적 영향을 크게 받았다. 일찍이 병조좌랑의 자리도 역임한 바 있으나, 영조 2년의 절도(絕島) 유배와 3년의 원악(遠惡) 유배 등의 험난한 삶을 겪었다. 그는 유배 후 30년 방랑의 불우한 생활 속에서 자기의 독자적인 삶의 방향을 학문 쪽으로 승화시켰으며, 이 때 『택리지』를 저술하였다.

이중환은 인문지리학자로서 경제적 목적에 부합하는 여러 방안을 모색하는 과정에서 이익의 증대와 더불어 상거래가 왕성하게 이루어질 수 있는 지역에 대해 따져 보았을 것이다. 그리하여 강과 바다가 만나는 곳, 즉 조수가 통하는 지역이 상업활동에 알맞는 곳임을 간파했고, 그는 선박운송이 원활하고 상선이 많이 모이는 곳에서 상업이 크게 발달할 수 있다는 관점에서 전국팔도의 상행위 중심지역을 제시하였다. 이곳은 다른 지역의 화물이 운집될 뿐만 아니라 고기와 소금의 생산지이기도 하고 육지와도 통하므로 수산물과 농산물의 상거래가 왕성할 것이라 보았던 것이다.

『택리지』 속에서도 언급되고 있지만, 실제로 18세기 중반 이후부터 20세기까지 대규모 장시를 중심으로 시장권이 조정되는 변화가 이루어지고 있었다. 금강 어구에서 부여 등 배후 평야지대의 곡물을 모으고 해산물을 공급하였던 은진 강경포, 동해안의 어물이나 목재와 삼남의 곡물이 모여들었던 덕원 원산포, 경기도 광주 사평장, 안성 읍내장, 교하의 공릉장, 충청도 직산 덕평장, 전라도 전주 읍내장, 평안도 박천 진두장 등은 이런 상황 속에서 발전한 대규모 장시였다.

역시 이중환이 『택리지』를 통해서 지적하고 있듯이 당시 선상의 융성한 활동으로 해로도 크게 발전하였다. 서해안의 대표적인 험로인 태안반도의 안흥곶이나 장연의 장산곶을 뱃사람들이 제 집 뜨락 거닐 듯이 하였던 것이다. 이렇게 험난한 바닷길을 자유로이 다닐 만큼 해안지역에서 상업이 발달

오늘날 서해안 태안반도 안흥항의 활기찬 모습

했음을 알 수 있다.

우리의 상업은 육상보다는 해상을 통해 크게 발달했다. 우리나라는 예부터 조선기술의 뛰어난 전통과 함께 빛나는 해상경제활동의 역사를 가지고 있다. 우리의 선조들은 일찍부터 강과 바다를 통한 국내통상은 물론 배를 타고 다니면서 이웃나라들과 상업적 교류를 전개하였다. 3세기 무렵부터 황해를 건너 중국의 여러 나라들과, 그리고 동남쪽에 있는 일본과 바다를 통해 무역을 하였다.

바다는 우리가 생활하는 데 필요한 것을 얻을 수 있는 생산의 보고였다. 대마도해협으로부터 난류가 올라오고 연해주로부터 한류가 내려오는 동해에는 많은 어족들이 살며, 그 중에서도 명태·고등어·정어리 등이 대표적인 수산자원이다. 서해는 우리들의 생활에 너무나 많은 것을 제공해주는 바, 조기·새우 등의 해산물이 풍부할 뿐만 아니라 황해

파시(波市)라는 시장이 형성되던 전남 칠산 앞바다

도의 광량만(廣梁灣)을 비롯한 염전이 모두 서해에 있으므로 소금에 절인 굴비가 유명하며, 새우젓 등 젓갈이 발달되어 왔다. 조기철이 되면 전남 칠산 앞바다로부터 전북 어청도와 황해도 연평도에까지 바다에서 저자를 이루는데 그것을 파시(波市)라고 불렀다. 남해 역시 멸치를 비롯해 많은 수

산물이 생산되어 왔다.

선박통상으로 이익을 극대화하자

우리나라는 산이 많고 평야가 적기 때문에 도로가 불편하여 온 나라 상인들이 모두 말에다 화물을 싣고 다닌다. 그런데 길이 멀면 운반비 때문에 소득이 적다. 그러므로 화물을 운반하거나 매매하는 이익은 배를 이용하는 것만 못하다.

우리나라는 동·서·남 삼면이 모두 바다이기 때문에 뱃길이 통하지 않는 곳이 없다. 동해는 바람이 거세어 물결이 사납지만 경상도의 동해안 여러 고을과 강원도의 영동지방과 함경도는 서로 배가 왕래하는 데 비하여, 서해와 남해에는 선박들이 수세(水勢)에 익숙하지 못하여 왕래가 적은 편이다. 한편 서해와 남해는 수세가 완만하기 때문에 남쪽의 전라도·경상도로부터 북쪽의 한양과 개성에 이르기까지 상인들이 줄을 이으며, 또 북쪽으로 황해도와 평안도에도 통한다. 배로 왕래하는 장사꾼은 반드시 강과 바다가 통하는 곳에서 이익을 얻고 외상거래도 한다.

경상도로 말하면 낙동강이 바다로 들어가는 곳은 김해의 칠성포인데, 여기에서 북쪽으로는 상주까지 올라가고 서쪽으로는 진주까지 거슬러 올라간다. 그러므로 김해 한 곳에서 그 항구를 총관할한다. 이곳은 경상도 전지역의 항구에 위치해 있어 남·북의 바다와 육지의 이익을 모두 주관하여, 국가의 공공기관이나 또는 개인들이 모두 소금판매로 큰 이익을 본다.

전라도로 말하면 나주의 영산강, 영광의 법성포, 흥덕의 사진포, 전주의 사탄 등은 물길이 비록 짧기는 하지만, 모두 호수와 통하기 때문에 상선들이 모인다.

충청도로 말하면 금강은 수원이 멀기는 하지만, 공주 동쪽은 수심이 얕고 여울이 많기 때문에 강에 배가 왕래하지 못하고, 부여와 은진에서부터는 조수가 통하기 때문에 백마강 이하 진강일대는 배가 통행하는 잇점이 있다. 특히 은진의 강경마을만은 충청도와 전라도, 육지와 바다 사이인 금강 남쪽의 평야 가운데에 하나의 큰 도회지가 되어, 어부와 농민들이 모두 이곳에서 물물을 교환해간다. 해마다 봄·여름의 고기잡이를 하고 해초를 뜯는 기간이 되면 비린내가 마을에 진동하고, 크고 작은 선박들이 밤낮으로 몰려들어 항구에 담처럼 늘어서 있다. 한 달에 여섯 번씩 큰 장이 서는데, 멀고 가까운 지방의 모든 화물들이 이곳으로 모여

전라도 영광의 법성포

충청도 은진의 강경마을

든다. 내포에는 아산의 공세호와 덕산의 유궁포가 수심이 깊고 근원이 멀며, 홍주의 광천과 서산의 성연은 비록 시내 같은 항구지만 조수가 통하기 때문에 장삿배가 모두 머물면서 물자를 수송하는 곳이 된다.

경기도 해변의 고을은 비록 조수가 통하는 내가 있지만, 서울에 가깝기 때문에 장삿배가 많이 모이지 않는다. 서울 한양으로 말하면 서남의 7리쯤 되는 곳에 용산호가 있는데, 옛날에는 한강의 원줄기가 남쪽언덕을 따라 흘러가고, 한 줄기는 북쪽언덕 아래로 흘러가 머물러서 10리의 긴 호수가 되었다. ……

부유한 상인이나 큰 장사가 되면 앉아서 화물을 무역하는데, 남쪽으로는 일본과 통상하고 북쪽으로는 중국의 연경과 통상한다. 몇 년 동안 천하의 물건을 수출입해서 수 백만금을 번 자가 간혹 있는데, 한양에 가장 많고 그 다음은 개성이고 또 그 다음은 평양과 안주로서 모두 중국과 통하는 길목이기 때문에 갑자기 거부가 된 것이다. 이것은 선박의 이익보다 훨씬 많은 것이니, 전라·경상·충청의 삼남에도 이런 이익은 없을 것이다. 그러나 사대부는 이런 짓을 할 수는 없고, 다만 고기와 소금이 상통하는 곳을 보아 배를 장만해서 이익을 얻어 관혼상제의 비용에 대비한다면 해로울 것이 뭐 있겠는가.

— 『택리지』 복거총론

많은 실학자들이 교통의 발달을 경제발전을 위한 전제조건으로 삼으면서도 대부분이 차량의 개발을 언급한 데 비하여, 이 글을 쓴 이중환은 선박의 이용을 강조했다. 그는 지리학에 탁월했던 인물답게 우리나라의 지리적 조건을 경제발전에 적용하고자 했다. 산이 많고 들이 적은 반면에

삼면이 바다로 둘러싸여 해안선의 총길이가 8,600km 이상이나 되는 우리나라의 지형적 특성에 따라 항구를 적절히 활용해야 한다는 것이다.

이렇듯 그의 경제관은 지리적 환경을 중시했다는 점에 특징이 있다고 하겠으며, 그가 화물의 운반수단에 대한 개선을 제의하면서, 육로를 문제 삼은 것은 매우 적실하다고 본다. 사실 대한제국기 도로

근대화되기 이전까지 육로의 주된 화물운송 수단이었던 수레

정비 사업을 하고 철도를 부설하는 등 교통이 근대화되기 전까지 우리나라의 도로 사정은 매우 열악했다. 당시 우리나라의 교통사정에 대해 외국인은, "도로는 나쁘고 교량도 드물다. 주요한 교통수단은 소와 말이요, 수레는 보잘것없이 만들어졌다."[121]고 말했다. 이렇게 산이 많고 도로가 안 좋기 때문에 우리나라에서는 적어도 곡식을 포함한 세금 운반은 해로를 이용해 왔던 것이다.

이중환이 주장하는 요지는 배를 이용하여 화물을 수송하고 매매할 때 이익이 극대화된다는 것이다. 그러나 반드시 강과 바다가 만나는 곳에서 거래가 이루어진다는 점에 유의해야 한다. 그렇기 때문에 이중환은 각 도별로 대표적인 몇몇 곳을 지적하여 예시하였다. 가령 경상도 김해의 칠성포, 전라도 영광의 법성포, 충청도 은진의 강경, 서울의 용산 등이 바로 그러한 곳으로서, 거기에는 상선들이 많이 모이고 화물들의 거래가 왕성하다고 말했다. 그가 언급한 이러한 항구들은 지금까지도 시

121 로잘린 폰 묄렌도르프, 신용복 · 김운경 옮김, 『묄렌도르프문서』, 평민사, 1987.

장으로서 큰 구실을 하고 있다는 데서 이중환의 실용적인 학문관과 학설의 정치함에 놀라게 된다.

이처럼 배가 닿기에 적당한 교통로까지 소상하게 밝히면서 운반비 절감의 효과를 들어 선박을 이용한 물자수송의 가치를 주장하는 그의 태도는 매우 설득적이다. 더욱이 당시 우리의 주요 교역 상대국이던 일본·중국과의 화물 수출입 현황에 대한 지적과 함께 국제 통상무역의 성과까지 언급하고 있는 데서 그의 경제에 관한 깊은 안목을 느낄 수 있다. 선박을 통한 화물수송이 국내경제의 활성화는 물론 국제통상의 발전에까지 효과가 있다는 그의 논의는 경제분야의 한국문화를 이해함에 있어 시사하는 바가 매우 크다.

한 가지 더 간과할 수 없는 것은 사대부가 지나치게 이익을 추구할 수는 없다면서 생활에 필요한 만큼의 재물을 언급함으로써 물욕으로 인간의 순수한 정신이 훼손되는 점을 경계했던 한국인의 사고, 한국문화의 특징을 드러냈다는 점이다.

노병용 롯데마트 사장은 2010년 5월 서울 남산 힐튼호텔에서 열린 '여성 CEO와 조선일보가 함께하는 포럼'에서 다음과 같이 말했다. "21세기 기업 생존의 열쇠는 변화와 고객입니다. 근본적인 체질개선을 통해 변화를 주도해야 합니다. 또 고객의 눈으로 객관화해서 그들이 뭘 원하는지 불만에 귀를 활짝 열어놓아야 생존 경쟁에서 살아남을 수 있습니다." 2004년 당시 롯데마트는 매출 2조 2000억 원에 영업이익률이 1%에 불과했다. 2010년 롯데마트는 1분기 영업이익률이 6.3%이고, 연 매출이 9조 원에 달할 전망이라 했다. 그 해 국내외 매장 수에서 총 172개를 기록, 1위에 올라 있었다.

노병용 사장은 최근 또 한 번의 혁신에 돌입했다. 2018년까지 현재보다 5배 넘는 외형의 우량 기업으로 키워낸다는 목표 아래 '인재확보'와

'고객중심'을 새로운 가치로 내걸었다. 인간에 대한 예의와 고객과의 소통을 우선시하는 노 사장의 철학은 바로 한국 전통의 경제 및 유통 문화가 지닌 고귀한 인본주의 정신의 소산이라 하겠다.

28. 박제가의 소비론, 언제든 빛난다

박제가[122]는 부승지(副承旨, 정3품) 박평(朴坪)의 서자로 영조 22년에 서울에서 태어났다. 11살 때 아버지를 여의고 홀어머니 밑에서 가난하게 살았다. 그러나 생활력이 강하고 자식을 끔찍이도 생각한 어머니 덕분에 그는 다

TV드라마 이산에 등장하는 박제가(좌)

른 사람에게 가난한 흔적을 남기지 않았다. 더구나 어머니의 강인함에 힘입어 박제가는 단 한 번의 굴종이나 타협 없이 강직하게 자기의 기질대로 살아간 듯하다. 청나라 문인 이조원(李調元)도 박제가의 문집 서문에다 "그 사람은 왜소하지만 굳세고 날카로우며 재치 있는 생각이 풍부하다"고 썼다. 규장각검서관으로 관직에 나가 부여현감을 거쳐 영평(永平)현령을 지냈다. 순조 원년(1801)에 있었던 신유사옥 때 모함을 받아 함경도 경성으로 유배되었다. 1805년 귀양살이에서 풀려나 집에 돌아온 지 겨우 한 달 만에 55세를 일기로 세상을 떠났다.

박제가는 네 차례에 걸쳐 청나라 사행(使行)을 통해 100명이 넘는 중국

---

122 박제가(朴齊家, 1750~1805)의 호는 초정(楚亭)·정유(貞蕤)이다. 대표저서로는 『북학의(北學議)』가 있다.

소비

지식인들과 교유하면서 국제적 안목을 갖춘 글로벌 지식인이었다. 그는 물질적 풍요가 차지하는 인간생활의 조건을 인식하고 부의 가치를 제고하면서 상공업의 중요성을 부각시켰다. 국내산업에 있어서의 생산과 유통, 나아가 해외무역에 의거한 국가의 부강을 집요하게 추구했다. 1960년대 이후 박제가에 대한 연구가 본격화되고 그의 개국통상론도 주목을 받았다. 그 후 수출을 성장의 엔진으로 삼은 박정희 정부 전략의 대성공은 박제가 개국통상론의 탁월성을 증명한다.

박제가는 "중국은 사실 사치하다가 망했지만 우리나라는 검소한데도 쇠퇴해지는 것은 무슨 까닭인가. 검소하다는 것은 물건이 있어도 남용하지 않는 것을 말하는 것이지, 물건이 없다 하여 스스로 단념하는 것을 말하는 것은 아니다."라고 하면서까지 경제활동 자체를 부정적으로 인식하는 사회적 관념에 도전한 혁신적 사고의 인물이었던 것이다. 그는 자신을 신임하던 정조에게도 수없이 개혁을 요구하며 "우리나라의 큰 병폐는 가난입니다. 가난은 무엇으로 구제할 것인가 하면 중국과 통상하는 길뿐입니다."[123]라고 하였다. "경제를 살리기 위해서는 놀고 먹는 사대부를 없애야 한다"고 건의하기도 했다.

2003년 세계경제가 회복세에 들어섰는데도 우리 경제만 오리걸음을 하고 있었다. 소비와 투자가 받쳐주지 않는 상황에서 수출만으로 성장을 이끄는 데는 한계가 있다. 수출은 해외경기 덕분이라 치고 내수시장

123 『북학의』 '병오소회(丙午所懷)'.

한국문화를 논하다

이 얼어붙는 이유는 무엇일까. 세금을 깎고 금리를 내려줘도 소비와 투자가 늘지 않는다면 가격요인보다는 시장의 불확실성이 문제일 가능성이 크다. 소비의 경우 가계부채 탓을 하지만 빚이 많다고 무조건 씀씀이를 줄이는 것은 아니다. 이자와 원금을 갚아나갈 능력이 있다고 믿으면 소비수준을 급격히 변동시키지 않는 것이 합리적인 소비자의 행태이다. 그런데 이 조건이 충족되지 않을 정도로 시장의 불안감이 큰 것이다.

유능한 경제학자였던 토정 이지함

투자와 생산활동이 왕성하면 금리가 다소 올라도 소득향상에 대한 기대감 때문에 봉급생활자의 소비가 늘 수 있고 자영업자들의 사업도 나아질 것이며 금리생활자들도 한시름 놓을 것이다. 결국 소비 진작을 위해서는 기업투자 활성화가 급선무다. 경제에 있어 소비와 투자가 차지하는 중요성에 대한 현대경제학자들의 견해이고 보면, 박제가를 포함하는 선조들의 경제인식이 얼마큼 합리적이었는가를 깨닫게 하는 대목이다.

박제가 등 북학파의 경제사상에 가장 크게 영향을 미친 것은 토정(土亭) 이지함(李之菡, 1517~1578)이라고 한다. 조선중기 처사형 학자였던 이지함은 1517년 이치(李穉, 1477~1530)의 아들로 충청남도 보령 청라에서 태어난 것으로 보인다. 그의 호 '토정'은 흙으로 만든 정자라는 뜻으로 지금의 마포 강변의 허름한 집을 짓고 밤에는 그 속에서 자고 낮에는 지붕을 정자 삼아 글을 읽었다는 데서 유래한다.[124] 당시에도 마포는 서해를 거쳐 들어오는 물산의 집산지로서 상업과 경제활동의 중심지였으며, 이지함의 주된 근거지 또한 충청 해안지역이었다는 점을 고려한다면 그는 일찍부터

---

124 『국조인물고』 이산해(李山海)찬 이지함 묘갈명.

상업과 어업, 유통경제의 안목을 가졌던 것으로 보이며 이러한 지역적 기반은 그의 학풍과 사상의 형성에도 큰 영향을 미쳤던 것으로 생각된다.[125]

29. 시장의 활성화가 시급하다

오늘날과 마찬가지로 경제에 있어 화물수송과 관련하여 물자의 유통은 당시에도 상당히 중요한 문제로 부각되었다. 전근대사회의 가난에 대해 가장 심각하게 고민했던 사람 중의 하나인 박제가는 『북학의』에서 물자의 활발한 교류와 경제발전을 위한 관건으로서 '시장의 활성화'를 주장했다. 그는 우리의 삶에 있어 물질이 풍족해야 편리한 생활이 이루어지는데, 이를 위해서는 물자의 유통이 원활해야 하며, 이 상품유통을 위해서는 시장이 반드시 있어야 한다고 보았다. 그에게는 시장의 상거래가 경제적 빈곤을 해결하는 열쇠로 인식되었던 것이다.

그는 우리나라에 물자가 있는데도 우리가 편리한 생활을 하지 못하는 것은 물자유통의 가치에 대해서 무지하기 때문이라고 말한 다음, "지금 우리나라에는 구슬을 캐는 집이 없고 시장에는 산호 따위의 보배가 없으며, 금과 은을 가지고 가게에 들어가도 떡을 살 수 없는 형편이다."라고 지적하면서 이 이유가 물건을 이용하는 방법을 모르기 때문이요, 이용할 줄 모르니 생산할 줄 모르고, 생산할 줄 모르니 백성은 나날이 궁핍해지는 건 당연하다고 했다. 따라서 경제원리를 깊이 깨달아, 물자의 유통을 자극하고 극대화시킬 수 있는 시장의 기능을 활성화해야 한다고 역설했던 것이다.

그는 "재물은 우물과 같아서 퍼 쓸수록 자꾸 가득 차고 이용하지 않으

---

125 신병주, 『조선중·후기 지성사 연구』, 새문사, 2007, 142면

면 말라버린다. 비단을 입지 않으므로 나라 안에 비단 짜는 기술자가 없어졌고, 그릇의 좋고 나쁨을 가리지 않음으로써 그릇을 굽는 공장이 사라졌다."고 주장했다. 시장의 기능이 왕성함으로써 생산이 활발해지고 물자가 풍부해진다는 것이요, 나아가 우리의 경제생활이 넉넉해질 수 있다고 그는 생각했다.

사실 시장을 통한 유통의 확대와 적절한 소비가 경제의 활성화를 위해 절실히 요청됨은 당연하다. 도시의 발달에 따라 오늘날은 남대문시장이나 동대문시장과 같은 거대한 시장으로 변화되었다. 현대의 이러한 시장의 발달과 기능을 눈여겨보거나, 1990년대 후반에 맞은 금융위기에서도 적절한 소비의 필요성이 지적되었던 상황을 등을 고려해볼 때 박제가와 같은 우리 조상들의 경제적 안목에 새삼 감탄하게 된다.

30. 제조업의 취약, 식민화 초래

대한제국은 왜 일제의 식민지로 전락했을까. 일제의 한국 강제병합 100년을 맞아 한국정치외교사학회(회장 이재석)와 사단법인 아셈연구원(원장 이창훈)이 2010년 7월 서울 프레스센터에서 공동 개최한 '국치 100년, 국권상실의 정치외교사적 재조명' 학술세미나는 국권 상실의 대내외적인 요인을 다각도로 검토했다.

이헌창(경제학) 교수는 강제병합 직전인 1900년대 한국 · 일본 · 중국 등의 경제력을 수치로 제시한 「국권상실의 사회경제적 요인」이라는 논문을 발표했다. 1900년경 일본은 1인당 국내 총생산(GDP)이 1180달러로 조선(620달러)보다 2배가량 높았다. 중국은 545달러로 조선과 비슷했고, 러시아는 1237달러였다. 그런데 당시 일본 인구는 4410만 명으로 조선(1700만 명)보다 2.6배 많아 전체 경제규모는 5배가량이었다.

조선과 일본의 차이는 경제규모만은 아니었다. 경제의 근대화 수준을 나타내는 각종 지표에서 일본은 조선보다 훨씬 높았다. 조선은 광공업과 제조업의 구성비가 5.1%, 4.5%였던 데 비해, 일본은 15%, 13.2%로 3배 가량 높았다. 더구나 제조업의 내용에서 조선은 대부분 수공업이었던 반면, 일본은 석탄·선철·강철 공업 등 근대공업 중심이었다.

이헌창 교수는 "조선은 교육보급도가 높은 편이었고 학문적 수준도 낮지 않아 '소프트파워'에서 강점을 가졌지만 농경사회에 머물러 근대 공업국가로 발돋움하지 못했고, 재정과 군사력이라는 '하드파워'에서 약했다"고 분석했다.

세계사적으로 근대에는 기술과 시장의 발전, 공업화와 도시화 등으로 직업세계가 본격적으로 발달하였는데, 한국사에서도 근대의 기점이 된 개항 이후 그러한 변화가 나타났다. 근대문명의 직업세계에 대한 충격은 일차적으로 기술로부터 유래했다. 증기기관 등 기계의 도입은 그것을 다루는 직업군을 창출했다. 2차 충격은 제도로부터 유래했다. 특히 공장제도와 회사는 자본가, 노동자, 샐러리맨, 회사원 등 다양한 범주의 직업군을 낳았다. 공장과 회사는 직장 근무, 표준화된 노동시간이라는 직업노동의 근본적인 변혁을 가져왔다. 1895년에는 각 관청도 1일 평균 집무시간을 6시간으로 발표했다. 3차 충격은 문화로부터 유래했다. 의식주생활에 서양문화가 들어오면서 관련 직업이 출현했다. 1899년 독립신문사가 서양요리법을 발행한 것은 서양식 생활의 침투를 보여준다.

개항 전에는 오늘날 직업에 해당하는 용어가 '업(業)' 또는 생업이었으나, 개항기에 '직업'으로 바뀌었다. 그리고 개항기에 귀천이 없는 근대적인 직업관이 성립하면서 자유로운 직업선택권이 거론되었다. 박영효는 1888년 "사농공상을 구분하여 문벌을 논하는 것은 정부가 인민을 경멸하

는 것"이라고 비판하고 각
기 원하는 직업을 구하도록
하자고 국왕에게 건의했다.
유길준은 『서유견문』에서
"상인의 사무가 비록 민간
인 직업이나 나라의 공본(公
本)된 교제와 재화의 권세에
관련되어 지극히 중대하다"
고 했다. 갑오개혁기 과거제

한국 최초의 미국 유학생이었던 유길준과
그의 저서인 서유견문

의 폐지로 사농공상의 제도는 사라졌다.

〈독립신문〉은 직업(職業)이 문명개화와 부국에 긴요하다고 지적한 다음 직업의식 고취에 힘썼다. "서양에 개명한 나라들은 사람마다 부지런하여 각기 직업이 있는 고로 의식이 넉넉하고 나라에 상무(商務)가 흥왕하여 재정이 풍부하되 대한에서는 그렇지 못하다"(1899년 6월 20일)며, "조선도 참된 개화가 되면 사람마다 직업이 있어서 나라에 노는 사람이 없을 터이요 빈천은 없어지고 사람마다 모두 부귀케 될 터이다"(1896년 4월 25일)고 하였다.[126]

126 〈조선일보〉, 2010. 7. 23.

제2부 과학 – 자연과 기술

재물을 잘 다스리는 자는 위로 하늘의 도움을 잃지 않으며,

아래로 땅의 이익을 놓치지 아니하고,

중간으로는 사람이 마땅히 할 일을 잃지 않는다.

— 박제가, 『북학의』에서

2009년 캐나다 캘거리에서 열린 제40회 국제기능올림픽에서 한국 대

표단은 종합우승을 차지하였다. 대표단을 이끌었던 유재섭 선수단장(산업인력공단 이사장)은 귀국 후 유럽, 일본, 타이완 등 우리의 경쟁국들이 '타도한국'에 열을 올렸다고 전했

2009 국제기능올림픽 대표선수단

다. 일부 종목에선 터무니없이 꼬투리를 잡는 등 선진국들의 견제가 매우 심했던 점과 더불어 우승까지의 험난한 과정을 소개했다. 이 국제기능올림픽에서 우리나라는 금메달 13개, 은메달 5개, 동메달 5개를 획득, 2위 스위스(금 7개)와 3위 일본(금 6개) 등 기술선진국들을 큰 격차로 제치고 대회 2연패에 성공했다. 2009년 우승으로 16번째 우승의 쾌거를 이루게 되었다. 그러나 유 선수단장은 1970년대 양성한 기능인력들이 자

동차, 조선, 반도체, 가전 등 현재 세계 최고를 이뤘음을 환기하면서 이제 미래의 국가 경쟁력을 위한 기능인력 양성에 나설 때임을 역설했다.

2010년 7월에는 국내 최고경영자(CEO)와 최고기술책임자(CTO) 300여 명이 기술을 다시 한국 경제의 성장동력으로 육성하기 위해 제주 신라호텔에 모였다. 한국산업기술진흥협회가 주관하여 '창조적 성장을 위한 글로벌 혁신전략'을 주제로 하계포럼이 개최된 것이다. 박용현 산기협 회장(두산그룹 회장)은 개회사를 통해 "경쟁자들이 감히 모방할 수 없는 기술이야말로 기업의 최고 경쟁력"이라며, "우리 기업들이 기술로 다른 기업과 차별화해야 진정한 성장을 이뤄낼 수 있다"고 말했다. 김중현 교육과학기술부 차관도 강연을 통해 "산학 연구개발 프로그램에 대한 정부지원을 기업이 원하는 방향, 기업이 기술지도를 만드는 방향으로 바꾸는 중"이라고 말했다.

인간의 행복이 과학에 의하여 뒷받침되고 있는 오늘날 사회에서 과학적 지식이나 기술이 차지하는 비중은 실로 막중하다. 무릇 과학적 탐구와 기술의 진보는 인간사회의 복지화를 선도하는 근간이 되고, 마침내 인류의 소망이라 할 수 있는 고도의 문화세계창조에 기여하고 있다고 확신한다. 이렇게 볼 때 새로운 기술을 개발하고 끊임없이 과학을 발전시키려는 우리 한국인들의 진지한 노력은 높이 평가받아 마땅하다.

하지만 생태환경의 파괴 또는 자원의 고갈 등 전 지구적인 위기를 극복하기 위해서는 패러다임의 극적인 전환이 필요하다. 중국의 창장(長江) 중류에 세계 최대의 싼샤(三峽)댐이 완공되면 물류 사정이 크게 좋아질 것으로 예상했지만 정반대의 상황이 벌어진 것을 우리는 잘 기억하고 있다. 강의 수위가 높아지면서 산사태가 빈발하는가 하면, 중하류의 바닥에 있는 토사가 쌓여 물류사정이 악화되는 등 이루 다 말할 수 없을 정도로 골치를 앓고 있다. 지난 쓰촨성 지진도 결국 싼샤댐 때문이라 하지 않는가.

한반도 대운하 건설에 대해 환경훼손과 부동산 가격폭등 등의 우려가 심각했었다. 2010년 준공된 전라북도의 군산~부안 간 새만금 방조제의 길이가 33.9km로 세계 최장이라는 사실은 세계에서 가

세계 최장의 방조제인 전북의 새만금방조제

장 무모하고도 가장 어리석은 공사라는 말이 될 수도 있다. 아직도 큰 도로, 높은 댐, 새 집만을 선호하는 한국의 재개발 병은 생태계의 악순환 고리를 확대하고 있다.

지난 세기 말 미국에 있는 뉴욕자연사박물관은 여론조사기관 해리스에 의뢰하여 저명한 과학자 400명을 대상으로 설문조사를 실시한 바 있다. 박물관이 판단한 우

세계적으로 인정받는 자연생태계, DMZ

리 시대의 가장 심각한 문제는 생물의 다양성 감소 내지 고갈이었다. 인간이 관여한 생태계치고 생물의 다양성이 제대로 유지된 곳을 찾아보기 어렵다. 우리 DMZ가 세계적으로 다양한 생물의 서식지로 인정받을 수 있었던 것은 오로지 인간의 접근이 통제·배제된 때문이었다. 사실 과학은 단순히 기술발전을 도모하고 인간에게 물질적인 편리함을 제공하는 도구적인 학문이 아니다. 과학을 깊이 연구하면 자연에 대한 종합적이고 의미있는 이해를 할 수 있도록 도와준다.

영화 〈쥬라기공원〉의 무대인 중남미에 있는 코스타리카는 1인당 국민

소득이 6500달러에 불과하다. 2009년 영국의 싱크탱크인 신경제재단 (New Economics Foundation)에서는 이 코스타리카를 세계에서 가장 살기 좋은 나라로 지목했다. 비포장도로, 낡은 건물 등 경제적으로 상당히 낙후 되어 있으나 오히려 불편한 만큼 자연이 살아있는 국가라는 점이 매력 포인트로 작용했을 것이다. 수많은 미국의 은퇴자들이 마음 편히 살겠다고 돈 싸들고 이민 가는 나라가 바로 코스타리카이다. 한편 요즈음 각국 국민의 행복도 조사에서 빠짐없이 상위에 오르는 나라 가운데 하나가 부탄이다. 부탄은 히말라야 산자락에 있는 작은 국가로 인구 65만 명에, 1인당 국민소득이 겨우 1,200달러이다. 국민총행복(GNH)을 높이는 데 국정 목표를 둔 부탄은 의료와 교육에 예산을 쏟아 부으며, '숲을 최소한 국토의 60%로 유지해야 한다.'는 내용을 헌법에 넣었다. 국왕이 숲 속 나무집에서 살고 있으며, 국민들의 평균수명이 다른 국가보다 길다고 한다.

2010년 현재 세계 각국은 앞다투어 자연을 보존하며, 그 자연을 교육·연구·여가의 장으로 활용한다. 특히 선진국마다 '국립자연박물관'을 만들고 있는데, 프랑스 국립자연박물관 수장고에는 200년 전부터 각국에서 수집해온 동물·식물·광물 등의 표본이 7000만 점이 넘는다. 이들 표본을 전시하는 받침대의 길이만도 40km에 이른다고 한다. 워싱턴에 있는 미국 국립자연박물관은 1억 2000만 점의 표본을 소장하고 있다. 각종 표본의 보존은 물론 연구·전시 등을 위해 확보하고 있는 공간은 축구장 18개의 넓이에 달하며, 한 해 관람객이 1000만 명에 이른다고 한다. 우리나라는 명목상 20여 개 사설·공립 자연박물관이 있지만 모두 영세하며, 정부에서 운영하는 국립자연박물관은 한 곳도 없다.

자연과 기술이란 달리 말하면 과학의 세계를 일컫는 것이다. 과학분야를 이렇게 지칭한 이유는 자연과 인간을 구분하고자 한 데서 비롯된 것이다. '자연'은 하늘을 연구대상으로 하는 천문학과 땅을 대상으로 삼는 지리학을 내포하는 기초과학분야이고, 이 자연에 대립시켜 '기술'이라 부른 것은 인간의 지혜로 창출하는 공학을 염두에 두고 응용과학 분야에 붙인 이름이다. 특히 이는 천시(天時) · 지리(地利) · 인사(人事)라는 삼재(三才)사상의 시각과 부합하는 것이다.

따라서 과학분야를 자연과학에 해당하는 천문과 지리, 응용과학에 속하는 기술 순으로 나누어 설명해보도록 한다.

1. 과학의 궁극적 목적, 인간존중

과학기술이 근대 서양에서 크게 발달되어 세계사에 크게 영향을 미친 것은 사실이다. 그러나 전통사회의 우리 선조들은 서양과학과 같은 체계를 만들지는 못했지만 자연과 기술에 대한 나름의 독자적인 이해 방법을 가지고 있었다. 오히려 우리들의 과학 기술 관련 문화유산 가운데는 서양 것보다 더 과학적이고 합리적인 것들이 얼마든지 있다.

우리는 과학적 창조성이 뛰어난 민족으로서 세계에 자랑할 만한 과학적 업적과 발명품들을 많이 가지고 있다. 우리 조상이 인문학을 중시한 나머지 과학과 기술을 등한시했다는 것은 허구에 불과하다. 왕은 하늘의 아들이라 하여 하늘의 원리라는 천문을 잘 알았으며, 영의정은 천문 · 역법 · 지리를 총괄하는 관상감의 우두머리였을 만큼 국가의 지도자들이 과학의 대가였던 것이다.

더욱 중요한 것은 우리의 과학문화 속에서 발견되는 백성을 존중하는 의식과 과학의 대중화 정신이다. 『증보문헌비고(增補文獻備考)』[1]에 나오듯

---

1 『증보문헌비고』는 『동국문헌비고』의 증보판이다. 『증보문헌비고』는 총 250권의 방대한 분류서로 상고시대부터 조선시대까지 한국의 모든 제도와 문물을 16개 분야로 나누어 연대순으로 정리한 백과사전으로서, 국가를 다스리는 데 필수적인 기초 자료라 하겠다.

백성들이 많이 다니는 곳에 놓았던 해시계,
앙부일구

이, 세종시대의 과학자인 김돈(金墩, 1385~1440)은 세계 최초의 공중시계라 할 수 있는 앙부일구(仰釜日晷)를 설명하면서 무지한 백성을 위해 알아보기 쉽게 만들어 길가에 놓아두었으며, 이것을 구경한 백성들도 해시계를 만들 줄 알게 되었다고 말한 바 있다. 세종대왕은 관노(官奴) 집안 출신의 장영실을 과학자로 발탁해 그로 하여금 만든 해시계 2개를 궁궐 대신 지금의 동아일보사 근처 청계천 혜정교와 종묘 앞길에 놓게 했다. 백성들의 일상생활에 도움을 주려는 배려였다.

우리의 과학문화가 보여주는 더 큰 특징은 과학이 인간을 위한 도구라는 인식이다. 홍대용은 과학자이면서도 학문의 목적은 인간의 도덕성 함양에 있음을 역설한 바 있다. 경쟁력 있는 첨단산업은 전인적인 교육에 바탕을 두고 이루어진 정신문화로서의 기초과학이라는 풍부한 자양분의 토대 위에서만 꽃필 수 있다고 하지 않는가.

세종 4년(1422) 2월 26일 세종이 도성을 쌓는 군인들이 죽는 이유를 신하인 이천에게 물었다는 기록이 있다. 임금이 말하기를 "도성을 축조하는 군인들 중에 죽은 사람이 많았다는데 그 이유는 무엇 때문인가?"라고 하니, 공조 참판 이천이 말하기를 "수 십 명의 제조 중에서 오히려 박춘귀(朴春貴) 같이 병들어 죽는 사람도 있는데, 하물며 30여 만 명의 군인 중에서 500~600명이 죽는 것이 무엇이 괴이하겠습니까."라고 했다. 이에 세종이 이천을 못마땅해 하였다는 것도 시사하는 바가 크다.

병들고 아픈 사람 수십 명을 살리기 위해 한 사람을 희생해서도 안 되

한국문화를 논하다

며 장기를 매매해서도 안 된다는 것이 우리 사회의 합의요 상식이다. 목적이 숭고하다고 하여 모든 수단이 정당화되는 것은 아니다. 세계가 인간의 체세포를 인간 난자에 이식해 배아를 만들어 이를 복제하는 기술을 법으로 허용하지 않는 것도 당연하다.

디지털 휴머니즘을 지향하는 LED TV

2009년 독일 베를린에서 열린 영상·가전 전시회인 'IFA 2009' 개막식 기조연설에서 삼성전자의 윤부근 사장은 "삼성전자는 이제 '디지털 휴머니즘(Digital Humanism)'을 추구한다."고 말하였다. 윤 사장은 디지털 기술은 비약적으로 발전했지만, 인간의 감성을 만족시키는 제품을 만들지는 못했다고 실토하며 삼성이 앞으로 기술과 감성이 조화를 이루는 '디지털 휴머니즘' 제품을 만들겠다고 밝힌 것이다. 다시 말해 삼성전자가 새롭게 내세운 '디지털 휴머니즘'이란 디지털 기술과 아날로그 감성이 만나 인간의 삶을 편안하고 풍요롭게 하려는 목표에서 나온 것이다. 윤 사장은 또 2010년 3월 출시된 LED(유기발광다이오드) TV는 전력소비가 적고 자연스러운 영상을 보여주는 데 이것이 바로 '디지털 휴머니즘'이란 이상에 가까운 제품이라고 말한 바 있다. 현재 LED TV는 일반 LCD TV보다 40% 이상 비싼 프리미엄제품으로 삼성 TV의 품격을 끌어올리는 역할을 하고 있다. 그는 사람의 동작을 인식하는 햅틱 같은 휴대전화기도 '디지털 휴머니즘'이란 슬로건에 어울리는 제품이라고 했다.

2. 기초과학은 창조의 근원

인간은 자연과 문화 속에서 살고 있다고 해도 과언이 아니다. 자연은 우리의 능력을 넘어서는 세계요, 문화는 우리가 창조하는 세상이라 하겠다. 여기서 문화가 아닌 자연은 우리의 선택이나 의지와 관계없는 불가사의한 힘을 지니고 있음을 깨닫게 된다. 따라서 자연은 인간에게 때로는 희망과 기원의 대상이 되고, 때로는 경계와 두려움의 대상이 된다.

2010년 초 카리브해의 작은 섬나라 아이티 공화국(Republic of Haiti)의 수도 포르토프랭스에 대지진이 발생했다. 아이티가 강력한 지진으로 거대한 전쟁터를 방불케 할 만큼 도시 전체가 폐허가 된 데 이어 세계 곳곳에서 지진이 발생해 충격과 공포를 안겨 주고 있다. 아이티 참사에 따른 최종 사망자는 대충 수 십만 명으로 집계되었다고 한다. 역사상 가장 큰 인명 피해를 가져온 지진은 명나라 시기인 1556년 중국 산시(陝西)지역에서 일어난 것이었는데, 그때는 무려 83만 명의 목숨을 앗았다고 전해진다.

생태학자 최재천 교수는 2010년 벽두 언론을 통해 1755년 포르투칼의 수도 리스본을 덮친 지진은 당시 유럽의 계몽주의 사상가들에게 엄청난 영향을 미쳤다고 지적한 바 있다. 그리고 리스본 참사를 지켜본 볼테르는, "참 좋으신 하느님이 지켜주는 이 세상은 가능한 모든 세상 중에서 가장 좋은 세상이라"고 주장했던 라이프니츠의 철학사조를 정면으로 부정했다고 말하였다.

지진이나 해일, 홍수나 가뭄, 폭설이나 한파 등 천재지변, 자연 재앙은 인간을 공포로 몰아 넣기에 충분하다. 이에 우리는 더욱 자연에 대한 경건하고 겸허한 마음 가짐과 더불어 자연을 우리 인간의 편으로 이롭게 만들어 나가지 않으면 안 될 것이다. 다시 말해 자연이란 우리가 얼마나 정확하게 이해하고 슬기롭게 이용하느냐에 따라 공존의 대상이 되고 삶의 촉매제가 될 수 있을 것이다.

인간의 평균 수명이 크게 늘어
난 계기는 우리가 마시는 물의
염소 소독법이 나오고부터라고
한다. 염소 소독법이 개발되기까
지는 염소를 발견한 스웨덴의 화
학자 셸레(1742~1786)와 영국의
화학자 데이비(1778~1829)의 공
로가 컸다. 만일 양자역학에 뿌

염소를 발견한 화학자, 셸레(좌)와 데이비(우)

리를 둔 반도체와 레이저의 개발이 없었다면 정보혁명을 기대하기는 어
려웠을 것이다. 이와 같이 기초과학은 창조의 근원이며 번영의 원천이라
하겠다. 반도체와 디스플레이어에서 세계를 리드하는 우리 기업의 핵심
인력 중 물리학과 화학 전공자가 많은 것은 우연이 아니다. 첨단으로 갈
수록 기초 연구자가 필요하다. 기초과학의 발전이 기술의 발전을 낳고,
기술의 발전이 경제의 동력으로써 국가 경쟁력의 제고를 가져오는 것이
다. 더구나 이렇게 경제논리로만 과학을 생각할 수 없는 과학문화적 가
치도 도외시할 수 없다. 자연과학이 인간생활과 국가산업에서 차지하는
역할은 막중하다. 그에 비해 오늘날 자연과학에 대한 우리 사회의 관심
과 국가적 차원의 지원이 부족하여 안타까움을 금할 수 없다.

우리 조상들이 남긴 자연과학적 관심과 성과는 앞으로 살펴보게 될
천문학이나 지리학 외에도 여러 분야에 있어 상당하다. 특히 박학다식
하기로 이름난 이규경(李圭景, 1788~1856)의 『오주연문장전산고(五洲衍文長
箋散稿)』(60책)는 자연과학의 여러 과제를 하나씩 변증한 역저로서 우리
나라 자연과학 내지 일반문화사 연구의 귀중한 자료이다. 19세기 지식
인들 중에 새로운 사상의 수용에 적극적이면서 전통의 재발견을 통하여
새 시대를 준비해가는 성향을 보인 인물이 바로 이규경이다. 호를 오대
양 육대주를 뜻하는 '오주(五洲)'라고 한 이규경의 저술 『오주연문장전

박학다식하기로 유명한 이규경의
오주연문장전산고

산고』는 단순한 백과사전이 아니라 전통사회의 문제점을 극복하고 새로운 사회로 발전하려는 시대적 지향을 담은 것이었다.

이규경은 부국과 후생을 위해서 불교, 도교, 사회경제, 자연과학 등 모든 학문과 사상을 실용적 차원에서 수용하고자 했다. 특히 이규경의 폭넓은 학문 가운데 두드러져 보이는 이용후생적(利用厚生的) 관점의 방대한 자연과학적 사고에 대한 입장은 『오주서종(五洲書種)』 등에 잘 나타나고 있다.

이규경은 조선후기 현실의 모순을 인간성 회복을 통해 근원적으로 해결하고자 했던 조부 이덕무(李德懋, 1741~1793)[2]의 학문을 계승하여 당시 가장 선진적인 학문의 모습을 보여 주었다고 할 수 있다. 또한 신분적으로 서얼의 위치에 있으면서 자신의 처지와 비슷한 김정호(金正浩, 1800?~1864?), 최한기(崔漢綺, 1803~1877), 최성환(崔瑆煥, 1813~1879) 등과 부단히 학문적으로 교유함으로써 19세기 중인 신분이 사회적으로 성장하는 모습을 보여준 대표적인 인물이라 하겠다.

본 저서에서 본격적으로 천문과 지리를 살펴보기 전에 여기서 자연과학 가운데 수학·의학·생물학 분야의 문화적 유산의 일부를 간단히 예를 들어보면 다음과 같다.

3. 실용적인 한국수학

수학은 삼국과 신라통일기를 거쳐 계승·발전되었는데, 송·원 시대

2 이화형, 『이덕무의 문학 연구』, 집문당, 1994.

에 발달한 기기적(器機的)인 수학으로
써 산(算)가지를 사용한 천원술(天元
術, 일종의 대수학)이 고려 때 전해졌으
며, 고려에서 조선시대에 걸쳐 통용
된 원나라 주세걸(朱世傑)이 1299년에
지은 천원술의 입문서인『산학계몽(算
學啓蒙)』은 중국보다도 우리나라에서
더 이용되었다.

동양수학의 고전으로 꼽힌 양휘의 양휘산법

　동양 수학의 고전으로 꼽히는『양
휘산법(楊輝算法)』이라는 저서가 있는데, 국내에서 가장 오래된 최고본(最
古本)이 2008년 발견됐다. 조선 세종조에 중국 송나라와 원나라에서 간
행한 송원본(宋元本)을 토대로 만든 번각본(飜刻本)으로 밝혀졌다. 13세기
남송의 학자 양휘가 지은 이『양휘산법』은『승제통변산보(乘除通變算寶)』
3권(1274),『속고저기산법(續古適奇算法)』2권(1275) 등 모두 7권의 책을 하
나로 엮은 수학서이다. 이 저서는 주판을 전혀 사용하지 않는 산목계산
(算木計算)의 방법으로 덧셈·뺄셈·곱셈·나눗셈을 소개하고 있으며, 특
히 자연수를 정사각형 모양으로 나열해 가로·세로·대각선의 합이 모
두 같아지는 '마방진(魔方陣)'에 관한 권위서였다.『양휘산법』은 조선의
법전인『경국대전』에 고시과목으로 지정·게재되고 있을 정도로 조선시
대 수학의 기본서였다. 청나라 강희제는『사고전서(四庫全書)』를 편찬할
당시『양휘산법』에 대해서는 조선에서 역수입한 책을 기본으로 삼았다.
　17세기 후반 이후에는 마테오 리치가 번역한 유클리드(Euclid)의『기하
원본』을 비롯하여 청나라의『수리정온(數理精蘊)』등을 받아들였다.『수
리정온』은 근세 한국수학에 미친 영향이 대단히 컸으며, 서유구의 부친
인 서호수(徐浩修, 1736~1799)에 의해 이 책을 해설한『수리정온보해(數理
精蘊補解)』가 간행되어 널리 이용되기도 했다. 2007년에는 서울대 과학문

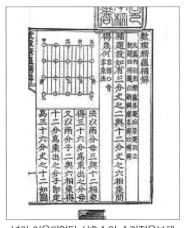
널리 이용되었던 서호수의 수리정온보해

화연구센터 전용훈 연구원이 옛 문헌을 살피다 19세기 초 유학자인 홍길주(洪吉周, 1786~1841)가 나눗셈과 뺄셈만으로 제곱근을 구했다는 사실을 확인했다고 밝혔다. 지금까지 조선시대의 제곱근을 구하는 방법론은 중국에서 영향을 받은 것으로 알려져 왔다. 전용훈 연구원은 나눗셈과 뺄셈만 이용하는 이 풀이법은 『산학계몽』이나 서양수학을 담고 있는 『수리정온』에 근거한 중국의 전통과 다른 새로운 방식이라고 말했다. 홍길주 스스로도 자신의 저서인 『숙수념(孰遂念)』에서 바보가 아닌 이상 어린아이들도 쉽게 풀이할 수 있는 방법이라고 설명한 바 있다.

조선시대의 수학은 비교적 산학자라 불리던 중인집단에 의해 실용적인 성격을 띠고 발전되었는데, 홍정하(洪正夏, 1684~?)는 전형적인 산학자 집안에서 태어난 대표적인 중인 수학자로 방정식 풀이에 탁월한 실력을 보였으며 『구일집(九一集)』이라는 저서를 남겨 지금까지 전하고

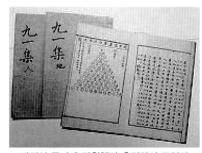
방정식 풀이에 탁월했던 홍정하의 구일집

있다. 그후 홍대용이 지은 조선 최초의 종합수학책이라 할 수 있는 『주해수용(籌解需用)』이나 이상혁(李尙赫)의 『산술관견(算術管見)』, 남상길의 『산학정의(算學正義)』, 이명칠(李命七)의 『산학통편(算學通編)』 등에서도 수학의 실용적 경향을 보여주었다. 한편 영의정을 지낸 최명길(崔鳴吉, 1586~1647)의 손자로 여덟 번이나 영의정에 오른 최석정(崔錫鼎, 1646~1715)은 조선시대

최고의 수학자로서 행렬과 관련된『구수략(九數略)』을 저술했다.

4. 동아시아의학의 정수, 동의보감

임진왜란 직후에는 허준(許浚, 1539~1615)이 우리나라 의약서의 표준이 될 만한『동의보감(東醫寶鑑)』 25권을 완성하였다. 선조의 명을 받아 편찬에 착수한 지 10여 년 만인 광해군 2년(1610)에 이룬 성과였다. 내경(內景)·외형(外形)·잡병·탕액·침구 등 5편의 내용으로 된 이 책은 400년이 지난 오늘

세계기록유산이 된 허준의 동의보감

날도 널리 이용되고 있는 민족의학의 정수라 할 수 있다.『동의보감』서문에서 '약재 값의 절감'을 대원칙으로 내세우면서 백성 모두에게 의료 혜택을 주고자 했던 숭고한 정신에 특별히 주목하게 된다.

이 서적이 광해군 5년(1613)에 처음 출간되고 나서 곧바로 중국 및 일본에서도 여러 차례 번역 간행되기까지 했다. 이익이『성호사설』에서 "조선에 온 중국 사신이 꼭『동의보감』을 얻어가기를 갈망하였다"라고 말할 정도로『동의보감』은 당대에 높은 평가를 받았다. 이처럼『동의보감』은 동아시아 전통의학의 발전에 크게 기여했다.

2004년 5월 세계 최대 규모의 한의학 박물관과 도서관을 지닌 중국 상하이(上海) 중의약대에서 허준의 동상 제막식이 있었다.[3] 이 대학에 개인

---

3 동상 설립에는 우리나라 침구(鍼灸)연구가 이병국(李炳國) 씨의 10여 년에 걸친 노력이 있었다.

상하이(上海) 중의약대에 설립된 허준 동상

의 동상이 세워지기는 처음
이란다. 허준은 천첩(賤妾)
태생의 신분에서 조선시대
최고의 명의의 자리까지 오
른 인물이다. 숭고한 인간
애와 불멸의 업적으로 길이
추앙받고 있는 『동의보감』
의 저자 허준의 파란만장한
인생과 신비한 동양의학의 세계를 다룬 TV드라마 〈허준〉(연출 이병훈,
허준 역 전광렬)이 만들어진 바 있다. 〈허준〉은 허준의 삶을 그린 퓨전
사극으로서 이은성의 소설 〈동의보감〉을 원작으로 문화방송이 제작했
으며 본방송은 1999년 11월 29일부터 2000년 6월 27일까지 방영되었다.
이 드라마는 신드롬 수준의 높은 인기를 끌면서 63.5%의 최고 시청률을
기록하기도 했다.

16세기 이전의 동아시아 의학을 집대성한 의학 백과사전인 『동의보감』
은 마침내 2009년 의학서적으로는 세계 최초로 유네스코 세계기록유산이
되었다. 『동의보감』이 세계기록유산에 등재된 것은 유네스코가 『동의보
감』의 역사적 진정성, 세계사적 가치, 독창성, 기록정보의 중요성, 관련인
물의 업적 및 문화적 영향력 등을 인정했다는 것을 의미한다. 민중에 대한
국가의 의료공급이라는 보건이념이 세계 어느 곳보다 먼저 구현되었다는
점, 동아시아 전통의학의 결정판으로 현대의학의 의학적 · 보건학적 난제
에 대해 새로운 의학적 가능성을 제시한다는 점도 높게 평가됐다고 문화
재청은 밝혔다.

이로써 한국은 『훈민정음』, 『조선왕조실록』(이상 1997년), 『직지심체
요절』, 『승정원일기』(이상 2001년), 해인사 고려대장경판 및 제경판, 『조
선왕조의궤』(이상 2007년)에 이어 모두 7건의 세계기록유산을 보유하게

되었다. 이는 아시아 국가 중에서 가장 많은 것이며, 세계에서는 6번째로 많은 것이다.

5. 최고의 홍역치료서, 마진기방과 마과회통

수준 높은 우리의 전통의 약은 조선조 실학기를 맞아한 단계 나아갔다. 서양의 약학의 실증적 학풍의 영향을 받아 정약용의 『마과회통(麻科會通)』과 같은 경험을 중시하는 의약서들이

최고의 홍역치료서인 정약용의 마과회통(6권 3책)

많이 나오게 되었다. 『마과회통』은 1798년에 홍역과 천연두 치료법을 총정리한 저술로 6권 3책으로 구성되어 있다. 9명의 자녀 중 6명을 홍역 등 각종 질병으로 일찍 잃었던 정약용으로서는 일생을 한순간에 바꾸어 버릴 수 있는 질병에 관심을 가진 것은 극히 당연한 일이라 하겠다. 그리고 1775년 다산의 나이 열세 살 때 온 나라에 천연두가 돌아 자신도 죽을 고비를 맞았다가 명의(名醫) 이헌길(李獻吉, 생몰년 불명)의 도움으로 살아났다.

훗날 이헌길의 은혜를 생각하여 정약용은 이헌길의 전기를 썼으며, 그는 이헌길이 지은 『마진기방(麻疹奇方)』을 중심으로 중국서적을 참고하여 우리나라 최고의 홍역 및 천연두 치료서 『마과회통』을 지은 것이다. 이헌길의 업적을 더욱 확장한 『마과회통』 서문에서 다산은 "어려서 홍역으로 죽을 뻔한 나를 이헌길 선생이 살려주었으니 이제 그에게 보답하는 의미에서 이 책을 저술하였다"는 헌정(獻呈)의 축사를 잊지 않았다. 정약용이 없었다면 명의 이헌길의 행적이 의학사에서 사라질 뻔했다.

18세기 후반에는 마진(痲疹, 홍역)이 자주 창궐해 많은 인명 피해가 있었다. 이때 새로운 치료법을 이용해 환자들을 고친 의사가 바로 이헌길이다. 그는 너무 말라 광대뼈가 툭 튀어나온데다 코주부였으나 항상 웃는 얼굴로 사람을 대하였다고 한다. 1775년 봄, 이헌길이 일이 있어 서울에 갔을 때다. 마침 홍역이 번성해 수많은 백성이 희생되고 있었다. 이헌길은 이를 치료하고 싶었으나 당시 상주(喪主)의 몸이었으므로 어쩔 도리가 없이 돌아오는데 서울 교외를 나서자 시체를 삼태기에 지고 가는 자들이 잠깐 동안 수백 명이나 됐다. 그는 의술을 익힌 자로 이들을 치료해야지, 예법에 얽매인다면 안 될 것이라고 판단하며 서울의 한 친척 집에 자리를 잡았다.

그리고 스스로 배우고 익힌 새로운 처방들을 알리기 시작했다. 그의 치료로 열이 오르다가도 내렸으며 죽을 지경에 이른 자도 살아났다. 열흘이 못 가 그의 이름이 장안에 크게 떨쳐졌고 많은 사람이 치료를 해달라고 그의 집 앞에 늘어섰다. 이헌길은 신분을 막론하고 모두에게 친절하고 신속하게 처방을 내렸다. 그러니 모든 사람에게서 칭찬이 자자할 수밖에 없었다. 그는 환자를 보기만 하고도, 또 상태에 대해 두어 마디만 듣고도 병의 증상을 쉽게 이해하고 즉각 처방을 내릴 수 있었다. 이헌길은 자신의 처방들을 정리해 새로운 홍역 치료서를 저술했다. 이는 당시까지 조선의 구태의연한 의사들이 전연 받아들이지 않던 새로운 내용들이었다.

이헌길은 조선 영조 때의 경기도 남양 출생으로 자는 몽수(蒙叟), 호는 완산(完山)이며, 특히 두진(痘疹, 천연두) 치료에 독자적인 경지를 이루었다. 정약용이 지은 「몽수전」에 따르면, 이헌길은 조선 정종(定宗)의 후손이고, 이철환(李喆煥)의 제자이다. 어려서부터 총명하며 기억력이 뛰어났던 그는 왕족 출신이었음에도 불구하고 남몰래 『두진방(痘疹方)』을 연구하였다고 한다. 영조 51년(1775)에는 마진이 유행한 서울에서 특수한 약방문(藥方文)으로 치료에 큰 성과를 거두었고, 『마진기방』을 저술하여 어린이 치료에 큰 도움을 주었으며, 그가 만든 승마갈근탕(升麻葛根湯)은 지금도 어린이 질병에 응용되고 있는 명처방이다.

6. 최초의 해양생물학서, 자산어보

다산 정약용의 형인 정약전(丁若銓, 1760~1816)은 천주교 신유박해 때 유배[4]되어 16년을 전남 신안의 흑산도(黑山島)에서 살았다. 강진으로 유배 갔던 동생 약용이 찾아온다는 소문을 듣고 우이도로 마중 나갔다가 그리

정약전이 유배되어 16년 동안 살았던 흑산도

던 동생도 만나지 못한 채 59세의 나이로 한 많은 세상을 떠났다. 그가 흑산도에 살면서 근해의 200여 종의 동식물을 채집 조사한 후, 그 특징·분포·식용여부 등을 기록한 『자산어보(玆山魚譜)』(1814)야말로 우리나라 최초의 어류연구서이자 해양생물백과사전이라 할 수 있다.

얼마 전 이 『자산어보』를 현대어로 바꾸면서 7년 동안 어류들의 실체를 하나하나 찾아 200여 년 전 물고기를 오늘의 물고기로 복원한 이태원의 『현산어보를 찾아서』(전 5권, 청어람미디어, 2002)가 간행되어 화제가 되기도 했다.

---

4 16년 유배 중 『자산어보』를 지은 정약전과 18년 유배 중 『목민심서』 등 수백 권의 책을 쓴 정약용 형제는 물론 유배지에서 〈세한도〉를 그린 김정희를 비롯하여 일찍이 유배 중 『동의보감』을 저술한 허준, 유배지에서 〈구운몽〉과 〈사씨남정기〉 등을 지은 김만중 등 우리 역사에서 유배의 고초를 통해 큰 업적을 남긴 인물은 한둘이 아니다.

정약전의 자산어보를 현대어로 바꾸어 저술한 이태원의 현산어보를 찾아서(전5권, 청어람미디어, 2002)

인간이 만든 제 아무리 훌륭한 발명품이라 하더라도 신이 만든 생물에 비하면 한참 모자란다. 지구의 생물, 즉 동식물은 46억 년이라는 역사 동안 가혹한 환경에 적응하면서 끊임없이 다듬어져 왔기 때문이다. 이처럼 놀라운 생물의 능력을 모방하는 첨단 기술들이 계속해서 대거 등장하고 있다. 수십~수백 나노m 크기의 돌기와 고분자층을 흉내 낼 수 있는 나노기술, 극소량의 물질을 대량으로 생산해 내는 유전공학의 발달로 이런 모방이 가능해졌다. 전복·홍합·연·거미·도마뱀 등이 인간의 스승인 것이다.

박종서(자동차디자인) 교수는 우리나라 자동차 디자인 역사를 말할 때 빼놓을 수 없는 인물이다. 현대자동차 디자인연구소장을 역임한 그는 스쿠프·티뷰론·쏘나타·싼타페 등 자동차를 직접 디자인했다. 그는 로보캅 갑옷의 원조를 풍뎅이 등딱지에서, 아름다운 나선형 구조를 자랑하는 이라크 말위아(Malwiya) 첨탑의 시작은 소라껍데기에서 발견한다. 그는 『꼴 좋다!』(디자인하우스, 2010)라는 저서를 통해 자연에서 배운 디자인의 원리 46가지를 소개하였다.

21세기에 세계는 무엇보다 기후 변화문제에 대처해야 하기 때문에 환경 친화적 상품과 대체 에너지원이 더욱 중요해질 것이다. 한국은 그동안 탄소 방출량을 줄이고 환경 친화적인 기술의 개발에 헌신해왔으므로 21세기에 가장 중요한 경제 및 과학 문제의 최전선에 우뚝 설 기회를 갖고 있다고 하겠다.

제1장 하늘의 도움을 받다, 천문

우리 전하께서는 세상에 뛰어난 신성한 자질로써 정무를 보살피는 여가에 천문역상(天文曆象)의 이치에 유념하여 무릇 예전에 이르는 바, 혼의(渾儀), 혼상(渾象), 규표(圭表), 간의(簡儀) 등과 자격루, 소간의, 앙부일구, 천평(天平), 현주일구 등의 기기를 빠짐없이 제작하게 하셨으니, 이것은 그 물건들을 만들어 생활에 이용하게 하자는 뜻이 지극하셨기 때문이다.

— 『세종실록』77 김돈(金墩)의 「간의대기」일성정시의 명병서(日星定時儀銘并序)에서

우주선-나로호

1. 인류생존을 위한, 우주탐사

2010년 10월 영국의 저명한 천체물리학자 스티븐 호킹(Stephen William Hawking) 박사가 미국의 물리학자 레오나르도 믈로디노프(Leonard Mlodinow)와 공동으로 지은 『위대한 설계』(전대호 옮김, 까치, 2010)라

우리나라 3대 천문관측소 중 하나인 보현산 천문대(경북 영천)

는 책이 한국에서 출간되었다. 이 저술과 함께 호킹 박사는 "신이 우주를 창조하지 않았다"라든가 "우주와 생명은 신이 창조한 것이 아니라 자연법칙에 의해서 스스로 발생한 것이다."라는 주장 등으로 다시 세상을 뜨겁게 달구었다.

수천억 곱하기 수천억 개의 엄청난 별이 우주에 존재하지만 눈에 보이는 것보다는 블랙홀 같은 암흑물질이 훨씬 더 많다고 한다. 그나마 우리가 눈으로 볼 수 있는 것은 수천억 개의 은하 중에서 두세 개뿐이라고 한다. 그렇다면 우리가 보는 그 두세 개 은하는 자신의 현재 모습을 그대로 우리에게 보여주는가. 안타깝게도 그렇지 않다고 하는 것이다.

한국천문연구원은 보현산 천문대(경북 영천 소재)가 새롭게 발견한 5개의 소행성에 국제천문연맹의 최종승인을 받아 한국인 과학자의 이름을 붙이게 됐다고 2004년 밝힌 바 있다. 소행성은 직경 수m~수백km 크기로, 태양 주위를 공전하는 암석과 금속덩어리다. 이들 5개의 소행성을 보현산 천문대가 2000~2002년 직경 18m 망원경을 이용해 발견했다.

소행성의 이름은 교육과학기술부가 세운 '과학기술인 명예의 전당(http://hall.scienceall.com)'에 헌액(獻額)된 우리나라 과학자 14명 가운데 출생연도순으로 명명됐다. 그리하여 최무선(화약무기 개발자), 이천(천문기구 및 인쇄기술 개발자), 장영실(자격루 개발자), 이순지(천문학자), 허준(『동의보감』 저자) 등 한국인 과학자의 이름으로 명명된 소행성이 탄생했다.

원래 소행성의 이름은 발견자가 국제천문연맹에 보고한 뒤 임시번호를 받는다. 2~3년 추가 관측을 거쳐 궤도가 정밀하게 밝혀지면 고유 번호와 함께 고유 이름을 붙일 수 있는 권한이 주어진다. 발견자 자신의 이름은 붙

화상탐사로봇 - 스피릿

일 수 없다. 지금까지 7만 5,000여 개의 소행성이 보고되었다.

2004년 1월 화성표면에 착륙한 미국의 탐사선 '스피릿'의 제작에 재미 한국인 과학자가 결정적인 기여를 했다. 주인공은 캘리포니아주 사이프러스에 있는 테이코엔지니어링(Tayco Engineering)의 우주개발부문 사장 정재훈 박사다. 그는 1997년 화성탐사선 패스파인더의 탐사로봇인 '소저너'의 로봇팔 열조정장치와 극저온케이블 등 핵심설비를 제작한 바 있다. 1986년 미국 우주왕복선 챌린저호 폭파사고의 원인이 됐던 연료탱크의 문제를 해결해 2년여 만에 우주왕복선이 비행을 재개할 수 있도록 하면서 이름이 알려졌다. 1996년부터는 미항공우주국(NASA)의 의뢰를 받아 화성·금성 탐사선의 특수장치들을 개발해왔다. 특히 정 박사의 열조정 및 극저온케이블 기술은 독보적인 것으로 한국의 무궁화위성에도 사용되었다.

반복되는 자연현상은 지구상의 어떤 형태의 생명체에게나 지대한 영향을 미친다. 그러나 자연현상을 이해하는 것은 인간 이외의 다른 동식물에게는 불가능한 일이다. 날이 어두워진 뒤 다시 아침해가 떠오를 것을 예측하고 내일이라는 미래를 설정할 수 있는 능력을 지닌 것은 인간밖에 없다. 1997년 화성탐사 프로젝트에 참여했던 우리나라 과학자 박

영호 박사가 "이것은 인류의 생존을 위한 것이어야 한다"고 말했던 것
처럼 우주탐사는 인류의 향후운명을 결정적으로 변화시킬 수 있을 것이
라는 점에서 우리 모두의 관심사일 수밖에 없다. 더구나 지구촌의 인구
폭발과 환경파괴 등이 이미 적정관리능력을 벗어난 것처럼 보이는 지구
상황을 고려할 때 인류생존의 지혜와 단서를 이 같은 우주탐사에서 찾
을 수 있을지 모르기 때문이다.

중국은 유인우주선을 쏘아올림으로써 자국의 브랜드 가치를 어마어
마하게 높였다. 이제 세계 누구도 중국을 무시할 수 없으며 중국의 시대
가 멀지 않았다는 것을 예고하기도 한다. 기초과학에서 얻어진 국가 위
상은 절대 돈으로 환산할 수 없는 무한대의 가치를 지닌다. 기초과학의
육성은 단순한 경제논리로는 설명할 수 없는 절대적 요청이자 생존의
문제다.

2. 우리 선조들, 뛰어난 천문학자

우리 조상들이 하늘에서 일어난 일을 기록해 놓은 수치를 보면 참으
로 놀랍다. 『삼국사기』와 『삼국유사』에 240여 건, 『고려사』에 5,000여
건, 『조선왕조실록』에 무려 2만 건인데, 2만 건은 엄청난 수효라고 한
다. 우리가 날마다 하늘을 한 번씩 본다면 54년 하고도 10개월 가까이
봐야 2만 번 하늘을 본 것이 된다. 더 놀라운 것은 기록의 수만이 아니라
질이다. 우리 선조들이 기록한 천문현상은 현대과학자들이 여러 가지
방법으로 검토한 결과 매우 훌륭하다는 결론을 얻고 있다.

1604년에 터진 초신성에 대한 기록만 해도 그렇다. 조선의 천문학자
들은 7개월에 걸쳐 130회에 이르는 관측 기록을 남겼는데 초신성의 광
도 변화 자료는 케플러가 관측한 기록과 복사한 듯이 들어맞는다. 케플

러가 먼저 발견했다
고 떠들어댔으니 그
것이 케플러 초신성
이라는 이름을 얻었지
어쩌면 조선 초신성이
됐을지도 모른다. 우
리의 선조 천문학자들
은 이 외에도 위대한
일을 많이 했다.[5]

한국 우주개발의 발진기지인 나로우주센터(전남 고흥 외나로도)

우리는 남달리 자연의 이치를 존중해왔고 자연의 혜택을 누려온 슬기로운 민족이다. 우리가 하늘의 도움 없이 어떻게 살 수 있겠는가. 우리는 머지않아 우주시대를 선도하는 한국이 될 것임을 의심하지 않는다. 1992년 우리별 1호 발사, 1995년 무궁화 1호 위성발사에 이어 2007년 한국인 최초의 우주인이 탄생했으며, 2009년 전남 고흥군 봉대면 예내리 외나로도에서 대한민국 우주개발의 발진기지인 나로우주센터가 준공됐다. 이로써 한국은 세계 13번째 우주발사체 발사장 보유국가가 됐다. 핵심시설은 하늘로 우뚝 선 발사대인데, 우주 강국 러시아도 2년은 족히 걸려야 세울 수 있다는 이 발사대를 19개월 만에 우리 힘으로 세웠다.

2010년에는 국내 첫 통신해양기상위성인 '천리안'이 성공적으로 발사됐다. 천리안은 2009년부터 5번의 연기 끝에 6번째 시도 만에 우주로 올라갔다. 우리나라는 세계 7번째로 기상 위성정보를 독자 수집하는 국가가 된 것이다. 이주진 항공우주연구원장은 "천리안은 우리 기술이 제작에 참여한 첫 번째 정지궤도 위성"이라며 "이번 발사 성공을 계기로 한국 위성 산업이 한 단계 더 도약하게 됐다"고 말했다.

5 이지유(과학칼럼니스트), 〈동아일보〉, 2007. 9. 6.

제 2 부 과학 - 자연과 기술

2010년 10월 우크라이나 수닥(Sudak)에서 막을 내린 국제천문올림피아드(International Astronomy Olympiad)에서는 우리나라가 금메달 4개로 종합 1위를 차지했다. 국제천문올림피아드는 천문과학 분야의 두뇌 올림픽으로, 15세 이하 주니어 그룹과 17세 이하 시니어 그룹으로 나뉘어 진행된다. 2010년 대회에는 19개국의 중고교생 84명이 참가해 실력을 겨뤘다. 우리나라는 2003년 이후 8차례 이 대회에 출전해 모두 3차례 종합 1위를 차지했다.

3. 천문을 관측했던, 참성단

동양에서 하늘은 인간세상의 만물을 주재하는 절대적이면서도 인격적인 존재로 간주되어 왔다. 천체운행의 이상이나 기상의 이변 등은 예외 없이 어진 정치를 촉구하는 하늘의 경고로 받아들여졌다. 따라서 사람들은 하늘의 변화를 살피는 일을 국가의 흥망과 왕권의 안위에 직결되는 중대사로 여겼다. 자연히 위정자는 하늘의 움직임을 주시하고 천체의 관측에 각별한 관심을 갖게 되었다. 그러한 이유로 천문학은 제왕(帝王)의 학문으로서 동양에서 다른 어느 과학 분야보다도 일찍부터 발달할 수 있었다. 한편 우리나라는 기후가 좋고 토지가 기름져 일찍부터 농업이 발달했으며, 이에 따라 천문학도 크게 발달하였다.

일찍이 천문에 남다른 관심과 안목을 지녔던 고대천문학자들에 대해 별자리를 비롯한 천체현상으로 왕권의 흥망을 해석하는 점성술가나 무당 정도로 이해하는 경우도 있다. 그러나 별자리가 새겨진 고인돌 등을 살펴보면 이미 오래 전에 한국의 천문은 체계적인 과학으로 정착되었음을 알 수 있다. 대동강유역에 있는 200여 기의 고인돌에 새겨진 별자리는 적어도 기원 전 3000~2900년인 단군조선 초기의 선조들이 천문을 세밀하게 관측하였다는 것을 보여준다.

또 『세종실록』(권148) 「지리지」를 보면 단군시대에 '참성단(塹星壇)'이라는 것이 있어 거기서 하늘을 우러러 제사를 올렸다는 기록이 있는데, 이는 천문활동을 간접적으로 시사하는 것이다. 조선의 천문관측 기록인 『서

천문을 관측했던 강화도 참성단

운관지(書雲觀志)』(권2)에 의하면 조선시대까지도 여기에 천문학자를 파견하여 천문을 관측케 했다고 할 만큼 우리 천문학의 역사는 오래 되었다고 하겠다. 기원 전 2,300여 년에 강화도 마니산에 설치됐다는 이 참성단은 우리 민족의 천문활동이 시작된 곳이다.

4. 세계에서 가장 오래된 천문대, 첨성대

우리나라에는 일찍부터 천문현상을 관측하는 천문대가 있었다. 신라 선덕여왕 16년(647)에 수도 경주에 세워진 것으로 추정되는 국보 31호 첨성대(瞻星臺)는 세계에서 가장 오래된 천문관측대이다. 천문관측시설은 7세기 이전에 동서양에 많이 발달되고 있었으나, 관측대가 남아있는 것으로는 첨성대가 제일 오래된 것이다. 신라의 첨성대에 관한 기록은 『삼국유사』, 『세종실록』 등에 나온다. 전체가 화강석으로 만들어졌으며 높이가 9m 11cm인 이 첨성대는 4계절 24절기를 확정할 수 있도록 과학적으로 설계되었으며 시각을 정확하게 잴 수 있도록 만들어졌다.

오늘날의 과학적 이치에도 잘 들어맞는 치밀한 구조는 농경에 종사해 온 당시 한국인의 실용주의적 생활문화를 생생하게 반영한 것이라고 볼 수 있다. 첨성대가 건립된 때부터 통일신라가 멸망하기까지의 약 300년은

세계에서 가장 오래된 천문대, 첨성대(경주)

그 전 기간의 절반도 되지 않는 짧은 기간임에도 불구하고 『삼국사기』를 살펴보면 이전보다 4배 이상이나 더 많은 천문현상에 대한 기록이 나올 정도이다.

『세종실록』이나 『신증동국여지승람』 등에 의하면 고구려의 평양성 안에도 첨성대라는 천문대가 있었다. 고구려의 경우 무용총(舞踊塚)[6]을 비롯한 여러 고분에는 별자리 그림의 일부가 남아 전하는데, 이는 정확한 천체관측의 결과로 보인다. 진파리 4호분에 그려진 28수는 별의 크기가 6등급으로 나누어져

있는데 이는 오늘날과 마찬가지로 별의 밝기에 따른 구분으로서 고구려 천문관측의 수준을 엿볼 수 있게 한다.

백제에도 천문대가 존재했다고 보는데, 애석하게도 유물은 고사하고 기록조차

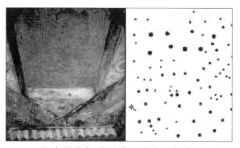

고구려 진파리 4호분에 그려진 28수의 별자리

남아있지 않다. 『일본서기』에 의하면 675년에 백제의 천문학자가 신라의 첨성대를 본떠 일본에 '점성대(占星臺)'라는 천문대를 세웠다고 하는데, 이를 통해 백제에서도 천문대를 설치·운영했음을 충분히 짐작할 수 있다. 한편 『일본서기』에는 백제 성왕 23년(554)에 역(曆, 일월의 운행)

---

6 14명의 남녀가 춤을 추는 모습과 말을 탄 4명의 무사가 사냥하는 모습 등을 그린 벽화가 있는 무덤이다.

에 관한 박사 고덕(固德) 왕손을 일본에 보내고, 무왕 3년(602) 관륵(觀勒)이 역본(曆本)과 천문서를 가지고 일본으로 갔다고 기록하고 있다. 백제역시 천문학 강국이었음을 말해 준다.

5. 천문학의 꽃을 피운, 세종

조선시대에 들어와 천문관측사업은 한층 과학적으로 발전하고 체계를 갖추었는데, 처음에는 고려시대와마찬가지로 관측과 기록을서운관에서 맡았다가 세종7년(1425)부터는 개편·확대된 관상감(觀象監)에서 주

세종 때 한양의 북극고도를 측정하기 위해 만든 간의

관했다. 세종 때의 서운관은 중국의 흠천감(欽天監)과 비교가 안 될 정도로 규모가 크고 업무의 내용도 충실했다. 세종 때는 천문학의 황금시대라 할 만큼 놀라운 발전을 이룩했다.

세종은 1432년에 한양의 북극 고도를 측정하기 위한 간의(簡儀, 오늘날각도기와 비슷한 구조)를 만들 계획을 세우고 2년 후에 경회루 연못 북쪽에높이가 8미터나 되는 천문관측시설인 대간의대를 만들었다. 이 간의대가 완성되자 밤마다 5명의 천문관으로 하여금 하늘을 관찰하게 했는데,이 간의대는 임진왜란 때 파괴되어 없어졌다.

또한 동쪽의 금강산, 서쪽의 마이산, 남쪽의 한라산, 북쪽의 백두산에소간의대를 설치하기도 했다. 가장 엄격하게 변방의 나라에 천문대를짓지 못하도록 했던 명나라 초기에 세종은 이렇게 자주적으로 간의대를

관상감 자리인 현대사옥 앞 광화방 관천대
(서울시 종로구 계동)

설치한 것이다. 현재 남아있는 천문대는 소간의대로 창경궁 안에 세운 관천대와 관상감 자리인 계동 현대건설사옥 앞 광화방(廣化坊)의 관천대뿐이다.

이 시기의 천문이론가로는 당대 최고의 천문학자이자 역산가였던 이순지(李純之, 1406~1465)를 비롯하여 정초(鄭招, ?~1434), 김담(金淡) 등이 있고, 천문기술자로는 장영실(蔣英實), 이천(李蕆, 1376~1451) 등을 들 수 있다.

『세종실록』에 보면 1437년 세종은 앙부일구(仰釜日晷)를 지나다니는 백성들이 쉽게 보고 시간을 알 수 있도록 종묘 앞과 종로 1가의 혜정교 위에 만들어 놓았다고 적혀 있다. 솥이 하늘을 보고 있는 모양의 이런 해시계는 우리나라에서 처음 만들어져 일본에 전해졌다고 중국의 천문학사 책에 기록돼 있다. 이 무렵 측우기(測雨器)와 수표(水標)를 만들어 강우량을 전국적으로 정확히 재고 그 관측 결과를 중앙에서 모아 종합하여 기록했다는 것도 우리의 자랑거리가 아닐 수 없다.

한편 퇴계 이황의 족적을 담은 『퇴계선생어록』에 보면 "선생께서 제자 이덕홍에게 명해 '선기옥형(璇璣玉衡)'이라는 천문관측기구를 만들어 별자리를 관찰하게 하셨다."고 한다. 이 대목은 초야에 묻힌 선비들이 천문현상을 연구했다는 사실을 밝히는 중요한 기록 가운데 하나다. 1561년 낙향해 줄곧 학문에만 전념하던 퇴계는 왜

2007년 복원된 이퇴계의 혼상

별자리에 관심을 갖게 된 것일까 얼핏 궁금도 하다. 그러나 1000원 권에 등장하는 도산서원에서 보관해온 퇴계의 '혼상(渾象)'이 2007년 최근 복원됐다. 그리고 우주와 하나 되는 천인합일(天人合一)이 목표였던 유학자에게 별자리 연구는 당연한 것이었다. 실제로 이황 외에 서경덕, 송시열, 홍대용 등 다른 명망 있는 학자들도 제각각 혼상과 혼천의를 제작했다는 기록들이 남아 있다.

6. 우리 하늘에 맞는 역법, 칠정산내외편

조선시대에도 종래에 사용되던 중국 역서(曆書)에 대한 검토가 이루어지면서 우리 현실에 맞는 역서의 필요성이 대두되었는데, 세종은 학자들에게 당나라와 원나라 역법의 차이를 분석하라고 지시할 정도로 중국의 역법이 우리나라에 맞지 않는다는 것을 알았다. 세종은 독립국가로서의 위상과 농사기술의 진흥이라는 국가적 목표 아래 역법교정사업을 계획하고 추진하였다.

물론 일식은 달이 해를 가리는 현상을 말한다. 해와 지구 사이에 달이 끼어들면서 환한 대낮이 일시적으로 깜깜해지는 것이다. 서운관은 세종 4년(1422) 음력 1월 1일에 일식이 발생할 것으로 임금에게 보고했다. 당시 일식은 단순한 자연현상이 아니라 천명을 받들어야하는 군주가 통치를 잘못해 일어나는 재해로 인식되었다. 때문에 일식이 발생하면 신하들과 함께 왕은 예를 갖춰 일식을 맞이하는 구식의(救蝕儀)를 준비해야 했다. 세종은 정중히 소복을 입고 창덕궁 인정전 뜰 앞에서 일식을 초조하게 기다렸다.

그런데 예측한 시각보다 1각(刻)이 늦어졌다. 1각은 현재 시간 단위로 약 15분에 해당한다. 세종은 1각을 늦게 예측한 책임을 물어 일식 담당이었던 이천봉(李天奉)에게 곤장을 쳤다고 『세종실록』은 기록하고 있다.

한국 실정에 맞는 최초의 천문계산법을 기록한
칠정산내외편

15분이나 앞당겨 일식을 잘못 예보한 탓으로 임금을 추위에 떨게 했다는 이유로 책임자에게 죄를 물어야 한다는 신하들의 간청에 따라 이루어진 것이다. 당시 서운관은 중국이 기록한 칠정의 자료를 바탕으로 달의 위치를 예측했다. 세종은 서운관이 우리의 하늘을 중국의 천문으로 해석하는 데서 오는 오차가 발생했다고 판단했다. 그러므로 세종은 신하들을 시켜 우리의 하늘에 부합하는 새로운 천문역법을 개발하도록 지시했다. 이렇게 해서 나온 것이 『칠정산내외편』이다.

정인지, 정초, 이순지, 김담 등은 세종 24년(1442)에 중국의 최신 천문학을 바탕으로 한국의 실정에 맞는 최초의 천문계산법을 기록한 『칠정산내외편(七政算內外篇)』을 완성하였다. 특히 정인지는 학문이 해박하여 모든 일에 거칠 것이 없었으며, 세종의 천문역산의 뜻을 받들어 『칠정산내편』을 짓는 데 주도적 역할을 했다.

칠정(七政)이란 일곱 개의 움직이는 별, 즉 해와 달과 다섯 개의 행성을 가리키며, 칠정산(七政算)이란 이들 천체의 운동을 미리 계산하는 기술을 정리해놓은 책이다. 달력을 칠정(七政)이라고 부른 이유는 나라의 정사(政事)도 해·달과 화·수·목·금·토성의 일곱 개 별의 절도 있는 운행처럼 예측 가능해야 한다는 뜻이다. 이로써 조선왕조의 천문역산학은 당시로서는 세계 최고의 수준에 도달하게 되었다. 조선의 역법은 완전히 정비되었고 그 뒤 역법의 계산은 주로 이순지와 김담에 의해 이루어졌다.

명나라의 『대통통궤(大統通軌)』에 있는 오류를 고쳐 정인지, 정초, 정흠

지 등이 세종 24년에 내편을 완성했는데, 일식과 월식 예보의 문제점이 그대로 남아 있었으므로 이를 개선하기 위해 명나라에서 『회회력(回回曆)』을 가져다가 세종 26년에 이순지, 김담 등이 외편을 완성했다. 칠정산내편은 전통적인 중국식 역법으로 우리 서울에 맞는 천체운동을 계산해낸 것이고, 외편은 아라비아 천문학인 서양방식으로 계산해낸 것으로 외편이 보다 정확했다. 내편은 1년을 365일 5시간 49분 12초로 판단했지만, 외편에서는 365일 5시간 48분 45초로 현대의 기준(365일 5시간 48분 46초)과 거의 일치하고 있다.

당시 중국의 최신 역법을 받아들인다고 해서 정확한 천문 역서를 만들 수는 없었다. 중국의 하늘과 우리의 하늘이 다르기 때문이다. 일식만 해도 당시 중국 역법은 베이징을 기준으로 해서 예측을 했다. 베이징은 서울보다 서쪽에 있어서 달이 해를 가리는 시점이 서울보다 빠르다. 당연히 일식도 먼저 일어난다. 칠정산 외편도 처음에는 정확하지 않았다. 세종 28년(1446) 일식을 예측했지만 일어나지 않았다.

그 후 칠정산외편을 다시 보정하는 작업이 이뤄졌다. 칠정산외편은 1년 뒤인 세종 29년(1447) 음력 8월 1일 오후 4시 50분 27초에 일식이 있을 것이라는 예측을 다시 내놓았다. 결과는 성공이었다. 칠정산외편은 일식의 시작인 초휴(初虧)와 끝인 복원(復元)을 1분 내외의 오차 범위 내에서 정확하게 예측했다. 초휴는 칠정산외편의 예측보다 48초 늦게 시작됐다. 복원은 칠정산외편이 오후 6시 55분 53초로 예측했지만, 실제로는 1분여 일찍 끝났다. 하지만 당시 시간단위인 각, 초를 현재 시간단위로 환산하는 과정에서 일부 오차가 발생할 수 있다는 점을 감안하면 거의 정확한 예측이라 할 수 있다.[7]

『칠정산내외편』은 한국의 상황에 맞게 우리나라 사람들이 처음으로

---

7 〈조선일보〉, 2008. 7. 1.

천체운동을 과학적으로 예보할 수 있는 수준에 이른 것을 보여주었다. 그 시기에 자기 나라에서의 일식과 월식을 제대로 계산해 예보할 수 있는 민족은 중국·아랍 그리고 조선뿐이었다고 한다.

명나라의 역서인 『칠정추보(七政推步)』도 『칠정산외편』을 참조한 것이라 하며, 일본이 1684년부터 사용하기 시작한 시부카와 하루미(澁川春海)가 만든 일본 최초의 역법이라는 『정향력(貞享曆)』의 제작도 바로 조선의 통신사 박안기(朴安期)로부터 칠정산을 배웠기 때문에 가능했다고 한다.

7. 세계 최고(最古)의 하늘지도, 천상열차분야지도

조선시대에도 천체현상에 대한 기록과 관련하여 많은 천문도(天文圖)가 만들어졌다. 태조 4년(1395)에는 〈천상열차분야지도(天象列次分野之圖)〉라는 돌에 새긴 천문도가 만들어졌는데, 현재 이 천문도는 국보 228호로 지정받아 덕수궁 궁중유물전시관에 보존되어 있다. 2007년 이 〈천상열차분야지도〉 문양이 새 1만원 권 화폐에 도입되었다. 천문강국, 과학강국의 전통을 계승하고자 하는 염원이 담긴 것이라 하겠다. 천상열차분야지도란 '하늘에 있는 모든 별을 12개의 영역으로 펼친 그림'이라는

세계에서 가장 오래된 천문도인
천상열차분야지도

뜻으로 천문을 12분야로 나누어 동양천문학에서 중요하게 생각하는 3원과 28수를 그려 넣은 것이다. 가운데에 별자리 그림이 있고 그 아래에는 제작 연도와 제작자 등 제작 과정이 기록되어 있다.

일찍이 355년 고구려에서 제작된 〈천상열차분야지도〉가 있었는데, 이

는 세계에서 가장 오래된 석각천문도이다. 그러나 권근의 『양촌집』에 의하면, 이 석각 천문도는 668년경 당나라 군사들이 쳐들어 왔을 때 대동강물에 빠뜨려 잃어버렸다. 만일 이것이 전한다면 세계적인 석각천문도라 는 남송 순우(淳祐) 7년(1247)에 만들어진 중 국 쑤저우(蘇州)에 있는 〈순우천문도〉보다도 무려 9세기나 앞선다. 그런데 조선 태조 때 어떤 사람이 왕에게 그 희귀한 고구려 천문

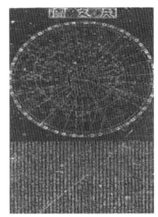

세계적인 중국의 순우천문도(1247)

도의 인쇄본을 바쳤고, 태조는 권근 등 12명 의 천문학자로 하여금 이를 기초로 일부 오차만을 교정하여 다시 천문 도를 만들게 했던 것이다.

조선정부가 권근과 같은 최고의 학자를 동원해 새로운 천문도를 만들 기 위해 특별히 애썼던 이유가 궁금하다. 천문도 제작동기는 무엇보다 조선 건국의 정당성을 확보하기 위해서였다. 조선 건국이 하늘의 뜻이 었음을 말하고 싶었던 것이다. 이성계가 고려를 무너뜨리고 새 왕조를 세운 것은 쿠데타가 아니라 하늘의 뜻을 받아들인 일이었음을 세상에 보여주는 그림이 바로 이 천문도였다. 이때 하늘이란 인격적인 상제(上 帝)라기보다는 천문(天文), 즉 별자리를 지칭한다고 하겠다. 천문도는 일 종의 '왕권천수도(王權天授圖)'로 불린다.

천문도를 제작한 또 다른 중요한 이유는 시간과 계절을 알리기 위해 서였다고 본다. 옛날에는 요즘과 같은 손목시계나 달력이 없었으므로 시간과 계절을 알기 위해 하늘의 별을 보아야 했다. 초저녁과 새벽에 어 느 별이 떠오르는지를 보고 농사짓는 시기를 파악했다. 천문도에는 이 처럼 다양한 의미가 숨은 그림처럼 깊이 들어 있다.

이 천문도에는 1,464개의 별이 새겨져 있는데, 이는 눈으로 볼 수 있

는 거의 모든 별들을 망라한 당시로서는 세계최고 수준의 것이다. 중국 남송의 〈순우천문도〉 다음으로 오래된 이 천문도가 너무 낡아 잘 보이지 않기 때문에 숙종 13년(1687)에 이민철(李敏哲, 1631~1715)이 탁본을 떠서 새로 천문도를 새기기도 했는데, 현재 보물 837호인 이 〈복각천문도〉는 누구나 쉽게 볼 수 있도록 세종대왕기념관에 전시되어 있다. 영조대에는 태조 석각본과 숙종 석각본을 함께 보존토록 하고 따로 목판본 120장을 만들어 배포했는데, 규장각 목판본과 성신여자대학교 목판본 등이 이때 만들어진 것이다. 태조 석각본을 원본으로 선조 4년(1571)에 제작된 목판본(종이에 인쇄된 천문지도로는 가장 오래된 것)이 2006년 말 국내에서 처음으로 공개된 바 있다.[8]

18세기에 들어서는 서양의 영향을 받은 각종 천문도가 명나라를 통해 수입되었으며, 서양의 지식을 수용하여 자체적으로 독창적인 천문도를 제작하기도 했다. 그러나 19세기는 천문도를 비롯하여 천문학이 전반에 걸쳐 쇠퇴한 시기이다.

8. 근대우주과학의 개척자, 김석문 · 홍대용

서양의 자연과학적 영향과 더불어 18세기의 뛰어난 많은 학자들은 지구는 둥글고 돌고 있으며, 세계의 모든 것은 하나의 물질로 구성되어 있고, 우주는 무한하다고 주장했다. 18~19세기의 이름 있는 천문과학자는 남병철 · 남병길 형제를 비롯하여 김석문(金錫文, 1658~1735), 홍대용(洪大容 1731~1783), 박지원(朴趾源, 1737~1805) 박규수(朴珪壽, 1807~1877) 등으로서 이들은 심오한 이론가이면서 동시에 기구를 제작할 수 있는 재능까

8 1571년 제작한 〈천상열차분야지도〉의 목판 인쇄본은 그 동안 일본 텐리대(天理大)에만 1점 전해지는 것으로 알려졌었다.

지도 겸비하고 있었다.

　김석문과 홍대용의 우주론은 대단히 독창적이었다고 평가받고 있다. 김석문은 천문학자 김육(金堉, 1580~1658)의 손자뻘 되는 학자로서 전통적 우주관에서 탈피한 최초의 인물이라 할 수 있다. 수학과 자연과학에 관심이 많았던 김석문은 외국에서 들어온 책들을 통해 우주에 대해 깊이 공부하게 되었다. 그는 자신이 공부한 것을 바탕으로 40세가 되던 숙종 23년(1697)에 『역학도해(易學圖解)』라는 책(6권)을 썼는데, 이 책에서 그는 "지구는 둥글며, 1년에 366번이나 돈다"고 주장했다. 태양과 달과 지구가 하늘에 박혀 있는 것이 아니라 공중에 둥둥 떠 있다는 내용의 '삼대환부공설(三大丸空浮說)'도 이 책에 들어 있다.

근대 우주과학의 개척자인
담헌 홍대용

　홍대용[9]은 선배 김석문보다 한 걸음 나아가 투철한 과학적 입장에서 우주론을 전개했으며, 자기 집안에 농수각(籠水閣)[10]이라는 천문대를 만들고 천문관측기를 설치하여 자연현상을 합리적으로 해명하고자 했다.[11] 홍대용은 1760년대 지구가 둥글며 쉬지 않고 돈다는 지전설(地轉說)을 주장했다. 박지원이 1780년 베이징 방문 중에 홍대용의 지전설을 이야기하면서 "서양인들이 이미 땅이 둥근 줄은 알면서도 땅이 도는 것을 말하지 않았는데, 이것은 그들이 둥근 것은 반드시 돈다는 것을 몰랐기 때문이다."라고

9　노론 가문에서 태어나 양반 중에서도 실세의 가문에 속해 있었지만 그가 노론의 송시열을 비판했다는 점만 보아도 그가 얼마나 소신 있는 삶을 살았는지 가늠할 수 있다. 그의 눈에 이권을 좇으려는 당시 기득권층이 사회악으로 비춰질 정도로 그는 현실을 직시하는 강직한 인물이었다.

10　홍대용이 현재의 충청남도 천안시 수신면에 위치한 자기의 집 연못 가운데에 만들어 놓았던 것이다.

11　이는 기술 분야에서 자세히 논의하고자 한다.

하였다. 만약 박지원이 말한 것처럼 홍대용의 지전설을 독창적인 것으로 본다면 동양인으로서는 최초의 주장이 될 수 있다.

서양에서는 지전설이 이미 나왔지만 1835년 교황청에 의해 해금될 때까지 이단으로 여겨지고 있었다. 갈릴레오 갈릴레이(1564~1642)는 당시 로마 가톨릭교회가 지지하던 천동설(天動說)에 반기를 들었다는 이유로 1642년 사망 후에 정식 묘지에 묻히지 못했다. 그가 숨진 지 95년 후인 1737년 갈릴레이의 추종자들은 그의 유해를 피렌체의 산타크로체 성당 내 미켈란젤로 묘지 맞은편으로 이장하면서 손가락 뼈 3개와 척추 뼈 1개, 치아 1개를 떼어 냈다. 2010년 6월 이탈리아 갈릴레오 박물관에서 기존에 보유하고 있던 갈릴레이의 다른 손가락 뼈를 포함해 최근에 발견된 손가락 뼈 2개와 치아 등을 유리 실린더에 넣어 일반에 공개했다.

물론 홍대용이 당시 아담 샬의 『시헌서』 등을 통하여 지전설을 주장했다는 김석문의 천체에 대한 책을 보았거나 서양 선교사들에게서 지동설에 대해 들었을 가능성은 있다. 하지만 중국에 와 있던 서양 선교사들은 그들 개인의 의견은 어땠는지는 모르지만 드러내 놓고 지동설을 주장할 수 있는 처지도 아니었다. 이와 관련 혹자[12]는 김석문이 『역학도해』에서 이미 지구의 자전과 공전을 주장하였던 것으로 보아 지구의 자전에 대해 홍대용이 그의 저서를 통해 알았을 가능성을 완전히 배제할 수는 없으나, 홍대용이 김석문과는 달리 지구는 공전하지 않는다고 보는 등 지구에 대한 그의 생각이 독창적이었다는 점은 부인할 수 없다고 했다.

홍대용은 지구의 자전설에서 나아가 여러 가지 창의적이고 과학적인 사고를 전개했는데, 우주는 무한하며 다른 별에도 인간 비슷한 존재가 있을 것이라는 생각까지 지니고 있었다. 수학, 천문학 등 자연과학의 가치를 깨닫고 서양과학을 높이 평가하기에 인색하지 않았던 홍대용의 학

12 이숙경 · 김영호 공저, 『의산문답』, 꿈이있는세상, 2006, 75~76면.

설은 이와 같이 명쾌하고 심오했다. 중국의 흠천감(欽天監) 박사인 장경(張經)과의 대화에서도 잘 드러나듯이 시헌력(時憲曆), 즉 역법에 대한 이해력에 있어서도 그는 탁월하였다. 이런 점에서 우리는 그를

베이징 고관상대(흠천감)에 있는 천문기구 혼상

우리나라 자연과학의 선두주자요, 근대우주과학의 개척자라 평가하는 것이다. 현재 베이징 지하철 건국문역(建國門站) 서남쪽에는 명청시대 흠천감이라 불렀던 관상대가 있다. 황제들은 중국에 천주교를 포교하러 온 신부들의 과학지식을 이용하기 위해 이 관상대에서 천문현상을 관찰하고 역법을 만드는 일에 종사하게 하였다. 과학에 관심이 있던 홍대용은 이곳을 찾아 유럽신부들에게 끈질기게 질문하고 직접 관찰하면서 천문학 지식을 배웠다.

　서경덕에서 신흠으로 이어지는 조선의 자연과학적 상수학(象數學)[13]의 전통은 17세기 후반 이래 김창협 · 김석문 · 홍대용 등의 학자들에게 발전적으로 계승되었는데, 심지어 김석문 · 홍대용 등이 소위 북학파로 알려진 학자임을 감안하면 상수학에 심취했던 서경덕의 사상이 북학사상과도 일정한 연결고리를 형성하고 있을 것이라는 가정도 낳고 있다. 한국의 상수학은 대체로 송대 상수학의 영향 아래 전개되었는데, 소옹의 『황극경세서』를 풀이한 서경덕의 『황극경세수해(皇極經世數解)』와 주희의

---

13 숫자에 어떤 의미가 담겨 있다고 생각하는 것이 상수학의 전통이다. 상수학은 중국의 전한(前漢)말부터 삼국시대에 걸쳐 성립 · 전개된 학설이다. 북송대(北宋代)에 이르러 소옹(邵雍, 1011~1077)이 『주역』과 도교의 사상을 융합하여 상수학의 체계를 완성했다. 그는 『역경』을 연구하면서 수가 모든 존재의 기본이라는 상수학의 이론을 만들었다.

『역학계몽(易學啓蒙)』을 연구한 이황(李滉)의 『계몽전의(啓蒙傳疑)』가 대표적 저술이다.

한편 김영(金泳, 1749~1817)은 김해사람으로 신분이 천했지만 그는 역상산수(曆象算數)의 학문에 있어서는 거의 독보적 존재였다. 그는 스승도 없이 기하원본을 독학하여 15년간 역상에 몰두하여 남들이 넘볼 수 없는 경지에 이르렀다. 그가 세상의 인정을 받게 된 것은 1789년 정조의 아버지 사도세자의 능을 수원 화산으로 이장할 당시였는데, 일식의 도수가 베이징과 큰 차이를 보이자 김영이 들어가 그 원인을 규명한 일이 있은 후이다. 서유구(徐有榘, 1764~1845)의 저서 『금화경독기(金華耕讀記)』가 2010년 일본 도쿄도립중앙도서관에 있는 것으로 확인됐는데 이 책에는 천재 수학자 김영이 지은 천문역법서 『기삼백해(朞三百解)』와 『역상계몽(易象啓蒙)』이 수록돼 있어 조선시대 과학사 연구에 획기적인 자료가 될 것이라고 한다.

9. 19세기 한국 제일의 과학자, 남병철

남병철(南秉哲, 1817~1863)은 천문·수학 분야에서 19세기 한국 최고의 과학자로 평가되는 인물이다. 남병철은 아우 남병길(南秉吉, 1820~1869)과 협력하여 천문학과 수학에 관한 많은 이론서를 저술했으며, 실제로 천문기구를 만들기도 했다. 남병철이 세종 때부터 꾸준히 발전해온 간의와 혼천의의 기능을 종합해 손쉽게 천체를 관측할 수 있는 적도의(赤道儀)를 만들었으나 실물이 전하지 않아 아쉬웠는데, 얼마 전(2004년 초)에 남병길이 남긴 『성경(星鏡)』의 그림과 설명 등을 고증·복원하여 여주의

2004년 복원된 남병철의 적도의

세종대왕 무덤인 영릉 경내에 설치해놓았다. 『성경』은 철종 12년(1861)에 남병길이 별자리 그림과 함께 별의 위치와 등급을 수록해놓은 책이다.

조선시대에는 17세기 이래로 서양과학의 영향을 받아 여러 혼천의가 만들어지기도 했다. 19세기 중반에 남병철은 역대 중국의 혼천의를 섭렵하고 결함을 보완할 수 있는 새로운 혼천의를 설계 · 제작하여 혼천의 역사에 일대 혁신을 이룬 것이다. 2007년 발행된 새 1만원권의 뒷면에 있는 혼천의[14] 도

새 1만원권에 있는 혼천의

안에 대해 "우리의 독창적 과학창조물인 혼천시계(국보 230호)를 전부 그리지 않고 이 가운데 중국에서 유래된 혼천의를 따로 떼 도안으로 채택한 것은 문제가 있다."는 지적이 나왔었고, 이에 한국은행은 "지폐 소재로 사용된 혼천의는 중국 것과 다른 독창적인 과학 유산"이라고 해명한 바 있다.

남병철의 『추보속해(推步續解)』, 『의기집설(儀器輯說)』, 『양도의도설(量度儀圖說)』 등은 천문관측법, 관측기구의 구조와 사용법, 계산법 등을 해설한 주목할 만한 것들이다. 이 가운데 『의기집설』은 19세기 후반 조선의 천문과학과 의기제작기술을 가늠할 수 있는 대표적인 저술이다. 특히 천문학 연구는 『의기집설』의 상권 「혼천의」에 나타나는데, 이는 조선시대 최초의 혼천의 연구서라 할 수 있다.

한편 서양천문학을 수용한 인물을 거론할 때 그 동안 추사 김정희는 거의 논의된 적이 없었다. 그러나 17 · 18세기를 이어 서양천문학의 세

---

14 국보 제230호 혼천의는 조선시대 천문시계 중 유일하게 남아 있는 시계로 천문학을 연구하는 데 쓰였으며, 세계 시계 제작기술의 역사상 가장 독창적인 천문시계로 높이 평가되고 있다.

례를 받은 19세기 천문학자로서 추사를 언급하는 데 무리가 없다고 하겠다. 정성희(역사학) 교수에 따르면 추사는 17세기 이후 전래된 서양천문학의 대표적 패러다임인 12중천설에서 한 걸음 더 나아가 티코의 천체체계를 상당한 수준으로 이해하고 있었으며, 타원궤도설을 바탕으로 한 '역상고성후편' 등 시헌력에 대한 이해 또한 높은 인물이었다고 한다.

10. 1904년 목포측후소, 근대적 기상관측 시작

2010년 9월 현재 제7호 태풍 '곤파스(KOMPASU)'를 비롯한 상세한 기상 정보를 거의 실시간으로 파악해 예보에 활용하고 있다. 2010년 6월에 발사된 우리나라 최초 기상위성인 '천리안'이 고도 3만 6000km 상공에서 태풍의 영상 데이터를 수시로 보내오고, 초당 200조(兆)회의 연산 능력을 갖춘 수퍼컴퓨터 등이 구축된 덕이다.

기상청은 우리나라에서 과학적 방식의 근대 기상관측이 시작된 때를 대한제국 시절인 1904년으로 잡고 있다. 『근대 기상 100년사』(2004년 기상청 발간)에 따르면, 1904년 3월 25일 전남 목포에 처음으로 측후소가 설치돼 기온·강수량·날씨 등을 정기적으로 관측한 데 이어, 부산·인천·원산 등지에도 잇따라 측후소가 세워져 전국적인 관측망이 갖춰졌다.

1905년엔 인천측후소에서 지진관측이, 1915년엔 해양 기상관측이 처음으로 실시됐고, 1933년엔 신문에 일기도가 게재되기 시작했다. 이후 한국전쟁 기간 중 미군의 지원으로 고공기상관측 장비를 비롯한 120여 종의 현대식 관측기기를 갖추게 되었다. 이어, 기상 레이더 관측(1968년), 수퍼컴퓨터 1호기(1999년) 및 3호기 도입과 천리안 발사(2010) 등으로 우리나라 기상 기술은 비약적 발전을 이루었다.

현대천문학에서 천체의 현상에 대한 관측과 현상에 대한 기록의 이론으로 우주를 설명하는 편이다. 한국전통문화 속의 천문학분야에 있어서도 천체의 운동을 살피는 관측과, 관측의 결과를 기록한 역서(책력)로 나누어 살펴볼 수 있다. 다만 천문관측에 관해서는『삼국사기』의 기록을 포함하여『고려사』천문지를 대상으로 하고, 역서에 대해서는 김육의 견해를 중심으로 우리나라 역법사용의 변천사를 간략히 훑어보기로 하자.

11. 낮에 금성이 나타나고, 달이 금성을 가리다

달이 해를 가리는 천문현상이 일식이다. 해가 달보다 무려 400배나 크지만 겉보기에는 둘의 크기가 거의 같다. 해가 달보다 400배나 멀리 있기 때문이다. 삼국시대 천문관측의 발달은『삼국사기』를 통해 알 수 있는데, 일식현상에 대한 관찰기록의 경우, 고구려는 445년 동안 11회, 백제는 606년 동안 26회, 신라는 965년 동안 30회로서 총 67회에 달하는 기록이 있다.

이러한 관찰기록은 상당히 정확하다고 볼 수 있는데, 559년의 일식 기록은 아시아에서는 보이지 않고 유럽에서나 관찰할 수 있었던 것으로, 이는 계산에 의해서 일식을 예측한 것으로 추정되고 있다.『삼국사기』의 일식 관측기록은 삼국의 영토가 중국에까지 펼쳐져 있었음을 추측하게 해준다.

혜성출현에 관한 것도 삼국에서 모두 65회나 기록으로 전한다. 이런 정도의 관측기록은 중국을 제외하고는 그 예를 찾아볼 수 없다고 하겠다. 유성이나 운석의 낙하가 42회 있었고, 행성의 이상 현상이 40회나 기록으로 남아있다. 행성의 이상 현상에 대한 기록 가운데는 금성이 낮

각저총에 있는 별자리 그림

무용총에 있는 별자리 그림

에 나타났다는 태백주현(太白晝現)과 달이 금성을 가렸다는 태백입월(太白入月) 등의 기록은 모두 중국의 기록에도 없는 독자적인 것이다. 태백주현에 대한 기록은 고구려가 1회, 백제가 3회, 신라가 4회로서 삼국이 모두 독자적으로 기록을 남겼다.

천체에 대한 관심은 하늘의 별자리에도 미쳤음이 고분벽화를 통해 입증된다. 지금까지 21개의 고구려고분에서 별자리그림이 발견되었다고 하는데, 특히 무용총이나 각저총[15]에는 별자리 그림이 뚜렷하게 남아있다. 앞에서 언급된 조선 태조 때 만들어진 〈천상열차분야지도〉에 있는 별들의 관측시점이 1세기경의 고구려 초기였다는 사실로도 당시의 천문관측의 수준을 가히 짐작할 수 있다.

12. 태양의 흑점까지 관측하다

천체관측기술과 천문지식은 고려에 계승되면서 한 단계 도약을 했다. 고려도 첨성대를 세워 천체를 관측했는데 삼국시대와는 비교가 안 될 만큼 많은 관측 기록을 남겼다. 고려왕조 475년간에 일식과 월식을 비롯하여 다섯 개 행성이 다른 별에 접근한 현상과 각종 별들의 이상한 현상도 많았다. 특기할 만한 것은 오늘날 흑점의 장주기 연구에 중요한 자료

---

15 중국 지린성(吉林省) 지안현(輯安縣) 루산(如山)에 있는 고구려 벽화고분으로 '각저(角抵)'는 고구려의 씨름을 말한다.

로 평가되고 있는 태양의 흑점에 대한 관측이
기록되었다는 사실인데, 이는 당시 세계에 유례
가 없는 일이었다.

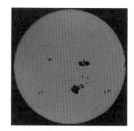

고려시대에 관측된 사실이
전하고 있는 태양의 흑점

　1151년부터 태양의 흑점에 대한 관측기록이
나타나는데, 유럽에서는 흑점이 1607년에 17세
기 이탈리아 과학자 갈릴레이에 의해서 처음으
로 관측되었다는 사실과 비교할 때 천문학사상
매우 중요한 의의를 지닌다. 서양인들의 관측역사는 기껏해야 400년으
로 태양의 장주기 활동을 알아보는 데는 턱없이
부족한 시간이다. 우리 선조들의 1000년 기록이
태양의 장주기 활동을 살피는 실마리를 제공해
줄 것이다.

17세기 뛰어난 이탈리아 과
학자 갈릴레이

　이러한 역사적인 기록들을 모아 「천문지」라
는 책을 만들었다고 『고려사』는 밝히고 있다.
이 「천문지」를 보면, 복희씨 때부터 하늘을 바
라보고 땅을 관찰하였으며 황제는 앞날의 날짜
를 미리 짐작하여 셈하였고 요임금은 날과 달의 운행을 추산하여 백성
들에게 계절을 알려주었으며 순임금은 선기옥형을 이용하여 칠정에 해
당하는 해, 달, 다섯 개의 행성을 정리했으므로 천문을 관측하는 방법이
정비되었다고 했다.

　그리고 공자가 노나라 역사에 의거하여 『춘추(春秋)』를 저작할 때 일식
과 별들의 이상한 현상에 관한 것은 전부 그대로 두고 하나도 삭제하지
않은 까닭은 천문현상을 존중히 여겼기 때문이라고 했다. 이렇듯 『고려
사』에서는 천문이 인간의 삶에 있어 얼마나 중요하며, 천문관측의 역사
가 어느 정도 오래되었는가를 전하기도 했다.

고려시대의 천문현상

공양왕 원년(1389) 4월 을사일에 달이 헌원 성좌와 태미원에 접근하였고 갑인일에는 월식이 있었다. 6월 을사일에 달이 목성에 접근하였고 9월 임진일에는 달이 태미원으로 들어갔으며 10월 기유일에는 낭장 성좌의 별이 태미원 안에서 나와 동쪽 분구의 성좌로 들어갔고 11월 계미일에는 태미원 안의 별이 그 서쪽 분구의 상장성에 접근하였다.

천문활동을 기록으로 전하는
고려사

2년 2월 을사일에 달이 태미원으로 들어갔고 기유일에도 달이 태미원으로 들어갔으며 4월 정유일에는 금성이 달을 가리웠고 무술일에는 금성이 낮에 나타났으며 무오일에는 화성이 우림 성좌로 들어갔다. 윤 4월 갑자일에 화성이 우림 성좌로 들어갔고 병인일에는 금성이 달을 가리웠으며 6월 무인일에는 금성이 낮에 나타났고 기묘일에도 금성이 낮에 나타났으며 경진일에도 또한 금성은 낮에 나타나 하늘을 수놓았고 신사일에도 또 금성이 낮에 나타났으며 임오일에도 금성은 낮에 나타났다. 7월 초하루 신묘일에 금성이 낮에 나타났고 병신일에도 또한 그러하였다.

신축일에 금성이 낮에 나타났는데 이와 같은 현상이 월말까지 계속되었다. 8월 을축일에 달이 심 성좌에 접근하였고 병술일에는 달이 헌원 성좌에 접근하였으며 정해일에는 달이 태미원으로 들어갔다. 9월 경인일에 금성이 낮에 나타나 하늘을 주름잡았으며 정유일에는 금성이 토성에 접근하였고 또 태미원의 우 집법성에 접근하였으며 을사일에는 금성이 월식이 있었다. 11월 신축일에 금성이 달을 가리웠고 또 달은 화성에 접근하였으며 12월 갑자일에 금성과 목성이 함께 같은 성좌에 모였고 무진일에는 달이 화성에 접근하였다.

3년 4월 초하루 무오일에 토성이 자미원에 접근하였고 갑자일로부터 10여일 동안 혜성이 나타났으며 신미일에는 달이 심성좌에 접근하였고 을해일에는 늘 보이는 항성이 아닌 객성이 자미원에 접근하였다. 10월 계해일에 토성이 태미원의 우 집법성의 서쪽 공간으로 나와 그 첫째 별에 접근하였고 11월 임진일에는 또 토성이 태미원의 좌 집법성의 서쪽 공간으로 나와 그 첫째 별에 접근하였으며 12월 병자일에는 또 달이 태미원의 첫째 별에 접근하였다.

4년 2월 계해일에 토성이 태미원의 첫째 별에 접근하였고 정묘일에는 개기월식이 있었으며 또 토성이 태미원에 접근하였고 무진일에는 달이 각 성좌의 왼쪽 별에 접근하였으며 신미일에는 토성이 자미원의 첫째 별에 접근하였고 병자일에는 혜성이 종일토록 나타났다. 6월 기사일에 토성이 태미원에 접근하고 또 그 동쪽 분구의 첫째 별에 접근하였으며 7월 병술일에는 토성이 태미원으로 들어가서 또 그 동쪽 분구의 첫째 별에 접근하였다.

— 『고려사』 49권, 지3 천문3

옛날부터 우리나라 사람들은 구름의 모양이나 움직임을 보며 날씨를 살피고, 해와 달을 관찰하여 절기를 구별하기도 했으며, 별을 관찰하여 나라의 운명을 점치기도 했다. 삼국시대에도 이미 천문관측 활동이 활발했고 이러한 사실이 기록으로 전하고 있으나, 고려는 이보다 훨씬 관측활동이 왕성했고 기록이 풍부하게 남아 있다.

고려시대의 천문관측 활동은 『고려사』의 「천문지」와 「오행지」에 잘 수록되어 있는데, 위에 제시한 천문현상의 기록은 '천문지'에서 고려의 마지막 임금인 공양왕 때의 것만 발췌한 것이다. 위 자료의 내용을 요약해볼 때 크게, 첫째는 태양에서 일어나는 각종 변화를 말한 것이고, 둘째는 달과 별의 접근 현상과 별들의 이상 현상을 언급한 것이다.

특히 태미원(太微垣), 자미원(紫微垣) 등이 나오는데, 이는 별의 분포구역을 말하는 것으로서 하늘에 있는 별들의 위치를 3개의 울타리로 된 3원三垣으로 구분했던 것이다. 태미원은 상원(上元)이라고 하여 제일 높은 자리이고, 여러 개의 성좌를 포함하고 있는 천구상에서 큰 구역이다. 자미원은 중원이라 하여 북극으로서 북두칠성이 이 원에 속하며, 끝으로 하원으로서 천시원(天市垣)이 있다. 3원 안에 있는 별의 수와 별자리의 수를 보면, 태미원에 78성(星)과 20좌(座), 자미원에 164성과 39좌, 그리고 천시원에 87성과 19좌이다.

물론 이러한 기록들은 고려의 첨성대에서 관측한 결과들이다. 고려의 첨성대의 역할은 당연히 천문과 기상의 관측이었다. 고려의 건국초기에는 태복감과 태사국이, 1023년에는 사천대가, 그리고 고려 말에는 서운관이 첨성대를 운영하였다. 천문관측기관의 관원들의 업적이 낱낱이 보고되고 있는 이 『고려사』의 기록을 통해 우리는 고려시대 천문현상의 관측이 그 이전 시대에 비교해서 얼마나 활발했는지를 한 눈에 알아볼 수 있다.

『고려사』「천문지」를 통해 고려조에 있었던 132건의 일식을 비롯하여 226건의 월식, 76건의 혜성출현, 5백 47건의 유성관측이 보고되고 있으며, 34건의 태양 흑점의 관측이라든가 168건의 금성출현과 수백 건의 오로라관측 등에 대한 기록이 풍부하게 전하고 있다.

천문학자들은 별빛을 제외한 모든 빛을 두고 잡광이라고 말한다. 요즈음은 이러한 잡광이 많아 은하수를 보기도 힘들지만 우리 고대 사서에는 무려 700건에 달하는 오로라에 관한 기록이 있다. 이는 유럽에 남아 있는 기록보다 많고 체계적이어서 이 기록을 모두 도표에 표시하면 1000년간 나타났던 오로라의 변화를 알아볼 수 있을 정도다.

13. 중국, 조선의 독자적인 역법사용 경계

천문관측의 실용성은 무엇보다 역서(曆書)의 제정에서 찾아볼 수 있다. 역서란 천체를 측정하여 해와 달의 돌아다님과 절기를 적은 자료집으로서, 천체의 운행에 맞추어 인간의 시간적 생활을 조정하기 위하여 만들어졌다.

그러나 역(曆)이 국가와 사회 구성원의 시간적 생활을 통일적으로 규정하게 될 때, 그것은 일종의 법률이며 국가제도로서의 성격을 갖게 된다. 따라서 역은 함부로 아무나 만들 수 있는 것이 아니다. 그것은 하늘의 뜻을 살피는 제왕의 고유한 권한으로 간주되었다. 예부터 역서를 만들어 백성들에게 농사지을 시기를 알려주는 일은 통치자의 신성한 임무의 하나였던 것이다. "단오 선물은 부채요, 동지 선물은 책력(冊曆, 달력)"

이라는 속담도 그 중요성을 말해준다 하겠다.

우리는 전통적으로 중국의 역법을 따랐다. 그러다가, 앞에서도 언급했듯이 조선조 세종 때에 이르러서는 독자적인 역법체계가 형성되었다. 세종 대에 와서 원의 곽수경이 제작한 수시력을 우리나라의 형편에 맞게 교정하여 『칠정산내편』을 만들고, 또 명의 회회력을 연구하여 『칠정산외편』을 만들어, 이 두 가지를 함께 사용하였다. 이순지 등의 이 『칠정산내외편』은 고도로 발달된 역산법에 따라 완성된 역서였다. 일식과 월식, 5행성의 궤도, 정확한 24절기, 1년의 날 수 등은 현대장비로 측정한 것과 거의 틀리지 않을 정도로 정확하다.

하지만 중국역법의 사용이 강요되는 상황에서 이러한 노력도 크게 확산되지 못함으로써 조선초기 역법의 발달은 답보상태였다. 게다가 칠정산외편의 제작으로 조선은 정확하게 일식, 월식을 예측할 수 있었다. 그러나 시간이 지날수록 오차는 커져 갔다. 조선중기인 선조 때에 이르러서는 오차가 30분 이상으로 늘어났다. 우리가 생각하기에 하늘은 변함이 없어 보이지만, 실상은 그렇지 않다. 지구는 시간이 지나면서 자전축과 공전궤도가 달라진다. 특히 자전축의 방향이 바뀌게 되면 지상에서 관측하는 모든 천체의 위치가 달라지게 된다.

세종 당시 만들어진 칠정산외편에 담긴 천체 정보도 수백 년의 세월이 흐르면서 오류가 생길 수밖에 없게 된 것이다. 하지만 후대에는 이를 고칠 엄두를 내지 못했다. 선조 이후로는 오차가 더 확대되고, 세계 최고 수준이었던 조선의 천문학도 곤두박질을 치게 되었다. 숙종 때에는 총 25회의 일식 가운데 20회만 문헌에 기록됐다.

14. 새롭게 사용한 역법, 시헌력

오랫동안 써온 원나라의 수시력에 의한 역산이 실제와 잘 맞지 않았던

순치황제의 총애를 받았던
흠천감 우두머리, 아담 샬

까닭에 조선중기 이후로 새로운 역법에 대한 요구가 일기 시작했다. 사실 중국도 달의 삭망을 기준한 태음태양력을 고집함으로써 계절과 어긋나는 역을 수없이 바꿔야 했는데 마침 서양역법의 우수성이 드러나 중국에서는 역법의 개정이 있었다. 독일인 신부 아담 샬(Johann Adam von Bell Schall)[16]이 명의 마지막 황제인 숭정제(崇禎帝) 7년(1634)에 『숭정역서』를 완성했으나 명의 멸망으로 이는 시행되지 못했고, 중원에 들어선 청에서 다시 그것을 손질하여 『서양신법역서』를 편찬하고 이것에 의거하여 만든 시헌력을 청의 순치 2년(1645)부터 채용하게 되었다.

따라서 당시까지 써왔던 명나라의 대통력(大統曆)은 이제 쓸모가 없게 되었다. 대통력은 수시력을 기본으로 제작된 것으로서 400여 년이 지나는 동안 하늘의 도수와 차이가 생겨 천체현상과 역서가 정확히 일치하지 않았던 것이요, 이에 반해 서양역법을 기본으로 만든 시헌력은 매우 정확하였으므로 청조에서 이의 없이 수용될 수 있었다. 시헌력은 태양력의 원리를 차용했으나 역시 음력이었다. 마침내 우리나라에서도 시헌력을 채용하기에 이르렀으며, 1895년 을미개혁 때까지 이를 사용했다.

시헌력의 반포에 따라 역법체계는 서양식으로 바뀌었고, 이를 바탕으로 천세력(정조 원년, 1777), 만세력(고종 1년, 1864), 명시력(고종 35년, 1898)을 제정하여 사용하였다. 전통적으로 써오던 음력을 양력(陽曆)으로 바꾸려 한 임금이 고종이다. 『승정원일기』 고종 32년(1895) 9월 9일조

---

16 아담 샬은 흠천감 우두머리인 정5품 감정(監正, 기상청장)에 임명되었다. 서양 신부가 청나라 정식 관료가 된 것이다. 1650년대 순치제(順治帝)의 총애를 받은 샬은 어전회의에 배석할 수 있는 특전과 정1품 품계까지 받았다. 황제가 스물 네 번이나 그의 집을 방문할 정도였다. 하지만 1661년 순치제가 죽자 자택에 연금된 샬은 1666년 75세의 나이로 세상을 떴다.

에 따르면 "정삭을 고치고 태양력을 사용하여 개국 504년(1895) 11월 17일을 505년 1월 1일로 삼으라."는 조칙을 내린다. 이듬해인 1896년에는 '건양(建陽)'이라는 독자적인 연호까지 사용했다.

다시 말해, '그레고리력'은 1582년 로마 교황 그레고리 13세 때 만들어진 것으로 지금 우리가 쓰고 있는 태양력이다. 새로운 달력은 권력 투쟁의 산물이기도 했다. 로마 교황이 율리우스력을 폐지하고 그레고리력을 도입한 배경엔 신교의 싹을 누르려는 의도가 있었던 것으로 해석됐다. 1896년에 고종이 태양력을 도입한 것도 중국 중심의 시간관념을 탈피하자는 취지였다. 연호도 새로운 양력을 세운다는 의미로 '건양(建陽)'으로 정한 것이었다. 고종은 음력 1895년 11월 17일을 '양력 1896년 1월 1일'이라고 공표했다.

이후 공문서에 양력 표기를 시작했지만 민간에선 여전히 음력을 썼다.[17] 황현이 『매천야록』 건양 원년 조에서 "양력 일자를 사용하라고 했지만 수천 년 동안 내려온 습관이 갑자기 변하기는 매우 어려웠다."고 쓴 대로, 관습을 바꾸는 것은 쉽지 않았다. 광무(光武) 원년(1897) 양력 12월 중추원 2등 의관(醫官)이던 지석영(池錫永)의 "양력을 없애고 음력만을 사용하자."는 상소도 이런 사정을 말해 준다.

음력만을 쓰자고 주장했던 지석영

일제강점기에는 조선총독부가 발행한 조선 민력, 양력을 썼다. 해방이 되면서 국립중앙관상대가 설립되고 나서 1946년에 『세차역서(歲次曆書)』가 발간된 이래 서너 차례 역서가 개간되었고, 현재 우리가 사용하고 있는 역법은 한국천문연구원이 발행한 『역서 2000』이다. 『역서 2000』이

17 이렇게 도입된 양력이 110년 만인 2010년 법적 근거를 갖게 되었다. 박영아 국회의원이 대표 발의해 2010년 7월 2일부터 시행된 '천문법'이 바로 그것이다.

현재 우리가 사용하고 있는
역법인 역서2000

야말로 『칠정산내편』을 제작하여 쓴 이래 560여
년 만에 우리 손으로 만든 제대로 된 역서이다.

역법 개정의 당위성

황제씨 이후로 책력가 6명이 있은 뒤에 한무제 때에 이
르러 낙하굉(落下閎)이 태초력(太初曆)을 만들었으며, 동
한(東漢) 말기에 이르기까지 3차례 책력을 고쳤고, 위나라
로부터 수나라에 이르기까지 13차례나 개정하였습니다.
당나라에서는 8차례 책력을 개정했고, 오대(五代)의 여러
나라에는 8명의 책력가가 있었으며, 남송 · 북송에서는 모두 11차례나 개정하였습
니다. 이는 단지 책력이 오래되어 오차가 생겨서 일뿐만 아니라, 사람의 관점에 따
라서는 각기 정밀하고 정밀하지 못한 것이 있기 때문에 이처럼 자주 책력을 고쳤던
것입니다.

원나라 초기에 곽수경 · 허형(許衡) 등이 역법에 밝
아 오차법을 만들었는데, 매우 정밀하였습니다. 여기
에는 차고 기움 · 늦고 빠름 · 더하고 뺌의 오차법이
있는데, 원 순제(順帝) 18년인 신사년을 책력의 시초
로 했던 바, 현재까지 통용된 지가 무려 365년이나 되
었지만 날짜와 달의 여분이 그리 크게 틀리지 않는 것
을 보면 후세에 훌륭한 책력가라고 할 만합니다.

그러나 천체의 운행은 끊임이 없는데, 오차가 여러 날 많
이 쌓이게 되면 초저녁에 보이는 별과 새벽에 보이는 별이
조금씩 자리를 잃게 됩니다. 현재 하늘의 도수[18]가 이미 차

인조 때 관상감 제조였던
김육

전수(全數)가 되어 마땅히 변해야 하는데, 때마침 서양의 책력이 나왔으니 이는 진실
로 책력을 개정해야 할 기회입니다. 다만 한흥일[19]이 가지고 온 책자는 이론만 있을
뿐 완전한 것이 없으니, 능히 이 책자를 지을 만한 자라야 이 책자의 내용을 충분히

---

18 도수란 공간의 위치를 말한다.
19 한흥일(韓興一, 1587~1651)은 효종 때의 대신으로 구암(久菴) 한백겸(韓百謙)의 아들이
며 국구(國舅) 한준겸(韓浚謙)의 형인데, 1624년에 문과에 급제하고 여러 요직을 거쳐
1651년에 우의정이 되었다.

알 수 있습니다. 그렇지 못하면 비록 10년을 연구한다 하더라도 논의하는 바의 단서
도 알아내지 못할 것입니다.

　중국은 병자 · 정축년으로부터 이미 역법을 개정했으니, 내년도의 새 책력은
우리나라 책력과는 크게 차이가 있을 것입니다. 만일 이 새 책력 속에 미묘하
게 들어맞는 것이 있으면 마땅히 옛것을 버리고 새것을 취해야 한다고 봅니다.
그런데 외국에서 책력 만드는 것을 중국이 금지하고 있으니, 사람을 보내어 배
우기를 청할 수는 없습니다. 그렇지만 이번 중국으로 사신 가는 길에 2~3명의
일관을 대동하고 역관으로 하여금 흠천감에 탐문하게 할 수는 있을 것입니다.
그리하여 만일 근래에 책력을 지은 단서를 연구하여 그 방법을 미루어 고찰하
고 알기 어려운 곳을 터득하여 온다면, 이것을 가지고 거의 추측하여 알 수 있
을 것입니다.

— 『잠곡집』 제5권 계사

우리나라에 서양의 과학문물이 본격적으로 전래된 것은 인조 때로, 베
이징에 갔던 정두원(鄭斗源, 1581~?)이 서양 선교사 로드리게즈(Jeronimo
Rodriguez)로부터 얻어온 『직방외기(職方外記)』, 『서양국풍속기』, 『천문도』
등 한역된 서양과학 관련서적을 비롯하여 자명종(自鳴鐘),[20] 천리경, 화
포, 일구관(해시계), 염소화(화약) 등의 유입이 시초이다. 그 후 선양(瀋
陽)에 볼모로 가있던 소현세자가 아담 샬이 선물한 『서양신법역서』를 비
롯하여 많은 천문역서와, 서양 해시계를 비롯한 상당량의 천문의기 등을
갖고 귀국하였다. 몇 개월 뒤에 봉림대군도 귀국하게 되었는데, 이때 수
행했던 재상 한흥일은 청나라에서 시행하는 시헌력의 정확성에 감탄하
여 역법 개정을 건의하기에 이르렀다.

　특히 인조 때에 관상감 제조인 김육(金堉, 1580~1658)이 연경(燕京, 현 베이

20　'영국 시계제조업의 아버지'로 불리는 토마스 톰피언(Thomas Tompion, 1639~1713)이
　　제작한 시계이다. 자명종은 인조 9년(1631) 정두원에 의해 처음 조선에 전해졌다. 현재
　　실학박물관에 보존되어 있다.

청에서 서양의 역서, 해시계
등을 갖고 들어온 소현세자

징)에 사신으로 갔다 오면서 아담 샬에게서 시헌력을 얻어다가 관상감에서 연구하도록 지시하고 왕에게도 사용할 것을 촉구하였다. 윗글은 잠곡 김육이 인조 22년(1644)에 시헌력의 채용을 건의한 내용이다. 천체의 운행을 기준으로 절기와 날짜를 적은 책력이 그동안 부정확했으므로 중국과 같이 새롭게 바꾸어야 한다는 것으로서 그는 수시력에서 시헌력으로 고쳐야 한다고 인조에게 주장한 것이다.

시헌력은 태음력에 태양력의 원리를 결합시켜 24절기의 시각과 1일간의 시간을 계산하여 제작한 역법이다. 김육은 책력이 자주 바뀌는 것은 천체의 운행에 대한 사람들의 시각이 정밀치 못한 데 있다고 보았다. 또한 천체를 관찰하고 연구한다는 것이 여간 힘든 일이 아님을 지적하기도 했다. 물론 김육은 백성들을 위해 대동법을 시행한 조선중기의 대표적인 개혁가이다. 조선조의 최고 관료가 김육이라고 한다면, 조선시대의 최대 개혁은 대동법이라고 할 수 있다. 그러므로 김육이 최고 관료가 되고 대동법이 최대 개혁이 된 것은 무엇보다 그 인물과 그 개혁이 조선후기 사회변화의 기폭제가 되었기 때문이다.

1645년에 중국에서 만든 시헌력을 교정하여 쓰다보니 차츰 문제점이 노출되기 시작했다. 이에 1646년 김육은 역법에 관한 계사(啓辭)를 올리고 일관(日官, 천문학자)을 베이징에 파견하여 역서 작성법을 배워올 것을 임금에게 건의하였다. 1647년에 조정은 일관을 파견하여 시헌력의 계산법을 학습토록 하였고, 아담 샬 등 흠천감의 관리들로부터 받은 자료를 바탕으로 김상범(金尚范) 등이 적극적으로 연구에 힘을 쏟기 시작했다.

역법을 바꾼다는 것은 왕조정치에서는 매우 중대한 일이기 때문에 역대 왕들은 역법을 정비하는 일에 심혈을 기울였을 뿐만 아니라 그만큼 힘들었던 것이다. 이렇듯 역법 개정에 많은 어려움이 있었으나 결국 중국의 흠천감으로부터 배워온 시헌력을 효종 4년(1653)에 쓰기 시작하여 갑오경장 이전까지 사용했다.

김육이 낙향해 살았던 경기 가평의 잠곡서원이 있던 곳

김육은 호가 잠곡(潛谷)이다. 그는 과학적 사고와 실천적 의지가 뛰어났다. 성균관 시절 김굉필·조광조의 문묘배향을 건의하다 과거응시 자격을 박탈당한 바 있는 그는 정인홍(鄭仁弘)을 비판하다 광해군의 노여움을 받아 34세에 경기 가평 잠곡으로 낙향하여 10년의 은둔생활을 했다. 그 뒤 45세 이후 본격적으로 벼슬길에 나서 성균관좨주·예조판서 등을 역임하고 효종 때 영의정에 올랐다. 그의 성공은 무엇보다 개인적 능력과 청빈한 성품 때문이었다고 할 수 있다.

김육은 효종 2년(1651) 72세에 마침내 영의정에 올라 훈련도감과 군자감의 도제조를 겸임하였다. 7월에 숙원사업이었던 호서의 대동법을 시행하였고, 백성들이 사사로이 돈을 주조하도록 주청하여 채택되었다. 또 손녀(차남 金佑明의 딸)가 왕세자빈으로 간택되었다. 이 해는 그의 생애에서 최고의 성취를 이룬 해였다고 할 수 있다. 이때부터 그는 1658년까지 8년간 일국의 원로대신으로서 자신의 경륜을 마음껏 펼칠 수 있었다. 숙종은 어제찬(御製贊)을 통해 김육에 대해 "노인의 모습임에도 마치 신선의 풍채를 볼 수 있으며, 마음을 다해 췌국(瘁鞠)했다"고 평가하였다.

앞서 충청감사로 있을 때는 공부(貢賦)의 불균형과 부역의 불공평을 없애고자 대동법을 실시할 것을 상소하여 왕의 승낙을 받았으나 시행되지 못했다. 그가 우의정이 되자 각계각층의 반대를 무릅쓰고 다시 상소하여 호서지방에서 실시하였고, 좋은 성과를 거두었다. 그는 실무관료로서의 다양한 경험과 폭넓은 견문을 통한 선진적인 식견을 가지고 있어 수차(水車)의 제도, 용차(用車)의 편리, 주전통화의 제도 등을 주장했다. 또 그는 바쁜 관료생활이나 사행(使行) 중에도 많은 저술을 할 만큼 훌륭한 학자로서의 소양을 가지고 있어 『구황촬요벽온방(救荒撮要辟瘟方)』, 『황명기략(皇明紀略)』 등의 저서를 남기기도 했다. 특히 『구황촬요벽온방』은 기근에 대한 대처 방안과 전염병 치료에 대한 처방전을 모은 것으로 한글로 된 두 책을 간행함으로써 관료로서의 귀감을 보였다. 그의 무덤은 경기도 남양주시 금촌리에 있다.

제2장 땅의 이익을 활용하다, 지리

땅이란 우주 본체의 살아있는 물체이다. 흙은 그의 살이고,
물은 그의 정기와 피이며, 비와 이슬은 그의 땀이고,
바람과 불은 그의 혼백이며 혈기이다.
그러므로 물과 흙은 안에서 빚어내고, 햇빛은 밖에서 쪼이므
로, 만물의 근본이 되는 기가 모여 온갖 만물을 만들어내고
번성하게 한다.

— 홍대용, 『의산문답』에서

1. 독도지킴이 F-15K의 분노

우리 공군의 최신예 전투기인 '독도지킴이' 라는 별명을 지닌 F-15K
의 일부 디지털 지도에 독도가 '다케시마' 로 표기되고, 동해가 '일본해'
로 각각 표기돼 있었던 사실이 뒤늦게 밝혀져 우리를 안타깝고 씁쓸하게
하고 있다. 국회 국방위 소속 한나라당 김장수 의원은 2009년 국정감사
질의자료를 통해 "지난해 독도 방어훈련에 투입된 F-15K 2대의 축적 25
만분의 1, 50만분의 1, 100만분의 1, 200만분의 1 디지털 지도 중 일부가

한국의 영토 독도

'다케시마', '일본해' 등으로 표기된 사실이 뒤늦게 확인됐다"고 밝혔다. 우리 군의 지도제작을 맡고 있는 육군지형정보단은 지난 2002년 이후 최근까지 한미 지형정보회의에서 9차례나 '다케시마', '일본해' 표기 등을 수정해 줄 것을 요청했다고 한다. 그러나 미국 측은 계속 미온적인 반응을 보이고 있는 것으로 나타났다.

2004년 새해 첫날 고이즈미 준이치로(小泉純一郎) 전 일본 총리까지 나서서 독도가 일본땅이라는 망언을 한 바 있고, 그해 1월 16일 우리 정부는 '독도의 자연' 기념우표를 발행했다. 이 우표는 발행된 지 3시간 만에 모두 팔렸다. 대항 우표를 발행하지 않겠다던 일본에서는 1월 말에서 2월 중순 사이에 독도우표를 세 차례나 발행했다. 2009년 정권교체로 취임한 후 한국을 방문했을 때 "과거 역사를 직시하겠다"던 하토야마 유키오(鳩山由紀夫) 전 총리마저 2010년 "독도에 대한 일본 정부의 입장은 전혀 변하지 않았다"고 말했다. '독도가 일본 땅'이라고 기술한 2011년도 일본 초등학교 5학년 사회교과서 5종 전부가 2010년 3월 검정을 통과한 데 이어, 2011년 4월 검정 예정인 중학교 사회교과서도 모두 '독도는 일본 땅'으로 기술할 가능성이 크다는 전문가 분석이 나왔었다. 또 현행 일본 초·중·고교의 모든 사회과 지도가 독도를 일본 땅으로 표시하고 있는 것으로 드러났다.

사실 19세기 후반 일본정부의 지도를 보면 '독도는 일본땅이 아님'이 분명하다. 일본 내무성 지리국이 1879년과 1881년 제작한 지도인, 〈대일본부현관할도(大日本府縣管轄圖)〉와 〈대일본부현분할도(大日本府縣分轄圖)〉

의 시마네 · 오카야마 2현도에는 오키섬만 시마네현 소속으로 그려져 있고, 독도와 울릉도는 일본 영토에 포함시키지 않았다. 1877년 일본 육군참모국이 제작한 〈대일본전도(大日本全圖)〉에도 일본 영토 전체를 자세하게 나

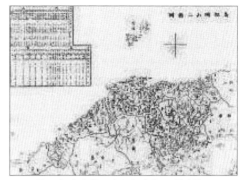

독도가 빠져있는 일본의 대일본부현관할도

타내고 있지만 독도는 들어 있지 않다. 일본은 1904년 러일전쟁 직전까지는 독도를 한국 땅으로 인정했으나, 러시아와의 전쟁이 본격화된 1905년 2월 그동안의 태도를 바꿔 독도를 시마네현 소속으로 편입시켰다. 일본의 독도 영유권 논리의 허점을 조목조목 따지는 저서[21]가 나와 주목케 한다. 이 책에서는 일본 스스로가 독도 영유권을 부정했음을 보여주는 일본 정부의 공식 문서인 '태정관 지령문' 등에 대해 새롭게 조명했고, 그 문서가 지금까지도 법적으로 유효하다는 점을 밝혔다.

2004년 1월엔 일본이 실질적으로 점유하고 있는 동남중국해 센카쿠(尖閣)열도(중국명 댜오위다오(釣魚島)에 상륙하려던 중국인을 실은 중국어선을 일본순시선이 물대포로 공격하는 물리적 충돌이 일어났다. 센카쿠열도 해상에서 2010년 9월 7일에도 일본 해상보안부가 중국어선을 나포한 사건이 발생, 중일 간 외교분쟁으로 비화되었으며, 같은 해 11월에는 이 중국어선과 일본 보안부 순시선이 충돌한 사건을 찍은 비디오 유출 문제로 중일이 또 격돌했다.[22] 무인도를 놓고 각 나라마다 자기들의 영

---

21 호사카 유지 · 세종대 독도종합연구소, 『대한민국 독도』, BM책문, 2010.
22 댜오위다오는 면적 7㎢의 무인도이다. 1863년 청나라가 제작한 세계지도에 따르면 푸젠(福建)성에 속했으나 1895년 청일 전쟁 중 일본이 댜오위다오를 포함해 타이완을 침공 · 통치했다. 중국은 청나라 시절의 상황을 근거로 자국의 땅이라고 주장한다.

토라고 주장하며 끊임없이 싸우고 있다. 한편 중국 역사학계에서 최근 수년 새 오키나와(沖繩)가 중국 땅이라며 반환을 주장하는 목소리가 커지고 있다고 〈마이니치(每日)신문〉이 2010년 8월 18일 보도한 바 있다. 일부 중국학자들이 과거 오키나와가 류큐(琉球)왕국이었던 시절 중국과의 교역이 번성했고, 중국에 종속된 지위에 있었다고 주장한다.

그런가 하면 러시아의 드미트리 메드베데프 대통령이 2010년 11월 일본과 영토분쟁을 겪고 있는 쿠릴열도 남방 4개 섬(일본명 북방영토) 중 구나시리(國後)를 전격 방문했다. 이에 대해 일본 간 나오토(菅直人) 총리가 직접 유감을 표명하는 등 강력하게 반발했다.

얼마 전 레이건 전 미국 대통령은 브라질의 수도 브라질리아에서 열린 국제회의에서 개회사를 하면서 "볼리비아에 오게 돼 기쁘다"고 하여 화제가 되었었다. 자신의 전공 학문인 지리학이 효율성과 예측력을 높이는 학문이라고 자부하고 있던 미시건 주립대의 하름 데 블레이(Harm de Blij) 교수는 대통령의 이런 실수를 미국의 자존심을 훼손하는 '지리적 문맹'으로까지 규정하였다. 특히 지리학으로 21세기 세계사를 예측하는 자신의 저서[23]를 통해 이러한 지리적 무지가 미국의 국가 안보를 직접적으로 위협하고 있음을 논증하였다.

놀랍게도 이라크는 1990년 쿠웨이트 침공 직전에 미국정부를 떠볼 속셈으로 쿠웨이트를 자국 영토에 편입한 지도를 만들어 썼는데, 미국은 그런 뻔한 침공 징조도 읽지 못했다고 하름 데 블레이는 지적하였다. 하름 데 블레이는 지리학이 역사학의 시녀가 아니며 세상을 공간으로 파악하게 하는 주체적 학문으로서의 효용성을 지녔다고 역설하기도 했다.

유럽 식민주의가 이끌어낸 첫 번째 세계화는 지도를 통해 가능했고, 비록 그릇된 사례이기는 하지만 이데올로기로 채색된 나치의 전략도 지

23 하름 데 블레이 지음, 유나영 옮김, 『분노의 지리학』, 천지인, 2007.

리학의 위력을 보여준다. 한·일 간 계속되고 있는 동해·일본해 표기 논쟁을 언제 터질지 모르는 시한폭탄 같다고 말하는 것도 무리는 아니라고 본다.

2. 지리학은 미래를 내다보는 종합학문

국가든 개인이든 인간은 땅(바다)을 떠나 살 수 없으며, 조금이라도 더 넓고 좋은 땅을 차지하기 위해 안간힘을 기울이는 것을 보면서, 땅이 살아 있기에 우리 인간도 삶을 이어가는 것임을 실감하게 된다. 창세기 1장 28절에 따르면 하나님께서는 우리 인간을 만드시며 "생육하고 번성하여 땅에 충만하라, 땅을 정복하라, 바다의 고기와 공중의 새와 땅에 움직이는 모든 생물을 다스리라"고 하셨다. 우리 인간에게 자연에 대한 소유권은 물론 그것을 정복하고 관리할 자격을 주신 것이다.

역사적으로 한국은 중국과 일본 사이에 끼인 지리적 특성 때문에 정치적으로 불안했고 두 이웃나라가 초래하는 위험에 노출되어 있었다. 이제 한국은 이런 지리적 여건을 장점으로 전환해서 두 국가의 협력을 이끌어내고, 이를 통해 한중일 상호 국가 간의 안정과 번영을 가져오는 지혜를 발휘하고 있다. 한국의 지리적 위치는 이러한 역할을 담당하기에 이상적이다. 한국은 경제활동이 활발하게 이뤄지고 있는 중국 동부 연안 도시와 일본 사이에 위치하고 있을 뿐만 아니라 인구 100만 명이 넘는 50개 이상의 도시와 비행기로 3시간 30분밖에 되지 않는 거리에 있다. 또한 북한과의 관계를 개선하면 철도로 한국과 유럽을 연결할 수 있어서 전 유라시아 경제 통로의 출발점이 될 것이다.[24]

---

24 트로이 스탠가론, 「전쟁의 폐허에서 G20 주최국으로」, 『세계가 사랑한 한국』, 파이카, 2010, 122면.

3면이 바다인 한반도, 392년 고구려 광개토대왕은 백제의 해군기지인 관미성을 함락시키고 서해 항로의 지배권을 빼앗았다. 그 후 고구려는 남부로 진출했고 5세기에는 동아시아 바다를 장악할 수 있었다. 고려의 상인들은 동남아시아, 페르시아, 아라비아 등의 상인들과 활발한 해상무역을 벌였다. 고려의 국제무역항인 벽란도는 늘 외국 무역선들로 붐볐다. 동아시아 바다의 중심에 있다는 지리적 이점을 살려 통일신라의 활발했던 해상 활동을 계속 발전시킨 것이다. 우리 민족은 조선후기까지 바다를 무대로 생활을 펼쳐 나갔고, 그 활약상은 매우 뛰어났다. 오늘날 한국인의 강한 결속력을 말할 때도 흔히 3면이 바다인 지리적 조건을 들곤 한다. 3면이 바다로 둘러 싸여 있으므로 외부세력에 대한 경계와 저항이 뚜렷해지는 반면 우리들끼리 서로 한 핏줄이라며 굳게 뭉쳤다는 것이다.

예부터 우리 자신은 물론 외국인들조차 우리의 국토와 자연을 일컬어 찬사와 수식을 아끼지 않았다. 푸른 하늘 아래 높은 산과 맑은 물이 서로 날이 되고 올이 되어 곱게 얽어 짜놓은 비단과 같다 하여 우리나라를 금수강산이라 불렀던 것이다. 이 아름다운 곳, 영원한 생명의 땅에 의지하여 우리는 살아왔고 계속해서 이 땅의 도움을 받으며 함께 살아가야 한다.

인간은 풍수지리에 따라 '배산임수(背山臨水)' 지형을 가장 이상적인 삶의 터전으로 여겨왔다. 정기가 서린 웅장한 산을 등지면 병풍을 둘러친 것처럼 아늑하다. 매서운 바람을 막아줌에 따라 낮에는 일조량이 많고 밤이면 땅에서 발하는 복사열로 따뜻하게 된다. 문필봉(文筆峰)이 보이는 곳에서 학자들이 많이 태어난 것도 우연만은 아닐 것이다. 문필봉은 붓 끝의 모습처럼 생긴 봉우리를 말한다. 흔히 삼각형처럼 뾰쪽한 모양을 한 산 밑에서 학자와 문필가들이 많이 배출되었다. 조선시대 일두(一蠹) 정여창(鄭汝昌, 1450~1504)을 비롯한 여덟 명의 학자를 배출한, 천혜의 조건을 갖췄다는 경남 산청의 필봉산(筆峰山)이 그 대표적인 예이다.

그리고 물은 생물에게 가장 귀중한 물질로서 물을 앞에 끼면 사람에

게 좋은 것은 물론 들
판의 곡식도 무럭무럭
자라게 된다. 옛사람들
은 지혜로써 과학적 사
고를 하고 경험으로 체
득하면서 땅을 이용하
여 삶의 터전을 잡고
생활을 가꾸어 나갔다.

많은 학자를 배출한 경남 산청의 필봉산

　과거 특히 제국주
의 시대에 공간의 확대란 관점에서 주목받던 지리학은 오늘날 지구촌
시대를 맞으면서 그렇게 확보된 공간의 깊이로 파고들고 있다. 지구 전
체를 대상으로 환경의 실태와 변화에 관한 정보를 실시간으로 제공하는
지리정보시스템(GIS)은 환경 및 도시문제를 풀어가는 분석 도구로 주목
받고 있다. 세계화와 대립하는 지점에서 이뤄지는 지역화는 지역적 특
성에 따른 '장소 마케팅'의 토대로서 지리학의 가치에 관심을 보이고
있다. 사회학·건축학·미학 등과 결합되는 통합 학문으로 지역학이 각
광받기 시작하면서 자연지리와 인문지리를 종합하는 지리학 본연의 매
력을 발하고 있는 것으로 풀이 되고 있다.

　일반적으로 지리학은 역사를 읽고 현실을 꿰뚫고 미래를 내다보는
학문분야로 인식된다. 지리학에 관한 문헌으로는 지형에 대한 그림으로
서의 지도(地圖)와 지도에서 다 밝히지 못한 것들을 보완하고 설명하는
지지(地誌, text)를 들 수 있다. 김정호도 지지의 필요성을 강조하여 〈청구
도〉의 범례에서 "지(志)는 도(圖)의 미진한 곳을 밝히고자 함이다"라고
했다.

3. 가장 오래된 세계지도, 혼일강리역대국도지도

조선시대에 들어서 중앙집권적 관료국가가 형성되고 많은 사회 경제적 개혁을 단행하면서 국가 차원의 지도와 지리지의 편찬이 더욱 활발해졌다. '지도는 지구보다 크다'고 한다. 직접 가보지 못한다면 불운이지만 떠나지 못한다면 지도라도 펼쳐야

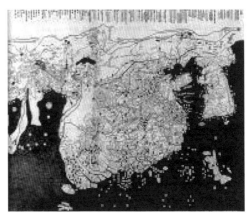

가장 오래된 세계지도인 혼일강리역대국도지도

할 것이다. 포르투칼 탐험가 바르톨로메우 디아스가 유럽에서 아시아로 가는 길목인 아프리카 희망봉을 발견한 것은 1488년이다. 그런데 이보다 앞선 1402년 아프리카 대륙의 형태를 거의 비슷하게 그린 세계지도가 작성됐다. 태종 2년(1402)에 권근·이회(李薈)·김사형(金士衡, 1333~1407) 등은 원(元)에서 제작된 〈천하지리총도(天下地理總圖)〉라는 지도를 본떠 〈혼일강리역대국도지도(混一疆理歷代國都之圖)〉라는 세계지도를 그렸다.

이제 막 건국한 조선이 현존하는 최고의 유라시아·아프리카 대륙지도를 만든 것이다. 조선이 이 〈혼일강리역대국도지도〉를 만든 것은 형제들까지 모조리 죽이면서 왕위에 오른 태종이 왕권의 정당성을 옹호하기 위해서이다. 1402년 5월 16일 태종의 생일을 맞아 각 도의 관찰사와 절제사 등이 차례로 입궐 축하선물을 전달했다. 이 선물의 대미를 장식한 것은 의정부에서 바친 조선지도 〈팔도도(八道圖)〉였다. 태종은 이 지도를 기본으로 삼고 중국·일본의 지도를 더해 세계지도를 만들었다는 점을 과시하고자 한 것이다. 지도에서 조선이 인도·아프리카는 물론 중국과 견

주어 상대적으로 크게 그려진 것도 이 때문일 것이다. 물론 이 〈혼일강리역대국도지도〉는 한반도가 아프리카 대륙보다 크고 일본보다는 4배 이상의 크기로 그려져 있어 당시 중국 중심의 아시아적 세계관을 보여주기도 한다. 그런데 지도에 적힌 중국의 지명을 자세히 보면 당시 왕조인 명(明)이 아니라 원(元)의 지명과 행정구역이 적혀 있다.

이 지도를 소장하고 있는 곳은 한국이 아니라 일본이다. 일본에서 2종을 보관하고 있는데, 하나는 교토의 류코쿠(龍谷)대학 도서관에 있고, 다른 한 종은 나라현의 텐리(天理)대학 도서관에서 보관 중이다. 〈혼일강리역대국도지도〉는 우리 선조들이 만든 지도이지만 일본 학자들이 연구를 주도하고 있다. 최근에 나온 『조선이 그린 세계지도』(미야 노리코 저, 이강한 ·

혼일강리역대국도지도의 가치를
언급하고 있는 주경철 교수의
문명과 바다(2009)

김유영 공역, 소와당, 2010)는 일본의 소장학자인 미야 노리코가 고지도 한 장을 파고들어가 15세기 초 동아시아의 세계인식을 끈질기게 추적한 책이다.

주경철(서양근대사) 교수가 지은 『문명과 바다』(산처럼, 2009)에서 특별히 주목하게 되는 내용은 역사적인 한국 관련 부분이다. 당대 한국의 세계에 대한 정보수준을 살펴보는 대목에서 주 교수는 1402년 제작된 조선의 지도 〈혼일강리역대국도지도〉를 보면 세계에 대한 우리의 지식이 만만치 않았음을 알 수 있다고 한다. 지도는 인도 · 아프리카 · 유럽의 모양과 위치를 비교적 정확하게 표시하고 있으며, 저자는 이에 대해 "기적에 가까운 일"이라고 높이 평가한다. 사실 같은 시대 유럽의 지도는 아프리카 남단이 동쪽으로 길게 뻗어서 인도 남쪽과 연결되어 있다. 〈혼일강리역대국도지도〉의 제작 시기가 조선 태종 때이니,

조선후기 최초로 제작된 과학성과 예술성이 뛰어
난 세계지도, 황엽의 여지도

대외적으로 개방적이었던 고려
가 문을 닫은 지 10년이 지난 뒤
의 일이다. 이로써 〈혼일강리역
대국도지도〉의 의의를 새삼 느끼
게 된다.

영토가 넓어지고 각종 과학기
구가 발명된 세종 때 정확한 실측
지도 제작이 보다 활발해졌다. 명
종 12년(1557)경에 제작되어 현재
국사편찬위원회가 소장하고 있

는 국보 248호인 〈조선방역지도(朝鮮方域地圖)〉는 양성지가 정척과 함께
풍수지리가인 상지관(相地官)과 그림 그리는 화공을 데리고 직접 충청, 전
라, 경상도의 산천형세를 조사한 연후에 세조 9년에 제작했다는 〈동국지
도〉와 같은 유형으로 이해되고 있다. 특히 이 〈조선방역지도〉는 현존하
는 조선전기 지도 중에서 가장 우수한 것으로 평가되고 있다.

16세기에 들어와서도 새로운 세계지도가 다시 제작되었는데, 그 대표
적인 것이 〈혼일역대국도강리지도(混一歷代國都彊理之圖)〉로서 이는 1402
년에 만들어진 〈혼일강리역대국도지도〉에 이어 두 번째로 조선에서 만
들어진 세계지도이다.

인조 대에 이르러 황엽(黃曄, 1666~1736)에 의해 〈여지도(輿地圖)〉라는
세계지도가 제작되기도 했다. 이 지도는 조선후기에 제작된 최초의 세
계지도로서 현재 프랑스 국립도서관에 소장 중이며, 과학성과 예술성이
뛰어난 것으로 평가된다.

서양에 대한 이해는 17세기의 이수광 · 정두원 · 소현세자 등 일부 지
식인들을 중심으로 어느 정도 이루어지고 있었으며, 18~19세기에 걸쳐
많은 지식인들에게 수용되어 지도제작에도 반영되기도 했다. 현재 규장

각 등에 소장되어 있는 세계지도에는 북극, 남극, 적도 등의 표시와 서양의 일부 국가에 대한 국명이 정확히 표기되어 있다.[25]

4. 백리척을 이용한, 동국지도

보다 내용이 정확하고 제작방법이 과학적인 지도로는 영조 때 정상기(鄭尙驥, 1678~1752)가 만든 〈동국지도(東國地圖)〉를 들 수 있다. 정상기는 성호 이익의 4대 제자 중 한 사람이다. 그는 특히 지리학에 뛰어났으며, 당시의 정치적 과제에 대해 문답식으로 서술한 『농포문답(農圃問答)』으로 유명하다. 정상기와 그의 아들 정항령(鄭恒齡, 1710~1770)그리고 손자 정원림(鄭元霖) 삼대가 협력해서 만든 〈동국지도〉는 1750년대 우리나라최초의 축척지도라 할 수 있는데, 이 지도

우리나라 최초의 축척지도라는
정상기의 동국지도

를 제작하는 데 정상기는 백리척(百里尺)을 이용했고 자신이 만든 망원경 측량기를 사용했다. 백리척이란 산이 많고 굴곡이 심한 우리나라 땅의 특성을 고려하여 평지는 100리를 1척으로 계산하고, 굴곡이 심한 도로나 계곡, 연못, 강 등 복잡한 지형은 120리~130리를 1척으로 차등을 두어 보다 실제에 가까운 직선거리를 계산해낼 수 있었던 것을 말한다.

정상기와 교분이 두터웠던 성호 이익이 중국에서 지도를 입수한 후 쓴 『동국지도』에서는, "나의 친구 정상기가 세밀히 연구하고 정력을 기울여 백리척을 만들어 가지고 정밀한 측량을 거쳐서 지도 8권을 작성하

25 신병주, 『조선 중후기 지성사 연구』, 새문사, 2007, 331면.

제
2
부
과
학
-
자
연
과
기
술

였는데, 멀고 가까운 거리와 높고 낮은 지형까지 모두 실형으로 묘사되었으니 정말 진귀한 보물이며 이 지도와도 대체로 들어맞는다."[26]고 하였다. 정상기가 창안한 이 백리척 작도법은 그 동안 중국식 작도법을 따른 획정법(劃井法)보다 진일보한 것으로서 그 후 정철조(鄭喆祚, 1730~1781)와 정후조(鄭厚祚, 1758~1793) 형제가 그린 지도 등 여러 지도 제작에 크게 영향을 미쳤다.

〈동국지도〉는 당시 이익이나 신경준(申景濬, 1712~1781) 같은 조선후기 실학자들에 의해 천하의 보물로 평가받았으며, 이 지도에 발문을 쓰고 여행할 때 휴대하고 다녔던 정약용은 이 지도의 정확성을 역설했다. 특히 〈동국지도〉의 〈조선총도〉와 〈팔도분도〉가 영조 33년(1757) 홍문관에서 모사되고 난 뒤, 그 지도를 토대로 영조 46년(1770)에 신경준에 의해 새로 『동국여지도』로 불리는 우리나라의 방대한 지도집이 제작되었다. 신경준은 최고 지리학자다운 탁월한 안목을 보여주는 말을 남겼다. "길에는 주인이 없다. 그 위를 가는 사람이 주인일 뿐이다."라고 했다. 신경준은 성호 이익의 제자로서 고령이 본관으로 신숙주(申叔舟)의 아우인 말주(末舟)의 11대손이다.

정조시대에 제작된 것으로 추정되는 여러 종류의 지도가 있는데, 그 중의 하나가 〈여지도〉이다. 이 지도집의 〈아국총도(我國總圖)〉는 정조 13년(1789)에서 정조 17년(1793) 사이에 제작된 것으로 추정되는데, 〈아국총도〉는 정상기의 〈동국지도〉와 유사하면서 한반도의 윤곽이 거의 현대 지도에 가깝게 묘사되어 근대 이전의 지도 중에서 가장 정확한 모습을 보여준다.

---

26 『성호사설』 권1, 천지문, 동국지도.

5. 지리지 편찬의 난숙기, 영정조시대

한백겸(韓百謙, 1552~1615)
의 『동국지리지(東國地理志)』
는 중국의 각종 자료 중에
서 우리나라에 관한 지리
기사를 모아서 상세한 역사
적 고증을 덧붙인 최초의
역사지리서로서 이런 실증
적 편찬방법은 실학사상에
의해 계승·발전되었다.
무엇보다 숙종 40년(1714)
에 청담(淸潭) 이중환(李重煥,
1690~1753)[27]이 지은 『택리
지(擇里志)』가 대표적이며,
이 책은 인간의 생활과 지

한국 최초의 역사지리서라는 한백겸의 동국지리지

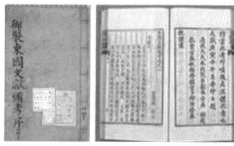

신경준의 여지고(輿地考) 27권이 들어있는 동국문헌비고

리적 환경의 관계를 과학적으로 분석하려 한 최초의 저술이라 하겠다.
그 밖에도 함북지방의 자연 및 경제·지리적 문제를 다룬 홍양호(洪良浩,
1724~1802)의 『북새기략(北塞記略)』을 비롯하여 북방 국경지대를 실제로
답사한 지리서들이 많다.

그 뒤 영조 때 팔도지리에 정통했던 신경준은 위에서 언급한 바와 같
은 지도제작에 앞서 이미 답사를 통해 얻은 지식으로 「도로고(道路考)」,

---

27 성재(省齋) 이진휴(李震休)의 아들로 어려서부터 삼종조(三從祖)인 성호 이익의 문하에
   서 수학하였다. 24세에 문과에 급제하여 벼슬길에 나갔으나 당쟁의 소용돌이 속에서
   억울하게 두 번이나 유배를 가게 되었다. 그 후 세상을 떠날 때까지 전라도와 평안도
   를 제외한 전국을 답사하며 지리지 완성에 전념하게 된다.

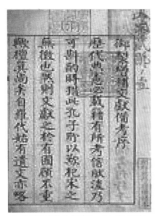

100권의 동국문헌비고를 250권으로 보완한 증보문헌비고

「산수경(山水經)」, 「가람고(伽藍考)」, 「강계지(疆界志)」 등 일련의 정밀한 지리서를 편찬하고, 이를 종합하여 『동국문헌비고』의 「여지고(輿地考)」 27권을 편찬한 바 있다. 새로운 지리지를 편찬하려는 시도에 따라 영조대에 지지와 지도를 합친 『여지도서(輿地圖書)』(1765)라는 전국적 읍지가 만들어지기도 했다.

정조 때의 실학자 유득공의 『사군지(四郡志)』, 정약용의 『아방강역고(我邦疆域考)』, 『조선수경(朝鮮水經)』 등은 우리나라 지리학 발전에 기여한 중요한 책이다. 특히 순조 때 나온 『아방강역고』는 국경의 위치를 정확히 밝혀내려 한 저서이고, 『조선수경』은 우리나라 중요한 하천의 역사를 검증하려 했던 저서로서 정약용의 과학적 사고를 잘 드러내고 있다.

그 밖에도 실학자들이 쓴 지리관련 서적이 많다. 그 가운데 중요한 것이 순종 2년(1908)에 박대용(朴大容) 등이 이미 영조 46년(1770)에 채제공 등이 편찬한 『동국문헌비고』에다 더욱 많은 사항을 첨가하여 개편한 『증보문헌비고』이다. 전 250권 중에서 지리학 관계의 「여지고」는 제13권부터 39권까지로서 당시 어떤 지리지에서도 볼 수 없는 정확한 측정에 바탕을 두고 세밀하게 서술하고 있다.

6. 국토 정보화의 선구자, 김정호

19세기 지도와 지리지가 급속히 대중화되는 추세 속에서 불멸의 업적을 남긴 이가 김정호(金正浩)이다. '옛 산의 아들' 이란 뜻의 고산자(古山子) 김정호는 황해도 토산(兎山)에서 출생했는데, 그의 출생년도는 1804

년으로 추정되고, 사망 연대는 1866년경으로 짐작된다. 신분적으로는 향반이나 중인층에 속했던 것으로 보인다. 판각에 재능이 뛰어나고 지리에 관심이 많았던 그는 서울로 올라와 남대문 밖 약현(藥峴, 현재 서울역 뒤)에 살며 최한기(崔漢綺), 최성환(崔瑆煥), 신헌(申櫶) 등 당대의 인사들과 교류했고 그들의 도움으로 많은 지리관련 자료를 열람할 수 있었고 재정적 지원도 받았다.

지리학의 거장인 고산 김정호

김정호는 지도와 지리지를 불가분의 관계로 인식하여, 지리지로는 『동여도지(東輿圖志)』(1834), 『여도비지(輿圖備志)』, 『대동지지(大東地志)』(1864)를 편찬하고, 지도로는 〈청구도(靑邱圖)〉(1834), 〈동여도(東輿圖)〉(1857), 〈대동여지도(大東輿地圖)〉(1861)를 편찬하였다.

현존하는 옛지도 중 가장 크다는 김정호의 청구도

『동여도지』는 순조 34년 (1834)에 『동국여지승람』을 기초로 하여 경제와 군사적 변화상을 현실에 맞게 수정한 것이고 이 책의 정보를 바탕으로 정조 때 만들어진 〈여지도〉를 근간으로 만든 지도가 〈청구도〉이다. 현존하는 지도 가운데 가장 크다고 하는 이 〈청구도〉는 유클리드가 쓴 『기하원본』의 기하학의 원리를 참고하여 확대 및 축소의 정확성을 기하였다는 점에서 종전의 지도와 다르다.

또 김정호는 최성환과 함께 철종 즉위 초 『동여도지』를 보완하여 20책의 『여도비지』로 정리한 다음, 이 책을 기초로 〈동여도〉라는 전국 지도를

청구도의 지리정보를 확충한 김정호의 대동지지

제작했을 것이다. 〈대동여지도〉를 판각하기 위해 미리 제작했다는 필사본으로 된 이 〈동여도〉는 우리나라 지도 가운데 가장 정밀한 지도이자 가장 많은 정보를 담고 있는 대형지도이다.

한편 김정호는 지도와 지지를 합친 〈청구도〉를 제작한 뒤 〈대동여지도〉와 『대동지지』를 만들었는데, 〈대동여지도〉는 〈청구도〉의 지도를 실용적으로 간결하게 만든 것이며, 『대동지지』는 〈청구도〉의 지지를 확충한 것이다.

〈대동여지도〉는 종래의 지도에서 볼 수 없었던 작은 섬까지 기록되고 편집양식도 이전과 달리 세밀했다. 당시 무지한 행정관료들의 방해를 무릅쓰고 옥에 갇혀 죽으면서까지 김정호가 이 지도를 완성했던 것은 그 자신이 〈대동여지도〉의 '지도유설(地圖類說)'에서 말하고 있듯이 오로지 백성들의 생활을 위해서였다. 김정호의 옥사설, 즉 〈대동여지도〉의 자세함에 놀란 흥선대원군이 국가기밀이 누설될 우려가 있다 하여 지도를 불사르고 김정호를 옥에 가두어 죽게 하였다는 것은 일제가 그 당시 대원군을 우매한 정치지도자로 몰기 위해 날조한 허구일 가능성이 높다. 사실 그가 탄압을 받아 옥사하였다는 어떤 기록도 확인할 수 없다.

'흥선대원군이 〈대동여지도〉를 몰수해 불태워버리고, 지도를 만든 김정호는 국가기밀 누설죄로 옥사했다'는 통설에 대해 박은봉 씨는 사실이 아니라[28]고 말했다. 그 이유로서 60여 매의 목판으로 이뤄진 〈대동여지도〉는 현재 12매가 남아있으며, 그 12매도 목판에서 불탄 흔적이나 그

28 박은봉, 『한국사 상식바로잡기』, 책과 함께, 2007.

을린 흔적을 찾아볼 수 없다는 점을 들고 있다. 한편 1931년 경성제국대학의 고도서전시회 당시 발행된 '고도서전람목록'에도 〈대동여지도〉 목판 2매가 전시 목록에 들어 있고, 5년 뒤인 1936년에는 경성제국대학에서 3분의 2로 축소한 영인본을 발간한 사실도 전하고 있다. 만약 흥선대원군이 〈대동여지도〉를 몰수해 불태웠다면 60여 년 뒤에 열린 전시회에서 〈대동여지도〉가 출품되고 영인본으로 간행될 수는 없는 것이다.

다시 말해 식민지사관에 따른 조작과정에서 일본인 사학자가 조선 말기의 정부를 폄하하기 위한 사례로 〈대동여지도〉 수난을 내세웠다고 하는 것이다. 일본인 사학자라면 총독부 조선사편수 총책 이마니시(今西)가 아니었을까. 그의 조선인 제자 이병도는 그 사실을 알고 있었을지도 모른다. 일제는 온 나라를 세 번이나 답사하고 백두산을 여덟 번이나 올라서 지도를 만들었다고 김정호를 신격화함으로써 조선 조정의 무능을 극대화하고 이를 조선 학생들에게 각인시키려고 했다. 김정호가 여러 대에 걸쳐 축적된 지도학적 성과를 계승하고 새로운 모색을 통해 〈대동여지도〉를 만들었다는 사실은 이미 학계에서 충분히 증명되었다. 아무튼 고산자는 〈대동여지도〉를 남긴 직후 세상을 떠난 것이 사실이다.

1870년부터 1890년까지 〈대동여지도〉를 능가하는 지도는 전혀 제작되지 않았고, 1890년 이후에는 서양식 현대지도의 제작기술이 도입되었다. 권력이 갖고 있던 지도를 백성에게 나눠주려 했던 김정호는 〈대동여지도〉를 제작한 후 죽는 날까지 『대동지지』 편찬에 매진했다. 이 책은 『동여도지』와 『여도비지』를 종합한 그의 마지막 지리지이다. 이 책은 기존의 지리서에서 볼 수 없는 인구, 면적, 교통 등의 문제를 심도 있게 취급한 반면에 인물, 성씨, 시문 등 비지리적인 내용은 거의 제외시켜 순수한 지리지의 특성을 살렸다. 각 지역의 실지답사와 국내외 문헌의 고증을 통해서 종래 지리서의 부정확한 대목들을 보완한 귀중한 저술이다.

박범신의 소설 고산자
(문학동네, 2009)

15책으로 된 이 『대동지지』는 현재 고려대 도서관에 소장되어 있다. 현대지리학적인 입장에서 해석한다면 지역적 연구방법과 계통적(주제적) 연구방법을 결합하여 완벽한 지지를 만듦으로써 국토를 보다 체계적으로 설명하는 틀을 『대동지지』에서 정립하려 했다고 할 수 있다. 김정호는 한마디로 지도학을 과학화하고 보편화하는 데 기여한 위대한 인물이자 국토 정보화의 중요성을 인식하고 실천한 선각자라 하겠다. 2009년 고산자 김정호의 생애를 다룬 박범신 작가의 장편소설 〈고산자〉가 문학동네에서 출간되었다.

지금부터 지도에 관련된 자료와 지리지에 해당하는 자료 각각 하나씩, 즉 〈대동여지도〉와 『신증동국여지승람』을 주대상으로 한국문화 속의 지리학분야의 특성을 음미해보도록 한다. 다만 지지에 관한 내용을 추가하여 한국지리문화에 대해 더 깊이 이해해보도록 하자. 물론 18세기 말~19세기초의 학자 홍석주(洪奭周, 1774~1842)가 말한 것처럼 지지는 중국에 비해 뛰어나지 못하지만 지도만큼은 세계적으로 우수함을 인정받고 있다.[29]

7. 가장 크고 정확하고 세련된, 대동여지도

전국을 나타내는 지도는 답사만으로는 그릴 수 없다. 전국지도가 만들어지기 위해서는 국토경계의 확정이 선행되어야 한다. 이 점에서 본다면 국토경계가 확정된 고려 말에서 조선 초는 전국지도가 만들어질 수 있는 시기로, 실제로 조선 초에 팔도지도를 만들었다는 기록이 있다. 이후 정확한 지도는 아닐지라도 전국지도가 국가 혹은 민간인에 의해서 제작되었다.

또한 국토의 윤곽을 사실에 가깝게 표현하려면 그에 따른 정교한 제작기술이 있어야 한다. 때문에 사실적인 지도를 제작하는 데 필요한 지도제작기술이 차례로 도입되었다. 17세기에는 방안지도가 그려졌고, 18세기에는 백리척의 사용으로 지도 제작기술이 비약적으로 발전하였다.

이러한 지도제작의 성과와 기술이 김정호의 지도제작에 그대로 이용되었다. 김정호의 뛰어난 점은 조선후기에 발달했던 대축척지도의 두 계열, 즉 18세기중엽 정상기의 〈동국지도〉 이후 민간에서 활발하게 전

---

29 『연천집(淵泉集)』 제6책, 홍씨독서록자서(洪氏讀書錄自序).

사되었던 전국지도·도별지도와, 국가와 관청이 중심이 되어 제작했던 상세한 군현지도를 결합하여 일목요연한 전국지도를 만든 데에 있다. 김정호가 만든 전국지도들은 현존하는 전국지도들 중에서 가장 크다. 그의 〈대동여지도〉는 지도윤곽 및 지도내용의 정확성, 산지와 하천의 표현방법, 도로상의 거리표시, 기호사용 등 이전 지도에 비해 완성도가 높고 조선후기 국토의 모습을 보여주는 귀중한 유물이다.

철종 12년(1861)에 완성된 이 지도는 근대지도에 접근한 방안도법에 따라 16만 2000분의 1 축적을 사용했는데, 김정호는 전국을 22개 영역으로 나누어 부분도를 만들고 그것을 모은 총도를 만들었다. 따라서 이 지도는 기본적으로 실측지도가 아니라 편집지도인 것이다. 세계의 지도발달사를 집대성한 『지도학사 The History of Cartography』 시리즈(총 8권)의 한국편을 집필한 레드야드(Gari Ledyard)는 〈대동여지도〉를 한국의 지도 중에서 지도학적으로 가장 우수한 지도라고 했다.

〈대동여지도〉는 글씨를 가능한 한 줄이고 표현할 내용을 기호화하는 새로운 방식을 확립하여 현대지도와 같은 세련된 형식을 보여주었다. 보물 850호로 지정되어 있는 이 지도는 산과 산맥, 하천과 바다, 섬과 마을을 비롯해 역참, 창고, 관아, 봉수, 도로 등이 자세히 기입되어 있어 현대의 정밀측정지도에 비교하더라도 손색이 없다고 한다.

지금 국립중앙박물관에 15매의 목판이 남아있으며, 숭실대학교 박물관에도 1매가 보관되어 있다. 2004년 2월 23일부터 3월 20일까지 성신여자대학교 수정관 전시실에서 열린 '지도와 지도그리기전' 행사에서 〈대동여지도〉 원본이 일반에 처음으로 공개되었는데, 완전히 펼친 〈대동여지도〉는 대략 가로 4m, 세로 7m에 달했다고 크게 보도된 바 있다.

대동여지도

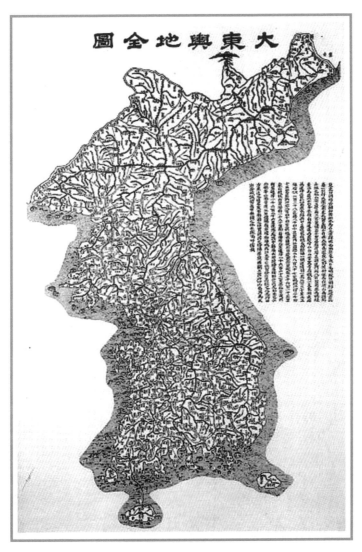

지도가 갖는 내용의 정밀성, 표현방식의 과학성 등에서
탁월한 면모를 보이는 김정호의 대동여지도

조선시대에 만들어진 지도에는 우리 한반도뿐만 아니라, 우리를 포함하여 중국·일본 등을 그린 동아시아지도, '천하도'라 불리는 세계지도 등 종류가 다양하다. 이러한 지도 속에는 우리 조상들의 삶의 방식과 인식의 변화가 그대로 깊이 배어 있다. 따라서 과학, 예술, 철학, 역사, 일상생활에 이르기까지 민족문화 전반의 양상과 수준을 지도를 통해 이해할 수 있다.

〈대동여지도〉는 휴대와 열람이 편리하도록 남북을 120리 간격의 22첩으로 나누고 각 첩은 동서를 80리 간격으로 구분해서 1절로 하여, 1절을 병풍처럼 접고 펼 수 있는 분첩절첩식(分帖折疊式)으로 만들어진 지도이다. 1절의 크기는 가로 20cm, 세로 30cm 정도이며, 22첩을 연결하면 가로 3.3m, 세로 6.7m 정도의 대형지도가 된다.

제1첩에는 지도유설, 팔도에 대한 통계표, 수도 한양의 지도인 경조오부(京兆五部)가 그려져 있으며, 1첩 좌측에는 지도표가 있어 14개 항목 22종의 기호가 표시되어 있다. 이 중 지도유설에는 지도제작의 목적이 나와 있는데, 여기서 김정호는 국토에 대한 바른 이해는 국가발전의 기틀이므로 좌도(左圖)로서의 지도와 우서(右書)로서의 지지가 꼭 필요하며, 특히 국방상 매우 중요하다고 강조하였다.

〈대동여지도〉는 여러 가지 면에서 우수성을 지니고 있다. 가장 큰 장점 중의 하나는 목판본 지도라는 점이다. 여러 본을 인쇄하여 많은 사람에게 보급할 수 있었기 때문이다. 또 앞에서도 말했듯이 우리나라에서 가장 큰 전국지도이면서도 보기 쉽고 가지고 다니기 쉽게 만든 분첩절첩식 지도라는 점에서 대동여지도의 의의가 크다. 현대 지도의 범례에 해당하는 지도표를 사용했다는 것과 14개 항목의 22개나 되는 범례를 이용함으로써 좁은 지면을 효과적으로 활용할 수 있었던 것도 주목할 만하다.

이밖에도 〈대동여지도〉는 내용이나 표현상 많은 특징을 지니고 있다. 산줄기의 위계에 따라 그 굵기를 달리 표현한 것은 매우 인상적이다. 곡선으로 표현되는 하천과의 혼돈을 피하기 위하여 도로는 직선으로 표시했다.

하천과 도로를 더욱 명확하게 구별하기 위하여 10리마다 도로에 방점을 찍어 거리를 쉽게 알아볼 수 있게 했다. 도로상 10리 점은 그 간격이 일정치 않아 지형적인 조건을 알려주기도 했다. 이와 같이 〈대동여지도〉는 목판본 지도 중에서도 가장 정교하면서도 품격을 갖춘 지도이다. 정밀한 도로와 하천, 정돈된 글씨와 기호들, 살아 움직이는 듯한 힘있는 산줄기의 조화와 명료함은 다른 어느 지도도 따를 수 없다. 김정호가 이렇게 정밀한 지도를 만들 수 있었던 것은 비변사와 규장각 등에 소장된 수많은 지도들을 검토하고 종합한 결과이다. 다만 〈대동여지도〉에 나타나는 섬의 방향과 거리가 정확하지 않은 것을 비롯하여 다소의 오류가 있었던 점은 아쉬움으로 남는다.

조선시대 우리 조상은 '좌도우서(左圖右書)'를 생활실천덕목으로 삼았다고 한다. 그만큼 세계에서 손꼽히는 지도문화를 꽃피웠는데 이 전통은 언제 사라졌고 왜 복원되지 않는지 안타깝기만 하다. 희귀한 우리 고지도가 발견되었다고 언론에서 보도할 때면 왜 출처는 거의 예외 없이 일본의 모 대학 도서관인지 의아하기 그지없다. 도대체 우리 고지도는 어디로 사라진 것일까 궁금하다. 발행년도가 오래된 지도에 독도가 표시되었다면 독도 문제는 깔끔하게 해결되는 것일까 하는 생각도 해 보게 된다. 이처럼 우리 사회에서 지도는 항상 논란의 소용돌이에서 등장한다. 주로 언론이나 그 주위에서 활약하는 전문가들이 그 배후인물로, 그들의 정치적 의도와 선전에 지도는 안성맞춤인 것 같다.

8. 조선의 대표적 지리서, (신)동국여지승람

『삼국사기』와 『고려사』에도 지리관계의 기록이 있고, 세종 때 전국적 실태를 파악하기 위한 지리서편찬이 시도되어 『경상도지리지』와 『세종실록지리지』가 만들어졌다. 주목할 만한 것으로는 성종 때 양성지에 의

조선전기에 나온 대표적 지리서,
동국여지승람

해서 편찬된 『팔도지지』나 『동국승람』 등의 지리서를 들 수 있다. 양성지의 이러한 저술들이 바로 지리서의 표본이라 할 수 있는 『동국여지승람』의 근간이 된 것이다.

노사신(盧思愼, 1427~1489), 성임(成任, 1421~1484) 등이 편찬한 『동국여지승람』은 양성지의 지리서들을 대폭 보완하면서 송나라의 축목(祝穆)이 편찬한 『방여승람(方輿勝覽)』의 체재를 수용하였다. 『동국여지승람』은 성종 12년(1481)에 1차적으로 50권의 원고가 이루어졌으며, 성종 17년(1486) 1차원고를 수정하여 마침내 『동국여지승람』을 간행하기에 이르렀다. 이 수정본은 명나라의 『일통지(一統志)』를 모방하되 정밀하게 수정 · 보완한 것으로서 모두 55권으로 완성되었다. 학교 · 고적 · 벼슬 · 인물 등 인문에 관한 항목을 늘리고 관련 있는 시문들을 첨가하기도 했다. 이로써 역대 지리적 기록이 부실했던 점을 극복하고 지리서다운 책이 출간된 것이다.

중종이 즉위하여 이행(李荇, 1478~1534) · 홍언필(洪彦弼, 1476~1549)로 하여금 『동국여지승람』을 증보하도록 명했다. 명을 받은 이들은 중종 23년(1528)에 『동국여지승람』에 대한 교정과 증보에 착수하였고, 중종 25년(1530)에 결실을 보았다. 55권의 전체내용은 크게 변동이 없고, 단지 증보된 곳에 '신증(新增)' 두 글자로 표시하였으며, 이에 따라 책이름도 『신증동국여지승람』이라 했다.

이것은 조선왕조가 이룩한 역사적 문화사업의 몇 손가락 안에 꼽히는 큰 사업이다. 이 기록이 없었던들 한국의 지방문화는 절멸했다 해도 과언이 아닐 것이라고들 할 만큼 각 고을의 내력, 풍속, 인물, 특산품 등 모든 것을 망라한 향토문화 콘텐츠다.

이 책의 체재를 보면 첫머리에 이행 등의 전문(箋文)과 서문을 싣고, 다음에 성종 때 1차적으로 『동국여지승람』을 편찬했던 노사신 등의 전문과 서거정 등의 서문을 싣고, 책 맨 뒤에는 성종 때 『동국여지승람』 1차본을 수정하여 완성했던 김종직(金宗直, 1431~1492) 등의 발문을 붙였다. 이 책이 오늘날까지 전하고 있다.

다음 『신증동국여지승람』에 나오는 수원 관련 내용을 살펴 보자. 수원하면 서울의 남쪽 관문, 혹은 오늘날까지 잘 보존되어 있는 수원 화성을 떠올리게 된다. 옛날에는 바닷물이 빠져 나가 육지가 형성되면서 온통 '물나라(水國)'처럼 보이던 갯마을 포구에 사람들이 몰려와 보금자리를 만들고 이후 고을이 커지면서 오늘의 화성과 수원이란 지명을 만들어내게 되었다고 한다. 화성(華城)은 정조 18년(1794) 1월에 착공하여 2년 9개월 후에 완공되었다.

정조는 그의 아버지 사도세자의 무덤을 양주 배봉산에서 수원 화산으로 옮기면서 현륭원(顯隆園)으로 이름을 바꾸고, 부근에 용주사(龍珠寺)를 세워 부왕의 명복을 빌었다. 당시 화산 아래에 있던 관청과 민가를 팔달산 아래로 모두 이전시키고 수원도호부를 유수부(留守府)[30]로 승격시킨 것이 현재의 수원이다. 화성이 건립된 팔달산 일대는 군사적인 측면에서 서울을 지키는 남쪽의 요새이기도 했지만 서울에서 충청·경상·전라로 통하는 교통의 요지이기도 했다. 인구를 모으고 상업을 발전시켜 수원을 서울 다음가는 위상을 갖춘 '화성유수부'로 격상시켰다. 수원을 유수부로 삼으면서 서울 외곽에는 북쪽의 개성, 서쪽의 강화도, 남쪽의 화성, 동남쪽의 광주 등 4개의 유수부가 자리 잡게 되었다.

---

30 조선시대 전국에 강화·개성·광주(남한산성)를 포함 4곳뿐이었다.

수원의 중앙에 있는 팔달산

세계문화유산으로 유네스코에 등록된 화성, 한국의 맛을 대표하는 수원 양념갈비, 세계적 수준의 아름다운 화장실이 있는 '전통과 미래'가 공존하는 도시는 수원의 공식 지정 문화관광 상품이다. 특히 수원의 화성은 세계 최초의 계획 도시다. 비슷한 시기에 조성된 러시아의 페테르부르크나 미국의 워싱턴 DC보다도 훨씬 체계적으로 건설됐다. 정조에게 화성은 분명 행궁(行宮)[31] 이상의 도시였다. 그 증거는 곳곳에서 발견된다. 『장자』에서 따온 '화성'이란 이름은 '요임금 같은 성인이 덕으로 다스리는 곳'이라는 뜻을 담고 있다.

경기도 수원

수원도호부(水原都護府)

동쪽으로 용인현 경계까지 21리, 남쪽으로 충청도 평택현 경계까지 50리, 같은 현 경계까지 59리, 진위현(振威縣) 경계까지 22리, 서쪽으로 남양부(南陽府) 경계까지 20리, 같은 부 경계까지 1백 13리, 북쪽으로 과천현 경계까지 39리, 서울까지는 88리가 된다.

(건치연혁) 본래 고구려의 매홀군(買忽郡)인데, 신라 경덕왕이 수성군(水城郡)이라 고쳤다. 고려 태조가 남쪽으로 정벌할 때에, 이 고을 사람 김칠(金七)·최승규(崔承珪) 등이 귀순하여 힘을 다하였으므로, 그 공로로 승격시켜 수주(水州)라 하였다. 고려 성종이 도단련사(都團練使)를 두었는데, 목종이 혁파하였고, 현종 9년에 지수주사(知水州事)로 회복하였다. 원종 12년에 착량(窄梁)에

---

31 화성행궁은 정조가 아버지 사도세자의 무덤인 현륭원을 다녀갈 때 머물던 임시 처소로 조선시대에 건립된 수많은 행궁 중 단연 으뜸이 될 만큼 규모가 컸다.

방수(防戍)하고 있는 몽고 군사가, 대부도(大部島)에 들어가서 주민들을 침노하고 노략질하자, 섬 사람들이 원망하고 분하게 여겨 몽고 군사를 죽이고 반란을 일으켰다. 부사(副使) 안열(安悅)이 군사를 거느리고 가서 쳐 평정하자, 그 공

중종의 명을 받아 이행 등이 편찬한 신증동국여지승람

로로 도호부로 승격시켜 지금의 이름으로 고쳤고, 뒤에 또 승격시켜 수주목(水州牧)이 되었는데, 충선왕 2년에 모든 목사를 없앰에 따라, 강등시켜 수원부(水原府)를 만들었다. 공민왕 11년에 홍건적이 선봉을 보내어 양광도(楊廣道)의 주군(州郡)에게 항복하기를 권유하자, 수원부 사람들이 가장 먼저 맞아 항복하여, 적의 형세를 더욱 강성하게 만든 까닭으로, 드디어 강등시켜 군(郡)이 되었는데, 군 사람들이 재상 김용(金鏞)에게 중한 뇌물을 바치니 다시 부(府)가 되었다. 본조 태종 13년에 예(例)에 의하여 도호부로 고쳤고, 세조 때에 진(鎭)을 설치하고, 또 판관(判官)을 두었다.

(속현) 쌍부현(雙阜縣) : 부(府) 서쪽 45리 되는 곳에 있는데, 옛날 육포(六浦)이다. 고려 현종 9년에 와서 본부에 예속되었다. 용성현(龍城縣) : 부(府) 남쪽 50리 되는 곳에 있는데, 본래 고구려의 상홀현(上忽縣), 또는 차홀(車忽, 수릿골)이라고 한다. 신라에서 차성(車城)이라 고치어 당은군(唐恩郡)의 영현(領縣)으로 삼았고, 고려 초에 지금 이름으로 고쳤으며, 현종 9년에 와서 본부에 예속되었다.

(진관) 도호부가 3이고 : 부평(富平) · 남양(南陽) · 인천(仁川), 군이 2이고 : 안산 · 안성, 현이 7이다 : 진위(振威) · 양천(陽川) · 용인(龍仁) · 금천(衿川) · 양성(陽城) · 통진(通津) · 김포(金浦)

(관원) 부사 · 판관 · 교수 : 각 1명이다.

(신증) 지금 임금 21년에 부(府) 백성으로 그의 부모를 죽인 자가 있어서, 본부를 강등하여 군(郡)이 되었다.

(관원) 군수(郡守) : 1명이다.

(군명) 한남(漢南) · 수성(隋城) · 매홀(買忽) · 수성(水城) · 수주(水州)

(성씨) 본부(本府) 최(崔) · 김(金) · 이(李) · 서(徐) · 백(白) : 다른 곳에서 온 것. 백 · 최 · 이 · 방(方) · 하(河) : 모두 토착한 촌의 사람이다. 쌍부(雙阜) 서 ·

송(宋)·박(朴)·이·심(沈)·신(愼). 용성(龍城) 차(車)·송(宋)·임(任)·장(張). 청구(靑丘) 정(鄭)·박·이. 공촌(公村)·김·섭(葉). 내미(內彌) 이·백. 심곡(深谷) 차. 오타(五朶) 여(呂)·김. 주석(柱石) 송·김·최·차. 쟁홀(爭忽) 이·김·박. 정송(貞松) 이·김·최·윤. 양간(楊干) 박·김. 사정(奢井) 도(都). 금음촌(今音村) 여·이. 종덕(宗德) 유(柳)·서·이·차. 분촌(盆村) 백·전(田). 사량(沙梁) 견(堅)·김·주(朱). 공이(工二) 송. 유제(楡梯) 차.

(산천) 발점산(鉢岾山) : 부 남쪽 2리 되는 곳에 있는데 진산(鎭山)이다. 광교산(光敎山) : 부 북쪽 30리 되는 곳에 있다. 또 용인현 편에 보라. 무봉산(舞鳳山) : 부 동쪽 25리 되는 곳에 있다. 일명 만의산(萬義山)이라고도 한다. 독성산(禿城山) : 부 남쪽 77리 되는 곳에 있다. 홍법산(弘法山) : 부 서쪽 5리 되는 곳에 있다. 흥천산(興天山) : 쌍부현(雙阜縣)에 있다. 바다 : 부 서남쪽 63리 되는 곳에 있다. 사근천(沙斤川) : 부 북쪽 30리 되는 곳에 있다. 근원은 광교산에서 나와서, 또 동쪽으로 흘러 대천(大川)으로 들어간다. 대천 : 부 동쪽 8리 되는 곳에 있다. 사근천과 용인현, 구흥천(駒興川)이 합류하는 곳이다. 또 남쪽으로 흘러 광덕현(廣德縣)을 거쳐 바다로 들어간다. 구이포(仇二浦)·진목포(眞木浦)·적진포(赤津浦) : 모두 쌍부현에 있다. ……

(토산) 백옥(白玉) : 저지도에서 난다. 소금·소어(蘇魚)·병어·홍어·석수어(石首魚)·황석수어·노어(鱸魚)·민어·백어(뱅어)·수어(숭어)·진어(眞魚)·오적어(오징어)·호독어(好獨魚)·조개·황합·죽합(竹蛤)·토화(土花)·석화·낙체(낙지)·해양(海䑋)·대하·중하·자하(紫蝦)·게·청해(靑蟹)·어표(부레)

(성곽) 읍성 : 흙으로 쌓았는데 둘레가 4천 35척이다. 지금은 모두 허물어졌다.

(봉수) 흥천산(興天山) 봉수 : 남쪽으로 양성현(陽城縣) 괴태길곶(槐台吉串)에 응하고, 서쪽으로 남양부 염불산(念佛山)에 응한다.

― 『신증동국여지승람』

윗글은 『신증동국여지승람』 제9권에 나오는 경기도 수원에 관한 내용의 일부이다. 맨 먼저 한반도의 중심부를 이루고 있는 경기도의 중남부에 해당하는 수원의 위치를 표시했다. 그 다음으로 말한 연혁에 주목할 수 있다.

수원은 일찍이 고구려시대에는 매홀(買忽)이라 불렸으나, 통일신라 경덕왕 16년(757)에 수성군(水城郡)으로 개칭되었다. 그 후 고려 태조가 남쪽을 칠 때에 이 곳 사람인 김칠과 최승규 등이 귀순하여 도와준 공으로 수주(水州)로 승격시켰다. 몽골 침략 이후 수원도호부로 승격되었다가 다시 수주목(水州牧)으로까지 승격되었으며, 충선왕

한강이남 제일의 명산이자 수원을 에워싸고 있는 광교산

때 수원부(水原府)로 개칭되었다가 공민왕 11년(1362) 홍건적의 침입 때 수원부 사람들이 적에게 도움을 주었으므로 수원군(水原郡)으로 강등시켰다. 조선 태종 13년(1413)에 마침내 수원도호부로 승격되었다는 것이다.

특히 산천 가운데 두 번째로 나오는 수원 북쪽 30리 되는 곳에 있던 광교산의 언급이 관심을 끈다. 수원의 지형을 길쭉한 배 모양으로 설명하기도 하는데, 북·동·서 3면이 광교산맥에 에워싸인 채 남쪽만이 넓은 평야지대로 열려 있기 때문이다. 광교산맥의 주산인 광교산은 한강 이남 경기도에서는 첫 손가락에 꼽히는 명산이다. 수원, 용인, 의왕 등 5개 시 지역 주민들의 휴식공간으로 자리잡아 온 광교산을 도립공원화하자는 움직임이 일고 있다. 의왕에서는 백운산, 과천에서는 청계산으로 불리는 광교산은 능선이 매우 완만하고 수목이 우거져 평일에는 5,000명, 주말에는 2만 명 이상이 찾아 삼림욕이나 산행을 즐기고 있으며, 겨울철 눈 내린 경치는 수원 8경의 으뜸으로 꼽히고 있다.

윗글의 내용에서 알 수 있듯 『동국여지승람』은 당시 도호부였던 수원의 면적에서부터 연혁, 속현, 관원, 성씨, 산천, 토산, 성곽, 봉수, 누각 등 수원지역의 지리는 물론 수원과 관련된 전반적인 사항을 기술하고 있다. 이 지리지를 지은 동기를 밝힌 서거정[32]의 서문을 살펴보면 "연혁을 먼저 쓴 것은 한 고을의 흥하고 폐한 것을 먼저 알지 않아서는 안 되

기 때문이었다. 풍속과 지형을 모두 다음에 쓴 것은 풍속이란 한 고을을 유지하는 바이며, 지형은 사방의 경계를 분명하게 하는 바이므로 명산대천으로 경위(經緯)를 삼고 높은 성과 큰 보루로 금포(襟抱)를 삼았던 것……"이라 되어 있다.

『동국여지승람』은 단군 이후 삼한, 삼국, 고려 등 시대적 변천에 따라 달라지는 영토의 범주와 크기를 밝히고 있다. 태조가 한양에 도읍을 정하고 난 뒤 훌륭한 임금들이 대를 이으며 전국의 강토가 8도로 정해졌다고 한다. 8도를 방위를 기준으로 명명한 다음, 경(京)이 2, 부(府)가 4, 대도호부가 4, 목이 20, 도호부가 44, 군이 83, 현이 173임을 진술했다. 그리고 서울로부터 각 도에 이르기까지의 연혁과 풍속을 밝혔다.

그리고 종묘사직과 왕릉을 비롯하여 궁궐, 관청, 학교 등을 설명했다. 의식(衣食)의 근원이자 조정에 곡물로 바치게 되는 토산품에 대해 지적하고, 효자열녀를 중심으로 인물론을 전개하기도 했다. 성곽이나 산천의 뛰어난 모습을 말하기도 하고 누각, 정자, 교량, 사찰, 역 등을 자세히 논의하기도 했다. 위인의 역사적인 업적과 문인의 아름다운 글까지도 섬세하게 기록하였다.

그리하여 『동국여지승람』을 지은 자들은 이 책을 펼쳐보면 팔도의 지리가 손바닥 안에 들어오듯 하여 밖에 나가지 않고도 다 알 수 있을 것이라고까지 했던 것이다. 이와 같이 전국토의 실상을 한 눈에 소상히 알수 있도록 만들려고 했던 우리 선조들의 지혜가 돋보인다.

이것은 그 뒤 중종 25년(1530)에 그림을 잘 그렸다는 이행 등에 의해

---

32 서거정(徐居正, 1420~1488)은 조선초기의 학자로서 호는 사가정(四佳亭)이다. 양촌 권근의 외손으로 세종 때 좌찬성을 지냈고 성종 때 달성군에 봉군되었다. 6대 임금을 섬겨 육조의 판서를 두루 지냈고, 대사헌을 두 번 지내는 등 조정에 봉사한 것이 45년이었다. 저서로는 『사가집』, 『동국통감』, 『동문선』, 『동국여지승람』, 『동인시화(東人詩話)』, 『필원잡기(筆苑雜記)』 등이 있다.

55권 25책으로 증보되어 『신증(新增)동국여지승람』으로 출판되었으며, 이 책은 그 뒤 지리서의 전례가 되었다. 가령 『송도지』, 『평양지』, 『수원부읍지』, 『광주목지』 등 많은 각 지역별 지리지가 『동국여지승람』의 분류와 체제를 따르고 있다.

9. 물줄기가 합쳐지는 곳이, 명당

18세기 '살기 좋은 땅'을 갈구했던 이중환이 지은 『택리지』는 매우 과학적인 시각에서 심도있게 다루어졌으므로 『세종실록 지리지』 이후 가장 체계적인 인문지리서로 평가되곤 한다. 오늘날 우리 고전에서 최장기 베스트셀러이자 인용빈도수가 가장 높은 것으로 뽑히는 이유도 여기에 있다.

최고의 인문지리서인 이중환의 택리지

『택리지』는 「사민(四民)총론」, 「팔도(八道)총론」, 「복거(卜居)총론」으로 구성되어 있는데, 2장의 「팔도총론」에서는 조선의 산세와 위치를 중국의 고전인 『산해경(山海經)』을 인용하여 논의하고 있다. 3장인 「복거총론」에는 주택의 입지조건이 자세히 서술되어 있다. 이중환은 사람이 주거하기에 적절한 네 가지 조건으로서 지리, 생리(生利), 인심, 산수를 들었다. 그는 첫 번째 조건인 '지리'에 대해서 다음과 같은 말들을 했다. '들판이 매우 넓어야 한다', '주산이 우뚝 서야 하고 산맥이 끊어지지 않아야 한다', '흙은 모래땅으로서 굳고 촘촘해야 하며 점토층이거나 황토거나 자갈밭이면 안 된다', '물이 고여 있어야 한다'.

그밖에 생리로서는 인적 · 물적 자원이 집중되어 교환이 용이한 장소, 즉 경제적 교류가 원활한 곳을 꼽았고, 인심에 있어서는 자신과 자녀의 교육을 위하여 풍습이 순하고 넉넉한 곳을 말하고, 산수로는 정신을 즐겁게 하고 감정을 온화하게 하는 곳을 말하였다. 특히 생리의 경우, 판소리 〈변강쇠전〉, 변강쇠와 옹녀가 어디서 살 것인가를 논하며, "동 금강 석산(石山)이라 나무 없어 살 수 없고, 북 향산(香山, 묘향) 찬 곳이라 눈 쌓여 살 수 없고, 서 구월 좋다 하나 적굴(도적 소굴)이라 살 수 있나. 남 지리 토후(土厚)하여 생리(生利)가 좋다 하니 그리로 살러 가세."라고 하는 대목이 나온다.

사실 우리나라 마을들은 이러한 조건들을 이상으로 배치되었다. 높은 산을 등지고 마을 앞에 작은 동산이 있고, 맑은 개울이 흐르며 넓은 들이 전개된 지형이었다. '농경지(생산공간)-거주지(생활공간)-유보지(의식공간)'로 나뉘어 유교적 성격이 강조되는 마을 구성을 이룬 것도 특징이다. 특히 풍광 좋은 곳에 세운 서원과 정자 등은 의식공간의 핵심지로 학문 · 교육 · 사교의 장이었다.

이중환은 사람이 살아가는 데 긴요한 자연환경 특히 땅의 중요성을 강조하고 있는데, 물론 산과 물이 서로 만나는 곳이 길지가 된다. 그러나 풍수라는 명칭이 "생기는 바람을 타면 흩어지고 물을 만나면 머무른다"고 한 데서 비롯되었고, 풍수가들도 득수(得水)가 우선이고 장풍(藏風)이 그다음이라고들 말하듯이 이중환도 물에 관해 비중을 많이 두었다.

그는 좋은 집터란 물들이 합쳐져 빠져나가는 수구가 꼭 닫힌 듯 감아돌아야 하는데, 들판에서는 수구가 닫힌 곳을 찾기 어려우므로 반드시 거슬러 흘러드는 물이 있어야 한다고 주장했다. 어머니의 자궁과 같이 평안한 곳이 되려면 감아도는 물굽이가 많을수록 좋다. 도연명이 노래한 '무릉도원(武陵桃源)'이나 주자가 읊은 '무이구곡(武夷九曲)'이 바로 그러한 길지에 해당하는 것이다. 전북 임실군 삼계면에서는 박사가 지금까지 103명이 나왔다고 한다. 삼계(三溪)란 세 갈래의 냇물이 합쳐진다는 뜻의 명칭이다.

물이 합쳐지는 곳은 기운이 모이는 곳이므로 명당으로 간주되어 왔다. 사람이 살기 좋은 곳을 찾는 것은 인간의 보편적인 속성이다. 따라서 이중환이 제시하는 생활의 지리적 조건은 당대는 물

100여 명의 박사를 배출한 전북 임실군 삼계면

론 지금까지도 상당한 역할을 하고 있다.

10. 조산은 없어도 안산은 있어야

풍수에는 묘지를 대상으로 삼는 음택풍수[33]와 개인의 집터나 마을 같은 주거지를 대상으로 하는 양택풍수가 있다. 중국에서 시작되었다는 풍수지리사상은 신라 말 도선(道詵, 827~898)대사에 의해 도입된 후 고려의 도읍을 개경(중경, 현 개성)으로 정한 것이나 도선의 영향을 받아 김위제(金謂磾)가 숙종 2년(1097) 남경(현 서울)으로 천도할 것을 주장한 사실, 1127년 묘청 등이 서경(현 평양) 천도를 외치며 난을 일으킨 것, 조선시대 무학대사의 의견을 좇아 한양으로 천도한 것 등은 물론 우리 일상생활에 이르기까지 많은 영향을 미쳤다.

실제로 도읍이나 집터를 살필 때는 장풍법을 주로 적용하게 된다. 장풍법은 사(砂)로부터 비롯되는데, 사란 혈(穴)에 모인 생기가 흩어지지 않

---

33 흔히 유교의 조상숭배사상과 결합된 민간풍수신앙에서는 땅속의 묏자리 중심의 음택풍수에 관해 살피게 된다. 우리나라에서는 이러한 음택풍수가 크게 발달했다.

중국에서 시작된 풍수사상을
최초로 도입하여 한국화시킨 도선대사

도록 혈 주위를 에워싼 산이나 물을 일컫는다. 풍수에서 얘기하는 뒤의 거북(현무), 앞의 새(주작), 왼쪽의 용(청룡), 오른쪽의 범(백호)이 바로 사에 해당한다.

집터에 대해 많은 관심을 가졌던 홍만선(洪萬選, 1643~1715)은 『산림경제』(권1)에서 말하길, 주택에 있어서는 왼쪽에 물이 있는 것을 청룡이라 하고, 오른쪽에 긴 길이 있는 것을 백호라 하며, 앞에 연못이 있는 것을 주작이라 하고, 뒤에 언덕이 있는 것을 현무라 한다고 했다. 이 네 방위를 수호하는 사신사(四神砂) 가운데 가장 중요한 것이 거북으로 이를 주산(主山)이라 하는데, 이는 조종산으로부터 흘러오는 생기를 바로 혈에 주입시키는 역할을 한다. 그래서 이중환도 이 점을 강조한 것이다.

최창조 교수는 명당을 둘러싸고 있는 사신사 중 주산을 어느 산으로 정하느냐에 따라 환경지각적 측면에서 인간에 미치는 영향은 달라진다고 했다. 주산의 위치에 따라 그 명혈 위에 들어서게 되는 궁궐이나 사찰 등 시설물의 위치가 달라지고 도읍이나 촌락의 핏줄이라 할 수 있는 가로망의 배치나 그의 발전 방향 등도 달라질 수 있기 때문이라는 것이다.

이 거북의 맞은편에 있는 새를 뜻하는 산이 둘인데, 가까이에 있는 나지막한 산을 안산(案山), 멀리 있는 크고 높은 산을 조산(朝山)이라 한다. 주산에 대해 안산은 주인 앞의 책상과 같은 역할을 하며, 조산은 왕 앞에서 신하가 절을 하는 형국을 보인다. 풍수에서 조산은 없어도 성국이 되지만 안산만은 아무리 작은 묏자리라도 없어서는 안 된다.

요컨대 생기가 충만한 좋은 땅을 찾기 위해서는 풍수를 구성하는 세 요소인 산, 물, 방위를 살피면 된다. 우리나라 최고의 명당이라 하는 서울의 경복궁을 놓고 볼 때 정남형에 가깝게 안치되어 있으며, 뒤쪽에는 청와대 뒷산인 북악이 현무에 해당하는 주산으로 서있다. 좌청룡은 지금의 동숭동 대학로 뒤쪽의 아파트가 자리잡고 있는 낙산[34]을 가리키며, 우백호는 경복궁 서쪽의 인왕산이 된다. 남주작은 경복궁 남쪽에 위치한 남산으로, 이는 안산에 해당하며, 한강 너머 멀리 보이는 관악산이 조산에 해당된다.

청와대와 그 뒤에 있는 주산인 북악

좌청룡에 해당하는 동숭동 대학로 뒤쪽의 낙산

34 산 생김새가 낙타 등처럼 생겼다 하여 낙산으로 불렸는데, 이 산은 신숙주의 손자로 중종·명종 때 대학자요 시인인 신광한(申光漢)이 살았던 집터며, 대한민국의 초대 대통령 이승만이 살았던 이화장(梨花莊) 등 고금 문화재가 여럿 있다. 이 낙산의 동대문쪽 기슭 중턱에 대학자 이수광이 살던, 비를 근근이 가린다는 뜻인 비우당(庇雨堂)이 있었다.

초대 대통령 이승만이 살던 이화장

제3장 인간의 지혜를 발휘하다, 기술

스마트폰

지금 고흥에도 진(鎭)을 설치하여 바다 가까운 곳에다 옮기고자 하는 것은 바닷가의 백성들을 보호하기 위한 것뿐입니다. 그런데 옮겨 설치할 곳을 바다 가까운 곳에다 정하지 않고 바다에서 30여 리나 떨어진 곳에다 정하였으니, 새로 설치한 고흥진 이남의 바닷가 백성들은 또 누구를 믿겠습니까. 그 계책이 엉성한 듯합니다.

— 『조선왕조실록』(세종 22년(1440) 7월 18일의 영의정 부사 황희의 건의에서)

2010년 2월경 언론에 따르면 아랍에미리트(UAE) 정부가 원전 수출을 위한 한국정부 협상팀에 다음과 같이 요구한 바 있다고 한다. "원전(原電)을 수출하려면 국제기능올림픽 우승 노하우를 알려 달라." 국제기능올림픽 최다 우승(16회) 기록을 지닌 '기능 한국'이라는 명성의 비결을 전수받으려는 나라는 UAE뿐만이 아니다. 산업인력공단의 김동회 기획이사가 만난 중국의 인력자원과 사회보장부(한국의 노동부에 해당) 장샤오젠(張小建) 차관은 "앞으로 중국도 기능올림픽에 참가하려 하는데 제일 부러운 나라가 한국이다"라고 하면서, 그는 한국의 기능올림픽 선수의 선발방법과 훈련법 등에 관해 집요하게 질문을 했다고 한다.

2009년 7월 지식경제부가 발표한 대한민국 대표 이미지는 1위가 기술력이고, 2위가 한국음식, 3위가 드라마, 4위가 한국사람, 5위가 경제성장이었다. 이는 코트라(KOTRA)에서 외국인을 대상으로 매년 실시하는 우리나라 대표 이미지에 대한 설문

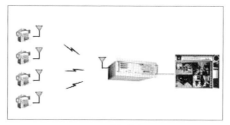

CDMA기술 활용도

조사의 결과에 따른 것이다. '기술력'을 가장 먼저 꼽을 정도로 우리나라의 기술이 이미 세계 최고 수준임이 확인되고 있다.

2009년 메모리 반도체 기술력 1위, 선박 건조 부문 세계 1위, LCD 세계 시장 점유율 1위······. 대한민국은 이와 같은 성과를 올리면서 주요 수출품인 반도체, 선박, 석유제품, 무선통신기기, 자동차 부문 등에서 당당히 놀라운 기술력을 확보하였다. 특히 SK그룹이 세계적으로 처음 상용화한 CDMA 기술은 우리나라의 통신의 독립뿐만 아니라 통신산업에 있어서만큼은 글로벌 스탠다드를 열었다는 평가를 받고 있다. 실제로 우리나라 휴대폰이 세계시장을 휩쓸고 있는 것이 그를 입증한다.

오늘날 사회는 바야흐로 산업사회에서 정보사회로 이전하고 있는 실정이다. 특히 지난날 우리 경제를 이끌어왔던 공업단지들은 정보화시대에 대비하기 위해 이미지 개선에 노력하고 있다. 우리는 이와 같이 경이로운 과학기술 혁명 속에 살고 있다고 해도 과언이 아니다. 그러나 우리 민족은 지난 반만 년에 걸쳐 발전시킨 과학기술 문화유산을 간직하고 있으며, 이러한 산업관련 과학기술 문화유산은 한민족의 정체성을 이루는 토대이자 여전히 미래의 번영을 보장하는 열쇠가 될 것이다.

현재 시판중인 휴대용 해시계가 큰 인기를 끄는 것도 전통적인 기술을 현대식으로 변형했기 때문이다. 오늘날 한국의 반도체나 전자산업 등 미세산업이 세계적으로 인정받고, 손재간을 겨루는 세계기능올림픽에서 연패를 거듭하며, 세계여자프로골프에서 한국의 여성들이 두각을

드러내는 것은 어린아이들 젓가락질에 외국인들이 감탄하듯 손재주가 뛰어난 우리 민족의 저력 때문이라 하겠다.

1. 지금도 한국기술이 빛을 발하고 있다

동전 크기만 한 배터리만 있으면 휴대폰을 5000년 동안 재충전 없이 사용할 수 있게 될 전망이라고 한다. 한국인 과학자로서 미국 미주리대학 권재완(전기컴퓨터공학) 교수가 이끄는 연구팀이 작고 강렬한 '핵 전지(nu-clear battery)'를 개발했다고 영국 BBC 방송이 2009년 10월 보도한 바 있다. 권 교수의 연구결과는 〈저널 오브 어플라이드 피직스 레터스〉 등의 과학전문지 최신호에 소개되었다. 그동안 배터리 개발에 가장 큰 난관 중 하나는 성능을 높이려다 보니 배터리가 기기 본체보다 커지는 문제점이었다.

그러나 권 교수팀이 개발한 방사성 동위원소를 사용한 핵 배터리는 1센트 동전보다 조금 큰데도 일반 배터리가 100만 번 충전해야 가능한 전력을 내보낼 수 있다. 권 교수는 충분한 동력을 제공하기 위해선 고도의 에너지 밀도(density)가 필요한데, 핵 배터리는 현재 쓰이는 화학 배터리보다 에너지밀도를 6배까지 높일 수 있다고 설명했다. 권 교수는 배터리에 쓰이는 반도체에서도 놀라운 성과를 이뤄냈다. 핵 배터리를 사용할 때 나오는 방사능이 배터리 내부의 고체반도체 구조를 손상할 수 있는데, 그는 액체반도체를 이용해 이 문제를 최소화했다. 권 교수는 이미 심장박동 조절 장치를 비롯하여 우리 생활에서 핵 에너지가 안전하게 사용되고 있다고 말했다.

1968년 이병철 삼성그룹 회장이 전자산업에 뛰어들기로 결심을 하고 일본에 날아갔을 때 일본 전자산업계는 모두 그를 외면했다. 1977년 이건희 부회장이 사재를 털어 삼성반도체통신을 설립했을 때 그룹

내에서조차 자본도, 기술도, 시장도 없어 절대
안 된다는 '3불가론'이 쏟아졌다. 그러나 이
삼성은 1992년 일본 업계를 제치고 D램(컴퓨
터에 주로 들어가는 메모리 반도체) 시장에서
세계 1위로 올라섰다. 그리고 40년이 지난
2009년 세계시장 1등 품목의 숫자는 12개가 되
었고, 브랜드 가치는 21조 원에 이른다.

故 이병철 삼성회장

 삼성전자는 2등 업체가 경쟁을 포기할 정도
로 압도적인 1등 제품을 만들기 시작했다. 1992년 메모리 반도체가 1위
를 차지했을 때 시장 점유율이 약 14%였다. 그러나 2009년 시장 점유
율은 약 40%로 2위 하이닉스(약 21%)와 크게 벌어졌다. 삼성전자는
2009년 7월 업계 최초로 40나노(1나노는 10억분의 1m)급 DDR3(Double
Data Rate 3) D램 양산(量産)에 돌입하더니, 2010년 세계 최초로 30나노 공
정으로 DDR3 D램을 만드는 기술을 개발했다. 30나노 공정기술을 적용
하면 기존 40나노 공정을 적용한 제품에 비해 정밀 가공이 가능해 크기를
작게 만들 수 있어 같은 재료를 써서 1.6배 많은 제품을 생산해낼 수 있으
며, 전력소비량도 40나노 기술을 적용한 제품보다 15% 적기 때문에 친환
경적이다. 현재 40나노 기술을 사용해 D램을 만드는 업체는 세계 1위 D
램기업인 삼성전자와 2위인 하이닉스반도체, 3위인 일본 엘피다 정도다.

 한편 요즘 삼성이 자랑하는 초(超) 격차 1등 상품은 TV다. 경쟁업체들
은 아직 빛이 나는 반도체인 LED(발광다이오드)를 사용하는 TV를 제대
로 만들지 못하고 있다. 2009년 8월 현재 삼성전자의 세계 LED TV 시장
점유율은 92%이다. 세계 1위 TV업체답게 삼성전자는 2010년 2월 세계
최초로 풀 HD(초고화질) 3D LED TV를 출시했다.

 포스코는 2009년 광양제철소에서 용광로 4고로(高爐)에 불을 붙이는
화입(火入)식, 즉 가동식을 가졌다. 이 자리에서 정준양 포스코 회장은

세계적인 포스코 광양제철소

철강 불모지인 한국에서 고로 가동 36년 만에 초대형 고로시대를 연 것은 포스코의 설계·시공 능력과 운전·정비 기술이 세계 최고 수준에 도달했다는 방증이라며 광양4고로의 성공적 개통이 새로운 도약의 발판이 될 것이라고 말했다. 그동안 포스코는 기존의 낡은 4고로를 해체하고 광양4고로 용적을 5500㎥로 늘리는 전면 개보수작업을 처음부터 끝까지 자체기술로 진행했다. 이로써 포스코가 세계 최초로 1개의 고로에서 연간 500만t의 쇳물을 생산하는 '단일고로 연산 500만t 시대'를 열게 되었다. 더구나 포스코의 이번 광양4고로 출범은 제철기술과 관련하여 여러 개의 세계 최초와 최대라는 신기록을 수립하게 된 세계 철강업계의 일대 사건으로 평가된다.

이와 같이 국내 최대 철강업체는 포스코지만, 국내 철강업체 가운데 '세계 일류상품'은 현대제철이 가장 많이 보유하고 있다. 현대제철은 2001년부터 정부가 선정하는 '세계 일류상품' 목록에 6개 품목을 올려놓았다. H형강·무한궤도·선미(船尾)주강품·열간압연용 원심주조공구강 롤(roll)·인버트 앵글·강널말뚝 등 6개 제품이 선정됐다.

1972년 현대조선소로 출발한 한국의 선박제조 산업은 발전을 거듭하여 40년이 지나지 않은 지금 세계 최강이 되어 조선(造船) 국가로까지 불리고 있다. 지난 2009년 말 기준으로 세계 10대 조선소 가운데 7개를 현대중공업, 삼성중공업, 대우조선해양 등 한국 업체가 차지함으로써 명실공히 한국은 조선업 분야 세계 1위이다.[35] 현대중공업과 계열사인 현

대미포조선 삼호중공업
3사의 세계시장 점유율
은 25%나 된다. 배의 모
델을 팔던 일본과 달리
현대는 선주들의 주문에
따라 설계한 맞춤형 선
박을 건조했기 때문에

조선업 분야 세계 1위인 한국의 현대미포조선이 제조한 선박

세계 최고였던 그들을 추월할 수도 있었다. 현대중공업은 설계인력만
1,200명에 이른다. 30만t 컨테이너선의 전체 길이는 축구장 세 개를 이어
놓을 정도다. 이 배가 짐을 싣고 시속 50km로 달리려면 10만 8,000마력 엔
진이 필요한데, 이는 140마력 소나타 자동차엔진 800대가 동시에 내는 힘
이다. 현대중공업의 세계 선박엔진 시장점유율은 35%로 독보적이다.

현대중공업은 1983년 일본 미쓰비시중공업을 제치고 세계 조선 1위에 등
극한 뒤 27년간 단 한번도 그 자리를 내 준 적이 없는 세계 조선업계 부동의
리더다. 2010년 현재 최근 2년간은 조선업체들에 시련의 시간이었다. 글로
벌 금융위기로 가장 큰 타격을 받은 업종 중 하나다. 하지만 국내 조선업체
들은 위기 속에서 미래를 보장할 새로운 활로를 찾고 있다. 조선기술을 응
용해 풍력·태양광 등 신재생에너지 분야로 과감하게 뛰어든 것이다.[36]

STX중공업 창원 엔진 공장에서는 세계 최대 크기 선박용 엔진의 생산

---

35 그러나 2010년 8월 중국 다롄(大連)의 중위안찬우(中遠船務) 조선소에서 '대련개척자
   호' 건조 착수 기념식을 가졌는데, 대련개척자호 건조는 세계 조선업계에서 '한중(韓
   中)역전(逆轉)'을 상징하는 일대 사건이었다고 한다.
36 현대중공업 울산조선소에는 거대한 풍력 바람개비가 돌아간다. 선박용 엔진을 만들며
   축적한 터빈기술을 활용해 개발한 것이다. 현대중공업은 단기간에 세계 최고 수준의
   풍력 기술을 확보해 최근 국내기업 최초로 중국 풍력시장 진출에도 성공했다. 한편 삼
   성중공업은 2008년 세계 최초로 LNG-FP-SO를 수주한 이래 현재까지 전 세계에서
   발주된 LNG-FPSO 6척을 모두 확보했다.

이 성공적으로 이루어졌고, LG전자는 냉장고와 세탁기 등 생활 가전분야에서 중심으로 전 세계 1위 상품들을 보유하고 있으며, TV 판매 증가에 힘입어 2009년 55조원 매출이라는 사상 최대의 실적을 기록했다. 한편 LG화학이 1990년대 말부터 생산하기 시작한 LCD용 편광판은 이미세계 시장을 석권하고 있다. 2010년 1분기 대형 TFT LCD용 편광판 시장에서 32%를 차지하며 6분기 연속 세계 1위를 기록했다. 2009년 현대자동차가 창사 이래 최고의 이익을 올렸으며, 대우건설도 사상 최대의 매출과 수주 실적을 기록했다. 세계 시장을 석권할 만한 우리의 기술적 성과들이 이밖에도 수없이 많다.

2. 기술은 국력, 정약용

2009년 국제기능올림픽에서 우리나라가 우승함으로써 무려 16번째 우승이라는 쾌거를 이루었다. 그러나 기능 강국의 올림픽 메달리스트들 중 상당수는 기술현장에 있지 않다. 그들은 메달을 목에 거는 순간 '기름밥'에서 이탈한다는 것이다. 기능계를 벗어나기 위해 기술을 연마하고 기능올림픽에 출전하는 아이러니한 현상은 기술 경시의 풍토를 보여주는 단면이다. 우리사회가 기술자를 존중하고 우대하지 않기 때문이다. 이러한 현상은 교육현장에서도 그대로 나타난다. 2010년 4년제 대학 입학정원 35만여 명 중 최상위권 수험생들의 경우, 수천여 명의 정원을 가진 의과대나 한의대 등에서 강력한 흡인력으로 데려가고 만다.

1960~1980년대 배고프고 힘들던 시절 이공계로 몰렸던 우수한 인재들이 바로 오늘의 반도체 · 전자 · 자동차 · 조선 · IT산업을 일군 주역들임을 우리는 잊을 수 없다. 산업사회의 경쟁력은 질 좋은 노동력과 부존자원에 달려 있다. 부존자원이 거의 없고, 세계 최강의 군사, 기술대국

인 중국·러시아·일본과 국경을 맞대고 있는 한반도는 이렇게 어려운 여건을 극복할 수 있는 길을 어디서 찾아야 하는 것인가. 그리고 선진국 대열에 확고히 진입하는 길은 어떤 것인가를 고민하지 않을 수 없다.

가난을 극복하고자 하는 정신이 투철했던 조선의 실학자 박제가(朴齊家)는 기술의 가치를 깨닫고 선진기술 도입의 필요성을 강조한 선각자로서 인간이 경제적 목적을 위해서는 자연을 이용하면서 인간의 지혜로운 기술을 개발해야 한다고 판단했다. 『북학의』에서 그는 자연과학을 바탕으로 공학의 발전을 도모하려는 경제적 관점을 드러내었다. 그는 재물을 잘 다스리는 자는 위로 하늘의 도움(天時)을 잃지 않으며, 아래로 땅의 이익(地利)을 놓치지 아니하고, 중간으로는 사람이 마땅히 할 일(人事)을 잃지 않아야 한다고 주장했다.

당시 "우리나라가 경상도만한 땅이 여덟이나 되고, 조정에서는 함부로 정벌에 나서는 등 국력을 낭비하지 않으며, 백성들은 한가로이 노니는 일이 없고 호화롭게 사치하는 풍속마저 볼 수 없는데도 나라가 더욱 가난해지는 까닭은 어디 있는가?"라고 박제가는 고민했다. 마침내 그는 원인을 찾아냈다. 우리가 기술을 강구하지 않기 때문이라는 것이다. 따라서 경륜 있고 재주 있는 사람을 뽑아서 중국에 보내 새로운 과학지식과 공법을 배우게 하고 기계나 기구도 사오게 하며 또 그들의 선진기술을 익혀 오도록 해야 한다고 역설했다.

기술개발의 필요성과 의의는 박제가에 이어 정약용에 와서 확연하게 드러났다. 『여유당전서(與猶堂全書)』(11권)에서 그는 온갖 기술자의 기술이 정교해지면 대궐의 방과 그릇을 만드는 것에서부터 성곽, 선박, 수레, 가마 따위의 제작에 이르기까지 모두 편리하고 견고하게 될 것이다. 진실로 그 방법을 다 알아서 힘껏 시행한다면 국가를 부유하게 만들 수 있고 군대를 강력하게 만들 수 있으며 백성을 잘 살고 장수하게 할 수 있을 것이라고 했다.

두 손을 사용하는 인간

기술을 말하기에 앞서 정약용은 인간의 삶의 방식에 대해 언급했다. 즉 하늘이 짐승에게는 예리한 이와 뿔과 튼튼한 두 다리를 지니고 힘으로 살아갈 수 있도록 한 데 비하여, 연약한 인간에게는 지혜로운 사고와 미묘한 상상력을 부여하고 자유로운 두 손으로 기술을 익혀서 스스로 살아가도록 했다는 것이다.[37] 그리고 그는 말하길, 기술을 발전시키는 일이야말로 나라를 걱정하는 사람의 급선무라고 했다.

'하이테크'는 현대용어지만 과거에도 기술을 혁신해 세상을 바꾸고자 부단히 노력했음을 알게 된다.

3. 한국의 기술문화, 인간적·정신적

김영세 이노디자인 대표는 세계적인 산업디자이너이다. 그는 2000년에 'LG스마트폰'을 디자인해 〈Business Week〉지에 'Best Product of 2000'으로 선정되었으며, 마이크로소프트 빌 게이츠 회장이 디자인을 극찬한 '아이리버 H10'을 디자인했다. 그런 김 대표에게서 디자인은 사랑하는 사람의 불편함을 해결해 주고, 적게 가진 사람과 나누는 것임을 듣게 된다. 또한 디자인이 지금은 없는, 새로운 세상을 열어가는 과정임을 알게

---

37 하늘이 날짐승과 길짐승에게는 발톱과 뿔을 주고 단단한 발굽과 예리한 이빨을 주었으며 …… 어찌하여 하늘은 천하게 해야 할 금수에게는 후하게 하고, 귀하게 해야 할 인간에게는 박하게 하였는가. 이는 인간에게는 지혜로운 생각과 교묘한 연구력이 있으므로 기예를 익혀 제 힘으로 살아가도록 한 것이다(정약용, 『여유당전서(與猶堂全書)』 제11권, 논).

된다. 그래서 디자인은 단순히 기술이나 상술(商術)이 아니라 인술(仁術)이라는 것을 깨닫게 된다. 바비 인형과 접목한 MP3플레이어 시리즈 '바비 라인', 슬라이딩 방식으로 밀어서 쓸 수 있는 여성용 화장품 '슬라이딩 팩트' 등 그가 디자인한 제품은 크게 주목받은 성공작이었는데 모두 그의 부인과 딸에게 선물하

디자인은 사람을 사랑하는 것이라고 말하는 김영세 대표

듯이 디자인한 결과였다고 한다. 사랑과 정성을 담으려고 한 의도가 전에 없던 새로운 개념의 제품을 탄생시켰다는 것이다. 김 대표에게 디자인은 다르게 생각하는 것, 삶을 즐겁게 해주는 것, 커뮤니케이션 수단, 절충할 줄 아는 것 등이라고 한다. 무엇보다 '디자인은 다른 사람을 사랑하는 것'이라는 그의 말에 감동을 받게 된다. 그리고 그와 같은 디자인 철학에서 그의 진정한 리더의 모습을 느낄 수 있다.

어느 경영자보다 사람의 중요성을 강조하는 구본무 LG회장은 일류 인재 양성과 사내외 교육에 적극적이다. 구 회장은 "경영환경이 어렵다고 사람을 뽑지 않거나 인력을 내보내서는 안 된다."고 하며, "경영학도 뿐 아니라 철학도 뽑아야 한다."고 말한다. 2010년 현재 회장 취임 15년 만에 그룹 매출을 네 배 이상 늘린 그는 TV · 휴대폰 · LCD · 2차전지 분야에서 LG를 글로벌 톱 브랜드로 키워 '1등 LG'를 현실화하고 있다. 2010년 도요타 자동차 리콜사태를 예로 들면서도 구회장은 "품질, 납기, 사용경험 등의 본질적인 고객가치는 어떤 순간에도 타협할 수 없는 고객과의 절대 약속"이라며 "기본기에 충실해야 고객의 신뢰를 유지할 수 있다"고 강조했다. 삼성 이건희 회장이 "까딱 잘못하면 10년 전의 구멍가게로 돌아간다"고 했던 구멍가게론도 리콜사태를 염두에 두고 '기초를 튼튼히 다져야 한 방에 가지 않는다'는 취지에서 나온 것이라 한다. 브

랜드를 중시하는 기업의 생명은 소비자의 신뢰에 달려 있음을 깊이 깨닫게 된다.

우리나라에서 대표적인 경영법과 기업문화로 높은 평가를 받아온 SK그룹의 SKMS가 해외 글로벌 석학

인간위주의 경영 원칙을 실천하는 SK그룹의
SKMS 30주년기념 마크

에 의해서도 높은 평가를 받아 최근 재계에서 화제가 되고 있다. SKMS에 따르면 기업 경영의 주체는 바로 사람이고, 그 인재들이 발휘하는 인적역량이 SK의 중요한 핵심자산이라고 한다. 즉 SK는 구성원들이 자신의 능력을 최대한 발휘하여 자발적이고 의욕적으로 세계 최고의 수준을 추구하도록 해야 한다는 '인간위주의 경영' 원칙을 실천해 나가고 있는 것이다.

김기남 삼성전자 종합기술원 사장도 2010년 인터뷰를 통해 "산업혁명 시대, 정보통신 시대, 퓨전 시대(fusion age)가 열리고 있다. IT(정보통신), NT(나노기술), BT(생명공학)가 융합된 퓨전 시대에 걸맞게 삼성전자 종합기술원은 사회과학, 인문학도의 채용을 확대할 예정이다. 인문계 출신들이 자기만의 전문분야에 함몰될 수 있는 이공계 연구원들의 빈틈을 메워 줄 것이다."라고 한 바 있다. 2010년 말 LG경제연구원이 출간한 『2020 새로운 미래가 온다』(한스미디어, 2010. 12)라는 저서가 사회의 이목을 집중시켰는데, 이제 스마트 시대임을 지적하면서 스마트 시대를 이끄는 변화는 기술적이라기보다 인식과 방향성의 변화임을 주장하고, 특히 기술을 쓰는 주체가 사람임을 강조했다.

1995년 안철수연구소를 설립한 후 십수 년간 안철수 대표는 숱한 역경과 부딪히며 선택의 기로에 서야 했다. 한 외국 보안 기업이 천만 달러를 제시하며 연구소 인수 의사를 밝혀 온 적도 있었다. 이 같은 순간에 그를 이끌었던 것은 '장기적 관점에서 절대적으로 옳은 결정만을 내

리겠다'라는 강한 신념이었다. 이러한 그의 신념은 한국 소비자들에게 깊은 감동을 주었다. 안철수연구소가 현재까지 한국인들이 존경하는 기업의 자리를 지킬 수 있는 것도 바로 이러한 이유 때문이다.[38] 기업이 사회적 책임을 다하는 윤리성을 다시 한 번 생각하게 하는 사례이다.

우리나라 기술문화의 발달과 성과를 대충 살펴볼 때 무엇보다 농업에 관계되는 천문관측기구와 측량기구 등의 제작과 군대에 필요한 각종 무기제작기술이 뛰어났음을 알 수 있다. 그 밖에 건축술·조선술·

토기를 굽는 가마

인쇄술·제지술·조각술·범종제작술·도예기술 등 다방면에 기술개발이 이루어졌고 그 업적 또한 경이로웠다. 지배계층의 사치스러운 생활에 필요한 장식품들의 생산도 많았다. 조선시대에 기술학은 유학에 비하여 경시되었고 기술자들은 장인이라 하여 사회적으로나 경제적으로 제대로 대우를 받지 못했던 역사적 한계를 감안하면 우리 과학기술의 우수성에 감탄하지 않을 수 없다.

특히 우리의 과학기술이 일본에 끼친 영향은 놀랍기만 하다. 세계에서 가장 오래된 천문대로서의 첨성대가 647년 신라의 수도 경주에 세워졌다. 일본은 이를 본떠 28년 뒤인 675년 점성대(占星臺)를 세웠다. 한편 신라의 의학은 일본 의학의 기초가 되었다. 백제의 건축기술은 일본의 왕궁과 사원을 짓는 토대가 되었고, 금속활자, 도자기, 식품, 의복, 조

<hr />

38 톰 코이너(Tom Coyner), 「진화하는 소비자」, 『세계가 사랑한 한국』, 파이카, 2010, 177면.

제 2 부 과 학 - 자 연 과 기 술

제 2 부 과 학 - 자 연 과 기 술

345

선, 제철기술 등 한반도의 과학기술은 일본의 문명을 이뤘다.

일본어에 아직도 많이 남아 있는 한국어의 흔적은 고대의 첨단 과학기술이 한반도에서 일본으로 전래됐음을 말해 준다. 유리를 고대 일본어로 '루리(るり)'라 하는데, 일본이 자랑하는 왕실 보물창고인 쇼소인(正倉院)의 유리병은 신라고분에서 출토된 유리병과 똑같은 모양을 하고 있다. 토기를 굽는 '가마'를 일본어에서도 '가마(かま)'라 부른다. 일본 간사이 지방에선 화덕을 '구도(くど)'라 하는데 이는 우리말 '굴뚝'에서 비롯됐다. 음식이나 의복문화도 우리나라에서 일본으로 많이 전해졌다. 일본의 '도부로쿠(濁酒)'의 원조는 한반도 남부에서 전래된 막걸리이며, 일본에서 옛날 된장은 '고마비시오(こまびしお)' 즉 '고려장(高麗醬)'이라고 했다. 일본식 다도문화도 사실 고려에서 융성했던 다례가 들어간 것이다. 비단이나 목면 등을 짜는 직조기술도 한반도에서 전래되었는데, '목면'은 '모멘(もめん)'으로 바뀌었다. 우리의 향가집 같은 『만요슈(萬葉集)』에는 사랑하는 연인에게 가라코로모, 즉 한복(韓衣)을 입혀주고 싶다는 표현이 나오기도 한다.

하지만 우리의 기술개발이 일반 백성들의 편리하고 윤택한 일상생활을 위해 좀 더 적극적으로 이루어지지 못한 점, 즉 그릇 등을 제외한 생활에 필요한 각종 기계나 기구들의 발명이 다소 부진했던 점이 아쉬움으로 남는다. 무엇보다 조선전기에 발전을 보았던 여러 분야의 과학기술 수준이 후기에 와서 침체되었던 점은 안타깝다. 그만큼 기술을 개발하고 확충할 수 있는 뛰어난 능력에도 불구하고 기술을 발휘한 분야가 비교적 국가적이고 정신적인 쪽이었음을 뜻한다. 또 과학과 기술 발달의 의의를 물질적 풍요에 두기보다는 궁극적으로 인간다운 삶에서 찾고자 했던 인간중심적 태도와 문화인식의 결과로 여겨진다.

4. 제도 · 주조 기술의 개가, 청동거울

오늘날 거울은 일상용품이지만 수 천년 전 선사시대에는 그렇지 않았다. 거울은 절대 권위의 상징이었다. 청동기시대 샤먼(무당) 또는 사제는 청동거울로 태양 빛을 반사시키곤 했는데, 그 번쩍거리는 거울 빛은 놀라움이자 두려움의 대상이었다. 샤먼 또는 사제는 그렇게 거울을 이용해 권위를 드러냈다. 태양과 권위를 상징하고 액을 쫓는 제사용구였던 청동거울은 삼국 · 고려시대를 거치면서 실용적인 화장도구로 사용됐다. 조선말기에서 근대에 이르는 시기 일본의 영향을 받은 수은거울이 수입되면서

제도 · 주조 기술의 결정(結晶)인
잔줄무늬청동거울

우리 눈에 익숙한 앉은뱅이경대가 선을 보인다.

학자들은 고조선의 형성은 동북아 청동기문명과 밀접한 관련이 있다고 설명한다. 이때 요하(遼河) 유역에서 한반도에 이르는 지역에서 가장 많이 출토된 청동유물 가운데 지배층을 상징하는 다뉴경(多鈕鏡)의 분포에 주목하게 된다. 다시 말해 고조선이 청동기문명을 주도했음을 지배층 상징의 다뉴경 분포가 증명한다고 보는 것이다.

지금으로부터 2400여 년 전에 우리 조상들은 오늘날에도 감히 상상할수 없을 만큼 정교한 청동거울을 만들어 사용했다. 이 거울은 한반도에서 출토된 청동기 유물 가운데 가장 세밀한 문양을 자랑한다. 현재 숭실대학교가 소장하고 있는 국보 141호 잔줄무늬거울(多鈕細文鏡)이 바로 그것이다.

잔줄무늬거울은 깊이 0.7mm, 폭 0.22mm인 직선 1만 3,300개와 100개가 넘는 크고 작은 동심원과 그 원들을 등분하여 만든 사각형 · 삼각형

들의 정교한 배치로 이루어져 있다. 지름 20cm밖에 안 되는 거울원판에 새겨진 직선과 원들의 기하학적인 구조는 현대의 컴퓨터기술로도 재현이 불가능할 정도로 제도(製圖)기술이 우수했음을 뜻하며, 그것을 새긴 주조(鑄造)기술의 정교함 또한 놀랍다.

이와 같이 머리카락 굵기의 정교한 선이 새겨진 청동기시대의 유물은 다른 나라에서는 발굴된 적이 없다고 한다. 우리 민족은 용융점(融鎔點)이 매우 낮고 기화(氣化)하기 쉬운 아연의 특성을 기술적으로 잘 이용했기 때문에 청동기 기물을 지닐 수 있었다는 것이다. 중국보다도 훨씬 빠른 시기에 우리나라 청동기문화가 발달했다고 보는 학자들도 있다.

사실 청동기는 구리·주석·아연의 합금인데, 중국 것은 주석 성분이 많은 반면 고조선의 것은 아연성분이 많다. 과학자들은 아연·청동·합금을 세계사적 사건이라고 평가한다. 청동은 섭씨 1000도까지 가열해야 용융(鎔融)이 되면서 주물로 이용되지만, 아연은 섭씨 900도 정도에서 끓으면서 날아가기 때문이다. 서로 비등점이 다른 아연·청동 합금은 고도의 합금기술이 필요하기 때문에 중국에서는 고조선보다 훨씬 뒤인 한(漢)나라 때에 나타난다고 한다.

5. 세계 최첨단의, 강철제조기술

고구려가 사상 최대의 강국이 될 수 있었던 가장 중요한 원인은 말까지 강철로 무장시킬 만큼 최첨단무기를 갖추고 있었기 때문이다. 광개토대왕(391~413)은 무사와 말이 모두 갑옷으로 무장된 개마무사(鎧馬武士)를 이끌고 한반도와 만주벌판을 누볐을 것이다. 고조선에서 이미 보유하고 있던 세계 최첨단의 강철제조기술이 고구려에 전승된 것이다. MBC 대하드라마 〈주몽〉(2006~2007) 초반에 시뻘건 쇳물이 부글부글

끓고 쇠를 두드리는 소리가 요란한 철기방이 나온다. 이곳에서 야철대장 모팔모가 땀을 뻘뻘 흘리며 만든 검은 안타깝게도 한나라 철기군의 검과 부딪쳐 맥없이 부러지고 말았다. 부여의 검은

강철 제조·가공기술의 우수성을 말해주는 철갑옷(드라마 주몽)

연철로 만들었으나 한나라의 검은 강철로 만들었기 때문이다.

철은 탄소 함유량에 따라 연철·선철·강철로 구분한다. 탄소가 많은 선철이 유럽에서 널리 사용된 것은 14세기 무렵 이후이고, 선철에서 강철을 얻는 제련방법도 대략 이때부터 사용된다. 그 전에 사용했던 강철은 연철을 단련하여 얻은 것이다. 그런데 고조선 사람들은 기원 전 수백 년 전에 연철과 선철을 제련했을 뿐만 아니라 강철도 제련하여 사용했다. 이는 철에 대한 지식과 가공기술이 매우 뛰어났음을 말해 준다. 〈주몽〉이 막바지로 향해가면서 주몽은 고구려를 건국하기 위해 크고 작은 전쟁을 치르게 되었다. 모팔모는 독창적인 초강법 기술로 철제무기와 철갑옷을 만들어 주몽의 다물군이 부여군과 한나라군을 제압하는 데 크게 기여하였다. 모팔모는 화살도 뚫지 못할 정도로 단단한 철갑옷을 만들었다. 국립중앙과학관 과학기술사연구실 윤용현 연구관은 "드라마에서는 갑옷 전체가 한 통으로 이뤄진 '판갑(板甲)'으로 묘사되는데, 실제로는 쇳조각 여러 개를 물고기 비늘처럼 붙여 만든 '찰갑(札甲)'이었을 것"이라고 말했다. 작은 쇳조각을 두들겨 가볍고 단단하게 만든 다음 작은 쇠못으로 이어 붙인 찰갑은 고조선에서 이어받아 발전시킨 고구려의 독자적인 갑옷 양식이다.

백제에서 건넌 간 일본 국보급의 칠지도

2004년 1월 일본 나라(奈良) 박물관에서 일반에 공개한 국보급 칼인 칠지도(七支刀)도 백제에서 건너간 것이라 하겠다. 1874년 일본 나라현 텐리(天理)시에 있는 이소노가미(石上) 신궁에서 발견된 '칠지도'는 일곱 개의 가지가 달린 칼이란 뜻이다. 칼 양면에 새겨진 글자 내용을 살펴보면 4세기 후반 백제 근초고왕이 아들 아직기(阿直岐)를 시켜 오우진(應神) 천황에게 하사했음을 알 수 있다. 제작년도는 369년으로 추정되고 있다. 한편 일본 오이타(大分)현 우사진구(宇佐神宮)는 천황, 무사의 신 외에도 철의 신을 숭배하는데, 가야의 철이 전해졌다고 하는 곳이다.

6. 극도로 정교한 야금기술

삼국의 금속가공기술 가운데 화려하고 섬세한 금제품을 만들어내는 신라의 화공법과 야금기술은 두드러졌다. 금을 종이처럼 자유자재로 이용해서 금관을 만든 신라금속공예술은 높이 평가할 만하다. 1921년에 금관총에서 발굴되어 국립경주박물관에 소장된 국보 87호 금관 같은 것은 유명한 고대 그리스의 금속공예품에 비하더라도 그 정교하고 우수한 기술에 감탄하지 않을 수 없게 한다. 중국에서도 이렇게 신비롭고 정교한 금관이 전혀 만들어지지 않았다고 한다. 신라 때 합금기술이 고도로 발달되었음은 명나라의 『본초강목』에도 명시되어 있다. 우리의 국립박물관을 관람하고 난 외국인들에게 가장 인상 깊은 것을 물으면 대부분 현란한 금관을 비롯한 금세공품을 꼽는다고 한다. 금세공에 관한 한 고대 한국인의 기술은 어느 나라도 따를 수 없었다.

1979년~1981년 미국 내 8곳의 박물관에서 순회 전시한 '한국미술 5000년 전'의 총아도 단연 신라금관이었으니, 200만이 넘는 관람객중 대다수는 오묘하고도 정밀하게 짜여진 반짝이는 금관에 매료되었던 것이다. 1973년 발굴된 황남대총 금관은 국보 191호인데, 그때까지 발견된 금관 중 가장 클 뿐만 아니라 매우 화려하고 섬세한 것으로서 여왕이나 왕비에게 씌워졌던 것으로 판명되었

황금대총에서 발굴된
가장 크고 화려한 금관

다. 황남대총은 두 개의 무덤이 남북으로 맞붙어 있는 쌍분(雙墳)이다. 남북 길이 120m, 높이 23m에 이르는 국내에서 가장 큰 고분이다. '경주시 황남동에 있는 큰 무덤'이라는 뜻에서 황남대총이라는 이름을 붙였다. 황남대총은 국내 최대의 왕릉으로 5만 8,000여 점이나 되는 유물이 여기서 출토되었다. 신라 여성의 지위를 가늠하게 하는 유적으로는 이같은 경주 황남대총을 들 수 있다.

국왕의 무덤인 남분에서는 은관·금동관만 출토되었는데, 왕비의 무덤인 북분에서는 금관이 출토되었기 때문이다. 여기서 신라의 금관들은 왕관이 아님을 알 수 있다. 특히 금관총은 5살 전후의 아이 무덤이고, 서봉총(瑞鳳冢)은 여자의 무덤이다. 금관총에서는 금관을 비롯하여 순금팔찌 12점 한세트, 금제 허리띠, 유리그릇, 굽은 옥 등 각종 금은 장식품과 토기가 1만 점이나 나왔을 만큼 신라의 황금문화가 세상에 알려지는 데 큰 구실을 했다. 한편 고고학에 관심이 많았던 스웨덴 국왕 구스타프(Gustav) 6세가 1926년 왕세자 시절 신혼여행길에 일제하 조선에 들렀다. 경주 고분발굴현장에서 봉황모양의 금관을 직접 들어내기도 했는데, 그 고분이 '스웨덴(瑞典)'과 '봉황'에서 한 글자씩 딴 서봉총(瑞鳳冢)이다.

금관은 신라 지배계층의 위세품(威勢品) 정도로 볼 수 있으며, 왕권이 강화되어 특별히 위세를 보일 필요가 없고 불교가 공인되는 6세기 법흥왕 이후에는 금관이 사라진 것으로 안다. 신라의 금관은 현재까지 모두 6점이 출토되었다. 그 중 5점은 금관총, 서봉총, 금령총, 천마총(155호분),[39] 쌍분인 황남대총(98호분)의 북분에서 발굴된 것이고, 1점은 경주 교동에서 도굴된 것이다. 금관의 기본 형태는 둥근 테에 나뭇가지를 추상화한 출(出)자 모양의 세움장식에 지그재그로 뻗은 사슴뿔 모양의 세움장식이 덧붙어 있는 것으로, 금판에는 수십 개의 순금 영락(瓔珞, 구슬을 꿰어 만든 장신구)과 파란 곡옥(曲玉, 굽은 옥)의 달개장식이 달려 있다. 그리고 관 테 양옆에 귀걸이 모양의 드림이 두 서너 가닥씩 늘어져 있다.

7. 세계적인 백제의 건축기술

백제에서는 사공부(司空部)라는 건축담당 부서를 두고 기술자들을 배출했는데, 6세기 초에 만들어진 전북 익산에 있는 미륵사지석탑(국보 11호)은 국내 최고 최대의 석탑[40]이다. 익산 미륵사는 백제 무왕이 세운 절로 동서 260m, 남북 640m, 대지 면적 5만 평이 넘는 우리나라 최대의 가람이다. 그 어느 때인가 폐사되어 무너진 석탑과 당간지주만이 이 광활한 빈터를 지키고 있었다. 미륵사지석탑은 복원을 위해 2001년부터 해체하기 시

---

39 천마총(天馬塚)에서 출토된 금관은 높이 32.5m, 지름 20cm로 전형적인 신라 금관이며, 화려함과 정교함이 신라 황금문화의 정수로 꼽는다.
40 탑이란 원래 부처님의 사리를 모시는 것인데, 9세기 하대 신라로 들어서면 고승들의 사리도 아담한 팔각당 탑에 모시면서 승탑이라는 새로운 양식이 생겼다. 이 승탑을 흔히 부도(浮屠)라고 부르지만 부도란 부처(Buddha)의 한자 표기로 잘못된 것이다. 이 용어는 일제강점기에 문화재를 지정하면서 스님의 이름을 알지 못하는 승탑을 일시 부도라 했던 것이 굳어져 버린 경우에 지나지 않는다.

작해 현재도 진행중인 대역사인데, 현장
의 관계자들은 백제인들의 놀라운 석재가
공기술에 새삼 감탄하고 있다고 한다. 석
재에 정밀한 홈을 파고 다른 석재를 연결
해 세월이 가더라도 벌어지지 않게 하는
등 돌을 떡 주무르듯 했다는 것이다. 미륵
사지석탑이 부활되면 백제문화의 진면목
을 볼 수 있을 것이다. 우리나라의 석탑은
익산의 미륵사지 탑에서 시작되었다.

석재 가공기술을 자랑하는
전북 익산시 미륵사지석탑

불국사의 석가탑이 백제의 아사달에
의하여 세워졌고, 높이가 80.18m나 되는 아시아 최고의 높이를 자랑하
던 신라의 황룡사(黃龍寺) 9층 목탑도 백제의 기술자 아비지(阿非知)로 하
여금 짓도록 했다. 황룡사는 진흥왕 14년(553)에 창건됐다. 진흥왕이 새
롭게 궁을 지으려던 곳에 누런 용이 나타나자 이를 기이하게 여겨 절로
만들었다. 그 100년 뒤 창건된 황룡사탑은 선덕여왕대인 645년에 이웃 9
국을 위압하는 힘의 상징으로 세워졌다. 석가모니의 진신사리가 모셔진
이 탑은 다섯 번이나 재건축되었는데, 1238년 몽골군의 침입으로 불타
없어졌다. 지금은 황룡사의 건물과 불상의 주춧돌만이 흔적으로 남아
있다.

절 전체가 일본불교의 성지이자 세계문화유산으로 지정된, 일본의 나
라(奈良)에 있는 호류지(法隆寺)도 쇼토쿠(聖德)태자와 백제기술자에 의해
세워졌다. 백제인이자 일본 최초의 여왕인 스이코천황 때인 607년의 일
이다. 백제가 멸망한 후 일본으로 집단이주한 백제인들은 축적된 기술력
으로 호류지에 유명한 목조 5층탑(32.45m)을 건립했다. 탑을 비롯한 서
원가람(西院伽藍)은 현존하는, 세계에서 가장 오래된 목조건축물이다.

2010년 8월경 언론 보도에 따르면 "요즈음 백제문화 관광을 오는 일본

일본 불교의 성지이자 세계문화유산인 일본 나라현의 호류지

인이 부쩍 늘었다"고 했다. 일본인 관광유형이 쇼핑이나 '한류' 관광에서 벗어나 한국의 역사와 문화를 공부하고 체험하는 여행으로 바뀌면서 '백제'가 각광을 받고 있다고 한다. 역사 드라마에 열광하는 일본 여성 '레키조(歷女)'가 늘면서 역사 탐구 여행 바람이 일고 있는 덕분이기도 하다. 그간 우리가 백제 문화유산 가꾸기에 너무 소홀했다는 사실을 새삼 깨닫게 된다.

백제의 경우 기와나 벽돌 만드는 기술이 다른 나라보다 훨씬 발달하여 기와를 전문으로 다루는 와(瓦)박사가 있었다. 백제는 장인을 사회적으로 우대하여 기와 잘 굽는 와공(瓦工)을 와박사라 했던 것이다.[41] 백제는 6세기 후반 이들을 일본에 파견하여 그 기술을 전했으며 일본 최초의 기와 건축물인 아스카데라(飛鳥寺)에 사용될 기와를 만들기도 했다. 신라 황룡사 건축에 초빙된 백제의 아비지는 와박사를 대동하고 갔으니 신라의 와당(瓦當)에 백제의 영향이 나타나는 것도 아주 자연스러운 일이다.

8. 건축·조각술의 꽃, 불국사·첨성대

훌륭한 건축기술은 통일신라시대에도 이어져 경주의 불국사(佛國寺)와 같은 웅장한 건축물을 낳았다. 경덕왕 때 김대성(金大城, 700~774)을 총감

41 2010년 세계대백제전 행사의 일환으로 열린 국립부여박물관의 '백제기와특별전'이 크게 주목을 받았다.

한국문화를 논하다

독으로 국력을 기울여 지
은 불국사는 건축기술의
꽃이라 할 수 있으며, 세계
문화유산으로 지정되었다.
청운교와 백운교를 올라
자하문을 지나면 대웅전
이요, 연화교와 칠보교를
올라 안양문을 통과하면

건축기술의 꽃이라는 경주의 불국사

극락전이다. 불국사 경내는 크게 비로전, 극락전, 대웅전의 세 공간으로
나뉜다. 이는 불교 교리에 따라 비로자나불의 연화세계, 아미타불의 극락
세계, 석가모니불의 사바세계로 이루어지는 불국정토를 그대로 형상화한
것이다.

그밖에도 탑의 건립, 불상[42]의 조각 등 건축 및 조형 기술이 뛰어났으
며, 특히 석재를 다루는 솜씨가 탁월하였다. 탑의 발상지인 인도나 중
국에는 전탑(磚塔)이 많고, 일본에는 목탑(木塔)이 많은데 비하여 우리나
라에는 석탑(石塔)이 많다. 문화재로 지정된 130여 기를 포함하여 전국
에 1,300기가 넘을 만큼 석탑이 많은 것은 질이 좋은 화강암이 풍부하
고 일찍부터 돌을 다루는 기술이 발달했기 때문이다. 2010년 6월 미하
일 보리소비치 피오트롭스키 러시아 에르미타주 박물관장은 〈솔숲에 부
는 바람, 한국미술 오천년전〉을 개최한 자리에서 "전시물 중 특히 청동
기시대의 마제석검에 반했다"며 "철도 아니고 돌로 만든 칼이 이렇게
정교하고 아름다울 수 있다니 놀랍다"고 했다.

---

42 원래 석가모니가 탄생한 기원 전 6세기 후 약 500~600년간은 불상이 없었다. 하지만
   기원 전 3세기 쯤 그리스 알렉산더 대왕의 인도 침략을 계기로 곳곳에서 서서히 불상
   이 만들어진다.

다보여래를 상징하는 다보탑　　석가여래를 상징하는 석가탑

통일신라시대는 삼국시대의 비교적 웅건하고 소박했던 미술에 대하여 화려하고도 섬세한 미의 극치를 이루어 우리나라 예술의 황금시대를 이룩하였다. 특히 중기의 불교미술은 한국미술사의 고전으로 여겨진다. 여러 곳에 사찰이 건축되었고 그 안에는 탑이나 비가 건립되었는데, 국보 35호인 구례 화엄사의 4사자석탑을 비롯하여 불국사 앞뜰에 배치된 다보탑과 석가탑은 대표적인 예라 할 수 있다.

이 불국사의 두 탑은 관세음보살이 공양한 석가여래와 다보여래를 상징한다. 무진의(無盡意)보살이 정성과 공경으로 바친 값진 목걸이를 관세음보살이 중생에 대한 연민의 정으로 받아들여 두 몫으로 나눈 것이다. 다보여래의 궁전을 표현했다는 화려하고 여성적인 다보탑은 국보 20호이며, 우리나라 3층 석탑의 전형을 최초로 확립한 단순하고 남성적인 석가탑은 국보 21호이다.

석재를 이용한 건축이 일반적으로 쌓아올리는 방식인데 비해 동양에서 유일하게 다보탑은 석재를 목재와 같이 짜맞추는 방식을 적용하였으며, 통돌을 쌓아올리는 건축기법을 사용한 석가탑이 지닌 고도의 상승미와 완벽한 균형미는 기하학적 비례에서 비롯된 것이다.

불국사에 가면 사람들은 석가탑과 다보탑의 아름다움에 취해 바로 곁의 석등(石燈)에는 좀처럼 눈길을 주지 않는다. 그러나 불국사 대웅전 앞 석등은 통일신라의 단아한 고전미를 유감없이 보여주는 명작이다. 같은 등이라도 중국이나 일본 사찰에서는 청동이나 나무로 세웠는데 우리나라는 양질의 화강암 덕분에 석등으로 발전했다. 석등의 전형이랄 수 있는 불국사의 석등은 다시 쌍사자석등을 낳기도 했다.

안정성과 곡선미를 뽐내는 첨성대

사자는 불교의 신성한 동물로 인도·중국·일본의 불교조각에 두루 나타나지만 쌍사자석등은 세계 어느 나라에도 없다. 두 마리의 사자가 가슴과 앞발을 맞대고 있는 쌍사자석등은 보은 법주사(국보 3호), 광양 옥룡사터(국보 103호), 합천 영암사터(보물 353호), 공주 대통사터(하반부만 남아 있음)의 4기가 있다.

원 위치에 원형대로 보존되고 있는 경주의 첨성대(瞻星臺 국보 31호)를 통해서도 건축술을 엿볼 수 있다. 첨성대는 선덕여왕 때 건립된 동양에서 가장 오래된 천문 관측대이다. 결혼도 하지 않고 김춘추와 김유신을 통해 통일의 과업을 달성한 선덕여왕[43]은 재위 초반 민생의 안정에 주력하였다. 가난한 이들을 보살피도록 하는 구휼정책을 활발히 추진하였으며, 첨성대를 건립하여 농사에 도움을 주고자 했다. 그녀가 백성들을 얼마나 아끼고 사랑했는지는 지귀(志鬼)의 설화를 통해 잘 전달되고 있다.

첨성대는 2단의 정사각형 기단 위에 두께 30cm의 돌을 27단으로 쌓아 올린 병 모양의 형태로 정중앙에는 네모난 창이 뚫려 있고 꼭대기에는 우물정자를 이룬 정자석(井字石, 일명 장대석)이 모자처럼 얹혀 있다. 돌을 쌓은 27단과 꼭대기의 정자석을 합하면 28단으로 별자리의 28수(宿)와 통하고, 거기에 2단으로 된 기단부까지 합하면 30단이 되어 한 달 길이

---

43 선덕여왕(?~647년)은 신라 27대 왕이며 재위기간은 632~647년이다.

에 해당한다. 가운데 난 창문을 기준으로 아래위가 12단으로 나누어지
는데 이는 1년 12달과 24절기를 의미한다.

특히 정자석은 신라 자오선의 표준으로 각 면이 정확히 동서남북의 방위
를 가리킨다. 한편 정남으로 뚫린 중간의 창문은 춘분과 추분에 태양이 남
중(南中)할 때 광선이 창문 속까지 완전히 비치고, 하지와 동지에는 창 아랫
부분에서 광선이 완전히 사라진다. 즉 춘분과 추분의 분점(分點)과 하지와 동
지의 지점(至點)을 정확히 알려준다. 아래는 네모지고 위가 둥근 구조는 천원
지방(天圓地方)을 뜻하며, 전체를 이루는 돌의 총수는 362개로 1년을 상징하
는 등 첨성대의 구조는 과학적으로나 철학적으로 절묘하기 이를 데 없다.

첨성대는 세계의 여러 건축물에서 찾아보기 힘든 형태를 지닌 구조물
로서 직선과 곡선의 조화를 이룬 외형은 안정성과 곡선미를 잘 나타낸다.
첨성대 안을 채운 흙과 자갈은 전체구조를 안정시키는 역할을 하며, 정자
석은 둥근 구조를 잡아주어 몸체에 견고함을 더해준다. 맨 위 정자석의 길
이가 기단부의 꼭 절반일 정도로 치밀하게 설계되었다. 또한 '천장석의
대각선 길이 : 기단석의 대각선 길이 : 첨성대 높이'의 비는 '3 : 4 : 5'
로서 피타고라스의 정리와 관련된 비를 찾아볼 수 있을 만큼 정교한 설
계기법과 공학기술이 발현되었다.

9. 세계최초의 목판인쇄물, 무구정광대다라니경

우리의 탁월한 기술력은 인쇄술과 제지술에서도 유감없이 발현되었
다. 불국사 석가탑에서 발견된 국보 126호인 『무구정광대다라니경(無垢
淨光大陀羅尼經)』은 중국의 『금강반야바라밀경』(868)[44]보다 120년 이상 앞
선 704년~751년 경에 인쇄된 세계 최초의 목판인쇄물로 평가받고 있다.

---

44 바라밀은 '번뇌가 없는 피안으로 건넌다' 는 뜻이다.

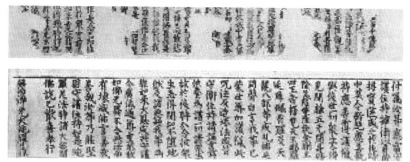
세계 최초의 목판인쇄물인 무구정광대다라니경

다라니는 범문을 번역하지 않고 음역한 것을 뜻한다. 다라니경은 부처의 제자들이 부처에게서 들은 진언(眞言)을 적은 것으로, 이 국보 126호 다라니경에는 여섯 가지 소(小)다라니의 작법과 이로 인한 공덕이 담겨 있다. 2007년 3월 말 언론에 의하면 이 다라니경과 형태가 같은 또 하나의 유물이 존재한다는 주장이 나와 주목된다.

세계적인 일본 호류지의 백만탑다라니경

한편 이 다라니경을 보면 놀랍게도 1300년 전의 종이의 질이 지금의 것과 비슷하다고 한다. 고구려 영양왕 20년(610)에는 담징이 일본에 건너가 종이와 먹을 전했다는 기록(『일본서기』)이 있으며, 7세기 초로 추정되는 신라종이가 발견된 예가 있으므로 적어도 삼국시대에 이미 제지기술이 발전되어 있었음이 분명하다.

또한 고구려는 국초에 역사를 기록한 『유기』라는 사서를 가지고 있었다는 『삼국사기』의 기록으로 보면, 이는 중국 채륜(蔡倫, ?~121?)의 종이 발명보다 앞서는 셈이기도 하다. 채륜이 종이를 발명한 때는 고구려 건국 142년 후이기 때문이다. 『무구정광대다라니경』이 발견되기 전까지는 770년에 간행된 일본 호류지의 『백만탑다라니경』이 세계 최고의 목판인쇄물로 인정되어 왔다.

얼마 전까지 학계는 다라니경의 제작시기를 경주 불국사 석가탑이 건립된 8세기 중반 이전이라고 판단했었다. 그러나 1966년 석가탑에서 출토된 문서뭉치인 묵서지편(墨書紙片) 일부가 2005년 중수기(重修記, 탑을 보수한 기록)로 밝혀졌으며, 중수기에 1024년 탑을 보수하면서 다라니경을 넣었다는 기록이 있다는 주장이 제기돼 학계는 혼란에 빠졌다. 이 경우 제작연대가 일본 목판본인『백만탑다라니경』보다 늦어질 수 있기 때문이다.

국립중앙박물관은 2007년 박물관 소강당에서 '석가탑 발견 유물 조사 중간 보고회'를 열었으나 이 논란에 종지부를 찍지는 못했다. 박물관의 의뢰를 받은 노명호(국사학) 교수와 이승재(언어학) 교수는 이날 "묵서지편 판독 결과 다라니경의 제작 연대는 학계 통설처럼 8세기 중반 통일신라시대일 가능성이 높으나, 11세기 초반 고려시대일 가능성도 배제할 수 없다."고 밝혔다. 이 번 판독의 결과로 석가탑 완공 연대는 통설보다 최대 14년 늦춰지게 되었다.

10. 가슴을 울리는, 성덕대왕신종

외국의 종소리는 '땡-땡-땡' 소리가 나면서 끊어진다. 그러나 우리나라 종은 치고 나면 '우-웅-웅' 하면서 그 여운이 10리 밖의 들판에까지 멀리 퍼지는 데에 묘미가 있다. 맥놀이 현상으로 설명되는 이 울림의 미학을 갖춘 것이 바로 우리 종의 특징이다. 서양의 종은 귀로 듣고 한국의 범종은 가슴(마음)으로 듣는다는 말처럼 가장 한국적인 소리와 형태를 지닌 공예품이 종인 것이다.

세계 종소리대회에서 1위를 차지한 성덕대왕신종

현재 전국에 흩어져 있는 300여 점의 종 가운데 가장 오래된 것으로서 성덕대왕 24년(725)에 주조된 오대산에 있는 국보 36호의 상원사종을 비롯하여 혜공왕 8년(771)에 완성된 성덕대왕신종(聖德大王神鍾)과 같은 8세기 무렵의 한국 범종 제작술은 동아시아에서 볼 수 없는 뛰어난 것이었다. 성덕대왕신종은 현재 남아있는 종 가운데 가장 크고 아름다운 것이다. 제대로 된 종소리를 얻으려고 갓난아이를 쇳물에 집어넣었다는 전설 때문에 '에밀레종'

에밀레종 설화를 최초로
적고 있는 〈조광〉의 4호

으로 더 널리 알려졌으며, 국보 29호로 지정된 이 종의 높이는 3.66m, 지름은 2.2m나 된다.

역사학계는 대체로 502년 지증왕이 죽었을 때 순장을 폐지시켰던 신라가 거의 300년이 지난 시점에서 종을 잘 만들려고 산 사람을 끓는 구리물에 넣었을 가능성은 희박하다고 보고 있다. 문헌상으로도 의문의 여지가 있다. 이지영 (국문학) 교수와 성낙주 (불교미술사학) 교사 등이 조사한 바에 따르면, 에밀레종에 대한 가장 오래된 우리 기록은 1935년 간행된 〈조광(朝光)〉 1호에 민속학자 송석하 선생이 쓴 것이다. 함경도나 평안도 지방의 무당이 부르는 무가에 에밀레종 전설과 비슷한 구절이 있으며, 한말 외국 선교사들이 채집한 설화 채록본에도 에밀레종 전설이 기록되어 있다고 한다.

이 종의 종소리가 맑은 날이면 65km 밖에까지 들린다고 한다. 일본 방송국에서 실시한 세계 명종소리 경연대회에서 우리의 성덕대왕신종 소리가 최고였다고 한다. 성덕대왕신종의 아름다운 종소리의 비밀은 큰 피리 모양의 음통(音筒)과 종의 밑바닥에 파놓은 명동(鳴洞)에 있다.

음통은 고주파음을 걸러내어 소리의 잡음을 덜 느끼게 하는 음향필터 역할을 하는 것이요, 명동은 종의 진동음과 공명을 일으켜 소리가 크고 오래가도록 하는 것이다. 신라인들이 보여준 뛰어난 종의 제작술은 무엇보다 한국 특유의 아연 함량이 많은 청동을 만드는 합금기술에서 비롯되었던 것이다.

11. 세계 최고의 자기제조술, 고려청자

고려시대에는 나전칠기와 같은 목공예가 발전했으나 무엇보다 도자기[45]공예 기술이 뛰어났다. 세계적으로 인정받고 있던 청자제조 기법은 영향을 준 송나라보다 훨씬 우수했다. 청자는 4세기 중국 월주요(越州窯)[46]의 누런 청자에서 시작되

세계 제일의 도자기 도시인 중국 칭더전(景德鎭)의 칭더전도자대학

어 10세기 송나라 때 완벽한 수준으로 올라섰다.

우리는 중국[47]에 이어 세계에서 두 번째로 자기를 제작하기 시작한 나

---

45 청자나 백자는 도자기가 아니라 자기라고 표현하는 것이 더 정확하다. 도기와 자기는 원료, 제작기술, 가마 등 차원이 다른 결과물이기 때문이다.

46 중국 쩌장성(浙江省) 월주 일대에 위치하는 청자 가마들을 통칭하는 것이다.

47 현재 중국의 칭더전(景德鎭)은 도자대학이 있을 만큼 세계 최대·최고의 도자기 도시이다. 서양이나 이슬람 문화권에서 호평을 받았던 중국의 수출품 가운데서도 가장 인기가 높았던 것은 단연 도자기였다. 현재 이스탄불의 톱카피 궁전에 소장된 수많은 중국 도자기는 바로 이것을 증명한다. 칭더전은 송나라 때 황실의 각종 그릇을 공급하기 위해 만든 도요지였다. 근대 위안스카이(袁世凱) 대총통에 이어 문화혁명 말기에는 당대의 명공 40명을 이곳에 모아 마오쩌둥(毛澤東) 주석을 위해 500여 개의 그릇을 만들어 바쳤다.

라일 뿐만 아니었다. 한국의 자기문화는 10세기경에 청자를 제작하기 시작한 후부터 고려와 조선을 거쳐 천여 년간 지속되었다. 세계적으로 천년이라는 시간 동안 자기를 제작하고 자기문화를 형성한 나라는 중국과 한국뿐이다. 특히 우리의 고려자기는 유약을 입히는 기술을 비롯하여 상감기법에 따른 독특한 무늬, 미끄럽게 흘러내리는 아름다운 선과 모양, 비취옥 같은 신비한 색깔 등 여러 면에 있어 뛰어났다. 그리하여 세계적으로 권위 있는 전문가들로부터 세상의 모든 도자기 중에 가장 예술성이 높은 것으로 평가받고 있다.

청자에는 황록색, 황갈색의 자기도 있지만, 비취색(翡翠色) 즉 비색(翡色)의 청자가 으뜸이다. 유약도 유약이지만 그 밑의 태토(胎土, 바탕흙) 속 철 성분이 비취색을 반사하는 것이다. 청자의 유약의 빛깔이 푸른 것이 아니다. 유약 자체는 유리질로 맑게 빛날 뿐이다. 청자는 바탕흙 속에 들어 있는 아주 적은 양의 철분이 산화제1철(FeO)로 환원되면서 일으킨 녹변(綠變)현상이다.

2004년 김화택(물리학) 교수는 지금까지 비취색의 비밀은 유약에 있다는 주장을 일축했다. 김 교수는 유약층 밑에 숨어있는 태토층이 비법의 열쇠라고 말한다. 즉 태토층을 이루는 토질의 성분에 따라 비취색이 결정된다는 것이다. 태토층의 1% 미만을 차지하고 있는 철이온이 빛을 선별적으로 흡수하는 마술사라 한다. 섭씨 1,300도의 고온에서 고려자기를 구우면 땔감의 불완전연소로 발생한 일산화탄소가 자기 표면의 산소와 결합해 이산화탄소로 방출된다. 산소가 부족해진 상태에서 철이온은 태토층에 퍼져 있는 산소를 끌어당기면서 청색을 반사하는 특성을 갖게 된다는 것이다. 김 교수는 "고려청자는 비취색을 내는 반도체 광산업재료"라고 했다.

오늘날 한국이 반도체 강국이 된 것은 바로 1,000년 넘게 비취색을 유지할 수 있는 우수한 발광 재료를 개발했던 데 이유가 있다. 비색의 고려청자

청자음각연꽃넝쿨무늬매병의 우아하고
세련된 모습

는 중국의 천자에게 진상될 만큼 훌륭했는
데, 13세기 남송학자이자 풍류객인 태평노
인(太平老人)은 그가 즐긴 명품들을 저서
『수중금(袖中錦)』의 '천하제일조'에 담으면
서, 천하제일의 산품 중에서 백자는 중국
의 정요(定窯)자기를, 청자는 중국청자가
아니라 고려청자를 꼽았다. 12세기 휘종
때 관요(官窯)인 여요(汝窯, 북송 여주汝州지방
의 가마)에서 만든 자기가 중국청자 중에서
도 가장 질이 우수한 것으로 유명하다. 이

여요청자와 고려의 자기가 맞먹는 최고 수준이라는 것이었다. 송의 여요청
자는 약간 뿌연 빛이 감도는 청회색인데 반하여 12세기 고려청자는 여지없
는 비취빛으로 맑은 보석처럼 빛이 난다. 일본문헌에서는 도자기의 대부분
을 고려에서 수입하고 당나라의 도자기는 드물게 수입했다고 적고 있다. 일
본 민예학자 야나기(柳宗悅)도 "조선박물관의 고려실(청자)을 보고 나온 사
람이면 그 민족에게 칼날을 들이대지는 못할 것"이라는 말을 남겼다.

　청자 어룡모양 주전자(국보 61호), 청자 참외모양 병(국보 94호), 청자
칠보무늬 향로(국보 95호) 등 많은 청자들도 훌륭하지만, 높이 43.9㎝
의 대형 '청자 음각 연꽃넝쿨무늬 매병'이야말로 고려청자 특유의 자태
에서 풍기는 우아미와 세련되고 은은한 비색을 유감없이 보여주는 명
품이다. 부드러우면서도 풍만한 어깨, 가늘고 유연한 허리, 좁아지다 살
짝 벌어지며 안정감을 주는 곡선은 그 자체로 시각적 즐거움을 준다.
'음각(陰刻)'이란 조각칼과 같은 도구로 그릇 표면에 홈을 내어 무늬를
새기는 방식으로, 대범하게 그어낸 넝쿨무늬는 연꽃을 감싸면서 병이
이루는 곡선을 거스르지 않는 기막힌 조화를 이룬다. 3차원으로 새긴 무
늬라 한다.

고려의 청자기술은 12세기 중엽 인종 때부터 몽골이 침입하는 13세기 전반에 걸쳐 절정을 이루면서 조선전기까지 이어졌는데, 제작의 전성기 청자를 생산하는 가마터는 전국에 400여 개소에 달했는데 그 중 전남 강진일대에 150개소와 전북 부안일대에 80여 개소가 분포했다. 고려의 문호 백운(白雲) 이규보는 『동국이상국집』에서 "영롱하기는 수정처럼 맑고 / 단단하기는 돌과 맞먹네. / 이제 알겠구나 술잔 만든 솜씨는 / 하늘

청자 생산으로 가장 유명했던 전남 강진의 청자축제 포스터(2008)

의 조화를 빌려 왔나 보네."[48]라고 청자의 아름다움을 극찬했다. 은은한 비색의 강진청자는 고려 최고의 브랜드 명품이었다. 명맥이 끊기고 전설로 남은 지 수백 년 된 지금 한반도 서남쪽 강진은 고려청자의 전진기지로 새롭게 용트림을 하고 있다. 1000년 전 영롱한 고려청자를 계승하면서 동시에 우리 시대에 맞는 새로운 모양과 빛깔의 청자를 창조하려는 장인의 후예들의 열정이 가마의 열기만큼 뜨겁다. 2006년 파리전시회 뒤 해외에서 인기 몰이한 이후 2008년 청자축제엔 관광객이 70만 명이나 북적거렸다.

일제강점기 이토 히로부미(伊藤博文)가 통감으로 군림하던 시절 황제 자리에서 밀려난 고종이 창덕궁박물관을 찾았다. 고려청자를 보고 "이게 어디서 만들어진 것이오?"라고 물었고, 이토 히로부미는 "이 나라 고려시대의 것입니다."라고 답했다. 그러자 고종은 "이런 물건은 이 나라에 없는 거요."라고 말했고, 이토는 입을 다물 수밖에 없었다고 한다. 청자

48 영롱초수정(玲瓏肖水精) / 견경적산골(堅硬敵山骨) / 내지연전공(迺知埏埴功) / 사차천공술(似借天工術).

는 500년 전에 고려의 귀족 문화와 함께 무덤 속으로 사라져버렸기 때문에 조선의 황제조차 고려청자를 모르는 것은 당연했다. 이토는 재임 2년간 고려귀족의 무덤 대부분을 파헤쳤다. 무덤에서 훔친 청자 수

고려청자의 진수를 느낄 수 있는 일본 오사카시립박물관

천 점을 일본의 영향력 있는 사람들에게 선물하고자 빼돌려 온 이토가 고종 앞에서 함구한 것이다. 물론 우리가 고려청자를 다시 볼 수 있게 된 것은 독특한 장례풍습 덕분이다. 고려 사람들은 돌아가신 분이 저승에서 부처님께 차를 공양할 다완(茶碗)을 넣어 주거나, 혹은 찻주전자·향로·꽃병을 넣어 주었다. 또는 생전에 그가 좋아하던 술병이나 연적도 넣어주었다.

무엇보다 안타까운 것은 지금도 도자기의 경우 오사카(大阪)시립박물관을 둘러봐야 그 진수를 느낄 수 있을 정도다. 현재 국내에는 약 2만 점의 고려자기가 있으며, 일본에는 3만~4만 점이 있는 것으로 추정되고 있다.

12. 10만여 문화재가, 일본 등 외국에

한국정부는 1966년 일본정부에 4,479점의 문화재 반환을 요구했다. 조선에 통감부가 설치된 1905년부터 1945년 사이에 약탈해 간 문화재가 그 대상이었다. 일제 통감부는 1908년 조선왕실 도서관인 규장각의 장서를 샅샅이 조사해 대한제국 '제실도서지장(帝室圖書之章)' 이라는 직인을 찍었다. 1910년 경술국치 이후 '제실도서' 들은 고스란히 총독부로 넘어갔다.

---

49 조선시대 왕실과 국가의 주요 행사를 그림과 기록으로 남긴 것이다.

총독부는 1922년 '조선왕실의궤(朝鮮王室儀軌)' 49를 비롯해 '제실도서'를 일본 왕실담당 행정기관인 궁내청(宮內廳)에 기증 형식으로 넘겼다. 그보다 앞서 이토 히로부미가 몰래 빼돌린 규장각 장서 33종 563책도 궁내청이 보관해왔다.

일제 통감부가 규장각 장서를 찾아내 제실도서지장이라는 직인을 찍었던 제실도서

1965년 한일협정에 따라 일본은 국·공유 문화재 1,432점만 반환했다. 일본 측에서는 결코 약탈한 것이 아니며 문화재 반환의 법적 근거가 의심스럽지만 한국 독립에 대한 선물로서 일부를 증여한다고 했다. 우리의 유출 문화재 중 반이 훨씬 넘는 6만 1,409점이 일본에 있다.50 지금까지 궁내청이 보관해 온 조선왕실 도서는 '조선왕실의궤(가례도감의궤 등 76종 154책)', '제실도서' 등 79종 269책으로 알려졌었다. 그런데 최근 2010년 문화재청이 조사했더니 '제실도서' 도장이 찍힌 조선왕실 도서가 더 있다는 게 드러났다. 일본 궁내청에 그동안 알려졌던 제실도서 가운데 두 종류의 조선왕실 중요문서들이 더 소장돼 있는 것으로 확인됐다. 유교경전·의학서적(세의득효방(世醫得效方) 등)·군사서적 38종 375책, 역대 국왕이 받던 교양강좌인

---

50 2010년 문화재청은 일본의 250여 개 기관 및 개인이 모두 6만 1409점의 한국문화재를 소장하고 있다고 발표한 적이 있다. 도쿄국립박물관에 6751점, 국회도서관에 6748점, 궁내청에 4678점, 오사카부립도서관에 5711점, 덴리대중앙도서관에 5711점, 교토의 오타니대학에 5605점, 국공립시설 57곳, 도쿄의 조조지(增上寺)나 쿄토의 지온인(知恩院) 같은 사찰 145곳, 개인 48명이 소유 보관하는 등 일본전역에 산재해 있다고 했다. 그러나 개인적으로 갖고 있는 것까지 모두 합하면 일본에 있는 한국문화재는 30만 점이 넘는 것으로 알려졌다.

51 경연에 사용했던 책 중 일본이 갖고 있는 '통전(通典, 중국 제도사 백과사전)'은 11세기 고려 숙종 때 것으로 보물급으로 평가된다. 이처럼 일본 궁내청 왕실도서관인 서릉부(書陵部) 책 중에는 국내에서 보기 드문 희귀한 것이 많다.

'경연(經筵)'에 쓰인 서적[51] 3종 17책이다.

이에 한국정부는 불법 유출된 이들 조선왕실 중요문서의 반환 요청을 추진하고 있다. 일본에 있는 한국문화재 모두가 약탈문화재는 아니다. 고려대장경처럼 왜구의 침탈을 막기 위해 우리가 일본에 선물한 것도 있고, 일제강점기에 일본인들이 구입해간 것도 많다. 간 나오토(菅直人) 일본 총리는 2010년 8월 10일 100년 전인 1910년 8월 29일 강제병합조약 발효로 시작된 식민지배가 한국인들의 의사에 반해 강제적으로 이뤄졌다는 점을 인정하는 내용의 담화문을 발표했다. 이 담화에는 조선총독부를 거쳐 반출돼 현재 일본정부기관이 소장 중인 '도서'를 인도하겠다는 내용도 포함됐다. 이 속에는 조선왕실의궤, 제실도서 등 궁내청 소장 도서뿐만 아니라 전국의 국공립 박물관 및 도서관 등에 산재한 한국도서 가운데 총독부가 반출한 것은 모두 반환하겠다는 뜻이다.

마침내 2010년 11월 일본정부는 조선왕실의궤 등 도서 150종 1205책을 돌려주기로 했다. 이 책들은 모두 궁내청 도서관인 쇼료부(書陵部)에 소장된 것들로, 조선왕실의궤 167책, 대전회통 1책, 증보문헌비고 99책, 기타 그 동안 알려지지 않았던 이토 히로부미가 반출한 규장각 도서 66종 938책이다. 모두 일제강점기에 조선총독부가 규장각에 있던 책들을 '기증'이라는 인장을 찍어 일본에 넘긴 것이다. 궁내청 소장도서 중 당초 관심을 모았던 제실도서지장 38종 375책과, 경연서적 3종 17책은 이번 반환 대상에 포함되지 않았다. 전자는 양국전문가들이 장서 인(印)을 비교한 결과 일본 궁내청이 날인한 것으로 확인됐고, 후자는 1891년 이전부터 일본정부가 보관해온 도서라는 이유에서다.

수많은 고려청자와 조선백자뿐만 아니라 조선전기 회화의 최고 걸작인 안견의 〈몽유도원도〉, 〈수월관음도(水月觀音圖)〉를 비롯한 고려불화 대부분도 일본에 있다. 문화재청의 자료에 따르면, 해외에 반출되거나 약탈당한 우리 문화재는 10만 7,857점이다. 실제로는 훨씬 더 많은 한국문화재가 낯선 땅에 잠들어 있을 것으로 추정된다. 개인이 소장하고 있거나 박물관 측이 밝히지 않은 경우도 많기 때문이다. 임진왜란, 병인양요 등 외침과 일제강점기, 6·25전쟁과 같은 혼란기를 틈타 도굴, 강탈, 매매 등 다양한 경로로 문화재가 빠져 나갔다. 한국문화재가 있는 곳은 18개국의 347개 박물관·미술관·도서관으로 일본이 가장 많고 다음은 미국(2만 7726점)이다. 2010년 지금까지 일본에서 환수한 5,102점을 포함 10개국에서 8,155점 밖에 돌려받지 못했다.

KBS 1TV '시사기획 KBS 10'은 2010년 5월 25일 밤 10시 10분 '잃어버린 보물, 잊혀진 유산'을 통해 해외에 반출돼있는 우리 문화재의 현황과 이를 환수하기 위한 방안을 알아보았다. 제작진은 먼저 교토의 한 음식점 옆에 줄지어선 12개 한국석상과 5층 석탑, 이와쿠니시 모마지 공원 내에 있는 한국 육각정, 일본 중요문화재로 지정된 가야 고분 출토품 등 일본 각지에 흩어져 있는 우리 문화재를 일일이 보여주었다. 또 이런 문화재들이 어떤 경로를 통해 일본으로 흘러들어가게 됐는지 추적했다. 미국 보스턴 미술관, 프랑스 기메박물관에서 소장하고 있는 나전국당초문경함, 철조천수관음보살상, 약사여래입상 등 국보급 문화재도 현지 취재해 보여주었다. 뉴욕과 보스턴의 고미술품 딜러, 경매회사 등을 통해 미국에서 한국문화재가 어떤 방식으로 유통되고 있는지도 살펴보았다.

13. 세계최초의 시한폭탄, 비격진천뢰(飛擊震天雷)

인류역사는 전쟁의 역사이고, 전쟁의 성패는 무기에 달렸다고 할 만하다. 무기가 인류의 역사를 바꿔 놓았다고 해도 크게 틀린 말은 아닐 것이다. 로마가 그리스를 꺾은 것은 양쪽에 날이 있는 단검과 방패 덕이었다고 한다. 화포는 수성(守城) 위주의 봉건시대 전술을 쉽게 무력화시켰고, 잉카문명과 마야문명은 화승총(火繩銃)을 앞세운 스페인군 앞에서

잉카 · 마야 문명을 무너뜨린 스페인군의 화승총

허무하게 무너졌다. 제2차 세계대전 초기 독일은 전차의 위력을 빌려 폴란드, 오스트리아, 소련을 단기간에 초토화할 수 있었는가 하면, 핵폭탄은 하늘을 찌를 듯한 기세를 보이던 일본 제국주의를 굴복시켰다.

2007년 말에 우리 국방학연구소는 세계 최초의 주야간 사용이 가능한 특수소총을 국내기술로 개발했다고 발표한 바 있다. 6 · 25 전쟁 당시 소총은 고사하고, 탄약 하나 만들지 못했던 것을 생각하면 꿈과 같은 일이다. 이 특수소총은 레이저 빔으로 거리를 측정하고 발사된 탄환이 적군의 머리 위에서 터지도록 고안된 것이라 한다. 건물 내부로 뚫고 들어가 폭발할 수도 있으며, 건물 옆에 숨은 적을 공격할 수도 있어 엄폐물조차 소용없다니 기가 막힐 정도로 무기가 발달하고 있는 것이다.

일찍부터 우리는 전차를 비롯하여 도검, 갑옷, 철촉 등의 무기제작 기술력을 발휘했다. 거란 침입 때는 검차(劍車)가 사용되었고, 여진족의 침범 때는 총통방사차(銃筒放射車)가 사용되었다. 고려초 태조 왕건이 사용한 병선은 갑판 위에서 말을 달리게 했을 만큼 컸다. 고려후기 원나라가 일본을 침략할 때 고려에 1,000여 척의 전함을 요구했던 것도 당시 조선술 및 무기제작술이 뛰어났음을 보여주는 근거다. 우리의 배는 통일신라 때부터 견고하기로 정평이 나있었으며, 고려 · 원 연합군이 일본정벌에 나섰다가 돌풍을 만났을 때도 원의 배는 모두 부서졌지만 고려 배는 대부분 온전했다. 2006년 8월 중국 산둥(山東)성에서 고려 선박 2척이 발굴되어 학자들을 흥분시켰다.

14세기 것으로 추정되는 이 배는 길이 22.6m에 화물 17t을 실을 수 있는 당시 초대형 선박이었다. 200년 뒤 16세기 초 마젤란이 세계일주

때 사용한 배는 130t 규모였으니 고려의 조선기
술이 얼마나 앞선 것이었는지 짐작할 수 있다.
고려 말부터 임진왜란이 끝날 때까지 250년 간 고
려와 조선은 배를 이용한 수군으로 일본의 침략
을 막아냈다.

고려 말에는 최무선(崔茂宣, ?~1395)이 중국인
들이 비밀로 감춰두고 있던 화약제조법, 특히 초
석(硝石)을 만드는 방법을 고안해 냄으로써 중국

고려말 화약을 발명한
최무선

인에 이어 세계에서 두 번째로 화약을 발명하였다. 고려 우왕 3년(1377)
최무선은 한국 최초의 화학무기연구소라 할 수 있는 화통도감을 세웠
다. 여기서 화약을 비롯한 약 20가지의 화약무기가 개발됐는데, 그 중
'달리는 불'이란 뜻을 가진 '주화(走火)'는 바로 한국 최초의 로켓이다.
최무선이 제작한 이 '주화'라는 분사추진식 화살무기는 로켓과 같은 발
사체에 관한 세계사에서 우리가 얼마나 선구적이었는가를 짐작케 한다.

2006년엔 최무선이 개발한 것으로 추정되는 국내 최고의 휴대용 화약
무기가 복원돼 발사시험에 성공했다. 이 무기는 당시 중국에서 제작된
것보다도 우수한 것이어서 명실 공히 당대 최첨단 무기로 평가받았다.
한국항공우주연구원 채연석 박사는 14세기 고려 청동제 총통(銃筒, 포나
소총류 전반을 일컫는 무기류)의 원형을 복원해 경북 영천 3사관학교에서 장
착된 화약을 폭발시켜 화살을 150m까지 날아가게 하는 데 성공했다고
밝힌 바 있다. 현재 전 세계에 14세기 총통이 10여 점 남아 있으나 원형
을 복원해 발사시험에 성공한 것은 처음이라고 한다.

또 1380년 왜구 수만 명이 500여 척의 배를 타고 전라도 진포 앞바다에
상륙하여 노략질을 하자 최무선의 주도 아래 고려군은 300여 척의 배에 화
약무기를 싣고 나가 500여 척을 모두 불태웠다고 하는데, 이는 세계 해전
사에 처음으로 선박에 화포를 설치하여 해전을 치른 획기적인 일이라 할

세계 최초의 시한폭탄 비격진천뢰

수 있다. 유럽에서 화포를 사용하여 해전을 벌인 것은 고려보다 무려 200년이나 늦은 1571년 베네치아, 제노바, 에스파냐의 연합함대가 투르크함대를 격파한 레판토해전이 처음이었다.

그 후 각종 화약무기가 개발되었는데, 박처럼 둥근 무쇠공으로 만든 비격진천뢰는 오늘날의 수류탄과 같은 무기로 임진왜란 때 화기제조 기술자 이장손(李長孫)이 제작한 세계 최초의 시한폭탄이다. 이 진천뢰를 대완구(大碗口)에 넣어 쏘면 500~600보까지 날아간다.

2007년에는 세계 최강의 국산 전차 '흑표'가 나왔다. 국방과학연구소 창원시험장에서 육군차세대 주력 전차 'XK-2(일명, 흑표) 시제품 출고식이 열렸다. 순수 국내 기술로 개발된 XK-2는 2011년 실전 배치될 계획으로 시속 70km에 깊이 4m의 물 속에서도

세계 최강의 국산 전차 흑표

이동이 가능하다고 했다. 북한은 물론 미국·유럽·러시아 등 선진국 최신형 주력 전차의 장갑을 관통할 수 있고, 날아오는 대전차 미사일도 비켜가게 할 수 있다. 헬기를 공격하는 것은 기본이다.

14. 세계문화유산, 장경판전

고려시대 목판인쇄기술사의 금자탑을 이룬 『팔만대장경(고려대장경)』

을 비롯한 대장경판의 제작은 인쇄 및 출판 기술의 발전을 가져왔다. 대장경은 부처가 직접 설법한 것으로 알려진 경(經)과 율(律)은 물론, 그에 대한 주석인 논(論) 등 불교의 가르침을 모두 모아놓은 불교경전이다. 고려는 역사상 두 차례에 걸쳐 대장경을 제작했다. 처음 제작한 대장경은 『초조(初雕)대장경』으로 8대 현종 2년(1011)부터 13대 선종 4년(1087)까지 무려 6대 왕 77년에 걸쳐 제작되었는데, 23대 고종 19년(1232)에 몽골군에 의해 불타버리고 말았다. 이로부터 5년 뒤인 고종 23년(1236)부터 다시 본격적으로 만들기 시작하여 16년 만인 고종 38년(1251)에 완성시킨 것이 흔히 『팔만대장경』이라 부르는 『고려대장경』 또는 『재조(再雕)대장경』[52]이다.

'훈요십조(訓要十條)'만 보더라도 첫 번째 항목이 '나라의 대업은 반드시 부처의 힘을 입어야 하므로……'로 시작할 정도로 고려는 불교를 나라의 근본이념으로 삼았다. 470여 년이라는 고려 역사에서 가장 큰 국난은 몽골의 침입이었다. 몽골제국은 13세기 초반부터 70년에 걸친 정복전쟁을 통해 역사상 처음으로 유라시아 대륙 대부분을 지배하는 대제국을 건설했다. 몽골제국에 이르러 아프리카 대륙을 포함하는 '세계지도'가 처음 제작되었고, 여러 민족들의 역사를 포괄적으로 서술한 '세계역사'도 처음으로 편찬되었다.[53]

몽골과 처절하게 전쟁을 치르던 고려 고종 23~38년(1236~1251)에 제

---

52 2011년 『초조대장경』 판각 1000년 기념의 해를 맞아 『팔만대장경』 개인소장용 경판(반야심경)을 제작하여 보시에 들어가 화제다. 『반야심경』은 『팔만대장경』에 판각된 경전 중의 하나로 총 600여 권에 이르는 『반야경』의 내용을 260자로 함축하여 만든 경이다. 부처님 경전 중 가장 짧은 경전임에도 불구하고 삶의 모든 의문에 대한 해답을 담고 있을 뿐만 아니라 대중에게 잘 알려진 경전이다.

53 국내 유목제국사 연구의 대표적인 학자인 김호동(동양사학) 교수의 『몽골제국과 세계사의 탄생』(돌베개, 2010)이 출간되었다. 저자는 "몽골제국 시대에 공간의 한계와 시간의 장벽을 비로소 뛰어넘게 되었고, 세계가 하나의 실체로 온전하게 인식되기 시작했다."면서 이를 '세계사의 탄생'으로 규정했다.

세계기록유산에 등재된 팔만대장경(고려대장경)

작된 『팔만대장경』은 세계 유일 최대의 목판 유물이다. 국보인 『팔만대장경』은 1995년 유네스코 지정 세계기록유산으로 등재되었다. 〈25시〉의 작가 게오르규는 팔만대장경의 내용을 두고 "가장 숭고한 인간 정신의 발현"이라고 한 바 있다.

산벚나무와 돌배나무로 만든 경판에 새겨진 글자 수는 무려 5,233만여 자인데, 놀라운 것은 그 많은 글자가 꼭 한 사람이 쓴 것처럼 똑같은 필체요, 또 단 한 자의 오자나 탈자도 찾을 수 없을 만큼 정확하다는 점이다. 대장경을 새긴 나무판도 예사롭지 않다. 갈라지는 것을 막기 위해 나무를 잘라서 바닷물에 3년 이상 담가 놓은 뒤 다시 소금물에 쪄서 그늘에 말린 다음 사용했다. 또 해충의 피해나 나무가 썩는 것을 방지하기 위해 경판의 표면에 두 세 번씩 옻칠을 했다. 당시 각 나라에서 제작된 여러 대장경을 통합하여 만든 8만 1,258장의 나무판에 새겨 넣은 원본 경판은 경남 합천 해인사에 고스란히 보관돼 있다. 한 장 한 장을 눕혀서 쌓으면 백두산 높이(2744m)가 넘는다. 길이는 150리(60km), 전체 무게는 약 280톤이니 4톤 트럭에 싣는다면 70대 분량이다.

이처럼 엄청난 규모의 경판을 만들려면 고려인의 온갖 노력과 당시로서는 최신 기술이 모두 들어갔을 터이다. 작업일지를 쓴다고 해도 수천 쪽이나 나올 분량이지만 남아 있는 기록이 너무 초라하다. 『고려사』에 한 줄, 『조선왕조실록』에 한 줄이 있을 뿐이다. 고려 고종 때 강화도 선원사(禪源寺)에서 새겨 보관하다가 조선 초에 해인사로 옮겼다는 설명이 전부다. 기록이 불충분한 팔만대장경판은 경판 자체에 과학적으로 무장 접근함으로써 미스터리와 함께 상당한 의미를 풀어 낼 수 있을 것이다. 한편 앞으로 완성될 동판(銅版) 『팔만대장경』도 고려시대의 과학적 우수성을 드러냈던 목판본처럼 한국과학기술연구원이 검증한 최고의 기술로 만들어질 것이라 한다.

처음에 팔만대장경을 새겨 보관하던 강화도 선원사

경판에만 옛사람의 과학과 기술이 들어 있는 것이 아니다. 방대한 규모의 목판을 750여 년 동안 거의 완벽하게 보존할 수 있었던 과학기술 또한 놀랍다. 대장경판을 잘 보관할 수 있었던 건물 장경판전(藏經板殿)의 핵심은 자연지형을 탁월하게 이용한 점이다. 해인사 경내에서 가장 높은, 해발 1430m인 가야산 중턱 655m 고도에 서남향으로 앉아 있는 장경판전은 햇살을 충분히 받을 뿐만 아니라 햇빛이 건물 내부에 골고루 비쳐 습기가 차는 것을 방지할 수 있다.

무엇보다 『팔만대장경』의 온전한 보관은 장경판전의 앞뒷면과 벽면 위아래의 살창 크기를 달리하는 등 습도와 온도를 유지해주는 자연식 통풍시스템과 해충의 피해를 막는 완벽하고 절묘한 건축기술에 힘입은 바가 크다. 보관하고 있는 건물의 설계를 보면 경판을 오랫동안 썩지 않고 그대로 남아 있도록 만든 공기순환기술은 오늘날의 우리를 감동시키기에 충분하다. 경판을 옆으로 세우고 손잡이에 의해 만들어지는 수직공간으로 상하 공기의 대류현상을 유도했다.

현대의 첨단 과학기술이 옛사람들의 경험에 바탕을 둔 과학적인 판단을 좇아가지 못한다고 한다. 장경판전은 본래 배수가 잘 되는 토질 위에 지은 데다가 습기를 잘 빨아들이는 많은 양의 숯, 소금, 석회를 바닥에

팔만대장경을 온전히 보관하여 세계문화유산이 된
해인사 장경판전

뿌려서 기초를 다졌다. 이렇듯 건물은 바닥을 흙으로 하여 경판과 흙이 자연스럽게 수분을 주고받도록 했고, 창문의 크기를 앞뒤로 달리하여 수평 공기의 흐름도 원활하게 했던 것이다.

요컨대 장경판전은 『팔만대장경』 보관을 위해 15세기에 만들어진 건축물로서 자연환경을 최대한 활용한 보존과학 소산물로 높이 평가 받으며 세계유산으로 지정되기에 이르렀다. 장경판전은 『팔만대장경』 외에도 불교경전과 연구논문, 불교 역사와 계율, 계율판, 고승의 문집, 불교판화 등 5987장의 여러 경판을 소장하고 있다. 『팔만대장경』이 국가차원에서 제작된 경판인데 비해, 이들 여러 경판은 사찰에서 필요에 따라 만든 사간판(寺刊板)으로 팔만대장경과 함께 세계기록유산으로 등재되었다.

한국의 세계유산은 10건이다. 1995년 석굴암 · 불국사와 해인사 장경판전, 종묘가 세계유산에 등재된 것을 시작으로 창덕궁과 수원화성 (1977년), 경주역사유적지구, 고창 · 화순 · 강화 고인돌 유적(이상 2000년), 조선왕릉(2009년), 하회 · 양동마을(2010년) 등 문화유산 9건과 제주 화산섬과 용암동굴(2007년) 등 자연유산 1건이다.

15. 세계기록유산, 직지심체요절

주조기술이 우수한 바탕 위에 세계최초로 금속활자를 만들어 1234년에 『고금상정예문(古今詳定禮文)』이라는 주요 의례에 관한 50권의 책을 이

금속활자로 찍어
냈다.(『동국이상
국집』) 이는 독일
의 구텐베르크가
금속활자로 성경
을 인쇄하기 시작
했던 1450년 경보
다 200년 이상이

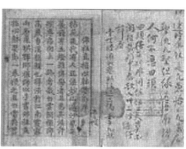

세계에서 가장 오래된 금속활자 인쇄물인
백운화상초록불조직지심체요절

나 앞선 것이다. 그러나 서양의 박물관이나 과학관 등에서는 최초의 인
쇄기술을 구텐베르크의 발명인 듯 전시하고 중국에서는 자기들이 처음
발명한 것처럼 말하고 있다. 다만 최근 번역된 J. D. 버널의 『역사 속의
과학』[54]이라는 명저에는 "나무활자는 11세기 중국에서 처음 나왔고, 금
속활자 인쇄술은 14세기에 한국에서 처음 나왔다."고 밝혀져 있다.

『고금상정예문』은 지금 전하지 않고, 현재 남아있는 금속활자 인쇄물
중 가장 오랜 것은 고려 우왕 3년(1377)에 청주의 흥덕사에서 찍은 일명
『직지』 또는 『직지심체요절』 등으로 불리는 『백운화상초록불조직지심
체요절(白雲和尙抄錄佛祖直指心體要節)』이다. 이는 백운화상이 여러 부처와
고승들의 법어(어록), 게송(偈頌, 부처의 공덕이나 가르침을 찬탄하는 노래), 대
화, 편지 등에서 중요한 내용을 뽑아 편찬한 책이다. 중심주제인 직지심
체는 '직지인심 견성성불(直指人心 見性成佛)'에서 나온 말로 '참선을 통
해 사람의 마음을 바르게 보면, 마음의 본성이 곧 부처님의 마음임을 깨
닫게 된다'는 뜻이다.

하지만 밀레니엄을 앞두고 1997년 미국의 유력 시사주간지인 〈라이프

54 영국의 J. D. 버널(Bernal) 교수의 대표작 「역사 속의 과학(Science in History)」 5권은 우
리나라에서 「과학의 역사」(1 · 2 · 3, 한울, 1988~1995)라는 제목으로 번역되었다.

제
2
부

과
학
ㅣ
자
연
과
기
술

직지심체요절의 의의를 언급한
미국의 앨 고어 전 부통령

지〉는 지난 1천년간 인류에게 가장 큰 영향을 미친 발명품으로 구텐베르크의 금속활자를 꼽았다. 그러나 2005년 앨 고어(Albert Arnold Gore Jr.) 전 미국 부통령 겸 노벨평화상 수상자의 한 마디가 사람들을 충격 속에 빠뜨렸다. "서양에서는 구텐베르크가 인쇄술을 발명한 것으로 알려져 있습니다. 그러나 사실 구텐베르크의 기술은 당시 조선으로부터 들어온 것입니다. 세계 인쇄술의 발전은 모두 한국 덕분입니다."라고 했기 때문이다.

우리의 금속활자가 세계 최초의 것으로 공인된 것은 1972년 '세계도서의 해'를 기념하기 위한 전시회에서 프랑스 국립도서관에 소장되어 있던 것이 공개되면서부터이다. 『직지심체요절』의 존재를 세상에 처음 알린 사람은 재불(在佛) 서지학자 박병선 박사였다. 그는 우리나라 민간인 여성 가운데 최초로 프랑스 유학 비자를 받은 인물이다. 그녀는 서울대 사학과를 졸업하고 유학을 떠나 프랑스 고등교육원에서 종교학 박사학위를 받았

직지심체요절의 존재를
최초로 알린 박병선 박사

다. 박사학위 과정 중 프랑스 국립도서관 사서로 근무하던 1967년 3,000만 종이 넘는 장서를 뒤져 『직지심체요절』 하권을 발견했다. 『직지심체요절』이 금속활자로 인쇄된 세계에서 가장 오래된 도서라는 점을 고증하기 위해 3년간 연구에 몰두했고, 1972년 유럽 동양학회 100주년 기념 '책' 전시회에 『직지심체요절』을 출품하여 현존 세계최고의 금속활자본이라는 사실을 세상에 알렸다. 그녀는 단순히 『직지심체요절』을 찾아낸

사람이 아니라, 이 책이
1455년에 나온 '구텐베르
크 성서'보다 78년이나 빠
른 금속활자본임을 증명한
사람이다.

『직지심체요절』의 유출
경위를 보면 너무나 허술
하다, 구한말 주한 프랑스

직지심체요절을 찍었던 흥덕사 자리에 세워진
청주 고인쇄박물관

공사를 지낸 콜랭 드 플랑시(Plancy 1853~1924)가 1907년 본국에 가져가
1911년 한 고서 경매장에 내놨다. 부유한 보석상이자 고서 수집가인 앙
리 베베르(Vever 1854~1943)가 180프랑에 낙찰 받아 훗날 프랑스 국립도
서관에 유증한 것이다.

현재 프랑스 국립도서관에 유일하게 보관돼 있는 『직지심체요절』 하
권의 마지막장 간기(刊記)에는 1377년 청주목 흥덕사에서 금속활자로 인
쇄했다는 기록이 명료하게 나온다. 독일이 자랑하는 구텐베르크의 성서
보다 무려 70년 이상 앞선 것이다. 『직지심체요절』은 애초 상·하 두 권
이었으나 지금은 첫째 장이 떨어져나가고 없는 하권만 보관돼 있으며,
2001년 세계기록유산으로 등재되었다. 1992년에는 흥덕사 자리에 청주
고인쇄박물관을 개관하였다.

그러나 인류문명에 끼친 영향력에 비춰볼 때 구텐베르크의 금속활자
가 『직지심체요절』을 찍어낸 금속활자보다 비교할 수 없을 정도로 효율
성이 크다. 수 십년 앞서 금속활자를 사용했다는 고려의 인쇄술이 중세
유럽의 인쇄술보다 번창하지 못한 까닭이 궁금하지 않을 수 없다. 물론
알파벳에 비해 활자로 만들기 어려운 한글의 특수성 등 발전하기 힘든
이유가 있지만 그 가운데 구텐베르크의 인쇄술과 『직지심체요절』 인쇄
의 가장 큰 차이점은 프레스기의 사용 유무에서 달렸다고 본다.

일종의 수작업으로 진행되는 고려의 인쇄술은 인판(印版)에 활자를 위로 향하게 고정시킨 다음 그 위에 먹을 바르고 종이를 얹은 후 털 뭉치 등에 밀랍이나 기름 같은 미끌미끌한 물질을 묻혀 비비거나 문질러서 인쇄물 한 장을 완성하는 식이었다. 이에 비해 구텐베르크의 인쇄는 프레스기를 이용하여 활자를 종이에 찍고 문지르는 과정을 기계가 처리함으로써 속도가 훨씬 빨랐다. 즉 다품종 소량생산 방식였던 고려의 활자문화와 어느 변호사가 투자한 자본을 갖고 상업적 대량생산을 목표로 활자를 개발한 구텐베르크 인쇄술과는 이미 차이가 클 수밖에 없었던 것이다. 물론 구텐베르크의 활자가 근대화에 기여한 것 같이 우리의 금속활자도 고려와 조선조에서 나름대로 역사적 역할을 충실히 다 했다.[55]

역사상 최초의 기술이라는 점도 의의가 크지만 정말로 중요한 문제는 인쇄술이 지식의 보급이라는 면에서 얼마나 크게 공헌을 했는가이다. 구텐베르크가 금속활자를 이용하여 처음 책을 찍은 1450년 이후 인쇄술을 적극 활용한 유럽은 정보와 지식 면에서 세계의 나머지 지역과 확실히 구분되었다. 아마도 이것이 근대에 유럽이 타 지역보다 앞서간 중요한 이유 중 하나일 것이다.

대장경을 근대의 활판인쇄로 간행하는 작업은 일본이 앞서서 했다. 일본은 일찍이 임진왜란 때 한국에서 인쇄공을 다수 데려가 대장경을 판각할 능력을 갖추고 있었고 몇 차례의 시도를 거쳐 마침내 1922년부터 1933년까지 3,502부 11,970권 규모의 『대정신수대장경(大正新修大藏經)』을 완성하기에 이르렀다. 『팔만대장경』을 저본으로 하고 기존의 대장경에 포함

---

55 『직지심체요절』과 『42행 성서』(구텐베르크의 금속활자로 찍은 것으로 한 페이지가 42 줄로 된 성경이다)를 나란히 볼 수 있는 국제기록문화전시회가 2010년 서울 삼성동 코엑스에서 열렸다. 유네스코 세계기록유산의 대표작인 1000여 점을 모아 며칠간 전시한 것이다. 『42행 성서』는 구텐베르크가 발명한 금속활자로 인쇄한 양피지본 성경 30권 중 남아있는 4권 중 하나로 현재 독일 베를린 주립도서관이 소장하고 있는 진본이고 『직지심체요절』은 복제품이었다.

되지 않던 문헌들까지 포함시켜 불교문헌 전집을 만들고자 했다. 그것이 한문대장경의 정본으로 인정받아 한국이나 중국에서도 널리 이용되고 있으므로 대장경문명권의 중심이 바뀌었다고도 할 수 있다.

16. 외규장각 장서가, 프랑스도서관에

박병선 박사는 1975년에는 병인양요(丙寅洋擾) 때 프랑스군대가 약탈해 간 외규장각56에 있던 조선왕실의 어람용(御覽用 왕의 열람용) 의궤(儀軌)를 발견했다. 다시 말해 박 박사가 찾아낸 외규장각 도서는 조선왕실과 국가의 주요 행사 내용을 기록한 의궤 191종 297책이다. 당시 이 책들은 '중국 도서'로 분류된 채 먼지를 뒤집어쓰고 있었다. 프랑스 상사들의 시선은 차가웠다. '비밀을 누설했다'는 질책을 받고 박 박사는 사서직을 그만둬야 했다. 박 박사는 뜻을 꺾는 대신 사표를 낸 것이다. 외규장각은 1782년 정조가 강화도에 설립한 도서관으로서 창덕궁에 있던 왕실도서관인 규장각(奎章閣)57의 분관 역할을 해왔다. 1866년 초 흥선대원군이 국내에서 활동 중이던 프랑스 신부 9명과 국내 천주교신자 8000여 명을 처형한 바 있다. 살아남은 프랑스 신부 3명 중 한 사람이 중국으로 탈출해 이 소식을 알리자, 그 해 10월 톈진(天津)에 주둔 중이던 피에르 귀스타브 로즈(Roze 1812~1882) 제독이 프랑스 함대를 이끌고 강화도를 침공해 양

---

56 1866년 병인양요 때 프랑스군에 의해 외규장각은 불타 없어졌고, 1871년 신미양요 때는 고려가 강화도로 천도한 후 돌과 흙을 섞어 해협을 따라 길게 쌓았던 광성보(廣城堡)가 미군에 의해 점령당했다.

57 28수의 별은 각기 맡은 소임이 있는데 그 중 규성(奎星)은 문장을 뜻하는 벼슬이다. 따라서 규장각은 훌륭한 인재들이 모여 있는 곳 또는 좋은 책들을 모은 집이란 뜻이다. 규장각에 보관되어 있던 책들은 조선총독부로 넘어갔다가 서울대학교로 옮겨졌다.

민 9000여 명을 죽이고 외규장각 장서 5000여 권을 탈취해 간 것이다.

외규장각 도서를 한국에 반환하라며 지난 2007년 프랑스 법원에 프랑스 정부를 상대로 소송을 제기했던 시민단체 문화연대가 2009년 12월 1심 판결 기각에 대해 2010년 2월 항소를 했다. 문화연대는 외규장각 도서의 반환을 위해 프랑스 정부를 상대로 끝까지 싸우겠다고 말했다. 프랑스 국립도서관에 소장된 외규장각 도서의 반환문제는 프랑스 고속철 테제베(TGV)의 한국 판매를 앞두고 1993년 한국과 프랑스 정상이 약속했지만 17년이 지난 2010년 지금까지 이행되지 않고 있었다. 그러다가 마침내 2010년 11월 G20 정상회의에 참석했던 니콜라 사르코지 프랑스 대통령에 의해 144년 만에 영구대여 형식으로 외규장각 도서를 돌려받게 되었다. 물론 다시 외규장각 도서를 보관하고 있는 프랑스 국립도서관(BNF) 사서들이 반대성명을 내는 등 프랑스 내에서 조직적인 반발 움직임이 나타났다. 그러나 그 후 사서들도 더 이상 외규장각 도서의 한국대여에 반대하지 않아 2011년 5월쯤이면 한국의 품으로 돌아올 것이라 했다.

한편 프랑스 국립도서관에는 신라의 고승 혜초(慧超 704~787)가 지은 『왕오천축국전(往五天竺國傳)』이 소장되어 있는데, 이는 1908년 프랑스의 동양학자 펠리오에 의해 중국 둔황(敦煌)의 막고굴에서 발견된 것이다. 이 『왕오천축국전』을 한국 국립중앙박물관이 개최하는 '실크로드와 둔황' 특별전(2010년 12월 17일~2011년 3월 말)에서 세계 최초로 일반에 공개되었다. 16세에 불교를 배우러 당나라에 간 혜초는 20세였던 723년 천축, 지금의 인도로 구법여행을 떠났다. 배를 타고 도착해 천축의 다섯 나라를 거친 혜초는 걸어서 중앙아시아와 페르시아까지 40개국을 누비고 다녔다. 『왕오천축국전』은 혜초가 고대 인도와 중앙아시아, 서역을 두루 방문한 뒤 727년 중국에 돌아와 쓴 기행문으로 현존하는 한국 최고(最古)의 서지이다. 또한 8세기 인도와 중앙아시아를 기록한 책으로는 유일해서 마르코 폴로의 『동방견문록』과 함께 세계4대여행기의 하나로 꼽힌다. 혜초는 1200여 년 전에 걸어서 세계여행에 도전한 최초의 한국인으로 고향땅을 밟지도 못한 채 83세로 중국에서 열반했다.

17. 일본이 약탈한, 20여만 개의 금속활자

조선조는 고려시대에 이어 인쇄술의 혁신이 이루어져 지식과 정보의 발달을 촉진했다. 태종 때부터 주자소(鑄字所)를 설치하여 계미자와 같은 금속활자를 만들어냈고 목각판도 꾸준히 조판하였으며, 태조 때 설치된 국영인쇄기관이라 할 수 있는 교서감(校書監)의 명칭을 교서관(校書館)으로 바꾸고 전문인쇄기술자를 고용해 많은 책을 출간했다. 세종 때는 한글창제와 더불어 편찬사업의 진흥으로 말미암아 인쇄기술이 크게 발달하였다.

조선 최고의 활자라는 갑인자

세종 16년(1434)에 만들어진 조선 최고의 활자라는 갑인자(甲寅字)는 19세기말까지 일곱 번이나 더 주조될 만큼 활자가 크고 아름다웠다. 놋쇠합금기술을 개발한 이천(李蕆, 1376~1451)은 당시 인쇄기술을 10배 정도 개선해 하루 40여 장을 선명하게 인쇄할 수 있는 갑인자 제작을 주도함으로써 인쇄기술을 현대의 활판인쇄와 같이 혁신할 수 있었다. 뛰어난 과학자였던 이천은 과학기술자들을 모아 프로젝트를 지휘 감독함으로써 세종 때의 과학기술을 최고 수준에 이르게 한 테크노크라트, 즉 과학행정가이기도 했다. 김호(국사학) 교수는 이천이 뛰어난 과학기술자이자 과학행정가이면서도 사후에 좋은 평가를 받지 못한 점이 이채롭다 하면서 사리사욕이 강했기 때문이라 했다. 그리고 실록의 근거를 들어 그가 상의원 제조로 근무하던 시절 중국에 가서 포목과 비단을 무역하는 역관들에게 뇌물을 바치

활자 제작 및 과학기술을 선도
해간 뛰어난 과학자, 이천

게 하는 등 부정부패로 비난을 샀다는 것이
다.[58] 그렇다면 세종대왕 시대의 최고 과학자
는 과연 누구일까 하는 생각이 든다. 설왕설래
하는 가운데 문중양(국사학) 교수는 "세종시
대 최고의 과학자를 3명 들라면 이순지, 이천,
정인지를 꼽고 싶다."며, "장영실은 일반인들
에게 최고의 인기 과학자이지 학계에서 일반
적으로 최고로 꼽히는 과학자는 아니다."라고
주장한 바 있다.[59]

세종 18년(1436)에는 세계에서 처음으로 현
대활자의 재료인 납으로 활자를 주조했는데, 이 납활자를 병진자라고 부
른다. 이로써 우리가 금속활자뿐만 아니라 연(鉛)활자의 발명국이 되기도
했다. 조선의 인쇄술은 15세기에 이미 세계에서 선구적인 역할을 했으며
일본에 미친 영향은 절대적이었다. 일본은 임진왜란 때 약탈한 20여만 개
의 금속활자를 이용하여 1593년에는 『고문효경』을, 1614년에는 『대장일
람』을 인쇄했다. 2008년 예담에서 출간된 〈구텐베르크의 조선〉(전3권)은
인류 최고의 발명품인 금속활자의 자취를 따라 15세기 조선의 한 인쇄 기
술자가 운명의 힘에 이끌려 유럽으로 건너가 르네상스를 이끌게 되는 인
류문명사적 대사건을 그린 한국형 역사소설이다.

무려 3년간의 치밀한 고증을 통해 완성한 동서양을 가로지르는 방대한
스케일, 역사와 픽션의 경계를 넘나드는 허구성와 진실성, 인간과 세계에
대한 통찰의 메시지가 작가의 거침없는 상상력 속에 녹아들어 완벽한
감동을 제공한다. 다시 말해 〈구텐베르크의 조선〉은 조선의 주자소 야
금장인 석주원을 주인공으로 조선의 시대를 앞선 인쇄술이 유럽의 르네

58 〈중앙일보〉, 2004. 3. 4.
59 〈동아일보〉, 2008. 1. 11.

상스로 이어지는 과정을 시오
노 나나미에 버금가는 진지한
역사적 시각과 지극히 자유로
운 상상을 통해 흥미진진하게
보여준다.

패기 넘치는 19세의 젊은이
석주원은 세종의 밀명을 받고
장영실과 함께 새 활자를 주조
하기 위해 중국으로 건너간다.

시대를 앞선 조선의 인쇄술을 느끼게 하는 역사소설
오세영의 구텐베르크의 조선(전 3권, 예담, 2008)

하지만 그는 불의의 사건에 휘말려 사마르칸트를 거쳐 독일 마인츠로 가
게 된다. 그곳에서 구텐베르크와의 운명적인 만남이 시작되었고, 석주원
의 뛰어난 야금술에 놀란 구텐베르크의 부탁과 어명을 완수하기 위한 책
임감으로 석주원은 금속활자의 완성에 혼신의 노력을 기울인다. 하지만
시간이 지날수록 활자 제작은 어려움에 부딪히고, 석주원은 점점 혼란 속
에 빠져들고 만다.

18. 천하제일의, 제지술

인쇄술이 발달하기 전 사람들은 손으로 글자를 직접 써서 책을 만들
었다. 손으로 글을 베껴 쓰는 것을 필사(筆寫)라고 한다. 서양의 중세 수
도사들의 가장 큰 임무 중 하나는 성서나 종교 서적을 양피지(羊皮紙)에
필사하는 일이었다. 성경 한 권을 만들기 위해서는 양 200여 마리를 잡
아야 필요한 분량의 양피지를 얻을 수 있었다. 책이나 종이의 소중함을
새삼 느끼게 하는 대목이다.

인쇄문화의 황금시대를 맞아 제지기술과 그 생산량도 문제가 될 수밖
에 없었다. 그리하여 세종은 고려 때부터 각 지방에 있었던 종이를 만들

인조 때 종이옷을 변방에
보냈다고 전하는 이유원의
임하필기

던 지소(紙所)라는 곳을 더욱 늘렸으며, 지방에만 맡겨서는 기술이 향상되지 않는다고 하여 서울 자하문 밖에 전문적으로 종이를 만드는 기관인 조지소(造紙所)를 두고 다양한 종이를 대량으로 생산케 하였다. 태종 15년(1415)에 설치된 조지소가 세종 때 다시 설치된 것인데, 이 조지소는 그 후 세조 12년(1466)에 조지서(造紙署)라고 개칭되었으며, 조선 말기에는 다시 지소청으로 바뀌었다.

조선은 제지술의 개발에 박차를 가했으며, 닥나무로 만든 우리 한지(韓紙)가 중국과의 외교에서 필수품이 되기도 했다. 조선 말기의 관리였던 이유원(李裕元, 1814~1888)이 쓴 『임하필기(林下筆記)』라는 책에는 우리가 만든 종이가 세상에서 가장 좋고 우리나라에서도 전라도가 최고이며 특히 남원산은 희기가 눈 같고 매끄럽기가 기름을 먹인 듯하여 천하제일의 진기한 종이라고 적혀 있다.

한말에 러시아 정부가 편찬한 『한국지』에 보면 조선종이는 결을 찾지 않고는 찢을 수 없이 질겨 글씨 쓰는 데만 사용되는 것이 아니라 노끈을 꼬아 생활필수품을 만들어 쓴다는 데 놀라고 있다고 전한다. 고려지가 질기다는 것은 이미 중국의 고자(高子)가 언급한 바 있다. 누에고치를 넣어 만들었으므로 질기기가 비단 같고 하얗기가 백설 같다 했다. 『임하필기』에서는 인조 때 종이옷을 변방에 보냈다 했고, 『추관지(秋官志)』에 보면 상류사회에서 종이신의 사치가 심해 금하는 명령을 내리기까지 했다.

우리의 조상들은 종이갓, 종이꽃병, 종이술잔, 종이요강 등 별의별 생활도구를 종이로 꼬아 만들어 썼다. 양지(洋紙)는 산성지라 그 수명이 150년이 고작이지만, 조선의 종이는 중성지라 300년도 더 간다. 신라 때 지은 탑 속에서 종이에 쓴 불경이 나올 수 있는 것은 그 때문이다. "지천

년 견오백년(紙千年 絹五百年, 종이는 천년을 가고 비단은 오백년을 간다)이라는
옛말도 말로만 그러한 게 아니다.

19. 과학기술 CEO, 세종과 박정희

학계의 견해에 따르면 세종시대 조선의 과학은 세계 최고 수준이었
다. 한국 과학사학계의 원로인 전상운 박사는 '국제 동아시아 과학사학
회'에서 15세기 전반을 세종의 시대라고 규정한 바 있다고 강조한 적이
있다. 1983년 일본 도쿄대학 연구진이 출간한 『과학사기술사사전』에도
세종시대 세계적인 과학기술 업적이 약 30개나 실렸을 정도다. 같은 시기
중국은 5개 실렸고, 일본은 아예 없었다. 전 박사는 세종이 궁궐에 설치
한 천문대인 간의대는 당시 세계 최고의 천문대였다고 역설하기도 했다.

조선초기에는 각 방면의 과학기술이 발달하여 여러 가지 발명품이 나
왔다. 무엇보다 우리의 기간산업인 농업과 밀접한 천문기상학의 발달에
따라 세종 24년(1442)에 만든 세계 최초의 강우량 측정기인 측우기(測雨器)
는 이탈리아의 것보다도 200년이나 앞선 것으로 당시 과학기술응용의 대
표적인 예가 되고 있다. 지방에는 원통형철기로 된 이 측우기를 본떠 자
기로 만든 것을 설치하여 비의 양을 측정하여 조정에 보고하게 하였다.

바람이 농업에 끼치는 영향에도 주목하여 풍기(風旗)라는 풍향관측기
를 설치하여 깃발이 날리는 것을 보고 풍향과 풍속을 측정하였다. 현재
풍기는 없어지고 풍기를 꽂았던 대만 경복궁과 창덕궁에 각각 한 점씩
남아있을 뿐이다. 이밖에도 경복궁에 간의대를 축조하고, 위도를 측정
하는 지름 2m가량의 동양최대의 천문기구인 대간의를 설치하여 천문을
관측하였다. 물론 소간의는 가지고 다니며 천체를 관측할 수 있었다.

또 천체의 운행과 위치를 측정하는 혼천의, 해시계인 앙부일구, 물시

역사 속의 장영실을 표현하고 있는 KBS2 TV드라마
대왕세종(2008)

계인 자격루 같은 것들이 장영실 등의 공으로 만들어졌다. 관노 신분으로 조선시대 최고의 기술자가 된 장영실은 실록에 의하면 세종대 이전에 이미 태종의 총애를 받으며 궁내에서 활동했고 그 후 세종의 인정을 받아 노예

출신으로는 최고의 벼슬인 호군(護軍)에까지 올랐던 인물이다. 장영실은 부산 동래의 관기였던 어머니에게서 태어났다. 종모법에 따라 기생 어머니로부터 탄생한 장영실은 노예의 신분이 될 수밖에 없었다. 이렇게 철저한 조선의 신분제 사회에서 노비로 태어난 장영실이 자신의 뜻을 펼칠 수 있었음은 참으로 다행이다. 무엇보다 그를 관직에까지 오를 수 있게 한 동력은 그의 치밀한 손재주에서 나왔다.

일찍부터 장영실이 복잡한 기계를 잘 수리한다는 소문이 동래에 쫙 퍼져 있었다. 그리고 동래에 부임했던 관료들이 그의 능력을 지켜보고 나서 상경한 뒤 크게 소문을 냈다. 장영실은 태종 때 서울에 올라와 활동하다가 세종 때 본격적으로 발탁되었으며, 발달한 천문관측기를 보고 오도록 중국에 파견되기도 했다. 중국에서 돌아오자마자 세종은 많은 신하들의 반대를 무릅쓰고 장영실에게 벼슬을 내렸다. 자연스레 그는 노비 신분에서도 해방되는 영예를 안았다. 2008년 KBS2 TV드라마 〈대왕세종〉에서 세종(김상경 분)은 관노인 장영실(이천희 분)에게 가장 뛰어난 사람이 책임자가 되어야 한다는 믿음을 보여주며 정5품에 해당되는 상의원을 제수하여 정국에 일대 파란을 일으킨다.

세종은 장영실을 측근에 두고 천문기기를 포함한 여러 가지 과학기계를 만드는 일을 시켰다. 장영실이 고안한 자격루(自擊漏)는 자동물시계인데, 물이 일정량 차면 시간을 자동으로 알려주는 이러한 물시계는 당시 외국에는 없었다. 아라비아와 중국의 물시계를 종합하여 여기서 한 발 더 나간 물시계가 자격루라고 한다. 일명 '혼의'라고도 하는 혼천의는 중국의 순임금이 천체를 관찰하기 위해 만든 선기옥형이라는 기구에서 유래된 것이다.

『세종실록』에 의하면 앙부일구는 원나라의 곽수경이 고안한 '앙의(仰儀)'라는 천체관측기를 참고로 만든 것이다. 세종 16년에 장영실이 처음 만든 이 앙부일구는 중국에도 없던 독창적인 것으로 유명한데 아쉽게도 전하지 않고 있다. 세종 19년(1437)에는 앙부일구 2개를 만들어 사람들이 많이 모이는 곳에 설치했다. 다만 우리나라에서 유물로 확인할 수 있는 가장 오래된 해시계는 7세기 신라에서 제작됐던 것으로 국립경주박물관에 일부분이 남아있을 뿐 현존하는 앙부일구는 18세기 전후의 것들이다. 앙부일구와 같은 해시계는 로마시대에도 만들어졌다고 하나 우리의 것처럼 해그림자를 통해 사계절을 보여주거나 절기와 시간을 동시에 알아낼 수는 없었다.

일성정시의(日星定時儀)도 세종 때 제작된 독특한 발명품으로서 낮에는 해를 관측하고 밤에는 별을 관측하여 시간을 정하는 시계이다. 이때 만든 현주일구(懸珠日晷)는 왕실의 행차나 군사훈련용으로 쓰인 휴대용 해시계이다. 또 세종 때 제작된 동표(銅表)라는 구리기둥은 경회루연못 북쪽에 세워진 해시계라 할 수 있다. 태양이 남중하는 시각에 수직으로 세운 막대(表)의 그림자를 측정하기 위해 표 아래에 푸른색의 돌을 깎아 만든 눈금자(圭)를 붙여놓았다. 이 규표(圭表)는 계절의 변화와 24절기를 정밀하게 측정하기 위하여 고안된 기구로 교묘하기 이를 데 없는 과학적 장치였다. 바늘구멍 사진기의 원리를 이용하여 동표 끝에 가로지른 막대의 그림자가 어둠상자 속의 태양 영상을 가로지르도록 조종함으로써 10미터 높이의 동표그림자가 정확하게 측정되었던 것이다.

계절 변화를 측정하는 매우 정교한 규표

세계 최초의 반자동 거리측정기라는 기리고차

거리를 측정하는 기리고차(記里鼓車)로 불리는 수레가 세종 23년(1441)에 발명되었는데, 이 기리고차는 세계최초의 반자동 거리측정기구이다. 이 기구는 수레가 반리, 1리, 5리, 10리를 갔을 때마다 신호를 다르게 하여 수레에 탄 사람이 쉽게 거리를 측정할 수 있게 되어 있다. 이를테면 수레바퀴에 북을 달아 일정한 거리를 주행할 때마다 인형이 나와서 북을 치게 되어 있었던 지금의 미터기와 같은 것이다. 방위를 측정하는 데 쓰이는 범철(泛鐵)이라는 나침반도 발명되었다. 농업이 한층 발전하여 더욱 정확한 천문지리 및 기상 관측이 요구되었던 세종 때는 이렇듯 많은 새로운 과학기구를 발명하여 기술의 진보를 꾀하였다.

1965년 한국이 베트남전 파병을 결정하자 미국은 즉각 감사의 표시로 1,000만 달러를 원조하겠다는 뜻을 전해왔다. 밀가루 한 포대가 아쉽던 어려운 시기였다. 따라서 정부 내에선, 원조자금을 부족한 식량을 수입하는 데 우선 배정해야 한다는 주장이 많이 나왔다. 그러나 거시적 안목을 갖추어야 할 통치자의 생각은 달랐다. 미국의 1,000만 달러 원조금과 우리 정부의 출연금 1,000만 달러를 합쳐 대한민국의 공업발전에 기여할 종합연구소를 세우자는 것이었다. 그렇게 하여 바로 이듬해 한국과학기술연구소(KIST)가 탄생했다.

초대 소장이었던 고(故) 최형섭 전 과학기술처 장관은 전국 수 십여 곳을 둘러본 뒤에 대통령에게 서울시 동대문구 홍릉에 있는 임업시험장을 연구소 부지 1순위로 보고했다. 그러자 임업시험장을 관리하는 농림부는

고(故) 박정희 대통령에 의해 탄생한 KIST

펄쩍 뛰었고, 박정희 대통령은 농림부 장관을 데리고 홍릉으로 갔다. "임업시험장도 중요하지만 과학기술연구소는 더 중요하다. 38만평을 모두 연구소에 내주라."고 지시했다. KIST에 첫 예산을 배정할 때도 경제기획원이 예산을 깎으려고 하자 대통령은 "원하는 만큼 다 주라."며 KIST의 손을 들어줬다.

KIST 설립 후에도 박 대통령은 한 달에 한 두번씩 꼭 연구소를 찾았다고 한다. 해외에서 선발해온 박사들에게 주택을 제공하고 자신의 몇 배 되는 봉급을 주며 당시 국내엔 없던 의료보험까지 들게 해줬다. 각계에서 불만과 반발이 쏟아졌지만 박 대통령은 끄떡도 하지 않았다. 과학계를 포함 일각에서 "조선시대 장영실 뒤에 세종이 있었고, KIST 뒤엔 박대통령이 있다."는 말까지 퍼졌다. 미국 스티븐 데디에(Stevan Dedijer) 박사는 "과학기술의 발전은 국가 지도자의 관심을 먹고 자란다."고 말한적이 있다. 국가 통수권자의 관심 속에서 KIST는 40여 년 동안 20개 가까운 전문연구소를 분가 독립시켰고, 4,000여 명의 석박사급 과학인재를 길러냈다.

조선소(造船所)가 들어서기 전만 해도 울산 미포만은 반농반어(半農半漁)의 초가 몇 채가 서 있던 쓸쓸한 바닷가였다. 현대조선소는 1972년 박정희 대통령이 참석한 가운데 기공식을 열었다. 태완선 경제 부총리는

고 박정희 대통령

배 한 척 만들어 보지 못한 기업인이 모래벌판에 조선소를 세운다는 것이 믿기지 않았던지 기공식날 저녁 자리에서 "각하, 제가 보기에는 조선소, 그거 될 것 같지 않습니다."라고 말했다. 그러자 박 대통령은 술잔을 소리 나게 내려 놓으며 "담당 부총리가 생각 없이 그런 말을 하면 일을 어렵게 만듭니다. 다시는 그런 말을 입 밖에 내지 마십시오."라고 호통을 쳤다는 이야기가 현대그룹 창업자 고 정주영 씨의 회고록에 나온다. 그 후 30여 년만에 우리는 세계 제일의 조선 국가로 올라섰다.

정부는 2010년 1월 한국형 전투기(KFX), 공격용헬기(KAH) 등 군용기와 민항기의 개발을 추진한다는 '항공산업 발전 기본계획'을 발표했다. 항공산업을 새로운 전략산업으로 육성하여 현재 19억 달러에 불과한 항공산업의 생산규모를 2020년까지 10배인 200억 달러(약 23조원)로 확대해 현재 세계 15위권인 항공산업 수준을 G7으로 올려놓는다는 계획이다. 1975년 박정희 대통령이 기자회견에서 "자주국방을 위해 우리도 80년대 중반엔 최신예 전투기를 생산할 것이다"라고 선언한 지 35년만이다.

대한민국 1세대 과학 기술인들이 생생한 육필로 '과학대통령 박정희'를 추억하고 40여 년 전 이 나라의 지도자가 어떤 의지와 정책적 결단으로 우리나라의 과학기술을 진흥시켜 왔는지를 증언하는 책이 출간되었다.[60]

---

60 김영섭 등, 『과학대통령 박정희와 리더십』, MSD미디어, 2010.

20. 세계 최초 2단 로켓, 신기전(神機箭)

　무기제조 기술의 발달은 과학기술사에서 차지하는 비중이 높다. 2007년 말 한국형 이지스 구축함과 세계 최고의 1,800톤급 디젤 잠수함이 건조됐다. 국내 기술로 개발한 기본 훈련기 KT-1과 세계 최고 성능의 초음속 고급 훈련기 T-50은 수출 효자 품목으로 각광받고 있다. 특히 현재 우리 항공산업은 기본·고급 훈련기에 이어 한국형 기동헬기(KHU) 사업 등을 통해서 고성능 항공기 개발 능력을 갖추게 되었다. 1975년 47만 달러로 시작한 각종 국산무기 수출이 2004년에 이미 10억 달러 수출 계약을 넘어섰다. 한국이 방위산업의 글로벌 파워로 떠오르고 있는 것이다. 그러나 아직까지도 다른 산업분야의 국제 경쟁력에 견주어서는 뒤처지고 있으며, 항공기 관련 무역수지도 지속적으로 적자를 보이고 있는 편이다.

　2010년 현재 항공산업의 수준이 세계 15위권이라 한다. 이 상황에서 항공산업 G7 도약을 위한 계획안이 나왔다는 것은 고무적이다. 앞으로 10년 뒤 항공산업 수출 100억 달러, 항공기업 300곳 육성, 고급 일자리 7만개 창출 등의 목표가 매우 솔깃하게 들린다. 하지만 그 실현 가능성에 의문이 제기되는 것 또한 사실이다. 항공산업은 선진국들이 절대 기술이전을 하지 않는 분야 중의 하나다. 초기 투자비용이 지나치게 많고, 투자회수 기간이 길며 수출 진입 장벽이 높은 산업이기 때문이다. 한편 아무리 성능이 좋은 첨단신무기를 개발해도 핵무기 앞에서는 재래식무기가 돼 버린다는 데 문제의 심각성이 있다.

　조선초기의 화약무기체계는 세종대에 이르러 비약적인 발전을 했다. 화약을 쓸 수 있도록 중국식 무기를 개량한 대포로서 조선식 화포인 총통, 발사식 화살인 주화와 폭발물 등이 새롭게 개발되고 규격화되어 대량생산이 실현되었다. 총통 중에는 가장 큰 천자총통을 비롯하여 지자

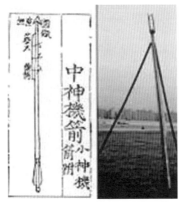
병기도설의 중신기전 설계도 부분과
현대적 재현

총통·현자총통 등이 있었고, 총통 못지않게 중요한 완구(碗口)라는 무기도 있었는데, 완구는 총통에 돌을 넣어 발사하던 기구이다. 불을 내뿜거나 쇳덩이를 발사하는 총통 중에 원거리총통은 철탄자가 150여 걸음까지 날아갔다.

조선시대 만들어진 여러 총통들은 우리나라의 독창적인 무기들이었다. 당시 이천은 군기시 제조이자 금속기술자로서 대마도정벌을 위해 병선을 건조하고 무기도 개발했다. 그리고 조선식 대형포인 조립식 총통완구를 독창적으로 개발하기도 했는데, 15세기 초에 발명된 이와 같은 대포는 구조나 성능 면에서 세계적으로 우수한 것이었다.

성종 5년(1474)에 편찬된 『국조오례서례(國朝五禮序例)』 속의 「병기도설(兵器圖說)」에 설계도와 함께 상세히 기록된 신기전(神機箭)은 '귀신 같은 기계화살'이라는 이름 그대로 화약의 힘으로 날아가는 신기한 화살이다. 이 신기전은 최무선이 제조했던 로켓형주화를 개량한 것으로 세계 최초의 2단 로켓이자 세계에서 가장 오래된 로켓화기라 할 수 있다. 현대의 다연발 로켓과 장거리 미사일의 모태가 되는 것이 바로 이 신기전이다. 물론 로켓형 무기는 중국에서 먼저 시작되었다고도 한다. 하지만 세계우주항공학회로부터 현존하는 가장 오래된 로켓 설계도는 신기전의 설계도임을 인정받았다. 다시 말해 설계도가 남아 있는 로켓추진 무기로는 세계에서 가장 오래된 것이 신기전이다. 약 600년 전 부국강병을 꿈꾸던 세종대왕은 중국이 두려워할 만한 최고의 비밀병기를 만든 것이다. 중국과 일본에 대항해 하늘을 날았던 신기전이다.

신기전은 약통과 발화통 크기 등에 따라 대·중·소 등의 여러 종류

가 있는데, 사정거리는 대신기전과 산화신기
전은 1000m 이상, 중신기전은 150m, 소신기
전은 약 100m 정도였다. 신기전의 경우 멀리
날아간 화살이 박힌 뒤 폭발을 해 그 위력을
더했다. 한번 발사하면 굉음을 내며 수백 m를
날아가 적진을 초토화시켰다는 이 비밀병기는
세종 30년인 1448년에 만들어졌다. 권율 장군
은 행주대첩에서 이 신기전을 사용해 왜군 3만
명을 물리쳤다고 한다. 신기전에 대한 조선왕

김유진 감독의 영화
신기전(2008)

조의 기록은 간간히 나타나지만, 영조 4년 안성에서 반군을 진압하는 데
신기전을 사용했다는 기록을 끝으로 자취를 감춘다.

  그로부터 561년이 지난 2009년 10월 한국항공우주연구원(KARI) 채연
석 박사가 복원한 조선의 로켓 신기전이 다시 하늘을 날았다. 한 번 발
사에 100발이 동시에 날아가는 불화살은 오늘날 다연발 로켓에 못지 않
았다. 대전 갑천변에서 열린 국제우주대회를 기념해 열린 '신기전 축
제'에서 였다. 한편 2008년 제작 상영되었으며 최우수작품상을 수상한
영화 〈신기전〉에서는 로켓 역사의 흐름을 바꿨다고 홍보하였다. 1448년
절대강국을 꿈꾸던 세종이 완성한 세계 최초의 로켓화포였다고 이만희
작가는 설명했다.

  문종 1년(1451)에는 이 신기전의 발사대에 해당하는 화차도 발명되었
는데, 이 화차는 신기전 점화선을 모아 불을 붙이면 동시에 15발씩 차례
로 100발을 발사할 수 있어, 세계 최초의 이동식 다연발로켓무기로 인정
받기도 했다. 화차를 처음 만든 것은 1409년 최무선의 아들 최해산(崔海
山, 1380~1443)에 의해서이다. 15세기의 무기로서 세계적으로 유례없는
이 화차는 문종 1년 한 해 동안에만 700여 대가 제작되었는데, 실록에 의
하면 문종이 로켓포의 일종인 화차를 직접 만들었다고 한다. 성종 때는

15세기 무기로서 세계적으로 유례없는 성능을
지닌 화차

북쪽의 오랑캐들을 물리치는 데 큰 공을 세웠으며, 임진왜란 때 일본군을 격퇴하는 데 큰 위력을 보였다.

임진왜란의 3대 승리 중 한산과 노량대첩이 해전에서 이룩한 승리라면, 행주대첩의 이면에는 망암(望庵) 변이중(邊以中, 1546 ~1611)과 그가 제작한 화차라고 하는 신무기의 역할이 컸다. 변이중은 문과에 급제하여 벼슬을 하던 도중 임진왜란이 발발하자 전라도 지역에서 군사를 모집하는 소모사(召募使)가 되었다. 특히 그는 왜군의 조총에 대항할 수 있는 무기를 연구하다가 고향인 전남 장성에서 화차를 개발했다. 변이중은 장성에서 백양사를 가다보면 중간에 있는 조양리(朝陽里)라는 곳에서 300대의 화차를 제작한 것으로 알려져 있다. 그 제작비용은 사촌동생이자 만석꾼이었던 변윤중(邊允中, 1550~1597)이 댔다. 전 재산을 여기에 썼다고 한다. 정유재란 때 조양리는 왜군의 철저한 보복을 받았다.

화차는 문종 때 개발되었지만 그후 평화가 계속되는 가운데 사용이 흐지부지되다가 변이중에 의하여 계승 발전되었던 것이다. 변이중이 발전시킨 화차는 화살 3~4개가 들어가는 통이 있고, 이 통이 가로로 5개, 세로로 10개가 장착되어 있었으며, 한 번에 200발의 화살이 동시에 발사되는 무기였다. 행주산성에서 아군 3,000여 명이 왜군 3만 명을 제압할 수 있었던 결정적인 요인은 이 화차의 위력 때문이었다고 한다. 행주산성은 산성이라고는 하지만 난공불락의 험준한 요새가 아니다. 야트막한 언덕으로 되어 있는 평탄한 지형에서 화차는 더욱 힘을 발휘할 수 있었

한국문화를 논하다

던 것이다. 전투에는 40여 대의 화차가 동원되
었다. 해전에 거북선이 있었다면 육전에는 화
차가 있었던 셈이다.

2003년 '닮고 싶고 되고 싶은 과학기술자'
로 선정된 바도 있는 채연석 한국항공우주연
구원 원장은 미래는 우주시대인 만큼 청소년들
의 도전정신이 절실하다는 점을 일깨워주면서
세종 때 제작된 로켓 신기전의 설계도를 통해

채연석 한국항공우주연구원장

우리 조상들의 우수한 로켓기술을 선보이고 실제 발사시험을 해보이고
있다.

2020년이 되면 한국 국력지수는 2.22로 브라질(2.11)·러시아(1.9)·
이탈리아(1.81)를 웃돌며 영국 다음으로 강해져 8위로 올라설 것으로 전
망된다. 향후 10년간 한국의 군사력은 병력집약형 구조로 변신할 것으
로 예상되며 병력을 줄이고 첨단장비로 무장하면서 세계 8대 군사강국
이 될 것이라 한다.

21. 조선의 건축술, 경복궁 · 팔상전

건축기술의 전통은 조선시대에도 이어져 궁궐[61]을 비롯한 성곽 · 문
묘 · 서원 등 많은 건물이 세워졌다. 그러나 대부분이 임진 · 병자 양란
때 소실되고 지금 남아있는 것은 대개 조선후기의 건물이다.

북악산, 인왕산, 낙산 등을 뒤로 하고 남산과 한강 등을 바라보며 들
어선 서울의 5대 궁궐들은 화재와 전란을 거치며 중건과 보수를 해왔지

---

61 궁중의 복식, 음식 등에 대해서는 별도의 자리에서 논의할 예정이다.

만, 철저히 파괴당하고 옛 자취를 잃게 된 것은 일제의 만행에 의해서이다. 숙종과 경종이 태어났고, 숙종·영조·순조가 승하한 경희궁(慶熙宮)은 아예 흔적조차 없어졌다. 1910년에 경희궁을 허물고 그 자리에 일제 관료의 자제를 위한 경성중학교를 세웠다.[62] 경희궁의 임금침소는 이토 히로부미를 기리는 절이 됐으며, 경희궁 정문은 남산에 일본신사를 조성할 때 그곳 문으로 옮겨졌다. 성종 15년(1484) 당시 생존했던 세 대비(세조·덕종·예종의 왕후)의 거처로 지어진 창경궁(昌慶宮)이 동물원으로 전락한 것도 이 무렵이다. 1907년 고종을 강제로 몰아내고 조선왕조의 권위를 격하시키기 위하여 1911년에는 창경궁을 창경원(苑)으로 개칭하고 이곳에 일본이 좋아하는 벚꽃을 심어 놓았다. 임금이 살던 곳이 동물들이 사는 곳으로 바뀐 것이다. 고종이 러시아공사관에서 환궁하여 죽을 때까지 기거하던 경운궁(慶運宮, 현 덕수궁)도 일제에 의해 훼손되었다. 1907년 고종 황제가 경운궁에 머물게 되면서 고종 황제의 장수를 비는 뜻에서 덕수궁(德壽宮)이라는 이름으로 바뀌었다.

4000여 칸 509동이나 되던 경복궁의 건물이 광복 후 40동만 남을 정도로 파괴하고 심지어 1916년에는 경복궁 안에다 '일(日)' 자 모양의 조선총독부 청사[63]를 지어 왕궁을 훼손시킨 것도 물론 같은 맥락이다. 1916년 일제가 근정전 앞에 동양에서 가장 크고 육중한 조선총독부 건물을 짓기

---

62 해방 후에 서울중고등학교가 위치하였다. 경희궁터는 사적 제271호로 지정되었고, 1980년 서울고등학교가 서초구로 이전한 이후 서울시립미술관 등으로 사용되다가, 다시 건물을 허물고 경희궁의 일부를 복원하였다. 경희대학교의 명칭은 경희궁에서 유래한다.

63 일제강점기에는 일본의 역대 총독들이 사용했고, 8·15해방 후 미군정기(美軍政期)에는 군정청으로 사용되었다. 이때부터 이 건물은 중앙청이라고 불리기 시작했고, 정부가 수립된 이후에는 이승만 대통령이 이곳을 집무실로 사용했다. 6·25전쟁 때 건물 일부가 파괴되기도 했으며 5·16군사정변 후 복구공사를 통해 건물을 새로이 수리했으나 박정희 대통령이 이곳을 집무실로 사용하지 않아, 대신 국무총리실을 비롯한 주요정부부처의 청사로 사용되었다. 그러던 중 일제 식민통치의 상징인 이 건물을 주요정부기관의

시작했다. 왕조의 심장부를
틀어박아 새 통치자의 위엄과
권세를 보여주겠다는 의도였
을 것이다. 영원히 지속될
'대일본제국'이었기에 단단
한 화강암으로 건립해야 했
다. 땅을 고르고 기초를 다지
는 데만 한 해가 걸렸다. 압록

경복궁 근정전 앞에 세운 일(日)자 모양의
조선총독부 청사

강변 원시림에서 자란 아름드리 소나무가 터를 다지기 위해 잘려나갔다.
10만 톤에 이르는 건물무게를 떠받치려면 최소 15만 톤을 지탱할 수 있는
1만개의 소나무 말뚝이 필요했다. 청사건물에는 밖에서 있을 공격을 대
비해 안에서 총을 쏠 수 있는 시설과 물고문이 가능한 취조실도 있었다.

대한제국을 강제로 합병한 일제는 1920년에는 남산 아래 일본 조상신
을 모시는 신전인 조선신궁을 짓고, 1925년에는 덕수궁 앞에 현재 서울
시청으로 사용하는 '본(本)' 모양의 경성부청사를 지었다.

5대 궁궐인 경복궁 · 창덕궁 · 창경궁 · 덕수궁 · 경희궁 가운데 조선 제
일의 궁전이라 하는 정궁(正宮)은 경복궁인데, 뒤로 북악을 등지고 앞으로
한강 넘어 남산을 바라보는 조선 궁전건축의 극치[64]인 이 경복궁의 현재
모습은 고종 7년 흥선대원군이 중건한 것이다. 다시 말해 경복궁은 태조
이성계가 수도를 한양으로 옮기면서 세운 궁이다. 이후 계속해서 왕족의
거처로 이용되다가 1592년 임진왜란 때 소실되었다가 1867년 흥선대원군

청사로 사용하는 것은 바람직하지 않다는 여론이 거세게 일자, 이를 국립중앙박물관으
로 개조하기로 결정하고 1986년 8월부터 박물관으로 일반에 공개했다. 1993년 8월 민족
정기의 회복 차원에서 김영삼 대통령이 완전해체를 결정하여, 1995년 해체되었다.

64 광활한 평지 위에 세워진 중국의 자금성과 잘 비교되며, 조선시대 한양처럼 자연의 모
습 그대로를 살리면서 도성과 궁궐을 축조한 도시는 지구상 어디에도 없다고 한다.

에 의해 재건되었다. 특히 1990년대 들어 일제시대 때 만들어진 총독부 건물을 철거하는 등 복원사업이 활기를 띠기 시작하면서 2003년 복원공사가 완공되어 드디어 경복궁의 옛 위용을 드러내었다. 2010년 G20 정상회의 개최 때는 창건 이래 처음으로 경복궁이 야간에 개방되기도 했다. 그런데 안타깝게도 요즘 경복궁 앞 광화문광장은 세계대회를 위한 스노보드 슬로프를 거액의 세금을 들여 만드는 등 지나치게 법석을 떨고 있다.[65] 적어도 조선의 임금들은 백성을 궁휼히 여겨 중국의 자금성이나 일본의 에도성 같은 엄청난 공사를 시행하지 않았으며 과시욕을 위해 궁궐을 건축하지 않았을 것이다.

국가의 중요행사를 치르는 경복궁의 정전(正殿)은 국보 223호인 근정전(勤政殿)으로 화려한 장식과 아울러 조선말기의 웅장한 건축미를 보여주고 있다.[66] '부지런히 정사(政事)를 돌보라'는 뜻의 근정전은 임금이 신하들의 조례(朝禮)를 받던 곳이자 국가의식을 거행하고 외국사신들을 접견하던 법전(法殿)이다. 1394년 태조 3년에 창건되었다. 화강암으로 장중하게 쌓아 올린 상하의 월대(月臺) 위에 정면 5칸, 측면 5칸에 2층의 팔작지붕으로 된 이 건물은, 멀리서 감싸고 있는 북악산과 인왕산의 산세와 처마의 곡선이 조화를 이루고 있다. 전각 내부에는 북쪽 중앙에 사각형의 보좌를 두고 그 단상에 어좌(御座)와 일월오악도 병풍이 세워져 있는데, 이는 해와 달, 폭포와 소나무, 다섯 개의 산봉우리, 파도가 임금의 권위의

---

65 세종로에 다양한 조형물이 들어서고 있는데 너무 인공적이고 복잡해서 낯설고 어색하기만 하다. 자연이 어우러져 빚어내는 친근함과 여유로움을 찾기가 어렵다.

66 유교이념을 구현하는 우리 궁궐은 화려하거나 사치스러운 면모가 두드러지지는 않는다. 조선의 헌법이라 할 수 있는 『조선경국전』에 다음과 같은 말이 나온다. "궁궐이 사치스러우면 백성을 수고롭게 하고, 누추하면 조정에 대한 존엄을 보여줄 수 없게 될 것이다. 검소하면도 누추한 지경에 이르지 않고, 화려하면서도 사치스러운 지경에 이르지 않도록 하는 것이 아름다운 것이다."

상징이자 왕에 대한 송축의 의미를 담고 있다. 또한 천장에는 한 쌍의 황룡이 조각되어 있어 존엄한 임금의 위상을 말해 주고 있다.

사신 접대와 임금의 연회장으로 쓰인 경복궁 경회루

근정전 북쪽의 회랑과 연결된 사정문을 통해 들어가면 사정전(思政殿)이 자리잡고 있다. 왕과 신하들이 정사를 논하던 이 사정전이 임금이 평상시에 거처하던 곳이다. 의식 행사는 근정전에서 행하여졌지만, 실제적인 나랏일은 모두 이곳에서 이루어졌다. 이 사정전 권역의 건물들을 편전(便殿)이라 부른다.

사정전을 둘러보고 서쪽으로 향하면 시야가 탁 트이면서 푸른 물빛의 눈부신 호수와 그 물 위에 흰 돌기둥이 떠받치고 있는 웅장한 경회루(慶會樓)가 보인다. 24개의 돌기둥이 24절기를 상징하는 등 심오한 철학이 담긴 누각이다. 국보 224호에 속하는 이 누각은 사신 접대와 왕의 향연장으로 쓰였다. 경회루에서 아예 살다시피 한 이는 역시 연산군이다.[67] 경회루 왼쪽에 '만세산'이란 섬을 쌓고 금 은 비단으로 장식한 뒤 초호화판 물놀이를 즐겼다. 경

---

67 연산군이 무오사화 · 갑자사화를 일으키며 정국에 피를 뿌리던 시절을 다룬 연극 〈이(爾)〉(김태웅 작 · 연출)가 만들어져 세간의 주목을 받은 바 있다. 연극 〈이〉는 2000년 초연으로 한국연극협회가 주관하는 한국연극상, 우수공연 베스트5, 희곡상, 신인연기상 등 3관왕을 차지했고, 이듬해 2001년 동아연극상 작품상, 연기상을 휩쓰는 파란을 일으켰다. 자신을 비판하는 무리들을 즉결 처단하는 연산이 사랑하는 두 사람, 즉 어미처럼 다정한 녹수와 연신 즐거움을 주는 공길의 등장이 이채롭다. 2005년 연극 〈이〉를 기본 텍스트로 한 영화 〈왕의 남자〉(감독 이준익)도 이어 탄생했는데, 이 영화는 무려 1200만 명의 사랑을 받아 화제가 됐었다.

연극 이

경복궁의 용마루가 없는 왕비의 침소인 교태전

회루는 원래 태조 때 경복궁을 창건하면서 그 언저리에 연못을 파고 지었던 것인데, 연못과 건물이 모두 부실하고 명당 수가 부족하다는 경복궁의 결점을 보완하기 위해 태종이 개경에서 환도하면서 지금과 같은 규모의 연못을 파고 그 위에 누각을 지었다고 한다.

사정전 북쪽에 자리 잡은 강녕전(康寧殿)과 교태전(交泰殿)은 왕과 왕비의 침전(寢殿)으로서 용마루를 얹지 않은 것이 특징이다. 교태전 동쪽에 위치한 자경전(慈慶殿)은 조선말기 고종의 양모인 조 대비가 거처하던 곳으로 흥선대원군이 경복궁을 재건하면서 조 대비를 위해 지어준 것이다. 이 자경전에서 북쪽으로 좀더 올라가면 경복궁의 후원인 향원정(香遠亭)이 있다. 임금이 아침저녁으로 소요하던 향원정은 1867년 고종 임금 때 연못을 파고 인공섬을 만들어 지은 것으로 나무로 구름다리를 만들어 취향교(醉香橋)라 했다.

경복궁의 가장 북쪽에 위치한 향원정의 뒤에 건청궁(乾淸宮)이 있다. 고종 10년(1873)에 고종이 아버지의 영향권에서 벗어나 정치가로서 스스로 서려는 의지를 보여주기 위해 세운, 궁궐 속의 궁궐이자 명성황후와 말년을 보낸 곳이다. 건청궁은 전통적인 궁궐의 다른 전각과는 달리 양반가옥을 응용하여 지은 건물로 단청도 칠하지 않았다. 그 때문에 목재의 결이 그대로 드러나 보이는데, 오히려 단아한 아름다움이 있고 고풍스러운 분위기도 풍긴다. 외관은 우아하지만 건청궁의 내면은 민족의 아픔이 서린 비극적인 공간이다. 명성황후는 1895년 10월 8일 왕비 침전인 옥호루(玉壺樓)에서 일본의 흉도들에 의해 무참히 살해됐기 때문이다.

한편 수도를 건설하기 위해서는 '좌묘우사(左廟右社)'라 하여 국왕이

사는 경복궁의 동쪽에 역대 국왕과 왕비를 제사 지내는 종묘(宗廟)[68]를 두고, 서쪽에는 땅과 곡물 신에게 제사를 지내는 사직, 즉 사직단(社稷壇)을 두었다. 종묘와 사직은 왕조가 각각 조상신과 자연신으로부터 정통성과 권위를 부여받음을 의미하는 신성한 공간이다. 곧 종묘와 사직이라는 제사 체제는 국가 운영체제였던 것이요, 이제 '종묘사직'이라는 말은 '국가' 자체를 뜻하는 표현이 되었다. 하늘에 제사 지내는 환구단(圜丘壇)은 원형으로 만들지만, 지신에 제사 지내는 사직단은 사각형으로 쌓았다. 유홍준(미술사학) 교수는 종묘의 정전(正殿)을 가리켜 지붕과 기둥이라는 건물의 기본 요소만을 사용하면서 이처럼 장엄하고 고요한 공간을 연출해 낸 것은 거의 기적에 가깝다고 했다. 안타깝게도 사직단은 1940년 일본에 의해 사직공원이 되었다.

1626년에 충북 보은에 있는 속리산 법주사에 부처님의 생애를 여덟장의 그림으로 그려 보관하는 팔상전(捌相殿, 국보 55호) 같은 건물을 세운 것은 세계적으로 자랑할 만하다. 이 땅에 남아있는 우리나라 유일의 목탑(木塔)인 팔상전은 5층(높이 21.61m, 탑 한 변이 11.35m)이나 되는 웅장한 건물을 짧은 기둥과 들보로 세운 것으로서 높은 수준의 수학과 역학 지식이 필요한 어려운 공사였다.

조선시대의 건축은 고려에 비해 장식이 화려하고 구조가 육중해지는 경향을 띠었다. 특별히 지붕선이 우아한 자태를 보이고 창살의 디자인이 예쁘고 다양함을 뽐냈다. 최근 전통건축 연구자들의 모임인 영건의궤연구회가 펴낸 『영건의궤(營建儀軌)(동녘, 2010. 12)라는 책이 화제에 오르고

---

68 황제의 선조들을 모신 사당을 태묘(우리도 고려시대에는 태묘라 했음)라 하는데, 청나라의 태묘가 베이징에 남아 있었으나 공산혁명을 겪으면서 건물들은 개조되었고, 의례는 중단된 상태이다. 그에 비해 종묘는 제후국의 선조들을 모신 사당인데, 유교문화권 가운데 종묘와 의례를 지금까지 이어오고 있는 나라는 전 세계에 우리나라뿐이다.

우리나라 유일의 목탑이자 웅장함을 드러내는
속리산 법주사의 팔상전

있다. 궁궐·종묘·성곽 등 조선시대 건축의 모든 것을 한 눈에 볼 수 있는 저서라는 점에서 주목을 받는 것이다.

몇 년 전에 일어난 국보 1호 숭례문[69] 화재는 너무나 부끄럽고 안타까운 일이다. 숭례문의 복원에는 전통도구와 전통기법이 활용된다. 이 복구공사를 사라져버릴 위기에 처한 전통기술을 복원하는 기회로 활용해야 할 것이다. 태조 때 창건되어 여러 차례 중건·보수되었고, 특히 일제강점기를 거치며 왜곡된 전통 목조건축 기술을 재현해내는 계기로 삼아야 한다.

22. 과학기술, 홍대용·정약용·최한기

임진왜란 뒤 우리나라의 산업을 부흥 발전시키기 위하여 많은 학자들이 고심했다. 그들은 당시 알려져 있던 각종 기구와 기계를 실생활에 널리 이용하려고 노력했다. 옛날부터 있었던 우수한 기술을 복구하고 나아가 중국의 선진기술을 도입하여 사람들의 생활을 향상시킬 것을 국가에 건의하였다. 연행길에 우리나라 발전에 긴요한 건축자재인 벽돌, 문물 유통을 가속화시키는 수레 등의 '개혁오무(改革五務)'라는 참신한 개혁안을 내놓았던 연암을 비롯하여 홍대용, 이덕무 등 중국을 다녀온 실학자들은 나라가 잘

---

69 한양에 4대문을 지으면서 유교의 덕목인 인의예지신(仁義禮智信)에 따라 이름을 흥인문(興仁門), 돈의문(敦義門), 숭례문(崇禮門), 소지문(昭智門)이라 하고 중앙에 보신각(普信閣)을 세웠던 것이다.

살려면 사농공상에서 공(工)의 위상이 달라져
야 한다고 보았다.

그 중에서도 조선후기에 고안된 각종 측량
기구, 즉 홍대용이 제작한 기리차(記里車 : 바
퀴를 굴려 거리를 재는 기계), 상한의(象限儀
: 자오선 관측에 쓰는 기계), 삼구의(三矩儀 :
삼각법에 의해 사물의 높이를 재는 기계), 구
척(矩尺 : 곱자) 등은 당시 천문지리학 발전에
큰 역할을 했다. 홍대용은 조선최초의 사설
천문대인 '농수각'을 짓고, 3년에 걸쳐 제작
한 천문관측기를 그 안에 설치하였다. 18세
기에 홍대용은 서양기하학의 원리를 활용하
여 천체관측과 지상측량에 공헌했던 것이다.
그의 위대함은 무엇보다 서양과학이 동양과
학보다 나은 특징이 실험을 통한 검증에 있
음을 우리나라에서 최초로 간파했다는 점이
라 하겠다.

신기술을 개발하고 기계를 널리 이용하고
자 했던 정약용의 노력은 두드러졌다. 그는
인간의 노동력을 절감하고 생산성을 높일 수

홍대용이 만든 자오선 관측에
쓰는 상한의

정조가 아버지 사도세자의 묘를
참배하기 위해 수원으로 행차할
때 거중기를 이용해 한강에 설
치했던 배다리

있는 각종 기계와 기구의 사용을 수없이 제안하였다. 그 중에서도 거중
기(擧重機)와 옥형(玉衡)은 특히 유명하다. 거중기는 정조 때 배다리를 놓
고 화성을 쌓는 사업을 지휘하면서 직접 만든 것이다. 옥형은 하천물이
나 우물물을 끌어올려 농업용수로 사용하기 위해 만들어진 일종의 피스
톤 펌프다.

그가 쓴 『경세유표』에는 이용감(利用監)이라는 관청을 신설하여 각종

기계와 기구를 제작하고, 벽돌이나 기와를 굽는 기술, 수레를 만드는 기술, 금속의 제련법 등 다양한 기술을 가르치자는 주장이 나온다. 그렇게만 하면 10년 안에 국가가 부강해진다고 역설했다. 화성을 계획할 당시에 다산은 규장각에 근무하는 젊은 학자였으므로 그곳에 소장된 여러 서양서적을 통해 서양의 과학기술을 접할 수 있었다. 그는 화성축조와 관련하여 많은 책들을 살피는 가운데 1627년 테렌즈(Jean Terrenz, 鄧玉函)가 지은 『원서기기도설(遠西奇器圖說)』을 참고하여 새로운 기기들을 고안한 것으로 보인다.

19세기 이후에 서양의 과학기술이 급속도로 전파되었으며, 1876년 개화되기 전에도 이미 서양의 과학문물을 폭넓게 연구하던 학자들이 있었다. 대표적인 인물로는 인간을 포함한 자연의 운동법칙을 기(氣)로 설명하는 한편 서양과학을 적극 수용해야 한다고 말하면서 파동의 개념과 빛의 굴절 현상을 논의하는 등 실험의 중요성을 강조하면서 과학기술사상을 경험철학적 입장에서 체계화하는데 여념이 없었던 혜강(惠岡) 최한기(崔漢綺, 1803~1877)를 들 수 있다.

서양과학을 수용한 대표적 인물 최한기

그는 중국을 통해 들어온 중국과 서양서적의 영향을 광범위하게 받으며 개국통상론을 주장할 만큼 서양의 발달한 과학문명을 수용하는 데 적극적인 인식을 지니고 있었던 인물로서 개화사상의 형성에 주도적인 역할을 했다. 최한기의 경우 서양학문의 도입과 더불어 자연과 사회를 체계적으로 인식하려는 인간의 지적 활동은 종합지향의 학문으로부터 분과지향의 과학으로 이행하게 된다.

그가 지은 『심기도설(心器圖說)』은 60여 종의 각종 기계에 관한 책으로 청나라에서 수입된 서구의 기계와 문물을 소개하기 위해 헌종 8년(1842)

에 저술한 것이다. 육당 최남선(1890~1957)은 저서 『조선상식문답』을 통해 최한기가 19세기 중반 재야학자로서 역사상 가장 많은 책을 읽고 많은 책을 썼다고 했다. 천문·지리·농학·의학·수학 등 학문 전반에 박식해 1,000여 권을 저술했으나 현재는 15종 80여 권만 전한다. 경세제민의 방안이자 국가를 운영하고 세상을 경영하는 방안을 설명하고 있는 『소모(素謨)』라는 책도 유명하다.

역사상 가장 독서를 많이 하고 저술을 많이 한 인물로 최한기를 지목하고 있는 최남선의 조선상식문답

다산 정약용 이후 최대의 학문적 거인으로까지 평가받지만 그의 사상을 본격적으로 살펴보기 시작한 것은 최근의 일이다. 혜강은 실학사상과 개화사상의 다리를 놓은 인물로도 평가된다.

한국문화의 기술분야에 있어서는 먼저 조선초 발명가였던 장영실이 만든 자동물시계 제작의 선진기술을 살펴봄과 아울러 동시대 그의 세계적인 발명품인 측우기를 검토해보고자 한다. 세계적인 학자인 영국의 도널드 힐(Donald Hill) 박사는 13세기를 대표하는 기술자가 아랍의 알재재리라면, 장영실은 15세기를 대표하는 기술자였다고 평가한 바 있다. 다음으로 건축사적으로 뛰어난 평가를 받고 있는 화성과 함께, 건설을 주도한 과학자 정약용 및 그가 발명한 거중기(擧重機)를 중심으로 조선후기 기술발달의 일면을 확인해보도록 하자.

23. 자동물시계의 창조, 자격루

세종시대에 천문관측기기가 많이 만들어졌는데, 그 가운데는 해시계(日晷) 5가지와 물시계(漏刻) 2가지가 있었다. 해가 뜨지 않는 밤이나 날씨가 흐린 날에도 시각을 측정할 수 있는 장점을 가진 물시계는 해시계 다음으로 상당히 일찍부터 사용되었다. 서양에서는 이집트에서 물시계를 사용했고, 중국에서는 한나라 때부터 물시계를 만들어 썼다. 우리는 삼국시대에 해시계와 함께 물시계를 제작해 사용했다.

『삼국사기』(8권, 신라본기 제8)에 따르면 신라 성덕왕 17년(718) 경주 황룡사에 물시계를 만들었다고 언급하고 있다. 671년 백제인이 일본에 건너가서 물시계를 만든 기록이 있는 것으로 보아 백제에서는 일찍 물시계를 사용했음을 알 수 있다. 고려시대에도 물시계를 사용하여 시간을 측정했다는 기록이 『고려사』에 나오고 있다. 그러나 조선조 세종 때가 되어 보다 정교한 기기의 발명과 더불어 시간측정이 정확해졌는데, 장영실은 수수호(受水壺)의 높이를 키우고 잣대의 길이도 길게 했을 뿐만 아니라 교대로 쓸 수 있도록 2개를 만듦으로써 중국의 것보다 10배 이상

세밀하게 시간을 측정할 수 있었다.

세종 때 만들어진 물시계는 바로 자격
루와 옥루이다. 이 두 물시계는 정해진
시간에 종이나 북 등을 저절로 치도록
만든 자동물시계라는 점에서 당시의 과
학기술이 얼마나 발달하였는가를 보여
주는 좋은 예이다. 그 가운데 경회루 남
쪽 보루각(報漏閣)에 설치한 자격루는 세
종 16년(1434)에 장영실이 제작한 것으
로 다음해에 김돈이 기(記)를 쓰고 김빈
이 명(銘)을 씀으로서 널리 알려지게 되

중종 때 제작되어 덕수궁에 보관된 시
보장치 없이 측정장치만 갖춘 자격루

었다. 자격루는 물의 흐름을 이용하여 시간을 알릴 수 있게 만든 물시계
로서 시(時)·경(更)·점(點)에 따라서 자동적으로 종·북·징을 쳐서 시
보를 알리도록 되어 있었다. 자격루는 물을 보내는 그릇 파수호(播水壺)
4개와 물 받는 그릇인 수수호 2개, 12개의 살대(箭), 동력전달장치, 시보
장치로 이루어졌다. 이 시계의 작동원리와 구조는 『세종실록』 65권(세
종 16년 7월 1일자) 「보루각기(報漏閣記)」에 자세히 기록되어 있다.

자격루는 자동시보장치를 갖춘 물시계로서 당시 동아시아에서는 유일
한 것이었다. 이러한 자격루에 대해서 15세기 초 제어계측기술의 백미이
며, 우리나라 시간 측정사를 비롯한 로보틱스, 오토메이션의 역사에 길
이 남을 위대한 발명이요, 경점을 제어하는 5진법 연산장치는 복잡하고
정교하여 15세기 기술로 보기에는 믿기 어려운 당시의 최첨단 기술이라
평가되기도 한다.[70] 어느 물리학자는 자격루의 원리를 현재 대학이나 대
학원에서 가르쳐도 우수한 공학자들을 길러내는 데 전혀 손색이 없을 것

---

70 남문현·손욱, 『전통 속의 첨단공학기술』, 김영사, 2002, 72면.

이라고 말했다.

자격루는 우리가 얼마 전까지 썼던 1만원 짜리 지폐에 도안되어 거의 모르는 사람이 없을 정도로 유명한 문화유산인데, 이 지폐에 그려진 것은 장영실이 만든 것을 모방하여 중종 때 만든 것의 일부로 현재 덕수궁에 있는 유물이다. 몇 년 전에는 이 유물을 모델로 독립기념관에도 자격루를 복원해 놓았다. 시보장치가 없어진 이 유물들을 보면서 장영실의 자격루가 전하지 않음이 더욱 안타깝게 느껴진다. 장영실의 자격루는 원래 경복궁 경회루 앞에 설치됐으나 임진왜란 때 소실되었다.

1434년 세종 때 장영실이 만든 자격루가 573년 만인 2007년에 복원되었다. 문화재청 국립고궁박물관(관장 소재구)은 건국대 산학협력단(총괄책임 남문현)이 중심이 돼 복원한 자격루를 공개한 바 있다. 복원된 자격루는 2시간 간격의 시(時), 그리고 대략 90분 간격의 경(更), 18분 간격의 점(點) 등에 따라 각각 종과 북, 징을 자동으로 울린다. 고궁박물관은 "시험 가동한 결과 오차는 하루 3–5분 정도"라고 말했다. 이 자격루는 재개관한 경복궁 고궁박물관 지하 1층에서 볼 수 있게 되었다. 무엇보다 이는 우리 전통과학의 우수성을 다시 한 번 입증한 쾌거로 평가 받고 있다.

남문현 교수는 자격루에 대해 15세기 중국과 이슬람의 기술에다 우리의 탁월한 제어계측 기술을 결합해 세계적인 보편성과 독창성을 구현해 낸 것이라고 평가했다. 2005년에 혼천시계(국보 230호) 복원에 성공했던 문화재위원인 전상운(한국과학사) 교수는 믿을 수 없을 정도로 뛰어나고 독특한 자격루가 성공적으로 복원되고 작동에 성공해 매우 기쁘다고 했다.

자격루

호군(護軍) 장영실에게 명하여 사신(司辰) 목인(木人)을 만들어 시각에 따라 스스로 알리게 하고 사람의 힘을 빌리지 아니하도록 하였으니 그 제도는 아래와 같다. 먼저 각(閣) 3간(楹)을 세우고 동쪽 간에는 자리를 두 층으로 마련하여 윗 층

2007년 복원된 장영실이 만들었던 자격루

에는 세 신을 세우되 하나는 시(時)를 맡아 종을 울리고 하나는 경을 맡아 북을 울리며 하나는 점을 맡아 징을 울린다. 중간층의 밑에는 평륜(平輪)과 순륜(循輪)을 설치하고 12신을 벌여 세워서 각각 굵은 철사로서 줄기를 만들어 능히 오르내리게 하며 각각 시패를 들고서 번갈아 시간을 알린다.

그 기계의 운행하는 술법은 가운데 간에 다락을 설치하여 위에는 파수호를 벌여 놓고 아래에는 수수호를 놓는다. 병 위에는 네모진 나무를 꽂되 속이 비고 면도 비게 하여 길이는 11척 4촌이고 나비는 6촌 두께는 8푼 깊이는 4촌이다. 빈 속에는 간격이 있고 겉에서 한 치 가량 들어가게 한다. 왼쪽에는 동판을 설치하여 길이는 살대에 준하고 넓이는 2촌인데 판면에는 구멍 12개를 뚫어서 구리로 만든 작은 구슬을 받도록 하되 구슬의 크기는 탄알만 하며 아홉 구멍에 모두 기계가 있어서 여닫을 수 있도록 하여 12시간을 주장하게 하고 오른쪽에도 동판을 설치하되 길이는 살대에 준하고 나비는 2촌 5푼인데 판면에는 25개의 구멍을 뚫어 또한 작은 구리 구슬을 왼쪽과 같이 받게 한다.

판은 12살대에 준하여 모두 12판인데 절기에 따라 갈아쓰며 경과 점을 주장하게 한다. 물을 받는 병에 살대를 띄우고 살대 머리에 받드는 가로쇠가 젓가락과 같은 것이 있는데 길이는 4촌 5푼이고 병 앞에 오목한 자리가 있고 오목한 가운데 넓은 판을 비스듬히 놓아 머리는 네모지고 속이 빈 나무 밑에 닿고 꼬리는 동쪽 간의 자리 밑에 이른다.

간막이 넷을 설치하여 용도(甬道)의 모양과 같이 하고 간막이 위에는 큰 철환을 놓되 크기는 계란 만하게 한다. 왼쪽의 12개는 시를 주장하고 중간 5개는 경과 매경의 초점(初點)을 주장하며 오른쪽 20개는 점을 주장한다. 그 철환을

놓아 둔 곳에는 모두 철환이 드나드는데 열고 닫히는 것이 있고 또 가로된 기계가 있어 설치하였는데 그 기계의 모양은 숟가락과 같고 한쪽 끝은 굽게 하여 고리처럼 걸리게 하고 한쪽 끝은 둥글게 하여 구리 구슬을 받도록 되었다. 중간 허리에는 둥근 축이 있어서 내리고 올리도록 되었으며 그 둥근 끝은 구리통의 구멍에 닿는다. 구리통은 둘이 있어 간막이 위에 비스듬히 설치하였는데 왼쪽 것은 길이가 4척 5촌이고 둘레의 직경은 1촌 5푼인데 시각을 주장하게 하며 아래쪽에는 12구멍을 뚫었다. 오른쪽 것은 길이가 8척이고 둘레의 직경은 왼쪽 통과 같은데 경점을 주장하며 아래쪽에 25개의 구멍을 뚫고 구멍마다 모두 기계가 있다.

— 세종실록 권 65

윗글은 세종 16년 7월 1일(병자)의 기록 가운데 그 일부를 옮겨놓은 것으로, 자격루의 구조와 원리를 설명하고 있다. 원나라에서 귀화한 고위 기술자와 동래 기생 사이에서 태어난 장영실은 노비 출신으로서 탁월한 과학기술 능력을 인정받아 정 4품 무관직인 호군의 위치에 올랐다. 그간 만든 물시계인 자격루는 정해진 시각이 되면 격발장치를 건드려 쇠알이 굴러가서 여러 운동을 하게 만든 것으로 크게 측정장치와 시보장치의 두 가지의 구조로 이루어졌다. 측정장치는 물을 흘러 보내는 4개의 항아리와 물을 받는 2개의 항아리로 되어 있었고, 시간측정은 하루를 12시 또는 100각(1시 = 8각 1/3)으로 하고, 하루 중에 밤 시간만을 5경 또는 25점(1경 = 5점)으로 하였다.

시보장치는 항아리에 채워진 물의 높이에 따라 일정한 간격으로 시각을 알리게 되어 있었고, 시각을 알릴 때는 종을 쳐서 듣게 하고 몇 시인지를 알아볼 수 있도록 인형이 시패를 들게 했다. 시보장치 상단에 시, 경, 점을 담당하는 3개의 시보인형이 각각 종, 북, 징을 칠 수 있는 채를 들고 서 있다가 시간이 되어 시보장치 속 인형들의 팔뚝과 연결된 제어기구가 작동하면 인형의 팔뚝이 움직여서 종, 북, 징이 울리게 된다. 인형 가운데 하나가 종을 울려 십이시를 알려주어 시를 담당한 인형이 종을 울리면 곧이어 시보장치 안에서 12지신 가운데 그 시에 해당하는 동물 인형이 시 이름이 적힌 팻말을 들고 나온다. 곧 자시에는 자시를 상징하는 쥐가 '자' 자가 적힌 팻말을 들고 나와 지금 울린 종소리가 '자시' 임을 알려 주었던 것이다. 나머지 2개의 인형은 밤 시간에만 경점의 숫자대로 북과 징을 울려주는데, 1경 1점에서 북과 징을 울리기 시작하여 5경 5점까지만 작동된다.

이밖에 측정장치와 시보장치를 접속해주는 방목(方木)이라는 디지털신호발생장치도 있었다. 이렇듯 물의 양이라는 아날로그신호를 종, 북, 징으로 시간을 알려주는 디지털신호로의 변환은 기술사의 금자탑이라 할 수 있다. 경복궁에 있던 이 자격루는 그 후 몇 차례 옮겨 다니다가 임진왜란때 파괴된 것으로 짐작된다. 즉 자격루는 세종대의 실물은 없고 기록으로만 확인되고 있다. 새로운 자격루가 중종 31년(1536) 박세룡에 의해 만들어져 창덕궁에 설치되기도 했는데, 이 자격루는 지금 덕수궁에 옮겨져서 시보장치는 없고 측정장치만 남은 상태로 국보 229호로 보존되어 있다.

24. 세계최초의 우량계, 측우기

측우기는 장영실이 만든 자격루에서 아이디어를 얻은 것이다. 측우기도 장영실이 발명한 것으로 우리에게 알려져 왔으나 최근(2004. 2. 12)에 문중양(국사학) 교수는 측우기는 문종이 발명한 것이라고 발표했다. 실록에 측우기의 아이디어를 낸 사람이 당시 세자이던 문종이라고 분명히 나와 있다며, 측우기 제작연도가 세종 24년(1442)으로 돼 있는데, 이때는 장영실이 세종이 종묘제례 때 탈 가마를 제작했다가 그 가마가 부서지면서 국문을 당하고 관직을 박탈 당한 때라 시기적으로도 장영실이 제작한 것으로 볼 수 없다는 주장이다.

자격루는 원통에 시간눈금을 새긴 잣대를 띄우고 물이 불어오르는 높이를 재는 것인데 비해, 측우기는 시간잣대가 아닌 표준잣대를 가지고 거꾸로 고인 빗물의 깊이를 재는 것이다. 세종 23년(1441)에 서운관에서 받침대를 만들고, 청동으로 원통형의 우량계를 만들어 그곳에 빗물을 받아 관원에게 빗물의 깊이를 측정하게 했는데, 이때 세계최초로 높이 42.5cm, 지름 17.0cm 되는 측우기가 만들어진 것이다. 다음해 여름에 이것이 다시 개량되어 높이 약 32cm, 지름 약 15cm 되는 기구가 만들어졌고, 이 기구에 정식으로 측우기라는 이름을 붙였다.

측우기가 제작되고 그 사용법이 정해진 후 선조 때까지 관상감을 비롯하여 각도의 감영에서 그 법식에 따라 비의 양이 규칙적으로 측정되었다. 측우기가 사라진 후에도 측우사업이 중단되지 않았던 것은 수표가 남아 있었기 때문인데, 측우기를 만들면서 함께 세계 최초로 제작된 이 수표로 강물의 수위를 재어 비가 얼마나 많이 왔는가를 측정했다. 세종 때는 수표를 청계천과 한강에 세워 물의 양을 측정했는데, 청계천의 유량을 재기 위해 수표를 세웠던 곳이 수표교[71]이다.

한말에 조선총독부 인천측후소장으로 와있던 일본인 기상학자 와다유지(和田雄治)가 한국의 측우기는 1638년 이탈리아사람 베네데토 카스텔리(Benedetto Castelli)가 만든 우량계보다 200여 년이나 앞서 발명되었다는 것을 프랑스에 소개하였다. 이로써 우리의 측우기가 세계최초의 우량계임이 천하에 알려지게 되었다. 1911년에도 영국의 기상학회지와 저명한 과학지 〈네이처(Nature)〉에 이 사실이 보도된 바 있다. 측우기 진품은 우리나라에 한 점이 남아있는데, 이는 기상청에서 보관하고 있다.

---

71 숙종과 장희빈이 처음 만난 장소라는 일화로도 유명하다.

그런데 유감스럽게도 중국의 일부학자들이 측우기의 받침대에 새겨진 "건륭경인오월조(乾隆庚寅五月造)"라는 문구를 근거삼아 청나라 건륭35년 5월에 중국에서 만들어 조선에 보낸 것처럼 억지 주장을 하고 있다. 심지어 1983년 중국에서 발행된 『중국기상학사』를 비롯한 몇 권의 저서에는 아예 측우기사진이 표지에 실려 중국의 발명품으로 둔갑되기까지 했다.

측우기

강우량을 측정하는 일에 대하여 일찍이 명령을 받았사오나, 충분히 준비되지 못한 바가 있었으므로 다시 갖추어 조목별로 아뢰고자 합니다.

건륭 연호가 쓰인 측우기

1. 서울에서는 쇠를 주조하여 기구를 만들어 명칭을 측우기라 하니, 길이가 1척 5촌이고 직경이 7촌입니다. 서운관에서는 받침대를 만들어 측우기를 대 위에 설치해두고 항상 비가 온 후에는 서운관의 관원이 직접 비가 내린 상황을 보고 주척(周尺)을 사용하여 물의 깊고 얕은 바를 측정하되 비가 내린 일시와 갠 시점 그리고 물 깊이의 척·촌·분의 수를 상세히 적어 즉시 보고하고 기록해 두도록 하소서.

2. 지방의 경우, 쇠로 주조한 측우기와 주척 매 1건을 각 도에 보내어, 각 고을로 하여금 위 항목에 나오는 측우기의 체제에 의거하여 자기(磁器)든지 와기(瓦器)든지 적당한 데에 따라 구워 만들고, 객사의 뜰 가운데에 대를 만들어 측우기를 대 위에 올려놓도록 하십시오. 주척도 위 항목의 체제에 따라 대나무로 만들든지 나무로 하든지 미리 만들어 두었다가, 비가 온 후에는 수령이 직접 비가 내린 상황을 살펴보고 주척으로써 물의 깊고 얕은 것을 측량하여 비가 내린 것과 비오고 갠 일시와 물 깊이의 척·촌·분의 수를 상세히 써서 올리고 기록해 두었다가 후일에 근거로 삼게 하소서.

— 『세종실록』 97권

윗글은 세종 24년(1442) 5월 8일 정묘에 해당하는 기록으로서 호조에서 임금에게 올린 내용이다. 이 건의된 글대로 깊이 310.5mm, 지름 144.5mm인 우량계와 414mm(2척)짜리 자를 제조하여 서울과 각 도를 비롯한 지방에 보급하고, 비가 내린 후 수령이 직접 계측하여 중앙에 보고하는 측우제도가 확립되었다. 세종 24년 5월 19일에 전국적으로 측우제도를 시행한 날을 기념하여 1957년에 정부는 5월 19일을 '발명의 날'로 정하였다.

1837년 제작되어 공주감영에
설치했던 금영측우기

측우기의 구조는 맨 밑에 있는 원통 하나에다 그 위에 2개의 실린더를 올려놓은 형태로서 각각 분리되게 하여 3단으로 만들어졌다. 이는 환경에 따라 변형되지 않고 정밀하게 측정할 수 있도록 하며, 사용하기 좋도록 취급의 편의성을 고려하여 제작된 것이라 하겠다. 빗물을 받는 그릇 윗면의 지름이 144.5mm인 것은 빗물을 효과적으로 받을 수 있는 과학적 수치로서 너무 넓으면 비의 양이 적을 때 측정 오차가 커지고 너무 좁으면 바람이 불 때 빗물을 그릇 안으로 받기 어려운 문제점들을 고려한 것이다. 강우량을 정확히 측정할 수 있도록 원통의 지름을 적당한 크기로 만들었음은 현재 세계 각국이 택하고 있는 평균 크기와 일치한 데서도 쉽게 증명된다.

세종 때 만들어진 측우기는 현재 남아 있지 않으며, 1837년에 제작되어 공주 감영에 설치했던 금영측우기만 남아 전하고 있다. 한편 세종 23년(1441)에 가뭄과 홍수가 겹쳐 정확한 강우량을 측정할 필요성이 대두되자 수표를 함께 제작하여 주로 한강변에 설치했는데, 현재 전하는 수표는 청계천에 설치되었던 것으로 세종대왕기념관에 보관되어 있는 것 하나뿐이다.

25. 세계최초의 계획도시, 화성

임진왜란을 겪으면서 조선의 방위체제에 많은 변화가 일어났으며, 그 가운데 성곽을 건축하는 기술은 크게 발전했다. 지금까지 남아있는 성곽의 수는 1,000여 개가 넘으며 상당수가 삼국시대에 쌓은 것들이다. '성곽의 나라'라고 할 만큼

세계최초의 계획된 신도시 화성

우리나라는 오랫동안 많은 성을 쌓아왔다. 특히 삼국시대에 많이 쌓았는데, 이 성들은 고려, 조선시대를 거치면서 요긴하게 쓰였으며, 역사이래 930여 차례나 되는 국난을 겪을 때마다 방패막이가 되어 주었다. 성에 대한 한중일 3국의 양식은 흥미롭다. 우리나라가 주로 읍성을 쌓은 데 비해, 중국은 나라를 성으로 쌓았으며, 일본은 성주의 집을 성으로 쌓았다.

특히 중국은 큰 나라이면서도 주위의 이민족을 두려워하여 허베이성(河北省) 산하이관(山海關)에서부터 둔황이 있는 간쑤성(甘肅省)의 자위관(嘉峪關)까지 만리를 장성으로 쌓았다. 물론 최근에는 만리장성의 동쪽 기점을 산하이관보다 훨씬 더 동쪽으로 떨어진 압록강 하류의 랴오닝성(遼寧省) 후산(虎山)산성이라고 공식 선언했다. 한편 일본을 여행하면서 가장 독특하게 생각하는 것 중의 하나가 옛 성이다. 철저하게 생존 목적으로 만들어져 완벽한 방어기능과 함께 견고하다는 일본성은 16세기 말까지만 해도 300여 개에 달했지만, 오늘날 남아 있는 성은 30여 개에 불과하다. 일본에서 일반적으로 3대 성이라고 하면 히메지성(姬路城), 오사

견고하고 아름답기로 소문난 화성의 남문인 팔달문

카성(大阪城), 구마모토성(熊本城)을 들 수 있다.[72]

정조 18년(1794)에 공사에 착수하여 2년 반 만인 정조 20년(1796)에 완성된 화성(華城)은 가장 근대적인 규모와 기능을 갖추고 있다. 화성의 규모는 둘레가 약 5.7km, 성벽 높이는 5m 가량이다. 화성 성역(聖域)은 당시 사회 모든 분야에서 정조대왕을 정점으로 관료·학자·기술자·백성들이 함께 만든 근대적 신도시이며 실학의 총체적 결정체이다. 청나라보다 조선이 문화적으로 우월하다고 자부했던 정조였기에 가능하다고 본다. 사실 청나라 성을 모방했다고는 하나 청의 것보다 더 실용적이고 견고하며 아름답다. 성벽의 외측만 쌓아올리고 내측은 자연지세를 이용해 흙을 돋우어 메우는 축성술, 벽돌과 석재를 혼용한 축성법, 거중기의 발명 등에는 동서양 축성술을 집약하여 가장 과학적이고 합리적인 성곽을 축조하려 했던 정약용을 위시한 당대 실학자들의 사상적 편린이 배어 있다. 장안문, 팔달문 등 4대문을 비롯한 48개의 시설물들이 수려할 뿐만 아니라 화기에 대한 공격에 대처할 수 있는 방어시설을 갖추는 등 세계에서 가장 과학적이고 실용적인 설계와 구조로 된 성곽 중의 하나

---

72 히메지성은 우아하게 아름다운 여인의 자태를 지녔고, 오사카성은 도요토미 히데요시가 천하통일을 이룬 후 그의 권력을 과시하기 위해 세운 것으로 화려함을 자랑하다면, 구마모토성은 완전 무장하고 출전하는 위엄있는 무사의 형상이라고 한다. 규슈(九州)에 있는 구마모토성은 일본 성 중에서 유일하게 조선의 흔적이 남아 있으며, 이 성은 우리에게 익숙한 가토 기요마사(加藤淸正)가 1601년 착공하여 7년간에 걸친 대공사 끝에 1607년 완공했다.

이자 최초의 계획된 신도시이다.[73]

상업활동을 강화하기 위한 팔부자(八富者)길의 조성, 농업발전을 위한 만석거(萬石渠)와 축만제(祝萬堤) 등의 저수지 조성을 비롯하여 정교하게 자른 큰 돌을 이어붙이는 방식, 벽돌을 구워내어 쌓았던 축조방식 등 화성은 건축사적, 도시미학적으로 당대 최고의 문화재로 평가받아 세계문화유산으로 등록되었다. 과학적 지식과 재능이 있었던 정조는 신도시건설의 모든 일을 주도했으며, 탁월한 설계자로서의 정약용과 훌륭한 공사감독으로서의 재상 채제공은 화성축조의 숨은 영웅이다.

1792년 정조는 신진관리였던 정약용에게 새로운 성곽과 도시를 설계 · 건축할 것을 지시한다. 정약용은 1년간의 연구 끝에 『성화주략(城華籌略)』이라는 건축관련 연구서를 집필했고, 그 이론에 입각하여 수원에 화성을 건설하게 되었다. 왕명에 따라 축성과정을 계획하고 감독했던 당시 정약용의 나이 불과 31세였다. 화성은 미학적일 뿐만 아니라 과학적 공법으로 지어져 견고하다. 특히 전투 시 방어하기에 매우 유리한 구조로 되어 있다. 가령 성문 위에 있는 다섯 개의 구멍은 큰 물탱크를 놓아 적의 화공을 무력화하기 위한 장치다.

화성 축조는 효심이 지극한 정조가 정조 13년(1798) 10월 아버지의 묘를 양주 배봉산(현 서울시 전농동)에서 수원 화산으로 이장하면서 비롯되었다. 효성이 지극하기로 소문난 정조는 소나무를 특별히 좋아했으며, 아버지 무덤 곁에 심은 소나무를 갉아 먹는 송충이를 입에 넣어 삼켰다는 일화까지 남기고 있다. 정조는 아버지의 무덤을 조금이라도 더 오랫동안 보려고 느리게

---

73 남한산성도 세계적으로 보기 드문 '산성도시'의 형태를 갖고 있다. 총길이 11.76㎞에 달하는 성곽내부에 평상시에는 주민들이 사는 마을의 역할을 하고, 전시 등에는 군사요충지 기능을 담당한 특징이 도시계획사적으로 찾아보기 흔치 않다. 건축사적인 측면에서도 남한산성은 신라 문무왕 12년 때 토성인 주장성(또는 일장성)으로 시작해 조선후기 석성까지 시대를 흐르는 성곽 축성술의 다양한 모습을 잘 보여주고 있다.

화성 행궁의 정전이자 혜경궁 홍씨의 회갑연을 열었던 봉수당

행차함으로써 '지지대(遲遲臺)'라는 고개까지 생겨나게 하였다. 조선 왕릉 중에도 조각이 아름답기로 사도세자인 장조(莊祖)의 융릉(隆陵)을 따를 것이 없다.

또한 왕권강화를 염두에 두고 화성건설이 시작되었다. 사도세자를 죽인 노론 벽파는 "죄인의 아들은 임금이 될 수 없다(罪人之子 不爲君王)"는 '팔자흉언(八字凶言)'을 조직적으로 유포시키며 세손인 정조의 즉위를 방해했었다. 영조가 대신들에게 "세손에게 당파와 나랏일과 병조·이조판서를 누가 할 수 있는지 가르치고 싶다."고 말하자 사도세자의 부인 혜경궁홍씨의 숙부인 홍인한(洪麟漢)은 "동궁은 당파를 알 필요가 없고, 이조·병조판서를 누가 할 수 있는지 알 필요가 없으며, 나랏일은 더욱 알 필요가 없습니다"[74]라고 반박했었다. 한마디로 세손은 왕이 될 수 없다는 말이었다. 이런 어려움을 뚫고 즉위한 정조는 미래지향적 개혁정치로 조선후기 최대의 성공한 군주가 되고자 했었다.

무엇보다 화성축조에서 간과할 수 없는 것이 있다. 인부 연 70여 만 명을 참여시키고 80여 만 냥의 거금을 들여 신도시를 건설하는 대역사임에도 불구하고 가뭄으로 흉년이 들자 공사를 6개월이나 중단한 것, 민가의 피해를 줄이기 위해 성의 둘레를 늘인 것, 주민들이 불편하지 않도록 배려하라는 지시를 내린 것 등에서 군주가 백성을 귀히 여기는 정도를 느낄 수 있다.

조선 행궁 중 건축의 백미로 꼽히는 것이 화성행궁이다. 화성행궁에 들

어서면 가장 먼저 화성행궁 정문에
해당하는 신풍루(新豊樓)를 통과하는
데, 신풍(新豊)이란 '국왕의 새로운
고향' 이란 뜻으로 정조대왕의 수원
사랑을 보여준다. 다음 정조의 어머
니 혜경궁 홍씨의 회갑연을 베풀었던
봉수당(奉壽堂)을 만날 수 있는데, 내
부에 모형을 만들어 재현해 놓았다.

화성 행궁에서도 촬영했던
MBC TV드라마 대장금(2003)

또한 장락당(長樂堂)은 화성행궁의 침전으로 정조대왕이 혜경궁 홍씨의 만수
무강을 빌며 직접 편액(扁額)을 써서 걸었다. 그리고 정조대왕이 왕위에서 물러
나 수원에서의 노후생활을 꿈꾸며 지었다는 노래당(老來堂)도 화성행궁의 완성
미를 높이고 있다. 또한 화성행궁 곳곳에는 TV드라마 〈대장금〉[75], 영화 〈왕의
남자〉에서 어떤 장면이 촬영됐는지를 보여주는 종이 모형이 세워졌다.

26. 인력 · 비용 · 기간까지 단축한, 거중기

공사과정을 글과 그림으로 낱낱이 기록하고 있는 『화성성역의궤(華城城
役儀軌)』[76]라는 보고서는 수권 1권, 본권 6권, 부편 3권 등 전체 10권의

---

75 2003년 방영되기 시작했던 MBC TV 드라마 〈대장금〉의 성공요인은 여러 가지겠지만,
   궁중 애정사나 권력 다툼 대신 수랏간 궁녀를 위시한 궁궐의 뒷이야기라는 소재가 매
   력적으로 다가왔을 것이다.
76 조선시대에는 다양하고 풍부한 기록문화가 꽃을 피웠다. 특히 왕실과 국가의 행사를
   글과 그림으로 기록하여 전하고 있는 조선왕조의 의궤는 세계기록유산으로 등재되기
   에 이르렀다. 이와 같이 철저하게 기록으로 남길 수 있었던 것은 나랏일을 운영하는
   데 누가 언제 보더라도 한 점 부끄러움이 없도록 하겠다는 자신감과 의지의 소산이라
   하겠다. 특히 왕실과 나라의 주요한 행사를 의궤 형식으로 기록한 나라는 조선이 유일
   하다. 세계기록유산으로 등재된 의궤는 서울대학교 규장각 한국학연구원에 소장된
   546종 2940책과 한국학중앙연구원 장서각에 소장된 287종 490책이다. 그 밖에도 프랑
   스 국립도서관이 191종, 일본 궁내청이 69종을 소장하고 있다.

세계기록유산에 등재된 화성성역의궤

1280쪽이라는 방대한 분량이다. 이 책에는 화성을 건설할 때 사용했던 기계들에 대한 기록이 상세히 나오는데, 수권(首卷)에는 거중기, 녹로, 유형거(游衡車) 등의 도면과 설명이 들어있다. 군사회식비용까지 적고 있는 이 보고서에 대해 한영우 교수는 '무섭다'라고 표현했다.

정조는 자신의 이상을 실현하는 새로운 정치공간으로서 화성신도시를 건설하려 했으며, 이를 위해 중국을 통해 들어오는 서양기술을 응용하고자 했다. 정조는 청으로부터 서양의 『고금도서집성(古今圖書集成)』(5022책)을 들여왔다. 그리고 정약용에게 이 책 속의 「기기도설」을 참고하여 거중기를 만들도록 했다.

정약용이 특수 고안한 거중기는 여러 개의 운동 도르레인 활차(滑車)를 이용하여 무거운 물체를 들어올

물체를 들어올리는 거중기　　밧줄을 감는 녹로

리는 대표적인 운반장비로서, 40근의 힘으로 2만 5000근의 무게를 움직일 수 있었다. 중국식 크레인을 개조한 거중기는 원품보다 작업능률을 4배까지 향상시켰다. 그가 화성을 쌓을 때 거중기를 사용하여 공사비를 4만 냥이나 절약했으므로 임금의 치하를 받았다. 당시로서는 최신의 과학적 공법을 활용하여 인력과 공사비는 물론 공사기간까지 단축했는데 가장 큰 공이 거중기에 있었던 것이다.

그가 만든 거중기와 밧줄 감는 장치인 녹로(轆轤)라는 기계는 현재의

한국문화를 논하다

건설기계와 원리가 같은 훌륭한 것이었다. 거중기는 이미 정조 13년(1789) 한강에 배다리 놓을 때도 사용되었는데, 이 주교(舟橋)가 세워지면서 민간 어선 280여 척이 동원되던 것이 80여 척으로 줄었다. 정조가 아버지 장헌 세자의 묘를 1789년 수원부 화산(현 경기도 화성시 태안읍)으로 옮긴 뒤 참배하면서 행해진 왕의 행렬을 '정조 능행차'라 일컫는다. 정조는 15회 에 걸쳐 능행차를 한 것으로 알려져 있는데, 이 때 배다리를 이용했다. 정 조는 "행차 시작부터 끝까지 민폐를 끼치지 말라."고 엄명했다.

정약용은 17~18세기 우리의 현실을 직시하고 사회 전분야의 개혁을 주장하였다. 그 가운데 과학기술의 개발을 역설하는 주장에서는 자연과 학과 기술공학적 측면에 관한 그의 높은 식견을 유감없이 드러내고 있 다. 그는 인간만이 기술을 개발하고 이용할 수 있는 능력을 갖추었다는 점을 들어, 이것이 짐승과 다른 인간의 존재방식이라 했다. 사실 인간이 동물들과 달리 직립하여 양손이 자유로울 수 있었다는 것은 타고난 혜택 이었다. 인간은 이 손을 이용해 도구를 만들기 시작하면서 만물의 영장이 될 수 있었던 것이다. 이렇듯 기술문화 속에서도 우리 민족은 인간을 모 든 가치의 중심에 놓고자 하는 생각을 잊지 않았음을 확인하게 된다.

거중기

거중기의 일부는 그 제도가 다음과 같다. 위에는 횡량(橫樑)을 대어 정한 틀 을 삼았다. 가운데와 아래에 유량(游樑)이 있고 왼쪽과 오른쪽에 소거(繅車)가 있는데 모두 용도에 따라 제 구실을 다한다. 횡량의 두 머리는 네 다리로 받쳤 는데 다리 전후에는 좌우 각각 횡강(橫杠)을 대었고, 가로대의 앞뒤 한 가운데 에 두 개의 거는 못(掛釘)을 박았다. 이것을 네 다리에 나누어 박아 고정시켰다. 가로대 머리에는 각각 한 개씩의 등자쇠가 있어서 가로대를 아래로 싸 덮었다. 두 다리 가운데에는 허리가 가는 활륜을 물리고 비녀못을 박아 고정시켰다. 두 등자쇠 사이에는 또한 네 개의 늑철이 있어서 가로대를 아래고 싸 덮었는데 그 가운데쯤 구부러진 곳에 철강(鐵杠)을 꿰어 유량과 접속시켰다. ······

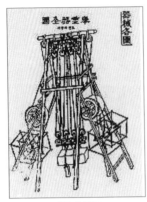

거중기 전도

끌거나 들어 올리는 법은 아래 유량의 아래 세 가닥의 늑철 가운데 구부러진 곳에 철강을 꿰고 여기에 두 가닥의 철삭을 가운데 늑철의 좌우에 건다. 어떠한 물건이나 몇 근짜리 무게이든 철삭 두 끝으로 균등하게 하고 다음에는 세 가랑이진 큰 삼동아줄을 사용하여 먼저 가운데 유량의 밑에 있는 한가운데에 꿰고 고리에 감아 좌우가 평분되게 하고 그 두 끝을 갈라서 아래 유량의 한가운데의 좌우 활륜에 감는다. 이것을 끌어 위의 가운데 유량의 고리 달린 두 곁의 활륜에 감는다. 다시 줄을 아래로 드리워 아래 유량의 양쪽 가장자리의 활륜에 감는데, 가운데 유량 두 가장자리의 활륜에 끌어 감는 법도 위의 법과 같다.

이어서 동아줄 두 끝을 각각 정한 틀의 좌우에 있는 횡강의 위에 내어 큰 활륜에 감아 돌린다. 그리고 그 한 끝을 얼레의 축에 감는다. 그리고 좌우에 일꾼들이 갈라서서 힘들여 얼레 바퀴를 한 번 돌린다. 그러면 동아줄도 축을 한 바퀴 감게 된다. 이렇게 되면 크고 작은 활륜도 서로 따라서 동아줄이 한 자쯤 감겨 돌면 물건도 한 자쯤 들려 올라간다. 이것이 그 무거운 것을 들어 올리는 절차의 대강이다.

무릇 달려 올라가는 물건은 무게가 절대로 한 쪽으로 쏠리지 않아야 하고 감아올리는 힘이 균일해야 한다. 좌우로 하여금 적당하고 고르게 힘이 쓰여야 하고 한 번은 빠르게, 한 번은 느리게 하는 동작은 절대로 금한다. 이미 시험해 본 것을 예로 들어 말하면 큰 돌 한 개의 무게가 1만 2천 근인데도 불과 30명밖에 안 되는 장정으로 삽시간에 힘을 발휘하여 한 사람 당 4백 근의 무게를 들게 된다. 그 들어 올리는 힘의 능률이 이같이 큰 것이다.

— 『화성성역의궤』 수권, 도설

도르레(활차)를 이용하여 무거운 물건을 움직이는 데 편리한 점이 두 가지가 있다. 하나는 사람의 힘을 더는 것이요, 다른 하나는 무거운 물건을 떨어뜨리지 않고 안전하게 운반하는 것이다. 사람의 힘을 줄이는 것을 가지고 말하자면 다음과 같다.

대개 일반 사람들이 무거운 물건을 들려면 반드시 힘과 무게가 서로 대등해야 비로소 들어서 운반할 수 있으니, 예를 들면 100근 짜리 물건을 드는 데는 반드시 100근의 힘이 필요하다. 하지만, 도르레 한 대만 쓰면 능히 50근의 힘을 가지고

100근의 무게를 들 수 있으니, 이는 힘을 반만 들이고도 100근의 무게를 완전히 해내는 것이다. 만일 도르레 2대를 사용하면 25근의 힘을 가지고도 100근의 무게를 들 수 있으니, 이는 무게의 4분의 1에 해당하는 힘만으로도 100 근의 무게를 완전히 해내는 것이다. 같은 이치로 세 대 또는 네 대 도르레의 수가 늘어나면 힘은 이 비례로 증가하여, 새 바퀴를 증가할 때마다 그 힘이 배로 늘어나게 된다. 이제 위아래 8개의 바퀴를 달면 25배의 힘을 얻을 수 있으니 참으로 대단하다.

— 『여유당전서』 권10, 거중도설

첫 번째 글은 거중기의 구조를 자세히 설명한 것이고, 두 번째 글은 거중기의 원리를 간단히 설명한 것이다. 『화성성역의궤』 수권의 '도설(圖說)' 분야에는 위와 같은 거중기뿐만 아니라 공사에 쓰인 도구들이 상세히 나온다. 2년여의 짧은 기간 동안에 신도시 건설이라는 대공사가 끝날 수 있었던 것도 이러한 기계기술을 비롯한 토목건축기술 등 과학기술이 뛰어났기 때문이다.

다산 정약용은 온갖 기술자의 기술이 정교해지면 국가가 부유해지고 군대가 막강해지며 백성들은 잘 살고 장수하게 된다고 했다. 그는 과학기술의 필요성을 절감하고 이를 위해서는 중국의 기술을 배워야 한다고 주장했는데, 이는 서양의 과학기술을 받아들이자는 것이기도 했다. 그는 또 일본의 근대화과정을 알고 있었으며 일본이 이미 선진기술의 도입에 성공하고 있음을 지적했다. 선진기술을 가진 나라는 부강해진다고 판단한 그는 선진기술을 받아들이기 위한 정부의 전담부서로서 '이용감'을 설치해야 한다[77]고 역설하기도 했다.

그는 과학기술에 대한 사고와 지식을 표출하는 데 그치지 않고 응용 실천하고자 했다. 중국과 서양의 과학기술을 활용하여 백성들의 힘도 덜어주고 공사의 효율을 높일 수 있는 거중기와 녹로를 제작하고 총포제조법을 연구하고 활자를 만드는 등 과학기술자로서의 소임을 다했다. 또 의학서

---

77 『경세유표』 제2권 동관공조(冬官工曹) 이용감조.

『마과회통』을 짓고 종두법을 실험하기까지 했다. 우리나라에 우두법을 처음 실시한 사람으로 100여 년 전의 지석영(池錫永, 1855~1935)을 들지만, 그보다 70년 이상 앞서서 이미 정약용도 우두를 실시해 보았다고 하겠다.

이 밖에 정약용의 과학에 대한 관심을 보여주는 사례들이 많이 있다. 가령 「완부청설(碗浮靑說)」은 '대야 한 가운데에 푸른 표시가 떠오르는 데 대하여'라는 뜻의 글이다. 대야 바닥에 동그라미를 그려 놓은 다음 그것이 보이지 않을 만큼 뒤로 물러난다. 그 다음 사람을 시켜 대야에 물을 붓게 하면 보이지 않던 푸른 동그라미가 떠올라 보이게 된다는 것이다. 물에 의한 빛의 굴절을 설명한 정약용은 이미 지구 둘레의 대기가 달빛을 굴절시켜 준다는 것도 알고 있었다. 실제로는 아직 지평선 아래 있는 달이 대기의 굴절 때문에 미리 떠 보

정약용에 대한 연구는 조선사의
연구라는 찬사를 들었던
다산 정약용

인다고 그는 설명하고 있다. 빛의 굴절에 따라 물 속의 물고기가 실제보다 커 보인다든가, 대접에 담겨있는 젓가락이 수면에서 꺾여 보이는 현상 등이 일어남을 말하는 것이다.

「칠실관화설(漆室觀畵說)」은 '깜깜한 방에서 그림을 구경하는데 대하여'라는 뜻의 글이다. 맑은 날 밀폐된 방의 밖을 향한 창문에 바늘구멍 하나만 뚫어 놓으면 그 구멍을 통해 들어온 바깥 경치가 맞은편 벽에 거꾸로 나타난다는 것을 설명하고 있다. 소위 중학교 책에 나오는 '바늘구멍 사진기 원리'를 보여준 것이다. 그는 또 광학에 관심이 많았던 모양으로 렌즈와 안경의 원리 등도 설명하고 있다.[78] 정약용은 인간의 삶을 윤택하게 하고 국가발전을 위해서라면 중국이나 일본 가리지 말고 빨리 선진기술을 도입해야 한다고 외치면서 직접 기술 개발에 앞장섰다.

78 박성래, 『민족과학의 뿌리를 찾아서』, 두산동아, 1991, 276~277면.

자료

『국조인물고(國朝人物考)』.

『만요슈(萬葉集)』.

『무구정광대다라니경(無垢淨光大陀羅尼經)』.

『백운화상초록불조직지심체요절(白雲和尙抄錄佛祖直指心體要節)』.

『서운관지(書雲觀志)』.

『선조실록』 권42 선조34년 10월 기축 · 권116 선조32년 8월 정유.

『세종실록』 권29 세종7년 7월 15일 을사 · 권65 세종16년 7월 1일 병자 · 권97 세종24년 5월 8
　　　일 정묘.

『승정원일기(承政院日記)』 고종32년(1895) 9월 9일조.

〈천상열차분야지도(天象列次分野之圖)〉.

공　자, 『논어(論語)』 · 『춘추(春秋)』.

구택규, 『증수무원록(增修無冤錄)』.

권　근 외, 〈혼일강리역대국도지도(混一疆理歷代國都之圖)〉.

김부식, 『삼국사기(三國史記)』.

김석문, 『역학도해(易學圖解)』.

김　육, 『잠곡집(潛谷集)』.

김재로, 『속대전(續大典)』.

김정호, 〈대동여지도(大東輿地圖)〉 · 〈청구도(靑丘圖)〉 · 『대동지지(大東地志)』.

김종서 외, 『고려사(高麗史)』.

김치인, 『대전통편(大典通編)』.

나관중, 『삼국지연의(三國志演義)』.

남병길, 『성경(星鏡)』.

남병철, 『의기집설(儀器輯說)』.

노사신 외, 『동국여지승람(東國輿地勝覽)』.

노　자, 『노자(老子)』.

박용대 외, 『증보문헌비고(增補文獻備考)』.

박일원, 『추관지(秋官志)』.

박제가, 『북학의(北學儀)』.

박지원, 『과농소초(課農小抄)』·『열하일기(熱河日記)』.

사마광, 『자치통감(資治通鑑)』.

서　긍, 『선화봉사고려도경(宣和奉使高麗圖經)』.

서호수, 『수리정온보해(數理精蘊補解)』.

순　자, 『순자(荀子)』.

신경준, 〈동국여지도(東國輿地圖)〉.

신숙주, 『해동제국기(海東諸國記)』.

　　　　외, 『국조오례의(國朝五禮儀)』.

안정복, 『잡동산이(雜同散異)』.

양성지 외, 〈조선방역지도(朝鮮方域地圖)〉.

양　휘, 『양휘산법(楊輝算法)』.

엔닌(圓仁), 『입당구법순례행기(入唐求法巡禮行記)』.

왕　건, 『훈요십조(訓要十條)』.

왕　여, 『무원록(無冤錄)』.

왕　충, 『논형(論衡)』.

유길준, 『서유견문(西遊見聞)』.

유몽인, 『어우야담(於于野談)』.

유　안(劉安), 『회남자(淮南子)』.

유형원, 『반계수록(磻溪隨錄)』·『반계잡고(磻溪雜稿)』.

의주군, 『의주군지(義州郡誌)』.

이규경, 『오주연문장전산고(五洲衍文長箋散稿)』.

이규보, 『동국이상국집(東國李相國集)』.

이긍익, 『연려실기술(燃藜室記述)』.

이수광, 『지봉유설(芝峯類說)』.

이시진, 『본초강목(本草綱目)』.

이유원, 『임하필기(林下筆記)』.

이　이, 『율곡전서(栗谷全書)』·『율곡집(栗谷集)』.

이　익, 『곽우록(藿憂錄)』·『성호사설(星湖僿說)』·『성호사설유선(星湖僿說類選)』.

이임보 외, 『당률소의(唐律疏議)』.

이중환, 『택리지(擇里志)』.

이　행, 『신증동국여지승람(新增東國輿地勝覽)』.

이헌길, 『마진기방(麻疹奇方)』.

이　황, 『퇴계집(退溪集)』.

일　연, 『삼국유사(三國遺事)』.

임　영, 『퇴계선생어록(退溪先生語錄)』.

장　자, 『장자(莊子)』.

정도전, 『조선경국전(朝鮮徑國典)』.

정리의궤청, 『화성성역의궤(華城城役儀軌)』.

정상기, 『농포문답(農圃問答)』·〈동국지도(東國地圖)〉.

정약용, 『경세유표(經世遺表)』·『대둔사지((大芚寺誌)』·『도산사숙록(陶山私淑錄)』·『마과
　　　회통(麻科會通)』·『목민심서(牧民心書)』·『아방강역고(我邦疆域考)』·『여유당전서
　　　(與猶堂全書)』·『흠흠신서(欽欽新書)』.

정약전, 『자산어보(玆山魚譜)』.

정인지 외, 『고려사(高麗史)』·『칠정산내외편(七政算內外篇)』.

정　조, 『일득록(日得錄)』·『홍재전서(弘齋全書)』.

제갈량, 『제갈량문집(諸葛亮文集)』.

조두순 외, 『대전회통(大典會通)』.

조　준, 『경제육전(經濟六典)』.

조　헌, 『동환봉사(東還封事)』.

주원장 외, 『대명률(大明律)』.

증선지, 『십팔사략(十八史略)』.

최남선, 『조선상식문답(朝鮮常識問答)』.

최치운 외, 『신주무원록(新註無寃錄)』.

최치원, 『계원필경집(桂苑筆耕集)』.

최한기, 『심기도설(心器圖說)』.

최　항 외, 『경국대전(經國大典)』.

태평노인, 『수중금(袖中錦)』.

테렌즈(Jean Terrenz, 鄧玉函), 『원서기기도설(遠西奇器圖說)』.

한백겸, 『동국지리지(東國地理志)』.

한치윤, 『해동역사(海東歷史)』.

허　조 외, 『국조오례의(國朝五禮儀)』.

허　준, 『동의보감(東醫寶鑑)』.

혜　초, 『왕오천축국전(往五天竺國傳)』.

홍대용, 『담헌서(湛軒書)』·『을병연행록(乙丙燕行錄)』·『의산문답(醫山問答)』·『임하경륜(林
　　　下經綸)』·『주해수용(籌解需用)』.

홍만선, 『산림경제(山林經濟)』.

홍봉한, 『동국문헌비고(東國文獻備考)』.

홍석주, 『연천집(淵泉集)』.

홍정하, 『구일집(九一集)』.

황　현, 『매천야록(梅泉野錄)』.

〈대한매일신보〉, 1909.4.29.
〈동아일보〉, 2006.11.7 · 2007.9.6 · 2008.1.11 · 2008.1.16.
〈조선일보〉, 2008.7.1 · 2010.2.1 · 2010.2.2 · 2010.7.23.
〈중앙일보〉, 2004.3.4.

논저

공원국, 『춘추전국이야기』, 역사의아침, 2010.
권오봉, 『가을하늘 밝은 달처럼』, 교육문화사, 2004.
금장태, 『한국의 선비와 선비정신』, 서울대출판부, 2000.
김도태, 『서재필 박사 자서전』, 을유문화사, 1985.
김영섭 등, 『과학대통령 박정희와 리더십』, MSD미디어, 2010.
김학수, 「성호 이익의 학문 연원」, 『성호학보』 1, 2005.
김　호, 『조선과학인물열전』, 휴머니스트, 2003.
김호동, 『몽골제국과 세계사의 탄생』, 돌베개, 2010.
김호태, 『헌법의 눈으로 퇴계를 본다』, 미래를여는책, 2008.
김　훈, 〈남한산성〉, 학고재, 2007.
나일성, 『한국천문학사』, 서울대출판부, 2000.
남문현 · 손욱, 『전통 속의 첨단공학기술』, 김영사, 2002.
박노자, 『당신들의 대한민국』, 한겨레출판사, 2006.
박범신, 〈고산자〉, 문학동네, 2009.
박병호, 『경국대전의 편찬과 계승』 한국사22, 국사편찬위원회, 1995.
＿＿＿, 『한국의 전통사회와 법』, 서울대, 1985.
박성래, 『민족과학의 뿌리를 찾아서』, 두산동아, 1991.
박은봉, 『한국사상식 바로잡기』, 책과함께, 2007.
박종서, 『꼴 좋다!』, 디자인하우스, 2010.
박찬철 · 공원국, 『제왕들의 인사 교과서 인물지』, 위즈덤하우스, 2010.
박창범, 『하늘에 새긴 우리 역사』, 김영사, 2008.
박현모, 「세종과 정조의 리더십 스타일 비교」, 『오늘의 동양사상』 17호, 예문동양 사상연구원, 2007.
＿＿＿, 『세종, 실록 밖으로 행차하다』, 푸른역사, 2007.
부남철, 『논어정독』, 푸른역사, 2010.
서울대 사회발전연구소, 『한국역사와 개혁정치』, 서울대, 1997.
손제하, 하일식 옮김, 『조선이 일본에 전해준 하이테크 이야기』, 일빛, 2005.
송재소, 『몸은 곤궁하나 시는 썩지 않네』, 한길사, 2003.
신병주, 『조선 중후기 지성사 연구』, 새문사, 2007.
신창호, 『함양과 체찰』, 미다스북스, 2010.

안산시, 『성호기념관』, 2004.

안재순, 『조선후기 실학의 비조 유형원』, 성균관대, 2009.

LG경제연구원, 『2020 새로운 미래가 온다』, 한스미디어, 2010.

영건의궤연구회, 『영건의궤』, 동녘, 2010.

오세영, 〈구텐베르크의 조선〉(전3권), 예담, 2008.

_____, 〈베니스의 개성상인〉, 예담, 2008.

이덕일, 『설득과 통합의 리더 유성룡』, 역사의아침, 2007.

_____, 『조선왕을 말하다2』, 역사의아침, 2010.

이숙경 · 김영호, 『의산문답』, 꿈이있는세상, 2006.

이영기, 『주제별로 보는 우리의 과학과 기술』, 일빛, 2001.

이정근, 『이건 몰랐지, 조선역사』, 책으로보는세상, 2009.

이종호, 『조선 최대의 과학수사 X파일』, 글로연, 2008.

이태원, 『현산어보를 찾아서』(전5권), 청어람미디어, 2002.

이태진, 『고종시대의 재조명』, 태학사, 1999.

이한우, 『선조, 조선의 난세를 넘다』, 해냄, 2007.

_____, 『숙종, 조선의 지존으로 서다』, 해냄, 2007.

이화형, 『베이징 일기』―큰 숲에 큰 새가 있다, 한울, 2008.

_____, 『이덕무의 문학 연구』, 집문당, 1994.

_____, 『한국문화의 힘, 휴머니즘』, 국학자료원, 2004.

임기봉, 『이충무공 진중일기2』 부록, 범우사, 2010.

장수 황씨 대전연지회, 『황희 정승 방촌 선생 일화집』, 1994.

장하준, 김희정 · 안세민 옮김, 『그들이 말하지 않는 23가지』, 부키, 2010.

조동일, 『동아시아문명론』, 지식산업사, 2010.

주경철, 『문명과 바다』, 산처럼, 2009.

주돈식, 『조선인 60만 노예가 되다』, 학고재, 2007.

진병팔, 『늙은 여우를 단칼에 베다』, 더불어책, 2003.

최상철, 『내 마음을 두드린 우리 건축』, 푸른사상, 2008.

최인호, 〈상도(商道)〉(전5권), 여백미디어, 2000.

한영우 · 안휘준 · 배우성, 『우리 옛지도와 그 아름다움』, 효형출판, 1999.

곤도 시로스케(權藤四郎介), 이연숙 옮김, 『대한제국황실비사』, 이마고, 2007.

더모시브룩 외, 박소현 옮김, 『능지처참』, 너머북스, 2010.

로버트 펠드만, 이재경 옮김, 『우리는 10분에 세 번 거짓말한다』, 예담, 2010.

로잘린 폰 묄렌도르프, 신용복 · 김운경 옮김, 『묄렌도르프문서』, 평민사, 1987.

참고문헌

431

마이클 맥코비, 김유진 옮김, 『자아도취형 리더가 성공한다』, 예지, 2005.

마이클 샌델, 이창신 옮김, 『정의란 무엇인가』, 김영사, 2010.

미셸 말킨, 김태훈 옮김, 『기만의 정권』, 시그마북스, 2010.

미야 노리코, 김유영 옮김, 『조선이 그린 세계지도』, 소와당, 2010.

이도오(伊東) · 야마다(山田) 외, 『과학기술사사전』, 도쿄대, 1983.

이시바시 다카오(石橋崇雄), 홍성구 옮김, 『대청제국 1616~1799』 − 100만의 만주족은 어떻게
    1억의 한족을 지배하였을까?, 휴머니스트, 2010.

J. D. 버널, 김상민 외 옮김, 『과학의 역사』 1 · 2 · 3, 한울, 1995.

조너선 D 스펜스, 이준갑 옮김, 『룽산으로의 귀환』, 이산, 2010.

조지 레이코프, 손대오 옮김, 『도덕, 정치를 말하다』, 김영사, 2010.

트로이 스탠가론(Troy Stangarone) 외, 안기순 옮김, 『세계가 사랑한 한국』, 파이카, 2010.

하름 데 블레이, 유나영 옮김, 『분노의 지리학』, 천지인, 2007.

호사카 유지 · 세종대 독도종합연구소, 『대한민국 독도』, BM책문, 2010.

1. 한국의 세계문화유산(世界文化遺産): 총 28건(무형, 기록 포함)

세계유산(문화 · 자연 · 복합)은 유네스코가 인류의 소중한 문화 및 자연유산을 보호하기 위해 1972년 11월 제17차 유네스코 정기총회에서 '세계 문화 및 자연유산 보호협약'을 채택함에 따라 지정되기 시작했다. 세계유산은 이 협약에 따라 세계유산위원회(WHC)가 인류 전체를 위해 보호되어야 할 보편적 가치가 있다고 인정하여 세계유산목록에 등재한 세계 각국의 유산을 말하며, 크게 문화유산, 자연유산, 복합유산으로 분류된다.

세계가 인정하고, 인류가 함께 보호해야 할 한국이 보유하고 있는 세계유산은 국가의 규모에 비해 상당히 많은 편이다.(2010년 현재 한국 10건, 1위 이탈리아 45건, 2위 스페인 42건, 3위 중국 40건). 특히 세계유산이 거의 문화유산(세계유산 10건 중 9건)일 만큼 자연유산은 보잘 것 없는 대신 인간의 노력과 업적이 탁월했다. 그리고 세계유산과 세계기록유산을 합쳐 놓고 보면 한국문화 속에서 유교가 차지하는 비중이 매우 크며, 통치계층의 문화유산이 대부분임을 알 수 있다. 한편 세계무형문화유산 11건을 통해 우리 고유의 사상과 정서가 얼마나 위력을 발휘하는가 짐작하게 된다.

자국의 문화재가 세계문화유산으로 등재된다는 것은 국가의 문화적 우수성을 인정받는 것과 함께 국가 브랜드 가치를 높이는 효과가 있다. 게다가 이 세계문화유산으로 지정된 것들은 문화상품으로 개발되어 해외 관광객 유치에 도움이 된다는 점에서 현실적으로도 가치가 크다.

1) 세계유산 (World Heritage Site 10건 : 문화 9 / 자연 1)

유교(儒敎, 7건)

1) 종묘(宗廟) : 조선의 왕과 왕비의 신주(神主)를 모신 왕실사당으로 세계에서 가장 오래되고 권위 있는 유교적 건축이다. 지붕과 기둥으로 된 단출한 모습에 화려하지 않은 건물이다.

2) 창덕궁(昌德宮) : 태종이 지은 조선의 이궁(離宮)으로서 광해군 때부터 경복궁 복원할 때까지 정궁(正宮)으로 쓰였다. 정궁인 경복궁(景福宮)은 세계문화유산이 아니다. 그만큼 창덕궁은 궁궐 가운데 역사성과 자연미가 살아있는 건축미를 보여주고 있다.

3) 수원화성(水原華城) : 정조는 아버지 장헌세자에 대한 효심에서 화성으로 수도를 옮길 계획을 세우고, 정조 18년(1794)에 성을 쌓기 시작하여 2년 뒤인 1796년에 완성하였다. 실학자인 유형원과 정약용이 성을 설계하고, 거중기 등의 신도구를 이용하여 과학적이고 실용적으로 쌓았다. 성안에는 임금이 임시 거처하는 행궁을 중심으로 여러 부속시설물들이 치밀하게 배치되어 있으며, 특히 다른 성곽에서 찾아보기 힘든 창룡문·화서문·팔달문·장안문의 4대문을 비롯한 각종 방어시설들이 장엄하게 갖추어져 있다. 이른바 화성은 세계 최초의 계획된 신도시이다.

4) 경주역사유적지구(慶州歷史遺蹟地區) : 경주는 기원전 57년부터 서기 935년까지 56명의 왕이 다스리며 천년을 지켜온 신라의 수도이다. 동서고금을 통해 천년 동안 왕조를 이어온 나라는 매우 드물다. 석굴암과 불국사는 1995년에 이미 등재되었기 때문에 경주역사유적지구에 포함되지 않는다. 대외적으로는 중국·일본은 물론 서아시아의 이슬람권과도 활발히 교류하였으며 세계를 향해 문호를 활짝 열어 이미 천 년 전에 국제도시의 명성을 만방에 떨쳤다. 신라 건국신화에 나오는 나정(蘿井), 신라 망국의 한이 서린 포석정(鮑石亭), 궁궐유적인 월성(月城)과 안압지(雁鴨池)[1] 등 경주역사유적지구라는 이름으로 등재된 문화재 수는 52개이다. 시내 어디서나 봉긋봉긋 솟아 오른 고분을 만날 수 있는 것이 경주만의 독특함인데, 고분은 왕과 왕비, 귀족 등 높은 신분계층의 무덤들이다. 천마총은 유일하게 내부가 공개되어 있다.

5) 고창·화순·강화 고인돌유적 : 기원전 2000~3000년께의 장례문화를 엿볼 수 있다. 고인돌은 말 그대로 '돌을 고였다'고 하여 붙여진 이름으로 청동기시대의 대표적인 무덤형식이다. 고인돌은 전세계에서 발견되고 있지만, 우리나라에서는 실로 '고인돌 왕국'이라는 표현을 쓸 만큼 많은 수의 고인돌이 발견되었다. 세계 고인돌의 40% 이상이 우리나라에 모여 있다. 특히 고창·화순·강화 고인돌 유적은 보존 상태가 좋고 밀집도 측면이

---

1 안압지의 압권은 연못 물에 반사되는 임해전(臨海殿)의 단청모습이라 할 수 있다.

나 형식의 다양성에서 고인돌의 형성과 발전 과정을 규명하는 중요한 단서가 되고 있다.

6) 조선왕릉(朝鮮王陵) 40기(基) : 조선왕조는 1392년 제1대 태조부터 1910년 제27대 순종까지 518년의 세월을 이어 오면서 만들어진 왕(王)과 왕비(王妃)의 무덤 42기 가운데 40기를 등재(登載)하였다. 2기는 북한에 소재(所在)한다. 특히 건원릉(태조)[2], 영릉(세종), 건릉(정조), 홍릉(고종)[3] 등은 스토리텔링의 가능도가 높다. 인간이 조성한 무덤(조형물 포함)이 자연과 조화를 잘 이루고 있다. (중국 명청시대의 황릉은 자연미를 볼 수 없는 편이다) 그리고 이렇듯 도덕적 가치로서의 공경(유교문화)을 잘 실천한 경우도 드물다. 이밖에 관련문헌인 국조오례의, 의궤, 능지 등을 잘 보존하고 있다.

7) 하회(河回) · 양동(良洞)마을 : 안동 하회마을은 풍산유씨가, 경주 양동마을은 월성손씨와 여강이씨가 모인 양반촌으로 풍수상 길지에 속하여 조선시대 학덕이 높은 인물들을 지속적으로 배출하였다. 두 마을의 길이나 건축은 강이나 지형에 따라 자연스럽게 조화를 이루고 있다. 15~16세기에 형성된 두 마을에 보물로 지정된 가옥만 하회에 2건(풍산유씨 종가인 양진당, 유성룡 생가인 충효당), 양동에는 4건(이언적의 향단(香壇)과 독락당, 관가정, 무첨당)이 있다. 두 마을은 유교문화 · 전통건축이 그대로 살아있는 곳이다. 유네스코 세계유산위원회 자문기구인 국제기념물유적협의회(ICOMOS) 한국위원장인 이상해(건축학) 교수는 "한국인의 전통적인 삶이 그대로 전승되고 있는 '살아있는 유산'이 세계적으로 인정받았다는 점에서 2010년 등재의 의미가 더욱 크다"고 했다.

불교(佛敎, 2건)

1) 석굴암(石窟庵) · 불국사(佛國寺) : 석굴암의 내부 본존불인 석가여래상 등은 극동불교예술의 진수다. 불국사는 세련된 전통미를 보여주는 대웅전, 극락전, 비로전, 관음전 등과 조형예술의 극치를 보여주는 다보탑, 석가탑, 청운교, 백운교, 연화교, 칠보교가 있어 신라인의 섬세한 예술혼을 잘 느끼게 한다.

2) 해인사 장경판전(海印寺藏經板殿) : 8만대장경판(일명 고려대장경)을 비롯한 여러 장경판을 보관해온 건물로서 세계에서 가장 오래된 과학적 보관시설이자 15세기를 대표하

---

2 죽기 전에 고향인 함흥에 묻어 달라고 유언했던 태조 이성계의 무덤에는 고운 잔디가 아닌 억새로 덮여 있다. 아들인 태종 이방원이 함흥에서 억새를 가져다 심은 것이다.

3 1895년 경복궁 옥호루에서 시해된 명성황후는 1897년 서울 청량리 한쪽 대지에 묻혔고 그곳은 홍릉으로 불렸다. 20여 년이 지난 1919년 파란만장한 삶을 살았던 남편 고종은 덕수궁 함녕전에서 숨을 거뒀다. 고종의 시신을 남양주에 안치하면서 홍릉은 남양주로 옮겨져 부부무덤이 되었다.

는 건축물이다. 경(經)·율(律)·논(論), 즉 석가모니가 한 설법을 모은 경장(經藏), 교단이 지켜야 할 계율을 모은 율장(律藏), 교리에 관해 뒤에 제자들이 연구한 주석 논문을 모은 논장(論藏)을 합해서 삼장(三藏)이라 하며, 이 삼장을 가리켜 대장경이라 한다. 8만대장경을 소장한 해인사를 우리나라의 법보사찰이라 한다.

자연(自然, 1건)

1) 제주(濟州) 화산섬과 용암동굴 : 한라산 천연보호구역, 거문오름 용암동굴계, 성산일출봉 응회구, 이 세 곳을 '제주 화산섬과 용암동굴' 이라는 이름으로 2007년 유네스코 세계자연유산으로 등재시켰다. 제주도 전체의 8.3%에 해당하는, 섬 중앙부 한라산 일대 151.35㎢가 천연보호구역으로 지정되어 있다. 우리나라에서 자라는 4000여 종의 식물 가운데 절반 가까운 1800여 종이 자라는 한라산은 그야말로 살아있는 생태공원이라 할 수 있다. 특히 한라산 정상부근에 자생하는 구상나무숲은 세계에서 하나뿐이거니와 최대 규모(603ha)이기도 하다. 화산활동으로 생겨난 섬 제주도는 지표면의 90%이상이 현무암으로 덮여 있다. 제주도말로 '오름' 이라는 기생화산은 모두 368개로 제주도의 면적을 감안할 때 오름 군락으로서는 그야말로 세계 제일의 밀집도를 보인다. 오름 가운데 분화구 둘레의 경사가 급한 것을 응회구라 하는데, 제주 동남쪽 끄트머리에 반도를 이루고 있는 성산일출봉(179m)은 대표적인 응회구이다, 좁은 면적 안에 제주처럼 다양한 지형을 갖추고 있는 곳은 세계 어디에도 없다. 제주 섬 그 자체가 그야말로 '화산박물관' 이다.

2) 세계무형(無形)문화유산(Intangible Cultural Heritage of Humanity 11건)

1) 종묘제례(宗廟祭禮) 및 종묘제례악(樂) : 종묘제례란 조선시대 역대 왕과 왕비의 신위를 모셔 놓은 사당(종묘)에서 지내는 제사를 가리키며, '대제(大祭)' 라고도 부른다. 종묘는 사직과 더불어 국가존립의 근본이 되는 중요한 상징물로 정전(19실)과 영녕전(16실)이 있다. 종묘제례는 정시제와 임시제로 나뉘어, 여러 차례 지냈으나, 해방 후부터는 매년 5월 첫째 일요일에 한번만 지내고 있다. 종묘제례악은 기악과 노래·춤이 어우러진 궁중음악의 정수로서 우리의 문화적 전통과 특성이 잘 나타나 있으면서도 외국에서는 볼 수 없는 독특한 멋과 아름다움을 지니고 있다. 중요무형문화재 제1호 종묘제례악은 본래 세종 29년(1447) 궁중회례에 사용하기 위해 창작하였으며 세조 10년(1464) 제사에 적합하게 고친 후 지금까지 전승되고 있다. 종묘대제에서 보태평 11곡과 정대업 11곡이 연주되고 있다.

2) 판소리 : 판소리는 서양의 오페라와 비교되곤 한다. 그러나 〈카르멘〉〈아이디〉 같은 서양의 오페라가 교향악단, 무용단, 합창단 등을 거느리고 화려한 의상과 조명으로 무대

를 꽉 채우는 데 비해, 판소리는 그저 부채 하나 달랑 든 소리꾼이 북채 하나에 북 하나 멘 고수와 함께 판에 등장한다. 오늘날 전하고 있는 판소리 다섯마당(작품 하나를 '한 마당'이라 함) 가운데 《삼국지》에서 이야기를 가져온 〈적벽가〉를 제외하면 모두가 민담이나 설화를 바탕으로 한다. 본래 판소리는 악보 없이 구두로 전승된다.

3) 강릉단오제 : 단오는 농사와 깊은 관련이 있다. 밭에 곡식을 심고 논에 모내기를 끝내고 숨 가빴던 봄 농사를 어느 정도 마친 시기가 음력 5월 5일. 한 해 농사를 준비해 놓고 풍년을 기원하면서 한편으로 놀이를 즐기면서(축 祝) 제사를 지냈는데(제 祭), 이를 '단오제'라 하는 것이다. 강릉단오제와 관련한 내용이 처음 등장하는 것은 『고려사』이다. 여기에 "고려 초기 태조 왕건을 도와 승리로 이끌어준 대관령 신령에게 왕순식이 제사를 지냈다"는 기록이 있다. 조선의 허균이 지은 『성소부부고』에도 "1603년 단오를 맞아 대관령 산신을 제사지냈다"는 내용이 나온다. 제사에서 모시는 세 신은, 대관령산신인 김유신, 대관령국사성황신인 범일국사, 대관령국사성황신의 부인인 대관령국사여성황신이다. 또 무당굿이 펼쳐지고 풍물, 관노가면극, 그네타기, 씨름, 줄다리기 같은 여러 민속놀이가 한바탕 벌어진다. 특히 스무 거리가 넘는 강릉단오제의 단오굿은 우리나라 굿 가운데 그 규모가 장대하고 화려하기로 유명하다.

4) 강강술래 : 강강술래는 노래와 춤이 하나로 어우러진 부녀자들의 집단놀이로 주로 전라남도 해안지방에서 1년 중 가장 달이 밝은 추석날을 전후하여 달밤에 행해졌다. 강강술래는 여성의 놀이가 적었던 때에 활달한 여성의 기상을 보여준 민속놀이의 하나로 민족정서가 아름답게 표현되어 있다. 동쪽 하늘에 둥근 달이 떠오르기 시작하면 여인들은 손과 손을 서로 잡고 둥근 원을 그리며 노래하고 춤추면서 오른쪽으로 돌기 시작한다. 맨앞사람이 선소리로 노래를 메기면 뒤에 따라오는 나머지 사람들은 강강술래를 받음소리로 합창하면서 소리에 발을 맞추어 춤을 춘다. 처음에는 늦은 가락으로 나아가다가 차츰 노래소리도 빨라지고 춤도 빨라져서 나중에는 뛰는 것처럼 동작이 빨라진다. 그러다가 지쳐서 힘이 빠지면 놀이를 끝내고 쉬게 된다.

5) 남사당놀이 : 사당(寺黨)패는 원래 여성들로 짜여졌으나 남정네들에 의해 풍기문란이 일어나자 남자들로 구성된 남사당패가 발족되었다. 남사당패는 유랑예인(流浪藝人)집단으로, 조선후기부터 1920년대까지 한국 농어촌을 떠돌아다니며 민중에게 즐거움을 제공하였다. 구성은 맨 위에 우두머리인 꼭두쇠(일명 모갑이)가 있고 그 밑에 곰뱅이쇠 · 뜬쇠 · 가열 · 삐리 · 저승패 · 등짐꾼 등 40~50명으로 이루어졌다. 남사당놀이는 풍물(농악) · 버나(대접돌리기) · 살판(땅재주) · 어름(줄타기) · 덧뵈기(탈놀음) · 덜미(꼭두각시놀음) 등이다.

6) 영산재(靈山齋) : 영혼이 불교를 믿고 의지함으로써 극락왕생하게 하는 의식이다. 죽은이의 명복을 빌기 위해 불보살에게 올리는 천도재(薦度齋)의 일종으로 영산재가 흔히

49재로 불리는데, 전문적인 범패승(梵唄僧)이 하는 경우는 그 규모에 따라 상주권공재(常住權供齋) · 시왕각배재(十王各拜齋) · 영산재로 나뉜다. 범패승이 아닌 일반승려가 49재를 지낼 경우에는 삼보통청(三寶通請)으로 한다. 상주권공재는 보통 1일, 시왕각배재는 2일, 영산재는 3일이 걸린다. 영산재는 법화사상에 따라 석가모니불이 설법하던 영산회상(靈山會相)을 상징적으로 설정하고 지내는 의식이다

7) 제주 칠머리당영등굿 : 제주시 건입동의 본향당(本鄕堂)인 칠머리당에서 하는 굿이다. 건입동은 제주도의 작은 어촌으로 주민들은 물고기를 잡거나 조개를 채취하여 생계를 유지하며 마을 수호신인 도원수감찰지방관(都元帥監察地方官)과 용왕해신부인(龍王海神夫人) 두 부부에게 마을의 평안과 풍요를 비는 굿을 했다. 부부수호신과 함께 영등신을 소중히 위하는 굿을 했는데, 영등신은 외눈백이섬 또는 강남천자국에서 2월 1일에 제주도에 들어와서 어부와 해녀들에게 풍요를 주고 2월 15일에 본국으로 돌아간다는 내방신(來訪神)이다. 제주 칠머리당영등굿은 영등신에 대한 제주도 특유의 해녀신앙과 민속신앙이 담겨져 있는 굿이며, 우리나라 유일의 해녀의 굿이라는 점에서 그 특이성과 학술적 가치가 있다.

8) 처용무 : 처용무란 처용가면을 쓰고 추는 춤을 말한다. 궁중무용 중에서 유일하게 사람형상의 가면을 쓰고 추는 춤으로, '오방처용무'라고도 한다. 통일신라 헌강왕(재위 875~886) 때 살던 처용이 아내를 범하려던 역신(疫神, 전염병을 옮기는 신) 앞에서 자신이 지은 노래를 부르며 춤을 춰서 귀신을 물리쳤다는 설화를 바탕으로 하고 있다. 처용무는 예술성이 뛰어나고 독특한 양식을 지닌 궁중무용으로 민간설화에서 잉태되어 오늘날까지 면면히 이어온 한국의 대표적 전통무용으로 중요무형문화재 제39호로 지정된 춤이다

9) 가곡 : 가곡은 시조시에 곡을 붙여 관현악 반주에 맞춰 부르는 전통음악으로 현재 전승되고 있는 가곡은 모두 41곡이며, 예술적 가치가 뛰어나다.

10) 대목장 : 대목장은 나무를 다루는 전통건축의 장인 중에서 집을 짓는 전 과정을 책임지는 사람을 가리킨다. 대목장은 중요무형문화재 74호이며, 현재 신응수 · 최기영 · 전흥수 씨가 보유자로 지정돼 있다.

11) 매사냥 : 인류 역사상 가장 오래된 사냥술인 매사냥은 4000년 전부터 고대 중앙아시아와 중동에서 시작해 세계로 퍼졌다고 한다. 우리 매사냥은 고구려 고분벽화에서부터 나타난다. 대전과 전북에는 배를 부리는, 지방무형문화재 박용순 · 박정오 응사(鷹師)가 있다. 한국을 비롯한 11개국 매사냥이 공동으로 유네스코 세계무형유산이 됐다. 이청준은 단편 〈매잡이〉(1969)에서 사라져가던 전통매사냥을 다뤘다. 작가는 산업화와 함께 '풍속이 사라진 시대'에 장인(匠人)이 '유민(流民)'으로 굴러 떨어지는 현실을 담담히 그렸다.

3) 세계기록(記錄) 유산 (Memory of the World 7건)

선조들이 과거에 있었던 일들을 문서 등으로 남긴 것이 바로 기록유산이다. 기록유산의 종류로는 서적(책)이나 문서, 편지 등 여러 종류가 있다. 현재 한국의 세계기록유산은 2009년 동의보감이 등재되어 총 7점이다.

이는 아시아 중에서는 가장 많은 것이며, 세계에서는 6번째이다. 우리가 기록을 잘했다는 것은 기록의 객관성을 중시했음을 뜻한다. 이는 바로 공자가 말한 '술이부작(述而不作, 논어 술이편)'의 유교문화적 영향의 결과라고 여겨진다. 억지로 꾸미거나 허구적 관념에 흐르지 않고 실질과 현실을 중시하면서 모든 게 변하는 속에서도 변하지 않는 가치를 지향하는 정신문화의 소산이라 하겠다.

유교(4건)

1) 훈민정음(訓民正音) : 훈민정음 문자가 아니라, 훈민정음 문자를 풀이해 놓은 서적으로서 일명 훈민정음 해례본(解例本)이라 하는 것이다. 그러나 실제 책 제목은 훈민정음이다. 1940년 안동에서 극적으로 발견된 훈민정음은 간송 전형필 선생이 가격을 따지지 않고 구입하였으며, 한국전쟁 당시 이 책 한 권만 오동나무 상자에 넣어 피난을 떠났다는 일화가 전한다. 현재 간송미술관 보화각에 소장되어 있다.

2) 조선왕조실록(朝鮮王朝實錄) : 태조부터 철종까지의 25대 왕조의 역사서이다. 조선의 왕은 모두 27명으로 26대 고종과 27대 순종의 실록도 있지만 일제에 의해 만들어지면서 실록 편찬의 엄격한 규례에 맞지 않을 뿐만 아니라 왜곡된 내용도 있어서 조선왕조실록에 포함시키지 않고 있다.

3) 승정원일기(承政院日記) : 승정원일기는 조선시대 왕의 명령을 담당하던 국가기관인 승정원에서 기록한 일기로, 인조1년(1623)부터 순종4년(1910)까지 288년 동안 역대 임금들의 하루 일과, 지시·명령, 조정회의, 보고, 상소 등에 관한 내용이 모두 담겨 있다. 조선왕조실록보다 내용이 풍부하여 조선의 역사를 꼼꼼히 살피는 데 더 없이 필요한 소중한 자료이다. 원본이 하나밖에 없어 더욱 귀중하다.

4) 조선왕조의궤(朝鮮王朝儀軌) : 의궤(儀軌)란 의례(儀禮)와 궤범(軌範)이라는 두 단어가 합해진 것으로서 왕실 또는 국가가 거행한 규모 있는 행사에 관한 일체의 내용을 적은 보고서 형식의 기록이다. 이는 당연히 후대에 행사를 치를 때 본보기로 삼을 수 있도록 하기 위한 목적에서 만들어졌다. 의궤는 글뿐만 아니라 그림으로도 표현하여 기록의 충실함은 물론 시각적인 아름다움까지 갖추고 있다. 책의 이름은 행사의 성격에 따라 붙여진다. 가령

궁중잔치가 있을 때는 진찬(進饌)의궤, 왕실의 혼인 때는 가례(嘉禮)도감의궤, 왕자가 왕세자로 책봉되면 세자책례(世子冊禮)도감의궤, 실록을 편찬할 때 실록청의궤 등이 된다.

불교 (2건)

1) 직지심체요절(直指心體要節) : 고려 우왕 3년(1377)에 백운화상(白雲和尙)이 선(禪)의 요체를 깨닫는 데 필요한 석가모니의 직지인심견성성불(直指人心-見性成佛)의 뜻을 여러 문헌에서 그 중요한 대목만 뽑아 해설한 책이다. 세계 최초의 금속 활자본으로 공인된 불경인데, 1972년 프랑스 국립 도서관에서 유네스코 주최로 열렸던 '책의 역사' 종합전에서 발견되었다. 독일의 구텐베르크의 성경보다 70년이나 앞선 것으로, 청주 흥덕사에서 인쇄하였다.

2) 고려대장경판(高麗大藏經板) : 국보 제32호인 고려대장경판은 총 8만 1,258매로 보통 팔만대장경판으로 불린다. 초조대장경(初雕大藏經)과 속장경(續藏經)이 몽골의 침입으로 소실된 뒤 1236년(고종23) 당시의 수도였던 강화에서 시작하여 1251년 9월에 완성되었다. 이 사업은 대장도감(大藏都監)에서 주관했으며, 제주도·완도·거제도 등에서 나는 자작나무를 재료로 사용했는데 부패를 방지하기 위해 먼저 나무를 바닷물에 절인 다음 그늘에서 충분히 말려 사용했다. 팔만대장경은 현재 해인사에 보관되어 있다. 이것은 현존하는 세계의 대장경 가운데 가장 오래된 것일 뿐만 아니라 체재와 내용도 가장 완벽한 것으로 평가되고 있으며, 특히 오자(誤字)와 탈자(脫字)가 거의 없다

도교 (道敎, 1건)

1) 동의보감(東醫寶鑑)

민중에 대한 국가의 의료공급이라는 보건이념이 세계 어느 곳보다 먼저 구현되었다는 점, 동아시아 전통의학의 결정판으로 현대의학적 난제에 대해 새로운 가능성을 제시했다는 점이 높이 평가되었다. 실제로 동의보감은 일본과 중국에까지 전해져 동아시아 전통의학의 발전에 크게 기여하였다. 2009년에 동의보감이 세계기록유산으로 지정되자 중국의 중의학계(中醫學界)에서는 불쾌감을 감추지 못했다고 한다. 그렇다고 한의(韓醫)가 중의(中醫)보다 우수한 것이 입증되었다고 호들갑떨 일은 아니다.

2. 한국문화관련기관(박물관, 미술관 등)

문화체육관광부 : 서울 종로구 세종로 42 / 02-3704-9114

문화재청 : 대전광역시 서구 선사로 139 / 042-481-4650

유네스코한국위원회 : 서울 중구 명동2가 50-14 / 02-755-1105

한국문화예술위원회 : 서울 구로구 구로동 26-1 / 02-760-4500, 760-4600

한국문화예술교육진흥원 : 서울 구로구 구로동 102 / 02-6209-5900

한국문화재보호재단 : 서울 강남구 삼성동 112-2번지 / 02-3201-1645~6

한국문화콘텐츠진흥원 : 서울 양천구 목동 923-14 드림타워 5층 / 02-2166-2067

가일미술관 : 경기도 가평군 청평면 삼회리 609-6 / 031-584-4722 강건국 관장의 소장품 기반

가천박물관 : 인천 연수구 옥련동 567-22 / 032-833-4747

가회박물관 : 서울시 종로구 가회동 11-103 / 02-741-0466 민화와 부적도와 무신도 위주

간송미술관 : 서울 성북구 성북동 97-1 / 02-762-0442 한국 최초의 민간 미술관, 봄가을
　　　　　기획전 등 전통문화 우수성을 알리는 데 큰 역할

갈촌탈박물관 : 경남 고성군 고성읍 율대리 650 / 055-672-2772

강릉시 오죽헌 · 시립박물관 : 강원도 강릉시 죽헌동 201 / 033-640-4457-60

강암서예관 : 전주시 완산구 교동 / 063-285-7442 전국유일.

강원도 DMZ박물관 : 강원도 고성군 현내면 송현리 174-1 / 033-681-0625

강진청자박물관 : 전남 강진군 대구면 사당리 117 / 061-430-3524

강화역사박물관 : 인천 강화군 하점면 부근리 / 032-934-7887

개항박물관 : 인천시 중구 / 032-760-7508

거미박물관 : 경기도 남양주시 / 031-576-7908-9 4000여 종의 거미표본

거제민속박물관 : 경남 거제시 연초면 명동리 390 / 055-637-3722

경보화석박물관 : 경북 영덕군 남정면 원척리 267-9 / 054-732-8655 국내최초, 유일의
　　　　　화석박물관

경운박물관 : 서울시 강남구 개포2동 152 경기여자고등학교 내 / 02-3463-1336

경찰박물관 : 서울시 종로구 신문로 2가 58번지 / 02-735-2519, 02-723-7124

계룡산자연사박물관 : 충남 공주시 반포면 학봉리 511-1 / 042-824-4055

고서박물관 : 서울 중구 태평로 1가 60-17 태성빌딩 6층 / 02-725-5227

고성공룡박물관 : 경남 고성군 하이면 덕명리 85 / 055-832-9021

고성탈박물관 : 경남 고성군 고성읍 율대리 666-18 / 055-672-8829

공주민속극박물관 : 충남 공주시 의당면 청룡리 357 / 041-855-4933

관세박물관 : 서울시 강남구 언주로 218번지 / 02-3437-1114

교과서박물관 : 충남 연기군 동면 내판리 산25-1 / 041-861-3141,5

국립경주박물관 : 경북 경주시 인왕동 76 / 054-740-7518

국립고궁박물관 : 서울시 종로구 세종로 1-57 / 02-3701-7500 2005년 개관

국립공주박물관 : 충남 공주시 웅진동 360 / 041-850-6300

국립과천과학관 : 경기도 과천시 대공원 광장길 100 / 02-3677-1500

국립광주박물관 : 광주시 북구 매곡동 산 83-3 / 062-570-7000

국립김해박물관 : 경남 김해시 구산동 230 / 055-325-9331-3

국립대구박물관 : 대구시 수성구 황금동 70 / 053-768-6051,2

국립등대박물관 : 경북 포항시 남구 대보면 대보2리 221 / 054-284-4857

국립문화재연구소 : 대전시 유성구 문지로 82 / 042-860-9114 국악자료(음반) 등 소장

국립민속박물관 : 서울시 종로구 세종로 1-1 / 02-3704-3049

국립부여박물관 : 충청남도 부여군 부여읍 동남리 산 16-1 / 041-833-8562,3

국립서울과학관 : 서울시 종로구 와룡동 2번지 / 02-3668-2200

국립전주박물관 : 전북 전주시 완산구 효자동 2가 900 / 063-223-5651,2

국립제주박물관 : 제주도 제주시 삼사석로 11 / 064-720-8000

국립중앙과학관 : 대전시 유성구 구성동 32 / 042-601-7894 도자기상감, 천연염색법 등
        전수

국립중앙박물관 : 서울 용산구 용산동 6가 168-6 / 02-2077-9000 2005년 개관

국립진주박물관 : 경남 진주시 남성동 169-17 / 055-742-5951,2

국립청주박물관 : 충북 청주시 상당구 명암동 87 / 043-252-0710

국립춘천박물관 : 강원도 춘천시 석사동 산27-1 / 033-260-1500

국립해양유물전시관 : 전남 목포시 용해동 8 / 061-270-2000

국립현대미술관 : 경기도 과천시 막계동 산 58-1 / 02-2188-6000

국악로(돈화문로)문화보존회 : 서울시 종로구 / 02-763-9508

국악박물관 : 서울시 서초구 서초 3동 700 / 02-580-3130

궁중음식연구원 : 서울시 종로구 원서동 34 / 02-3673-1122

금산인삼종합전시관 : 충남 금산읍 / 041-754-9544

금오민속박물관 : 경북 구미시 무을면 무이리 160 / 054-481-9194

금호미술관 : 서울시 종로구 사간동 78 / 02-720-5114

기록역사박물관 : 충북 음성군 오궁리 / 043-877-4030

김건식모자박물관 : 경기 수원시 팔달구 북수동 21-17 / 031-256-0998 국내 최초

김영갑갤러리두모악미술관 : 제주도 남제주군 성산읍 삼달리 437-5 / 064-784-9907

김치박물관(풀무원김치박물관) : 서울시 강남구 삼성동 159 코엑스몰 지하 2층 /
        02-6002-6456

꼭두박물관 : 서울시 종로구 동숭동 1-5 동숭아트센터 2층 / 02-766-3315

나주배박물관 : 전남 나주시 금천면 석전리 384-5 / 061-331-5038

난계국악박물관 : 충북 영동군 심천면 고당리 519-1 / 042-740-3886 왕산악 · 우륵과 함
　　　　께 한국의 3대 악성인 박연을 기리는 곳
남포미술관 : 전남 고흥군 영남면 양사리 552 / 061-832-0003
농업박물관 : 서울 중구 충정로 1가 75 / 02-2080-5727, 5728 우리나 최초의 농업박물관
다산미술관 : 전남 화순군 남면 다산리 455 / 061-371-4111 다산 리판석 선생 설립
당림미술관 : 충남 아산시 송악면 산 2-1 / 041-543-6969 이종무 화백 기념
대관령박물관 : 강원도 강릉시 성산면 어흘리 3743 / 033-640-4482,3
대성동고분박물관 : 경남 김해시 대성동 430 / 055-331-2357 금관가야 자료
대우주택문화관 : 서울시 중구 남대문로5가(서울역 앞) 세브란스빌딩 1층 / 02-2288-5454~5
대원사티벳박물관 : 전남 보성군 문덕면 죽산리 831 / 061-852-3038
대청댐물문화관 : 대전시 대덕구 미호동 1-5 / 042-930-7332,3
대한민국술박물관 : 경기도 안성시 금광면 개산리 204-10 / 031-671-3903
대한제의례문화원 : 충북 충주시 가금면 탑평리 340-14 / 043-851-4404
덕수궁미술관 : 서울시 중구 정동 5-1 덕수궁내 / 02-2022-0600
도산안창호기념관 : 서울시 강남구 신사동 649-9 / 02-541-1800
독립기념관 : 충남 천안시 목천읍 남화리 230 / 041-560-0114
동강사진박물관 : 강원 영월군 영월읍 하송리 217-2번지 / 033-375-4554
동산도기박물관 : 대전시 서구 도마동 107-1 / 042-534-3453
동서의약박물관 : 서울시 서대문구 연희동 194-37 동서한방병원 별관 / 02-337-1110
동아일보사부실 신문박물관 : 서울시 종로구 세종로 139 동아미디어센터3,4층 / 02-
　　　　2020-1830 우리나라 최초의 신문박물관
동양맥주자료관 : 경기도 이천시 부발읍 신하리 27 / 031-634-1221
두루뫼박물관 : 경기도 파주시 법원읍 법원리 139-5 / 031-958-6101,2 도자기, 목가구,
　　　　옹기, 농기구 등 민속생활사박물관임
디아모레뮤지움 : 경기도 용인시 기흥구 보라동 314-1 / 031-280-5591 (주)태평양 설립
　　　　여성문화와 차문화
디지털한글박물관 : 서울시 강서구 금낭화길 148 국립국어원 / 02-2669-9755 옛한글 희
　　　　귀문서 전시
떡부엌살림박물관 : 서울시 종로구 와룡동 164-2 / 02-741-5447
로봇박물관 : 서울시 동숭동 대학로 / 02-741-8861
롯데월드민속박물관 : 서울시 송파구 잠실동 40-1 / 02-411-4792
마가미술관 : 경기도 용인시 처인구 모현면 동림리 263 / 031-334-0365 섬유미술전문
마사박물관 : 경기도 과천시 주암동 685 KRA / 02-509-1283 말(馬) 전문 박물관 영친왕
　　　　(조선 마지막 황태자)이 소장했던 기린문안장 있음
마산시립문신박물관 : 경남 마산시 추산동 51-1 / 055-240-2477

만해기념관 : 경기도 광주시 중부면 산성리 912-1 / 031-744-3100

모란미술관 : 경기도 남양주시 화도읍 월산리 246-21 / 031-594-8001,2 조각전문미술관

목아불교박물관 : 경기도 여주군 강천면 이호리 395-2 / 031-885-9952 나무조각장인 목
　　　　아 박찬수 선생 수집

목암미술관 : 경기도 고양시 덕양구 벽제동 30-3 / 031-969-7686 조각가 김찬식 교수 기념

목인박물관 : 서울시 종로구 견지동 82 / 02-722-5066 목조조각상 전문박물관

목포자연사박물관 : 전남 목포시 용해동 9-28 / 061-276-6331

무릉박물관 : 강원도 원주시 흥업면 사제리 540 / 033-763-1534,5

문경도자기전시관 : 경북 문경시 문경읍 진안리 360-10 / 054-550-6416

문경석탄박물관 : 경북 문경시 가은읍 왕릉리 432-5 / 054-550-6424

미륵사지유물전시관 : 전북 익산시 금마면 기양리 104-1 / 063-836-7804,5

미리벌민속박물관 : 경남 밀양시 초동면 범평리 406 / 055-391-2882

밀알미술관 : 서울시 강남구 일원동 713 / 02-3412-0061, 0062 정서장애 학생들을 위함

바탕골미술관 : 경기도 양평군 강하면 운심리 368-2 / 031-774-0745

박을복자수박물관 : 서울 강북구 우이동 86-4 / 02-990-7000, 7481~2 박을복은 근대 한
　　　　국의 대표적 신여성이자 한국자수예술의 선구자임

방림원 : 제주도 북제주군 한경면 저자리 예술인마을 / 064-773-0090 전세계 야생화 전시

배상면주가(주) : 경기도 포천시 화현면 화현리 51 / 031-531-0440

백범기념관 : 서울시 용산구 효창동 255 / 02-719-1311

백제몽촌토성역사관 : 서울시 송파구 방이동 88공원내 / 02-424-5138

별난물건박물관 : 용산전쟁기념관 내 / 02-792-8500

보나장신구박물관 : 서울시 종로구 관훈동 192-10 / 02-732-6621

보령석탄박물관 : 충남 보령시 성주면 개화리 114-4 / 041-934-1902

보성군립백민미술관 : 전남 보성군 문덕면 죽산리 122-1 / 061-853-0003 국내 최초의 군
　　　　립미술관으로 백민 조규일 화백의 작품전시

복천박물관 : 부산시 동래구 복천동 50 / 051-554-4263,4

부여인삼박물관 : 충남 부여군 규암면 내리 200 / 041-830-3224

부천수석박물관 : 경기도 부천시 원미구 춘의동 8 종합운동장내 / 032-655-2900

북촌미술관 : 서울시 종로구 가회동 170-4번지 / 02-741-2296, 2297

북촌생활사박물관 : 서울시 종로구 삼청동 35-177 / 736-3957, 3968

불교중앙박물관 : 서울시 종로구 견지동 27-11(조계사 내) / 02-2011-1700

뿌리깊은나무유물관 : 서울시 성북구 성북2동 13-28 / 02-745-3210

사비나미술관 : 서울시 종로구 안국동 159번지 / 02-736-4371, 4410

산림박물관 : 경기도 포천시 소흘읍 직동리 51-7 / 031-540-2000 국립수목원 내

산악박물관 : 서울 성북구 정릉4동 829번지 국립공원관리공단 / 02-909-3693

삼성교통박물관 : 경기도 용인시 처인구 포곡읍 유운리 292 / 031-320-9900 국내 최초이
　　　　자 유일의 자동차박물관
삼성미술관 Leeum : 서울시 용산구 한남동 747-180 / 02-2014-6900
삼성어린이박물관 : 서울시 송파구 신천동 7-26 예천빌딩 / 02-2203-1871∼4
삼성출판박물관 : 서울시 종로구 구기동 126-4 / 02-394-6544
상원미술관 : 서울시 종로구 평창동 456-5 / 02-396-3185　공예 디자인전문
서귀포감귤박물관 : 제주도 서귀포시 신효동 산 1 / 064-767-3010
서귀포시기장미술관 : 제주도 서귀포시 서홍동 621 / 064-733-1586
서귀포시립이중섭미술관 : 제주도 서귀포시 서귀동 532-1 / 064-733-3555
서대문자연사박물관 : 서울시 서대문구 박물관길 25 / 02-330-8899　공공기관이 설립한
　　　　국내 최초의 자연사박물관
서대문형무소 : 서울시 서대문구 현저동 / 02-2203-1871∼4
서울교육사료관 : 서울시 종로구 북촌길 19 / 02-736-2859
서울서예박물관 : 서울시 서초구 서초동 700번지 예술의 전당 / 02-580-1300
서울시립미술관 (서소문본관) : 서울시 중구 서소문동 37 /　02-2124-8800　경희궁분관,
　　　　남서울분관도 있음
서울역사박물관 : 서울시 종로구 새문안길 50 / 02-724-0114
서울올림픽기념관 : 서울시 송파구 방이동 88 / 02-410-1051-5
서울중요무형문화재전수회관 : 서울시 강남구 삼성동 112-2 / 02-566-6300
석봉도자기미술관 : 강원도 속초시 교동 668-57 / 033-638-7711,2
선바위미술관 : 경기도 과천시 과천동 445 / 02-507-8588,8582　풍속화, 현대화, 전통인
　　　　형, 전통부채 등
선화기독교미술관 : 대전시 서구 월평동 19-3 선화교회 / 042-525-3141-3
설록차뮤지엄 오'설록 : 제주도 남제주군 안덕면 서광서리 1235-3 / 064-794-5312,3
성곡미술관 : 서울시 종로구 신문로 2가 1-101 / 02-737-7650　현대미술품 150여점
성암고서박물관 : 서울시 중구 태평로 1가 60-17 / 02-725-5227
성호기념관 : 경기도 안산시 상록구 이동 615 / 031-481-2574　실학자 성호 이익 기념관
세계장신구박물관 : 서울시 종로구 화동 75-3 / 02-730-1610
세연철박물관 : 충북 음성군 감곡면 오향리 97번지 /　043-883-2321
세종대왕유적관리소 : 경기도 여주시 능서면 왕대리 산 83-1 / 031-885-3123
세중옛돌박물관 : 경기도 용인시 처인구 양지면 양지리 303-11 / 031-321-7001, 7004
셀라뮤즈자기전시관 : 서울시 종로구 평창동 345-34번지 / 02-394-7486
소마미술관 : 서울시 송파구 방이동 88-2 / 02-410-1060-6　서울올림픽성과기념 조각작
　　　　품 등
소수서원서료전시관 : 경북 영주시 순흥면 내죽리 152-8 / 054-634-3310

송광매기념관 : 대구시 동구 덕곡동 34-7 / 053-981-4562 전통산업박물관

쇳대박물관 : 서울시 종로구 동숭동 187-8 / 02-766-6494 한국유일의 자물쇠박물관

수덕사근역성보관 : 충남 예산군 덕산면 사천리 20 / 041-337-2902

수도국산달동네박물관 : 인천시 송현근린공원내 / 032-770-6131 60~70년대 서민적 분위

　　　　기의 이발관, 솜틀집 등

술박물관리쿼리움 : 충북 충주시 가금면 탑평리 51-1 / 043-855-7332,3

스페이스몸미술관 : 충북 청주시 흥덕구 가경동 1411 B1 / 043-236-6622

시안미술관 : 경북 영천시 화산면 가상리 / 054-338-9319

신문박물관 : 서울 종로구 서린동 17-1 동아미디어센터 / 02-2020-1830

신미술관 : 충북 청주시 사직동 556-2 / 043-264-5545

신세계한국상업사박물관 : 경기도 용인시 처인구 남사면 창리 산43 / 031-339-1234 육의

　　　　전서 비단 팔던 수남상회 간판과 장부 소장)

신영영화박물관 : 제주도 남제주군 남원읍 남원리 2381 / 064-764-7777

아천미술관 : 전남 영암군 신북면 모산리 406 / 061-472-9220 유수택 광주행정부시장이

　　　　고향에 설립

아트선재미술관 : 경북 경주시 신평동 370 / 054-745-7075

아트선재센터 : 서울시 종로구 소격동 144-2 / 02-733-8945 회화 중심

아트센터나비 : 서울시 종로구 서린동 99번지 SK본사 4층 / 02-2121-0919 미디어아트

아프리카미술박물관 : 서울 종로구 동숭동 1-113 한목빌딩3,5,6층 / 02-741-0436

아프리카박물관 : 제주도 서귀포시 대포동 1833 / 064-738-6565

안동소주박물관 : 경북 안동시 수상동 280 / 054-858-4541

안동시립민속박물관 : 경북 안동시 성곡동 784-1 / 054-821-0649

안성맞춤박물관 : 경기도 안성시 대덕면 내리 산 57 / 031-676-4352,4 안성유기 중심

암사동선사주거지 : 서울 강동구 올림픽로 875(암사동 139-2) / 02-3426-3857, 3426-3867

약령시전시관 : 대구시 중구 남성로 51-1 / 053-253-4729

양구군립박수근박물관 : 강원도 양구군 양구읍 정림리 131-1 / 033-480-2655

양구선사박물관 : 강원도 양구군 양구읍 하리 507 / 033-480-2677

애니메이션박물관 : 강원 춘천시 서면 현암리 367 / 033-245-6444

얼굴박물관 : 경기도 광주시 남종면 분원리 68 / 031-765-3522 연출가 김정옥이 수집한

　　　　국내외 인형전시

에로스박물관 : 서울시 종로구 팔판동 123-3 / 02-733-3239 국내 첫 성박물관

예밀레박물관 : 서울시 중구 남대문로5가 세브란스빌딩 1층 / 02-2288-5454~5

여성생활사박물관 : 경기도 여주군 강천면 굴암리 9-3 / 031-882-8100

여주잠사민속박물관 : 경기도 여주군 여주읍 교리 299-5번지 / 031-886-1144

여진불교미술관 : 대전광역시 유성구 탑립동 442-1 / 042-934-8466

영월조선민화박물관 : 강원도 영월군 하동면 와석리 841-1 / 033-375-6100

영월책박물관 : 강원도 영월군 서면 광전리 271-2 / 033-372-1713

영은미술관 : 경기도 광주시 쌍령동 8-1 / 031-761-0137 국내 초유의 창작스튜디오 겸비

영인문학관 : 서울시 종로구 평창동 474-27 / 02-379-3182 이어령 교수 수집자료 주축

영집궁시전시관 : 경기도 파주시 탄현면 법흥리 242-5 / 031-944-6800 국내외 활과 화살

예술의전당 서울서예박물관 : 서울시 서초구 남부순환로 2406 / 02-580-1281-3

예술의전당 한가람미술관 : 서울시 서초구 남부순환로 2406 / 02-580-1271-8

옛터민속박물관 : 대전 동구 하소동 361 3 / 042-274-0016

온양민속박물관 : 충남 아산시 온양 3동 403-1 / 041-542-6001-3

옹기민속박물관 : 서울시 도봉구 쌍문 1동497-15 / 02-900-0900

외교박물관 : 서울시 서초구 서초2동 / 02-571-1097

우리은행 은행사박물관 : 서울시 중구 회현동 1가 203 / 02-2002-5092

우정박물관 : 서울시 중구 충무로1가 21 서울중앙우체국 신관 4,5층 / 02-756-2858

우정박물관 : 충남 천안시 유량동 60-1 정보통신공무원교육원 / 041-560-5900-3

우제길미술관 : 광주시 동구 운림동 647 / 062-224-6601

울트라건축박물관 : 서울시 양천구 신정1동 1031-7 메디바이오플렉스 B1 / 02-2642-0831

원불교역사박물관 : 전북 익산시 신용동 344-2 / 063-850-3240

월전미술관 : 서울시 종로구 팔판동 35-1 / 02-732-3777 : 월전 장우성 선생 기념

월정사성보박물관 : 강원도 평창군 진부면 동산리 63 / 033-334-1817

유교문화박물관 : 경북 안동시 도산면 서부리 1 / 054-851-0800 국내 유일의 유교문화박
물관으로서 한국국학진흥원의 부속기관임.

유금와당박물관 : 서울시 종로구 부암동 301-5 / 02-394-3451 와당(瓦當) 기와 끝을 막는 것

유럽자기박물관 : 경기도 부천시 원미구 춘의동 8 종합운동장내 / 032-661-0238

의재미술관 : 광주시 동구 운림동 85-1 / 062-222-3040 의재 허백련 화백 작품 중심

이영미술관 : 경기도 용인시 기흥구 영덕동 22 / 031-213-8223

이중섭미술관 : 제주도 서귀포시 서귀동 / 064-733-3555

일민미술관 : 서울시 종로구 세종로 139 / 02-2020-2055 일민 김상만 선생 기념

자연사박물관 우석헌 : 경기도 남양주시 진접읍 내각리 587 / 031-572-9222

자연생태박물관 : 경기도 부천시 원미구 춘의동 381 / 032-678-0720

자연염색박물관 : 대구시 동구 중대동 467 / 053-743-4300

자유수호평화박물관 : 경기도 동두천시 상봉암동 162-10 / 031-860-2058

잠사과학박물관 : 경기 수원시 권선구 서둔동 61 / 031-290-8540

잠사민속박물관 : 경기도 여주군 여주읍 교리 299-5 / 031-886-1144 누에에서 비단이 되
기까지의 과정 전시

잠업진흥원한국잠사박물관 : 충북 청원군 강내면 학천리 175번지 / 043-236-1321

장생포고래박물관 : 울산시 남구 매암동 139-29 / 052-256-6301 국내 유일

전기박물관 : 서울시 서초구 서초동 1355 / 02-2105-8190-2

전라남도농업박물관 : 전남 영암군 삼호읍 나불리 307 / 061-462-2796

전라남도옥과미술관 : 전남 곡성군 옥과면 옥과리 산 1-3 / 061-363-7278 아산 조방원
　　　　화백 작품 기증

전쟁기념관 : 서울시 용산구 용산동 1-8 / 02-709-3139

전주역사박물관 : 전북 전주시 완산구 효자동 2가 892-2 / 063-228-6485,6

전주노스케스코그종이박물관 : 전주시 덕진구 팔복동 2가 180 / 063-210-8103

전주한지박물관 : 전북 전주시 덕진구 팔복동2가 180 / 063-210-8103

절두산순교박물관 : 서울 마포구 합정동 96-1 / 02-3142-4434

제비울미술관 : 경기도 과천시 갈현동 산 38-1 / 02-3679-0011

제주금오당미술관 : 제주도 제주시 연동 252-20 / 064-747-8931 고서화 전문미술관

제주도립 기당미술관 : 제주도 서귀포시 남성로 34 / 064-733-1586

제주도민속자연사박물관 : 제주도 제주시 일도 2동 996-1 / 064-722-2465

제주민속박물관 : 제주시 삼양 3동 2505 / 064-755-1976

제주민속촌박물관 : 제주도 남제주군 표선면 표선리 40-1 / 064-787-4501,2 MBC드라마
　　　　〈대장금〉 촬영장소

제주서귀포감귤박물관 : 제주도 서귀포시 신효동 월라봉일대 / 064-767-3010

조선관요박물관 : 경기도 광주시 실촌읍 삼리 산26-9 / 031-797-0623, 0614

조흥금융박물관 : 서울시 중구 태평로 조흥은행 광화문지점 3, 4층, / 02-738-6806

종이나라박물관 : 서울시 중구 장충동 1가 62-35 종이나라 빌딩 3층 / 02-2264-4560

죽포미술관 : 경기도 여주군 산북면 하품리 267 / 031-881-5905 한중 미술(도자기, 그림)

중남미문화원병설박물관 : 경기도 고양시 덕양구 고양동 302-1 / 031-962-7171, 9291

증권박물관 : 경기도 고양시 일산동구 백석동 1328 / 031-900-7070

지구촌민속박물관 : 서울시 중구 회현동 1가 100-177 서울시 교육연구원3층 / 02-773-
　　　　9590,1 서울타워에 설립

지적자료관 : 충북 제천시 금성면 양화리 623 / 043-651-5115

직지성보박물관 : 경북 김천시 대항면 운수리 216 / 054-436-6009

진천종박물관 : 충북 진천군 진천읍 장관리 710 / 043-539-3847 국내 유일의 종박물관

짚풀생활사박물관 : 서울시 종로구 명륜동2가 8-4 / 02-743-8787,8

참소리축음기에디슨박물관 : 강원도 강릉시 저동 36-1 / 033-652-2500

창조자연사박물관 : 경기도 시흥시 신천동 184-7 / 031-435-1009

철도박물관 : 경기도 의왕시 월암동 374-1 / 031-461-3610

철박물관 : 충북 음성군 감곡면 오향리 97 / 043-883-2321

청주고인쇄박물관 : 충북 청주시 흥덕구 운천동 866 / 043-273-6124

청주백제유물전시관 : 충북 청주시 흥덕구 신봉동 139-6 / 043-263-0107

청주옹기박물관 : 충북 청주시 상당구 명암동 80-6 / 043-222-8881

체신기념관 : 서울시 종로구 견지동 39-7 / 02-734-8369

초전섬유퀼트박물관 : 서울시 중구 남산동 1가 20번지 / 02-753-4074, 4075

춘원당한방박물관 : 서울시 종로구 낙원동 154 / 02-3672-2005

충현박물관 : 경기도 광명시 소하2동 1085-16 / 02-898-0505 조선 이원익의 유물

치악산명주사고판화박물관 : 강원도 원주시 신림동 황둔리 1706-6 / 033-761-7885

치우금속공예관 : 서울시 서초구 우면동 610-11 / 02-578-6663

칠백의총관리소 : 충남 금산군 금성면 의총리 216 / 041-753-8701-3

코리아나화장박물관 : 서울시 강남구 신사동 627-8 / 02-547-9177 국내 최대 규모 화장
　　　전문 박물관

태백석탄박물관 : 강원도 태백시 소도동 166 / 033-552-7730

태영민속박물관 : 충남 금산군 남이면 하금리 364-2 / 041-754-7942,3

태평양박물관 : 경기도 용인시 기흥읍 보라리 314-1 태평양 기술연구원 내 / 031-285-
　　　7215 화장사 분야에서 세계 최초, 차분야에서 국내 최초로 건립된 박물관, 우
　　　리나라 최초의 화장품인 '박가분' 소장.

테디베어뮤지엄 : 제주도 서귀포시 색달동 2889 / 064-738-7600 세계 최대 규모, 국내 유
　　　일의 Teddy Bear전시관

토지주택박물관 : 경기도 성남시 분당구 정자동 217 한국토지공사 / 031-738-8294

통도사성보박물관 : 경남 양산시 하북면 지산리 583 / 055-382-1001

통신박물관 : 서울시 용산구 한강로 2가 용산전화국 / 02-797-0602, 0205

티벳박물관 : 서울 종로구 누상동 166-107 / 02-735-8149

팬아시아종이박물관 : 전북 전주시 팔복동 2가 180번지 / 063-210-8103 일명 전주한지박
　　　물관(구 한솔종이박물관)

평강성서유물박물관 : 서울시 구로구 오류2동 150-15 / 02-2686-9496 이집트 · 로마 · 그
　　　리스의 이스라엘인 유물

포스코미술관 : 서울시 강남구 대치4동 892번지 포스코센터 서관2층 / 02-3457-1665

포스코역사박물관 : 경북 포항시 남구 괴동동 1 / 054-220-7720

풀무원김치박물관 : 서울시 강남구 삼성동 159 코엑스몰 지하2층 / 02-6002-6456

피어리스아미박물관 : 서울시 서대문구 충정로 3가 222 / 02-312-3121, 3131

필룩스조명박물관 : 경기도 양주시 광적면 석우리 624-8 / 070-7780-8911, 8914

하회동탈박물관 : 경북 안동시 풍천면 하회리 287 / 054-853-2288

한광미술관 : 부산시 중구 중앙동 4가 82-1 / 051-469-4111 설립자 한광덕 기념

한국가구박물관 : 서울 성북구 성북동 / 02-766-0167 한국 전통목가구 전문박물관

한국근현대사박물관 : 경기도 파주시 / 031-957-1125

한국금융사박물관 : 서울시 중구 태평로 1가 62-12 / 02-738-6806

한국기독교역사박물관 : 경기도 이천시 대월면 초지리 474-2 / 031-632-1391

한국대나무박물관 : 전남 담양군 담양읍 천변리 401-1 / 061-380-3114

한국등잔박물관 : 경기도 용인시 모현면 능원리 258-9 / 031-334-0797

한국만화박물관 : 경기도 부천시 원미구 춘의동 8 / 032-320-3745

한국미술관 : 경기도 용인시 기흥구 마북동 73-1 / 031-283-6418

한국미술박물관 : 서울시 종로구 원서동 108-4 / 02-766-6000 구 한국불교미술박물관

한국민속촌 : 경기도 용인시 기흥구 보라동 107번지 / 031-288-0000 옛 조상들의 가옥과
　　　　　풍물 음식을 한 곳에 집합

한국불교미술박물관 : 서울 종로구 원서동 108-4 / 02-766-6000

한국사진박물관 : 서울 중구 신문로 2가 1-131 축구회관 2층 / 02-734-8733

한국산악박물관 : 서울시 강남구 역삼동 740-10 한국산악문화회관 / 02-558-3331

한국영상박물관 : 대구광역시 중구 화전동 / 053-423-4732 비디오카메라박물관

한국상례문화원 : 경기도 과천시 과천동 537번지 / 02-502-4022

한국스키박물관 : 강원도 고성군 간성읍 흘리 106-28 (알프스 스키장 내) / 033-681-5030~9

한국은행화폐금융박물관 : 서울시 중국 남대문로 3가 110번지 / 02-759-4881~4882 국내
　　　　　외 화폐 및 한국은행 업무자료 전시

한국자수박물관 : 서울시 강남구 논현동 89-4 / 02-515-5114

한국잠사박물관 : 충북 청원군 강내면 학천리 175 / 043-236-1321

한국잡지박물관 : 서울시 영등포구 여의도동 44-31 잡지회관 지하1층 / 02-780-9131,2

한국전통주연구소 : 서울시 은평구 녹번동 53-7 3층 / 02-389-8611

한국차문화협회 : 서울시 마포구 도화2동 536 정우빌딩 207호 / 02-701-0475

한국천문연구원 : 대전시 유성구 대덕대로 838 / 042-865-3332

한국카메라박물관 : 서울시 관악구 신림본동 10-632 / 02-874-8743

한국통신박물관 : 서울시 용산구 전화 / 02-797-0602 현재 휴관중

한국현대의상박물관 : 서울 종로구 충신동 55-1 수진빌딩 / 02-734-7340

한글박물관 : 서울 용산구 용산동 6가 168-6 국립중앙박물관 부지 내 / 02-725-1009

한독의약박물관 : 충북 음성군 대소면 대풍리 37 / 043-530-1004

한미사진미술관 : 서울시 송파구 방이동 45 한미타워 20층 / 02-418-1315

한배달우리차문화원 : 서울시 종로구 안국동 175-87 안국빌딩 / 02-737-0697

한상수자수박물관 : 서울시 종로구 가회동 11-32 / 02-744-1545

한얼고문서유물관 : 경기도 여주군 대신면 옥촌리 830-1 / 031-881-6319

한얼과학유물관 : 경기도 여주군 대신면 옥촌리 830-1 / 031-881-6319

한얼산업디자인유물관 : 경기도 여주군 대신면 옥촌리 830-1 / 031-881-6319

한얼의학유물관 : 경기도 여주군 대신면 옥촌리 830-1 / 031-881-6319

한얼카메라유물관 : 경기도 여주군 대신면 옥촌리 830-1 / 031-881-6319
한옥문화원 : 서울시 종로구 가회동 52번지 15통 3반 / 02-741-7441
한원미술관 : 서울시 서초구 서초동 1449-12 / 02-588-5642
한의약박물관 : 서울 동대문구 용두동 46-1 / 02-3293-4900 일명 서울약령시 한의약박물관
한화기념관(화약박물관) : 인천시 남동구 고잔동 / 032-431-5143   국내 유일의 화약박
　　　　물관
항공우주박물관 : 경남 사천시 사남면 유천리 802 / 055-851-6565
향암미술관 : 경북 울진군 온정면 소태리 472-2(백암온천) / 054-787-0001,8
해강도자미술관 : 경기도 이천시 신둔면 수광리 330-1 / 031-634-2266, 7 국내 최초로 설
　　　　립된 도자기 관련 미술관
해인사성보박물관 : 경남 합천군 가야면 치인리 10번지 / 055-934-3150-5
허준박물관 : 서울시 강서구 가양 2동 26-5 / 02-3661-8686
현충사관리소 : 충남 아산시 염치읍 백암리 100 / 041-539-4600
혜곡최순우기념관 : 서울시 성북구 성북2동 126-20 / 3675-3401~2
호림박물관 : 서울시 관악구 신림 11동 1707 / 02-858-2500, 3874 윤장섭 선생 출연, 삼성
　　　　미술관, 간송미술관과 함께 '3대 고미술박물관' 으로 꼽힘.
호암미술관 : 경기도 용인시 처인구 포곡읍 가실리 204 / 031-320-1801,2
화정박물관 : 서울시 종로구 평창동 273-1 / 02-2287-2990 한광호 박사 설립한 아시아미
　　　　술 중심
화폐박물관 : 대전시 유성구 가정동 35 한국조폐공사 / 042-870-1186
환기미술관 : 서울시 종로구 부암동 환기미술관1길 23 / 02-391-7701, 2 김환기 선생 기념

※ 미술관 · 역사관 · 자연사박물관 등은 너무 많아 가능하면 제외하고자 했다. 특히 공
립 · 시립 · 군립의 그 도시(지역)이름이 붙은 박물관과 미술관은 제외했고, 대학박물관도
제외했다.

분야별 전문박물관

가구	한국가구박물관		
	온양민속박물관		
거미	거미박물관		
건축	울트라건축박물관		
	한국고건축박물관		
	한옥문화원		
경찰	경찰박물관		
고래	장생포고래박물관		
고분	대성동고분박물관		
골프	골프박물관		
공룡	고성공룡박물관	055-832-9021	경남
	방원	061-742-4590	전남
	상족암	055-670-2827	경남
	양산동굴	055-382-0210	경남
	해남	061-532-7225	전남
과학	국립과천과학관		
	국립서울과학관		
	국립중앙과학관(대전)		
	한얼과학유물관		
관세	관세박물관		
교육	덕포진교육박물관	031-989-8580	경기
	부천교육박물관	032-661-1282,3	경기
	서울시교육사료관	02-736-2859	서울
	웅진초등교육박물관	041-853-4569	충남
	제주교육박물관	064-752-9101	제주
	한밭교육박물관	042-626-5393	대전
교통	삼성교통박물관		
국악	국립국악박물관		
	국립문화재연구소		
	국악로문화보존회		
	난계국악박물관		
	판소리박물관		
궁중유물	국립고궁박물관		
	궁중유물전시관		

	궁중음식연구원	
굴	제주서귀포감귤박물관	
금속공예	치우금속공예관	
기독교	선화기독교미술관	
	절두산순교박물관	
	평강성서유물박물관	
	한국기독교역사박물관	
기와	문의기와전시관 충북	
	유금와당박물관	
김치	김치박물관	
	풀무원김치박물관	
	한국김치관 경기	
나무	뿌리깊은나무유물관	
놋그릇	안성맞춤박물관	
농업	농업박물관	
	온양민속박물관	
	전라남도농업박물관	
대나무	한국대나무박물관	
도자기	강진청자박물관	전남
	동산도기박물관	대전
	문경도자기전시관	경북
	석봉도자기미술관	강원
	셀라뮤즈자기전시관	서울
	유럽자기박물관	경기
	이천도자기박물관	경기
	조선관요박물관	경기
	충효동분청자기전시관	광주
	향토빛도자기전시관	경기
	해강도자기박물관	경기
	호림박물관	서울
도장	목인박물관	
돌	부천수석박물관	
	세중옛돌박물관	
등대	국립등대박물관	
등잔(등불)	한국등잔박물관	
디자인	서울디자인박물관	

떡	떡부엌살림박물관
로봇	로봇박물관
만화	애니메이션박물관
	한국만화박물관
말	마사박물관
모시	한산모시관
모자	김건식모자박물관
문신	마산시립문신박물관
물	대청댐물문화관
민속극	공주민속극박물관
민화	가회박물관
	영월조선민화박물관
배	나주배박물관
보부상	예산보부상유품전시관
보자기	한국자수박물관
복권	복권박물관
불교(공예)	목아불교박물관
	불교역사문화관
	불교중앙박물관
	수덕사근역성보관
	여진불교미술관
	원불교역사박물관
	월정사성보박물관
	직지성보박물관
	통도사성보박물관
	한국불교미술박물관
	해인사성보박물관
유교	유교문화박물관
인형	얼굴박물관
사진	동강사진박물관
	한국사진박물관
	한국영상박물관
	한미사진미술관
	한얼카메라박물관
산림(산악)	국립산악박물관
	산림박물관

	산악박물관
	진주산림박물관
	한국산악박물관
상례	한국상례문화원
상업	신세계한국상업사박물관
서예	강암서예관
	서울서예박물관
서원	소수서원서료전시관
석탄	문경석탄박물관
	보령석탄박물관
	태백석탄박물관
선사	암사동선사주거지
	양구선사박물관
섬유	마가미술관
	초전섬유퀼트
성(몸)	건강과성박물관
	에로스박물관
소리	참소리축음기에디슨박물관
수도	수도박물관
술	대한민국술박물관
	동양맥주자료관
	배상면주가(전통술박물관)
	술박물관 리쿼리움
	안동소주박물관
	한국전통주연구소
스키	한국스키박물관
신문	신문박물관(동아일보사 부설)
아프리카	아프리카박물관
	아프리카미술박물관
얼굴	얼굴박물관
여성문화/차	디아모레뮤지움
역사	강화역사박물관
	기록역사박물관
	부평역사박물관
	서울역사박물관
	신세계한국상업사박물관

	전주역사박물관
	한국근현대사박물관
	한국금융사박물관
	한국기독교역사박물관
열쇠	쇳대박물관
염색	국립중앙과학관
	자연염색박물관
영화(영상)	신영영화박물관
	영은미술관 (스튜디오)
	한국영상박물관
옹기	옹기민속박물관
	청주옹기박물관
우주	우주박물관
유교	유교문화박물관
유기	안성맞춤박물관
외교	외교박물관
	외교사전시실
위안부	일본군위안부역사관
의상	한국현대의상박물관
의약	동서의약박물관
	약령시전시관
	의학박물관
	한독의약박물관
	한얼의학유물관
	허준박물관
인삼	금산인삼종합전시관
	부여인삼박물관
인쇄	칭주고인쇄박물관
자동차	자동차박물관
자물쇠	쇳대박물관
자수(섬유)	박을복자수박물관
	초전섬유 · 퀼트박물관
	한국자수박물관
	한상수자수박물관
잠사	수원잠사과학박물관
	여주잠사민속박물관

	잠사과학박물관
	잠사민속박물관
	잠업진흥원한국잠사박물관
	한국잠사박물관
잡지	한국잡지박물관
장난감	장난감박물관
장신구	보나장신구박물관
	세계장신구박물관
	옛터민속박물관
	익산보석박물관
전기	전기박물관
전쟁(평화)	독립기념관
	자유수호평화박물관
	전쟁기념관
제례	대한제의례문화원
조명	필룩스조명박물관
조세	조세박물관
종	진천종박물관
종이	전주노스케스코그종이박물관
	종이나라박물관
	팬아시아종이박물관(전주한지박물관)
주택	대우주택문화관
중남미	중남미박물관
짚/풀(공예)	짚풀생활사박물관
차	가천박물관 (의료)
	설록차뮤지엄
	한국차문화협회
	한배달우리차문화원
책	고서박물관
	교과서박물관
	기록역사박물관
	성암고서박물관
	영월책박물관
	한얼고문서유물관
천문	한국천문연구소
	항공우주박물관

	한국의 집
화석	경보화석박물관
화약	한화기념관(화약박물관)
화장품	코리아나화장박물관
	태평양박물관
	피어리스아미박물관
화폐 · 금융	조흥금융박물관
	우리은행은행사박물관
	증권박물관
	한국금융사박물관
	한국은행화폐금융박물관
	화폐박물관
활	영집궁시전시관

3. 한국문화현장(박물관/유적지) 유형별 실례

1) 주제별 탐방의 예

통치계층문화

역사 : 문헌-고려사, 조선왕조실록 / 유물(비문, 벽화 등)-진흥왕순수비, 송산리고분벽화.

교육 : 선비교육-성균관, 향교, 서원 / 여성교육-이화학당 / 아동교육-서당.

언어 : 한글-세종대왕기념관 / 훈민정음해례본-간송미술관.

철학 : 불교-3대사찰, 불교중앙박물관 / 유교-서원, 종택 / 천주교-해미읍성, 한국기독
　　교박물관

정치 : 5대궁궐-경복궁, 창덕궁 / 국립고궁박물관 / 왕릉-영릉, 융건릉 / 종묘 / 생가-
　　이율곡, 정다산, 명성황후 생가.

법률 : 법전-경국대전, 조선경국전 / 형구(刑具)-곤장 / 형장(刑場)-새남터, 서소문.

경제 : 화폐-화폐박물관, 상업-신세계한국상업사박물관.

천문 : 관측시설 및 기구-첨성대, 간의대, 앙부일구 / 관측기록(천문도 및 역서)-천상열
　　차분야지도, 시헌력 / 연구소·박물관-한국천문연구원, 세종과학관(여주).

지리 : 지도-대동여지도(원본, 성신여대) / 지지-동국여지승람, 택리지.

기술 : 자격루-덕수궁, 고인쇄박물관-청주, 무기-한국전쟁박물관, 거중기-화성의궤,
　　도자기-강진, 경기 광주 / 국립중앙과학관, 경주박물관.

문학 : 작가생가지-해남 녹우당-고산 윤선도생가 / 작품산실(배경)지-남해 노도-서포
　　김만중의 소설배경.

음악(정악) : 국립국악원 / 국립국악관현악단 / 국립문화재연구소(대전) / 종묘.

미술(문인화, 직업화) : 진경산수화, 풍속화, 인물화-간송미술관.

무용(극) : 국립국악원 / 한국전통무용단 / 궁중무-종묘.

복식 : 왕(왕비) 및 사대부의 옷과 장식-국립민속박물관.

음식 : 궁중음식연구원 / 한국차문화협회.

주택 : 한옥마을-서울남산, 서울북촌, 전주교동 / 한옥문화원.

※ 많은 문화유산을 국립중앙박물관에서 확인할 수 있음

서민계층문화

설화 : 신화-박혁거세신화-양산 나정 / 전설-도미부인전설-충남 보령 오천 / 민담-두
　　더지의 혼인-순오지.

음악 : 판소리-국립창극단, 전주 / 풍물-남원·평택 / 민요-진도 / 전반-국립국악원,
　　국립민속국악원.

미술(민화) : 병풍화, 무속화, 춘화-한국민속박물관.

춤 및 극 : 국립무용단 / 탈춤-송파, 동래, 하회마을 / 안성남사당놀이전수관.

민간신앙 : 가택신앙-성주풀이, 터주대감 / 마을신앙-서낭당, 장승, 솟대 / 무속신앙-무당(집) / 점복신앙-토정비결, 무당, 점집 / 풍수신앙-묘소, 집터 / 성기신앙-아시아에로스박물관, 해신당, 공알바위.

복식 : 국립민속박물관 / 온양민속박물관.

음식 : 김치박물관 / 떡부엌살림박물관 / 한국전통음식연구소 / 한국전통주연구소 / 한국민속촌.

주택 : 순천 낙안읍성민속마을, 아산 외암리민속마을, 제주 성읍마을.

일생의례(산육례, 관례, 혼례, 상례, 제례 등) : 의례전반-국립민속박물관 / 산육례-칠성각 / 관례(성인식)-성균관, 남산한옥마을 / 혼례-남산한옥마을, 롯데월드, 올림픽공원, 운현궁, 유림회관, 한국의 집 / 상례-한국상례문화원 / 제례-퇴계종택, 대한제의례문화원 / 전반-국립민속박물관.

생업(농, 공, 상, 어, 수렵) : 농업(농기구)-농업박물관, 온양민속박물관 / 전통시장-광주사평장, 안성읍내장, 직산 덕평장 / 상인-보부상-상무사 / 공업(공기구)-국립중앙과학관 / 어업(어구)-채취류, 낚시류, 그물류, 막이류(독살, 죽방렴, 덤장) / 수렵-창사냥, 함정사냥, 덫사냥, 그물사냥, 매사냥.

세시풍속(명절) : 복식-설빔, 단오빔, 추석빔-국립민속박물관 / 음식-떡국, 송편, 수리취떡-떡부엌살림박물관 /놀이 윷놀이-전국, 줄다리기-기지시, 단오굿-강릉, 차전놀이-안동, 놋다리밟기-안동, 다리밟기-광통교, 수표교 / 강강술래-전남 / 점복-청참, 오행점, 달불이, 소밥주기.

※ 많은 문화유산을 국립민속박물관에서 확인할 수 있음.

2) 지역별 탐방의 예

〈서울〉

5대궁궐 : 경복궁 / 창덕궁 / 창경궁 / 덕수궁 / 경희궁.

종묘사직 : 종묘 / 사직공원.

칠궁 : 왕을 생산하고도 정실이 아니어서 종묘에 들어가지 못한 여인들을 모신 곳이다 (청와대 영빈관 옆)

운현궁 : 흥선대원군의 정치생활과 부침을 함께한 유서 깊은 곳으로 고종이 12세까지 살던 잠저이기도 하다. 요즈음 고종과 명성황후의 가례(嘉禮)재현 행사가 이곳에서 치러진다.

간송미술관 / 광통교 / 국립민속박물관 / 국립중앙박물관 / 남산한옥마을-공연, 예절학교, 전통공예, 전통혼례 / 북촌한옥마을 / 4대문 / 성균관 / 전쟁박물관 등.

〈경기〉
가평 : 취옹박물관 / 아침고요수목원 / 자라섬(국내 최대 규모의 오토캠핑장 있음) / 드라마 '아이리스' 세트장, 쁘띠 프랑스(드라마 '베토벤 바이러스' 촬영지).
강화 : 고려궁지(외규장각 터) / 마니산 / 연미정 / 이규보묘소 / 전등사 / 전적지(항전의 역사 : 광성보, 초지진 등) / 지석묘(고인돌 세계문화유산) / 순무 / 화문석.
광주 : 남한산성 / 광주분원 백자가마터 / 퇴촌카페촌.
남양주 : 다산 정약용생가 및 기념관 / 홍릉(고종과 명성황후 묘소) / 몽골문화촌 / 광릉 국립수목원 / 피아노폭포(91m).
안산 : 이익의 묘 및 성호기념관 / 단원기념관 / 대부도.
안성 : 유기(놋그릇)공방 / 안성시장 / 김대건신부 묘소(미리내성지 안성시 양성면 미산리 141) / 남사당놀이전수관(안성시 보개면 복평리 34-3).
안양 : 마애종(국내최대).
양주 : 대장금 테마파크 / 장흥 조각공원 / 송암 스페이스센터(별자리 시뮬레이션 영상) / 회암사지.
양평 : 5일장(산나물, 6쪽마늘) / 소나기마을 / 두물머리(양수리).
의정부 : 서계 박세당의 고택 / 신숙주의 묘 / 회룡사(왕자의 난을 계기로 함흥으로 갔던 태조 이성계가 한양으로 돌아오다 머물렀다는 절).

수원일대
화성 : 성곽이자 최초의 계획된 신도시로 건축사적 도시미학적으로 당대 최고의 문화재로 평가 받아 세계문화유산으로 지정되었다.(화성행궁).
융건릉 : 사도세자와 부인 혜경궁 홍씨의 무덤인 융릉과 아들 정조의 무덤인 건릉이다.(경기도 화성군 태안읍 안녕리).
용주사 / 장안구 북수동 창호공방(김순기) / 남이장군묘 / 서거정묘 / 홍난파생가 / 홍사용시비 / 제암리유적 /한국민속촌, 호암미술관(희원).

여주일대
영릉(英陵, 세종대왕릉)-세종대왕과 소헌왕후 심씨의 합장릉이다. 경내에 많은 유물이 전시되어 있다(경기도 여주군 능서면).
영릉(寧陵, 효종대왕릉)-효종과 왕비 인선왕후 장씨가 모셔진 쌍릉이다. 영릉과 붙어있어 찾는 이가 적어 사방이 조용하고 호젓하다.(경기도 여주군 능서면).
명성황후생가-숙종의 장인이자 인현왕후의 아버지인 민유중의 묘를 관리하기 위한 묘막으로 지은 집으로 명성황후가 태어나 8세까지 살던 집이다(경기도 여주군 여주읍 능현리).

신륵사–여강(남한강) 바로 옆에 있는 절로 국가 지정보물 7점을 보유하고 있다. 드라마 〈추노〉의 촬영현장이다(경기도 여주군 북내면).
광주분원(백자관) / 목아박물관(불교유물) / 여성생활사박물관 / 천진암(천주교발상지).

〈강원〉
강릉 : 경포대 / 관노가면극 / 교문암 / 단오제 / 선교장(한국최고의 양반가옥) / 오죽헌 (율곡의 생가, 우리나라에서 가장 오래된 주택의 하나) / 참소리박물관 / 허균ㆍ 허난설헌 생가.
봉평 : 이효석 생가 및 문학관, 물레방아.
양양 : 오대산 상원사종(가장 오래된 종).
영월 : 김삿갓유적지 / 박물관 특구(책 박물관, 동강사진박물관, 조선민화박물관, 단종 역사관, 장릉, 청령포(단종애사의 땅) 등 19곳).
원주 : 한지 / 치악산 구룡사.
정선 : 아우라지(정선아리랑의 발상지) / 오장폭포 / 화암동굴 / 5일장 / 정암사 / 만항재.
철원 : 고석정 / 노동당사 / 승일교 / 제2땅굴 / 철의 삼각전망대.

〈충북〉
단양 : 온달동굴 / 온달산성.
보은 : 속리산 법주사 / 에밀레박물관.
영동 : 난계국악박물관.
옥천 : 정지용생가(옥천지용제).
제천 : 제천국제음악영화제(청풍호반일대).
청주 : 고인쇄박물관.
충주 : 중원고구려비 / 충주산성 / 수안보ㆍ앙성ㆍ문강 온천 / 탄금대 / 하곡마을 솟대.

〈충남〉
강경 : 5일장(젓갈시장) 젓갈축제.
면천 : 두견주.
온양 : 민속박물관 / 민속마을(외암리) / 맹씨행단 / 연엽주(외암리) / 현충사
한산 : 소곡주 / 세모시(한산모시관).

가야산일대
예산 : 수덕사–고려시대 목조건물인 대웅전, 일엽스님이 머물던 환희대 등이 있다. / 남연 군묘(대원군의 아버지 무덤) / 남은들상여 / 보부상(상무사) / 윤봉길생가 및 충의사.
서산 : 마애삼존불상–백제의 미소로 불리며 햇빛이 비치는 방향에 따라 웃는 모습이 다

르게 보인다. / 해미읍성-이순신장군이 머문 곳이며, 천주교 박해현장으로 유
명하다. / 여숫골-병인박해때 천주교 신자 1000여 명이 생매장된 순교성지다
(서산시 해미면 읍내리). / 개심사 / 보원사터.
홍성 : 김좌진장군생가-청산리전투에서 일본군을 섬멸한 김좌진 장군이 태어나 성장
한 곳이다(충남 홍성군 서부면) / 한용운선사생가 독립운동가이며 승려이고 시
인인 만해 한용운 선생이 태어난 곳이다(충남 홍성군 결성면 성곡리).

공주 · 부여일대
공주 : 갑사 / 마곡사 / 박물관 / 무령왕릉 / 공산성.
부여 : 박물관 / 능산리고분 / 정림사터 / 부소산성 / 낙화암 / 신동엽시비.

〈전북〉
고창 : 선운사 / 고인돌 / 읍성 / 신재효고택.
군산 : 동국사(전북 군산시 금광동 134 우리나라에 유일하게 남아있는 일본식 사찰).
순창 : 고추장
익산 : 미륵사지석탑(신라 진평왕의 딸 선화공주를 유혹하기 위한 서동(백제 무왕)의 이야
기가 담겨 있는 곳이며, 우리나라에서 가장 크고 오래된 국보 11호인 석탑) / 농악
임실 : 삼계면(103명박사 배출) / 팔봉굿풍물.
전주 : 한옥마을(중인층이 살던 한옥 650여 채, 교동과 풍남동) / 경기전(慶基殿 태조
이성계의 영정을 모신 곳) /전주성당(최초의 순교자 윤지충이 탄생한 곳) / 전통
술박물관 / 한지(한솔종이박물관) / 전주이강주.

〈전남〉
담양 : 면앙정 / 소쇄원 / 식영정 / 대나무테마공원 / 댓잎차.
목포 : 조개전시관(식인조개부터 난쟁이고둥까지).
진도 : 아리랑 / 강강술래 / 북놀이 / 씻김굿.

남도일대
강진 : 다산초당(목민심서 집필의 열정이 스며있는 곳) / 도자기(칠량 봉황리 옹기마
을) / 백련사
보성 : 녹차밭 / 판소리 / 낙안읍성.
해남 : 대흥사 및 일지암(초의선사가 다맥을 되살려낸 곳) / 녹우당(윤고산고택, 초상
화의 최고명작 윤두서의 자화상 소장) / 땅끝마을 / 보길도(부용동) / 세연정 /
강강술래 / 진양주(임금이 마심, 앉은뱅이술).

섬진강 · 지리산일대

구례 : 화엄사(꽃살무늬) / 쌍계사 / 운조루 / 화개장터.

남원 : 광한루 / 춘향묘 / 흥부마을 / 농악.

순천 : 고인돌 / 낙안읍성 / 송광사(삼보사찰) / 순천만 / 조계산(태백산맥 주무대) / 주암호.

〈경북〉

고령 : 가야 왕릉(고령군 지산동 소재, 5세기 전후 대가야 왕족들의 무덤 수 백기가 있음. 국내 최초로 확인된 대규모 순장 고분) / 고령군립박물관.

김천 : 과하주 / 직지사.

대구 : 국채보상운동기념공원(대구 중구 동인동, 1907년 대구에서 시작된 국채보상운동 기념) / 동화사(팔공산 남쪽기슭 높이 17m의 통일약사여래대불).

성주 : 가야산 / 성주문화원 공연, 궁중혼례 / 왕태실(태종, 단종, 세조)과 세종대왕자태실.

영덕 : 경보화석박물관.

영주 : 부석사 / 소수서원.

청도 : 내시마을.

경주일대

경주박물관(성덕대왕신종) / 교동마을(요석궁, 법주) / 분황사(원효가 활동하던 곳) / 불국사와 석굴암 / 진평왕릉 / 천마총 / 첨성대 / 황룡사터(동양최대의 사찰) / 감은사지 3층석탑 / 대왕암 / 이견대.

안동일대

종택 : 의성김씨종택, 퇴계종택, 풍산류씨종택 등(우리나라 대표적인 가문들의 종가)

서원 : 도산서원—이황이 제자들을 가르치던 곳으로 여기서 숱한 학자가 나왔고 그 중 과거에 급제한 이만 해도 300명이 넘는다. 옆에 퇴계종택이 있다.(경북 안동시 도산면) / 병산서원(풍천면)—서애 유성룡이 후학을 양성하던 곳이다. 한국 최고의 서원건축으로 손꼽히고 있으며, 특히 대청마루인 만대루가 유명하다. 흥선대원군의 칼날 같은 서원 철폐령 속에서도 살아남았다.

소주 : 안동소주, 전통음식박물관—은은한 향과 특유의 감칠맛이 다른 소주와 비교가 안 되는 안동소주와, 궁중에서 임금에게만 올리던 문어 오름과 매화나무로 만든 꽃나무떡 등이 푸짐하다(경북 안동시 남선면).

하회마을 : 한국의 얼굴로 자주 소개되는 하회탈의 현장으로 주말마다 하회별신굿놀이를 공연한다. 서애 유성룡의 종택인 충효당이 있다.(경북 안동시 풍천면), 하회탈박물관도 있다.

봉정사 / 퇴계묘소 / 차전놀이 / 주실마을 조지훈시비 / 전통음식(간고등어, 안동식혜, 안동찜닭, 헛제사밥 등.

〈경남〉

고성 : 오광대 / 공룡박물관.

김해 : 수로왕릉 / 천문대.

동래 : 야유.

밀양 : 아리랑 / 영남루 / 수산제.

양산 : 통도사(불보사찰) / 성보박물관 / 천성산(원효가 당에서 온 1천명의 대중에게 화엄경을 설법 성인이 되게 한 곳).

울산 : 반구대 암각화(울주군 두동면 소재, 다산을 상징하는 성기, 고래 잡는 사람, 함정에 빠진 호랑이 등이 새겨져 있음).

진주 : 국립진주박물관 / 태정민속박물관(가구장식품) / 남강 / 진주성 / 촉석루.

통영 : 김춘수 시인 살았던 곳 / 남해안별신굿 / 박경리 작가 생가(박경리기념관) / 승전무 / 청마문학관(유치환 시인 생가) / 통영오광대 / 통영옻칠미술관 / 한산도 제승당(삼군수군통제사를 맡은 이순신 장군이 한산도 본영을 세운 곳) / 화가 전혁림 미술관.

하동 : 금오산 / 녹차 / 불일폭포 / 쌍계사 / 청학동 / 최참판댁(토지 촬영지) / 화개장터.

합천 : 영상테마파크(영화 태극기휘날리며, 드라마 경성스캔들 촬영지) / 해인사.

〈제주〉

제주 : 더마(馬)파크 / 복합단지형테마파크 프시케월드 거울궁전 / 제주세계차(茶)박물관 / 제주아트랜드(세계최대분재공원, 세계최대우산미술관, 세계명화관, 한국춘화관, 자연인물석공원, 국내최대반달곰공원).

서귀포 : 건강과 성박물관(세계 최초, 최대 규모) / 아프리카박물관 / 여미지식물원 / 제주 동백 올레(길) 카멜리아힐(소녀시대 '윤아' d촬영지) / 트릭아트뮤지엄.

4. 한국문화관련 대학 및 대학원

〈대학〉
강북문화대학
건국대 문화콘텐츠학과
건국대 예술문화대학
경일대 교육문화콘텐츠학과
경희대 한국어학과
경희대 문화관광콘텐츠학과
계명대 한국문화정보학과
계명문화대학
동신대학교 문화관광대학
기전문화대학
디지털서울문화예술대학 한국언어문화학과
명지대 문화예술학부
백석문화대학
부산예술문화대학
상명대 문화경영학과
상지대 문화콘텐츠학과
서울문화예술대학 한국언어문화학과
선문대 문화콘텐츠학과
선문대 한국언어문화학과
성신여대 융합문화예술대학
숙명여대 문화관광학과
용인대 문화콘텐츠학과
원광대 한국문화학과
인하대 문화콘텐츠학과
전주대학교 문화관광대학
전통문화예술학교
제주불교문화대학
청강문화산업대학
카이스트 문화과학대
한국예술종합학교
한양대학교 erica 캠퍼스 국제문화대학(문화콘텐츠학과)

관광대학/예술대학 다수

〈대학원〉
경희대 대학원 국제한국언어문화학과
경희대 경영대학원 문화예술경영학과
국제문화대학원대학교(충남 청양)
단국대 대학원 문화관리학과
동국대 문화예술대학원
동국대 불교문화대학원(경주)
동방대학원대학교(석사, 태고종)
동부산 여성문화대학원
명지대 문화예술대학원
상명대 문화예술대학원
서울시립대 도시과학대학원 관광문화학과
성공회대 문화대학원
숙명여대 전통문화예술대학원
원광대 동양학대학원
우석대 경영행정문화대학원
전남대 문화전문대학원
추계예술대학 문화예술경영대학원
카이스트 문화기술대학원
한국문화기술대학원
한국문화산업대학원
한국외국어대학 대학원 문화콘텐츠학과
한국학중앙연구원(←정신문화연구원)
한남대 사회문화대학원

찾아보기

ㄱ

한국문화를 논하다

한국문화를 논하다

ㅊ

ㅋ

■ 이화형(李和炯)

경희대학교 한국어학과 교수
경희대학교 국문학과를 마치고 같은 대학원에서 문학박사학위를 받았다.
중국 중앙민족대학 초빙교수를 역임했고
국문학에서 점차 학문의 폭을 넓혀 요즘은 한국문화에 관심을 갖고 연구하고 있다.
그동안 집필한 주요 저서는 다음과 같다.

『보한집 번역-고전선집』(지식을만드는지식, 2010)
『뜻은 하늘에 몸은 땅에-세상과 맞서 살았던 멋진 여성들』(새문사, 2009)
『베이징일기』(한울, 2008)
『나아가 널리 인간을 이롭게 하라-민속문화(꿈)』(월인, 2007)
『하늘에다 베틀놓고 별을잡아 무늬놓고-민속문화(현실)』(월인, 2007)
『한국문화의 힘, 휴머니즘』(국학자료원, 2004)
『청장, 키 큰 소나무에게 길을 묻다-이목구심서 번역』(국학자료원, 2003)
『글쓰기의 새로운 지평』(박이정, 2001)
『한국문화의 이해』(집문당, 1999)
『이제 다시 생각하고 좋은 글을 써야할 때』(박이정, 1998)
『아정 이덕무 시집』(민속원, 1997)
『고전문학 연구의 새로움』(태학사, 1996)
『이덕무의 문학 연구』(집문당, 1994)

한국문화를 논하다 - 사회와 과학

인쇄 2011년 2월 25일
발행 2011년 3월 5일

지은이 · 이화형
펴낸이 · 한봉숙
펴낸곳 · 푸른사상사

등록 제2-2876호
주소 서울시 중구 을지로3가 296-10 장양B/D 7층
대표전화 02) 2268-8706(7) | 팩시밀리 02) 2268-8708
메일 prun21c@yahoo.co.kr / prun21c@hanmail.net
홈페이지 www.prun21c.com

ⓒ 2011, 이화형
ISBN 978-89-5640-801-9 93300

값 23,000원